KB063469

파시즘과 제3세계주의 사이에서

지은이 후지이 다케시 藤井たけし

일본 교토(京都)대학교 사학과를 졸업하고 오사카(大阪)대학교 일본학과에서 석사학위를, 성균관대학교 사학과에서 박사학위를 받았다. 현재 성균관대학교 동아시아역사연구소 선임연구원으로 있으며 성균관대, 가천대 등에서 강의를 하고 있다.
지은 책으로 『죽음으로써 나라를 지키자─1950년대, 반공·동원·감시의 시대』(공저, 선인, 2007)가 있으며 옮긴 책으로 『번역과 주체』(이산, 2005), 『다미가요 제창』(삼인, 2011)이 있다. 논문으로는 「낯선 귀환─〈역사〉를 교란하는 유희」(2007), 「'이승만'이라는 표상─이승만 이미지를 통해 본 1950년대 지배권력의 상징정치」(2008), 「제1공화국의 지배이데올로기─반공주의와 그 변용들」(2008), 「해방 직후~정부 수립기의 민족주의와 파시즘─'민족사회주의'라는 문제」(2009) 등이 있다.

파시즘과 제3세계주의 사이에서 ─족청계의 형성과 몰락을 통해 본 해방8년사

초판 1쇄 발행 2012년 12월 28일
초판 2쇄 발행 2016년 10월 18일

지은이 후지이 다케시
펴낸이 정순구
책임편집 정윤경
기획편집 조원식 조수정
마케팅 황주영

출력 블루엔
용지 한서지업사
인쇄 한영문화사
제본 우진제책사

펴낸곳 (주) 역사비평사
등록 제300-2007-139호 (2007.9.20)
주소 10497 : 경기도 고양시 덕양구 화중로 100(비전타워21) 506호
전화 02-741-6123~5
팩스 02-741-6126
홈페이지 www.yukbi.com
이메일 yukbi88@naver.com

© 후지이 다케시, 2012

ISBN 978-89-7696-135-8 93910

역비한국학연구총서

34

파시즘과 제3세계주의 사이에서

― 족청계의 형성과 몰락을 통해 본 해방8년사

후지이 다케시 지음

역사비평사

책머리에

　당연한 얘기지만 이 책은 시대의 산물이다. 만약 이 책의 원형이 된 박사 논문을 준비하던 시기에 '뉴라이트'를 자처하는 이들이 대한민국이라는 국가가 자유민주주의와 자유시장경제를 바탕으로 건국되었다는 식의 주장을 펴지 않았더라면, 내 관심은 달라졌을지도 모르기 때문이다. 물론 '뉴라이트'의 주장이 거짓이라는 것은 1948년 제정 당시의 대한민국헌법만 읽어보더라도 충분히 알 수 있다. 하지만 사람들이 제정 당시의 대한민국헌법을 실제로 읽어본다는 '번거로운' 작업을 하지 않으리라는 예상이 그들의 뻔한 거짓말을 가능하게 하고 있다면, 이는 쉽게 넘어갈 수 있는 문제가 아니다. 1990년대에 '냉전 승리'를 계기로 '역사의 종언'을 선언한 미국 지식인의 메타메시지가 더 이상 역사를 돌아보지 말자는 것이었듯이, 남북한의 체제 경쟁이 남한 체제의 승리로 끝났다고 주장하고 싶은 그들은 대한민국이라는 국가가 지닌 역사성을 더 이상 생각하지 말 것을 권유하고 있는 것이다. '완성된' 자본주의의 모습이 시작도 끝도 없는 원환(圓環)인 것처럼, 신자유주의를 신봉하는 이들에게는 영원한 '현재'만이 중요하겠지만, 다른 사회, 다른 세계를 꿈꾸기 위해서는 '역사'가 필요하다.

　니체가 우리에게 역사가 필요하다고 하면서도 지식의 정원에 있는 무위도식의 응석받이가 필요로 하는 것과 다른 방식으로 필요하다고 했듯이, 그리고 니체의 이 말을 인용하면서 벤야민이 역사 인식의 주체는 몇 세대에 걸친 패배자의 이름으로 해방의 임무를 완수하는 전투적 피억압계급이라고 했듯이, 우리에게 필요한 '역사'는 무엇보다도 '적대'의 역사일 것이다. '적대'라고 하면 친구—적이라는 이분법을 떠올릴지도 모르지만, 중요한 것은 적대라는 것을 이미 만들어진 주체들 사이에서 형성되는 전선처럼 생각하지 말아야 한다는 점이다. 오히려 다양한 적대들로 전선이 형성되는 가운데 주체들은 만들어진다. 지배자와 피지배자라는 것이 먼저 있어서 지배—저항 관계가 생기는 것이 아니라, 지배와 저항이라는 각각의 적대적 실천을 통해 지배자와 피지배자가 나타나게 되는 것이다. 이와 같이 유동적인 적대들이 항상 이미 존재하기에 우리는 민주주의를 논하며, '우리'의 경계선을 둘러싼 정치에 관심을 기울인다. 민주주의의 근원에 있는 적대에 대한 감각은, 우리가 '식민지 이후', 그리고 '민주화 이후'를 살아가고 있기에 더욱 절실한 것으로 생각된다. 적대를 덮어버린 자리에서 민주주의는 자라날 수 없기 때문이다. 이런 점에서 역사가가 해야 할 일은 역사 속에 묻혀 있는 다양한 적대의 지점들을 드러냄으로써 매끄럽게 보이던 '역사'의 결에 수많은 균열들이 존재한다는 것을 보여주는 작업일 것이다. 탄탄한 것처럼 보이는 역사가 수많은 조각들을 조합해서 만든 가건물에 지나지 않는다는 사실을 자각할 때, 우리의 현재 역시 또 다른 조합 가능성으로 열리기 시작한다.

이 책은 필자가 2010년에 성균관대 사학과에 제출한 박사학위논문「족청·족청계의 이념과 활동」을 수정·보완한 것이다. 처음에는 '원대한 구상'을 가지고 수정 작업에 들어갔지만 결국 크게 바꾸지는 못했다. 내 무식과 무능력을 뼈저리게 느낀 시간이었다.

많이 부족한 책이지만, 그래도 이 책이 나오게 되기까지는 수많은 사람들의 도움이 있었다. 일반적으로는 '학은'부터 언급하는 것이 통례이지만, '유물론자답게' 내가 공부할 수 있었던 물질적 기반과 관련된 사람들에게 먼저 감사의 말을 전하고 싶다.

누구보다 먼저, 그리고 누구보다 많이 윤진희에게 감사한다. 함께 산 지 10년이 되도록 월급 한 번 받아본 적이 없는 남편 대신에 '바깥양반' 노릇을 계속해준 그가 없었다면, 이 책은 아예 존재하지도 않았을 것이다(더 엄밀하게 말하면, 그가 없었다면 내가 한국에서 공부하는 일 자체가 없었겠지만). 남편을 10년 동안 공부시킨 성과로 나온 이 책에 그가 조금이나마 보람을 느꼈으면 한다.

그런데 내가 처음부터 '등처가'로 살겠다는 배짱(?)으로 결혼한 것만은 아니었다. 박사과정에 들어갈 때 그런 '무모한' 결단을 할 수 있었던 까닭은 정부초청장학생으로 선발되어 등록금 면제와 생활비 지급이 결정되어 있었기 때문이었다. 편하게 공부할 수 있는 환경을 조성해주신 김대중 정부(당시)와 국제교육진흥원의 여러 선생님들께 감사드린다.

과정을 마치고 장학금도 끊긴 뒤에는 통역과 번역이 주요 수입원이 되었다. 먼저 '아마추어'인 내게 통역의 기회를 주고 동시통역의 파트너로 계속 지명해주신 강혜정 님에게 감사드린다. 최근에는 내 통역 능력 감퇴로 인해 같이 일하는 일이 줄어들었지만, 통역부스 속에서 함께 지낸 시간은 괴로우면서도 즐거운 시간이었다. 또한 한때 많은 통역과 번역 거리를 주는 '우수 고객'이었던 이화여대 아시아여성학센터의 선생님들과 연구공간 수유+너머(당시)의 선생님들께도 이 자리를 빌어서 감사드리고 싶다.

남들보다는 많은 혜택을 누리면서 공부한 셈이지만, 환경이 좋다는 이유 하나로 공부를 지속할 수 있는 것은 아니다. 내가 한국 현대사를 공부하겠다는 마음을 먹고 여기까지 올 수 있었던 것은 서중석 선생님이 계셨기 때문이다. 서중석 선생님에게 배우고 싶다는 일념으로 일본에서 내야 할 석사논문을 마치기도 전에 한국에 와서 선생님 수업을 청강하면서 석사논문을 썼다. 그리고 바로 이어서 박사과정에 들어갔기 때문에 선생님 수업을 8학기 연속으로 듣는다는 남들이 하기 어려운 경험을 하게 되었는데, 그 과정을 통해 실증이라는 작업이 얼마나 중요한 것인지 확실히 배울 수 있었다. 선생님의 저작을 보면 구도 자체는 단순한 것처럼 보이지만, 자세히 읽어보면 그 구도에서 벗어나는 다양한 역사적 사실들을 담고 있다는 것을 알 수 있다. 역사 서술이라는 것이 기본적으로 저자의 주관에 의해 재구성된 것이긴 하지만, 그러면서도 다르게 읽을 수 있는 여지를 남겨놓는 것이 역사가의 미덕이라고 생각한다. 이 책에서 선생님의 해석을 많이 비판하기도 했지만, 선생님 밑에서 배우지 않았다면 이런 연구 자체를 하지 못했을 것이다. 서중석 선생님의 가르침에 깊이 감사드린다.

이 책의 원형이 된 박사논문을 쓰는 과정에서도 많은 선생님들의 도움을 받았다. 먼저 논문 심사를 맡아주신 임경석 선생님, 박기수 선생님, 박태균 선생님, 정해구 선생님에게 감사드린다. 심사 과정에서 선생님들이 해주신 지적이 내 거친 문제의식을 다듬는 데 큰 도움이 되었으며 학술논문다운 체재를 갖출 수 있게 되었다.

내가 처음 족청계에 관심을 가지게 된 것은 김득중, 이임하, 연정은, 강성현, 김학재 등과 함께 50년대를 공부하는 과정에서였다. 이들과 함께 다양한 텍스트를 읽으면서 논의하는 과정에서 내 문제의식이 형성되었다. 이들과 함께 공부했던 시간은 지금도 내게 가장 소중한 시간으로 기억되고 있다. 득중 형, 임하 선배, 정은이 누나, 성현이, 학재에게 감사의 마음을 전한다.

본격적으로 족청계에 대해 연구하기 시작하면서 나는 그 시간의 대부분을 역사문제연구소에서 보냈다. 그 과정에서 많은 사람들의 도움을 받았지만, 특히 역문연 연구원이 되자마자 함께 1950년대에 관한 심포지엄을 준비했던 오제연, 이정은, 한봉석, 홍정완과는 많은 이야기를 나누었다. 그중에서도 홍정완은 늘 날카로운 지적으로 나를 불안하게 만들었는데, 이들을 비롯한 역문연 사람들과의 대화를 통해 내 문제의식을 발전시킬 수 있었다. 일일이 거명할 수 없지만 한 공간에서 함께 공부하는 상주인들을 비롯한 역사문제연구소의 연구원들, 그리고 연구원들이 편하게 공부할 수 있도록 챙겨주는 총무부장님에게 감사드린다.

마지막으로 내 글을 책으로 만드느라 애써주신 정윤경 씨를 비롯한 역사비평사 여러분에게 감사드린다. 잘 팔릴 것 같지도 않은 내 책 때문에 역사비평사에서 후회하는 일이 없기를 바랄뿐이다.

2012년 12월 14일
후지이 다케시

목차

서론

서론

1. 문제 설정

대한민국이라는 국가의 성격을 어떻게 보아야 할까. 이 물음은 한국 현대사를 생각할 때 피해 갈 수 없는 근본적인 질문일 뿐만 아니라, 대한민국이 냉전 형성 과정에서 미소 양국에 의해 분할점령되어 탄생한 '분단국가'이면서도 제2차 세계대전 종결과 더불어 식민지 상태에서 해방되어 독립한 '탈식민국가'라는 두 얼굴을 가졌다는 점에서, 1945년을 전후해 재편된 세계 질서의 역사적 성격을 규명하는 데도 중요한 위치를 차지할 수 있는 질문이다. 그런데 실질적으로 한국 현대사 연구가 시작된 시기라 할 수 있는 1980년대 중후반부터 90년대에는 대한민국을 냉전의 결과 탄생한 친미반공국가라고 보고 민족주의적인 입장에서 비판하는 것이 주류를 이루었기 때문에 이 두 얼굴 가운데 전자가 후자를 압도한 것으로 대한민국의 탄생이 인식되는 경향이 강했다.[1] 그에 반해 2000년대에 들어서면서는 오히려 한

---

[1] 이러한 흐름을 규정한 선구적 연구로 宋建鎬, 「解放의 民族史的 認識」(『解放前後史의 認識』, 한길사, 1979)을 들 수 있다. 그 뒤 10년에 걸쳐 6권까지 출간된 『解放前後史의 認識』 시리즈는 한국 현대사 연구의 큰 흐름을 형성했다.

국이 자유민주주의와 자유시장경제를 선택했기 때문에, 즉 친미반공국가였기 때문에 성공했다는 주장이 등장하기 시작했는데, 이 인식 역시 냉전의 규정력을 절대적인 것으로 보고 있다는 점에서는 단순히 기존의 견해에 대한 가치판단을 뒤집은 것에 지나지 않는다.[2]

하지만 실제로 사료를 통해 나타나는 대한민국의 초기 모습은, 서중석이 지적했듯이 냉전에 의해 절대적으로 규정되었다기보다는 다분히 유동적인 것이었다.[3] 미국인 법률 전문가 눈에 "국가사회주의(state socialism)로의 강한 경향"[4]을 띤 것으로 인식된 경제 조항을 포함한 제헌헌법이 가능했던 것은, 헌법의 사상적인 바탕을 이룬 것이 자유민주주의라기보다는 민족주의였기 때문인데, 이것은 이승만 정권 초기의 성격과도 관련된다. 국내에 확고한 기반이 없었던 이승만은, 대통령으로 선출되면서 해방3년기에 함께 단독정부 수립을 추진했던 한국민주당과 결별했기 때문에 좌우에 초연한 입장을 취할 수밖에 없었다. 그 결과 초기의 이승만 정권에는 당시의 사회적인 분위기, 즉 민족주의가 반영될 수밖에 없었던 것이다.[5] 이와 같은 경향은 '국시'로서 일민주의가 등장하는 것으로 절정에 달했는데, 일민주의는 민족주의를 바탕으로 반공산주의와 동시에 반자본주의를 내세우며 제국

---

2) 이러한 입장을 대표하는 지식인 집단이 교과서포럼인데, 그 중심 멤버인 전상인이 그러한 시각을 뚜렷하게 보여준다. 전상인, 「광복과 대한민국 건국 과정」, 교과서포럼 편, 『한국현대사의 허구와 진실』, 두레시대, 2005 참조.

3) 서중석, 『한국현대민족운동연구』 2, 역사비평사, 1996, 14쪽.

4) "From Charles Pergler to Deputy Military Governor: Korean Constitution"(16 July 1948), p. 8(enclosed copy in "From Joseph E. Jacobs to the Secretary of State: Comments of Dr. Charles Pergler on New Korean Constitution"[26 July, 1948], NARA, RG59, Records of the U.S. Department of State relating to internal affairs of Korea, 1945~1949, File 895).

5) 서중석, 앞의 책, 84~85쪽.

주의를 강하게 비판하는 이념이었다. 언뜻 보기에 냉전 구조와 완전히 상반되는 이러한 사상이 어떻게 가능했을까?

서중석은 일민주의를 분석하면서 "일민주의 주창자들의 반자본주의, 그리고 반제국주의, 반미에는 파시즘적 측면, 일제 시기 민족해방운동과 해방 후 민족혁명의 지향점과 겹쳐지는 면"이 있었음을 지적했다.[6] 파시즘과 저항민족주의가 겹쳐지는 이 '측면'은 커밍스(Bruce Cumings)가 이범석(李範奭)의 민족주의를 분석하면서 지적한 "좌와 우가 만나는 영역"[7]이기도 할 것이다. 이분법적인 구도로는 이해하기 어려운 이와 같은 '측면' 또는 '영역'의 성격을 규명하기 위해서는 '반공=친미'라는 냉전적인 시각에서 벗어날 필요가 있다. 즉, 국내적인 '반공'과 국제적인 '냉전' 사이에는 역사적으로 벌어진 간극이 존재하며 그 간극으로 인해 반공주의가 유동성을 지니게 되는 역사적 공간이 형성되었다는 점에 주목해야 하는 것이다.

하지만 기존 연구에서는 이런 역사성이 간과되는 경향이 강했다. 가장 대표적인 연구자라 할 수 있는 서중석 역시 일민주의가 지닌 특이한 성격을 인식하면서도 그가 사용하는 '극우반공주의'라는 개념의 모호함과 '이승만과 그 추종자'라는 구도 설정 때문에 초기 이승만 정권이 보인 반공주의의 역사적 성격을 잘 드러내지 못했다.[8] 이런 한계는 서중석뿐 아니라 대부분의 기존 연구에서 이승만 정권이라는 권력 블록에 대한 분석이 이승만 개인

---

6) 서중석, 『이승만의 정치이데올로기』, 역사비평사, 2005, 50쪽.

7) Bruce Cumings, *The Origins of the Korean War: The Roaring of the Cataract 1947~1950*, Princeton: Princeton University Press, 1990, p. 196. 북한 초기 체제의 성격을 분석할 때도 커밍스는 "내적으로는 유기체적 통일성을, 외적으로는 민족적 갈등을 강조하는 이론 속에서 좌와 우가 만나는 기이한 영역"의 존재를 지적했다. *Ibid.*, p. 316.

8) 서중석, 『한국현대민족운동연구』 2; 『이승만의 정치이데올로기』. 더 자세하게는 후지이 다케시, 「'지도자의 역사'를 넘어서기 위한 첫 걸음」, 『역사비평』 여름호, 역사비평사, 2005도 참조할 것.

에 대한 분석으로 대체되는 경향에서 비롯된 것으로 볼 수 있을 것이다. 그렇기 때문에 이승만과 함께 권력 블록을 구성한 정치 세력에 대한 분석이 불충분했으며, 분석한다 하더라도 해방3년기에 이승만의 동맹자였던 한민당(민국당-민주당)과의 동맹/갈등 관계를 주축으로 삼는 경우가 대부분이었다.[9] 거의 유일한 예외로 이종원은 미국의 대한 정책을 분석하면서 이승만-이범석 체제와 이승만-이기붕 체제의 차이를 부각시켰다.[10] 주된 분석 대상이 1950년대 중후반이며 자료도 주로 미국 자료에 의존했기 때문에 이승만-이범석 체제 자체에 대해 충분한 분석이 이루어지지 않았지만, 이종원의 연구는 초기 이승만 정권의 성격을 규명할 수 있는 중요한 단서를 제공했다고 평가할 수 있다.

이와 같이 기존 연구에서 대체로 간과된 역사적 틈새에서 형성된, 반공적이면서도 미국적이지는 않았던 초기 대한민국의 사상적 지형을 가장 잘 보여주는 세력이 이 책의 주제가 되는 족청계(族靑系)이다. 이범석을 중심으로 한 이들은 한국 정부 초대 내각에서 요직을 차지했으며 이승만 정권 초기의 '지도이념'이었던 일민주의를 실질적으로 만들어냈다. 또 이승만의 권력 기반이 된 자유당의 창당과 대통령 직선제 개헌을 강행한 부산정치파동에서 중심적인 역할을 한 세력 역시 이들이었다. 그런데 족청계의 사상은 반공적이면서도 냉전적이라기보다는 민족주의적이었으며, 정치적 행동 역시 법치주의적인 대의제 민주주의보다는 포퓰리즘적인 대중민주주의에 가까운 것이었다. 족청계는 1953년 말경에 권력 중추부에서 제거당하는데,

---

9) 대체로 정치학자에 의한 연구들이 그런 경향을 보인다. 金一榮, 「李承晩 統治期 政治體制의 性格에 關한 硏究」, 성균관대 정치외교학과 박사논문, 1991; 박명림, 『한국전쟁의 발발과 기원』 II, 나남, 1996; 木村幹, 『韓国における「権威主義的」体制の成立』, 京都: ミネルヴァ書房, 2003.

10) 李鍾元, 『東アジア冷戦と韓米日関係』, 東京: 東京大学出版会, 1996.

그에 이어 자유당이 의회정당으로 거듭나고 헌법에서 '국가사회주의적' 조항이 약화된 사실로 상징되듯이,[11] 그들의 몰락은 역사적 전환기였던 '해방8년'[12]의 종언, 즉 냉전이 남한 체제 내부에까지 관철되면서 대중이 직접 정치적 주체로 등장할 수 있는 정치적 공간이 소멸한 것과 궤를 같이했다. 그런 점에서도 족청계의 실태를 규명하는 작업은 초기 이승만 정권의 성격을 밝히는 데 필수적이라고 할 수 있으며, 이 작업은 대한민국이라는 국가의 역사적 성격을 이해하는 데도 도움이 될 것이다.

2. 대상과 시각

본격적인 분석에 들어가기에 앞서, 이 책의 분석 대상에 대해 먼저 그 범위를 분명히 해놓을 필요가 있다. 족청, 즉 조선민족청년단은 규약을 가진 사단법인이었기 때문에 그 범위가 분명하지만, 족청계는 조직적으로는 느슨한 정치 세력이었기 때문이다. 족청계라는 명칭은 기본적으로 족청 계열의 사람을 뜻하지만 이 '계'라는 말이 보여주듯이 그 범위는 분명하지 않다.[13] 족청계라는 말 자체는 1970~80년대까지도 백두진, 이재형 등 과

---

11) 헌법에서 '국가사회주의적' 요소가 약화되고 '자유경제 체제'로 이행하는 과정에 대해서는 辛容玉, 「大韓民國 憲法上 經濟秩序의 起源과 展開(1945~54年): 헌법 제·개정 과정과 국가자본 운영을 중심으로」, 고려대 사학과 박사논문, 2006, 319~344쪽 참조. 이와 동일한 시기에 북한은 농업협동화 방침을 결정하고 사회주의 건설을 향하게 되어 남북한이 서로 다른 길을 걷게 된다. 북한의 이런 변화에 대해서는 김성보, 『남북한 경제 구조의 기원과 전개: 북한 농업 체제의 형성을 중심으로』, 역사비평사, 2000, 293~304쪽 참조.
12) 해방에서 분단으로 이어지는 '전환기'로서의 '해방8년'이라는 관점에 대해서는 최장집·정해구, 「해방8년사의 총체적 인식」, 최장집 外, 『解放前後史의 認識』 4, 한길사, 1989 참조.

거 족청과 관계를 가진 정치인들에 대한 일종의 꼬리표로 사용되었는데, 이 책에서는 족청계를 단순한 인맥이 아니라 하나의 정치 세력을 나타내는 범주로 사용하고자 한다. 족청계를 결집시킨 것은 혈연이나 지연 같은 것이 아니라 강한 이념이었기 때문이다. 뒤에서 보듯이 족청에서 실시된 훈련도 강한 이념성을 띠었지만, 족청계가 자유당 장악을 시도했을 때도 그 방법으로 선택된 것이 이념 교육을 중심으로 한 훈련이었다는 사실은 그들의 특성을 여실히 보여준다. 1947년에 이범석이 "시대는 바야흐로 군중의 시대입니다. 민주주의라 함은 곧 군중주의라는 의미"라고 했듯이,[14] 족청계의 정치 노선은 '군중주의'에 바탕을 둔 것이었기 때문에 그 '군중'을 지도할 수 있는 이념은 그들에게 중요한 위치를 차지하지 않을 수 없었다. 이와 같이 대중 동원을 위해 어떤 이념을 내세운 정치 세력이라는 족청계의 특성을 드러내기 위해, 이 책에서는 그들의 이념에 주목할 것이며 그 이념을 만들어낸 이범석, 안호상, 양우정 등을 중심적으로 다룰 것이다. 시기로는 그들의 이념이 정치적으로 발현될 수 있었던 1953년까지가 주된 분석 대상이 될 것이다.

특정 이념을 가진 정치 세력으로서 족청계를 분석하기 위해, 이 책에서는 그들의 이념이 어떻게 형성되고 어떤 정치 행위로 표출되는지 밝히는 데 중점을 둘 것이다. 즉, 족청계가 어떤 역사 속에서 형성되고 어떤 역사를 형성했는지 밝히는 것이 이 책의 과제가 되는데, 그 분석을 위해 당시 민족주의(nationalism)가 지녔던 역사적 함의에 주목하고자 한다.

해방 직후 남한에서 나타난 민족주의의 특징을 서중석은 좌우합작으로

---

13) 언론에서는 '족청파', '족청계' 등 약간씩 다르게 표현하기도 했지만 기본적으로 동일한 대상을 가리키는 말이기 때문에 이 글에서는 족청계로 통일적으로 호칭한다.
14) 李範奭, 「群衆의 속으로」, 『朝鮮日報』 1947년 4월 8일자.

보았으며 그 기원을 독립운동 과정에서 형성된 "민족적 사회주의자들"과 "사회주의적 민족주의자들"의 관계에서 찾았다.15) 그런데 서중석은 이와 같은 경향을 한국의 '특수성'을 강조하는 맥락에서 생긴 것으로 보았지만, 당시 민족주의와 사회주의가 접근하게 되는 현상 자체는 결코 한국만의 특징은 아니었다. 영국의 국제정치학자 카(E. H. Carr)는 1945년에 펴낸 책 에서 민족주의를 역사적으로 분석했는데, 그가 민족주의의 '제3기'로 분류 한 20세기 전반(前半)에 나타난 특징은 '민족주의와 사회주의의 동맹'이라 는 현상이었다.16) 카에 따르면, 민족의 구성원으로서 대중이 성장함에 따 라 정치권력이 경제 영역에 개입하지 않을 수 없게 된 결과 등장하게 된 것이 사회적 민족주의(social nationalism) 또는 민족적 사회주의(national so-cialism)이다.17) 이와 같이 변화한 민족주의는 '경제적 민족주의(economic nationalism)'라는 형태로 나타나기도 했는데,18) 이 '경제적 민족주의'라는 낱말이 널리 쓰이게 된 것이 세계대공황을 겪으면서부터였던 것처럼,19) 주 로 '정치' 영역에서 작동했던 민족주의를 '경제' 영역과 결합시킨 것은 무 엇보다도 자본주의 체제의 위기였다.

자본주의 체제의 위기는 단적으로 계급투쟁의 격화라는 형태로 나타났는 데, 이 위기에 대한 대처법은 몇 가지가 있었다. 우선 케인즈의 이름과 더불 어 기억되는 대처법은, 자본주의 체제를 재편해 노동자계급이 지닌 적대성 을 시스템 내부의 역동적 요소로 '승화'시켜 포섭하는 방향으로 진행되었

15) 서중석, 『한국현대민족운동연구』, 역사비평사, 1991, 27~28쪽.
16) Edward Hallett Carr, *Nationalism and After*, London: Macmillan & co. ltd, 1945, p. 19.
17) *Ibid.*, pp.18~21.
18) *Ibid.*, p. 22.
19) Michael A. Heilperin, *Studies in Economic Nationalism*, Geneve: Librairie E. Droz, 1960, pp. 16~17.

다.[20] 케인즈는 1920년대부터 일국 단위의 금융 정책을 중요시했으며, 특히 30년대에는 '국민적 자급자족(national self-sufficiency)'을 주장해 분명히 국민주의적(nationalistic) 모습을 보였다.[21] 그렇기 때문에 크게 보면 케인즈 역시 위에서 본 흐름 속에 있다고 할 수 있지만, 케인즈의 시도는 기본적으로 정치적 존재로 나타나기 시작한 노동자계급을 다시 경제 시스템을 보완하는 장치로 흡수하려는 것이었다는 점에서[22] 보다 '보편주의적' 대처법이었다. 이런 특징은 복지국가 영국의 설계자라 할 수 있는 베버리지(William H. Beveridge)의 구상에서도 찾아볼 수 있다. 베버리지는 정부의 위촉을 받아 1942년에 제출한 소위 '베버리지 보고서(Beveridge Report)', 즉 『사회보험과 관련 사업』에서 전쟁으로 인한 파괴를 기회 삼아 '국민의 최저생활수준(national minimum)'을 국가가 보장하는 사회보장계획을 내놓았는데,[23] 뒤이어 1944년에 개인 자격으로 내놓은 『자유사회에서의 완전고용』에서 분명히 밝혔듯이, 그의 문제의식은 '빈곤은 증오를 낳는다'는 것이었다.[24] 결국 사회보장이 요청되는 근본 원인은 계급적 적대에 있다는 것이다. 이와 같이 케인즈와 베버리지가 시도한 방식이 노동자계급이 지닌 적대성을 완

---

20) Antonio Negri, "Keynes and the Capitalist Theory of the State", Michael Hardt & Antonio Negri, *Labour of Dionysus: A Critique of the State-Form*, Minneapolis: University of Minnesota Press, 1994, p. 28.

21) 케인즈 사상에 포함된 '경제적 민족주의'에 대한 '악의적인' 해석으로는 Heilperin, *op. cit.*, pp.97~128 참조. 케인즈가 주장한 '국민적 자급자족'의 구체적인 내용에 대해서는 John Maynard Keynes, "National Self-Sufficiency", *The Collected Writings of John Maynard Keynes* vol. XXI, London: Macmillan, 1982, pp. 233~246.

22) Hardt & Negri, *op. cit.*, pp. 43~44.

23) Sir William Beveridge, *Social Insurance and Allied Services*, London: His Majesty's Stationary Office, 1942, pp. 6~7.

24) Lord Beveridge, *Full Employment in a Free Society*, London: Geroge Allen & Unwin ltd., 1953(first published in 1944), pp. 15~16.

화시켜 체제 내로 통합하는 시도였다면, 또 다른 대처법은 이 적대성을 오히려 활용하려는 것이었다. 파시즘이라는 대처법이 그것이다.

케인즈 식 대처법이 계급갈등을 통한 정치적 주체화 과정 자체를 억제하는 것이었던 반면, 파시즘의 대처법은 정치적 주체화의 방향을 바꾸려는 시도로 나타났다. 원래 사회주의자였던 무솔리니는 제1차 세계대전 종전 뒤에 사회당의 '반(反)이탈리아적' 성격을 비판하면서 노동자계급을 '민족'의 이름으로 호명했으며,25) 히틀러는 독일 노동자들을 자기 민족으로 돌아오게 하고 국제주의적 망상에서 구해내기 위해서는 노동자들이 사용자에게 저항해서는 안 된다는 기업가 집단 내의 지배적인 견해에 가장 날카롭게 맞서는 전선을 형성해야 한다고 주장하면서 노동자들을 '국민적 민족공동체(nationale Volksgemeinschaft)'로 편입시키려 했다.26) 이와 같이 파시스트들은 노동자계급이 정치적 주체로 등장하는 것을 막지 않고 오히려 그들의 힘을 국민/민족의 이름으로 활용하려 했다. 그렇기 때문에 그들은 공산주의에 대해 적대적인 것과 마찬가지로 자본주의에 대해서도—적어도 그 초기에는—분명히 적대적인 모습을 보였다. 파시즘이 하나의 이데올로기로서 전 세계적으로 영향을 미치게 된 상황을 이해하기 위해서는 그 폭력성뿐만 아니라 그 전략이 지닌 위와 같은 특성에 충분히 유의할 필요가 있다.

이와 같은 파시즘의 전략을 생각하는 데 라클라우(Ernesto Laclau)가 제시한 파시즘 해석은 참고할 만하다. 라클라우는 풀란차스(Nicos Poulantzas)가 제시한 파시즘 해석이 과거 코민테른이 제시했던 경제주의적 해석을 벗어

---

25) 단적인 사례로는 ""We are not against labour, but against the Socialist Party, in as far as it remains anti-Italian"", Barone Bernardo Quaranta di San Severino ed., *MUSSOLINI as revealed in his Political Speeches(November 1914~August 1923)*, London: J. M. Dent & Sons ltd., 1923, pp. 71~74

26) Adolf Hitler, *Mein Kampf*, München: Zentralverlag der NSDAP, 1943, S. 372~374.

났다는 점을 높이 평가하면서도 그가 여전히 '계급'을 이미 형성된 것으로 보고 있다는 점을 비판하고, '계급투쟁'이라는 이미 고정된 틀로 보는 것이 아니라 '투쟁 중의 계급들(classes in struggle)'이라는 유동적인 존재에 주목할 필요성을 제시한다.[27] 아르헨티나 출신의 마르크스주의자인 라클라우는 라틴아메리카를 비롯한 제3세계의 정치 상황도 염두에 두면서 계급투쟁과 인민민주주의 투쟁(popular-democratic struggle)의 교차와 길항을 통해 투쟁의 주체가 중층결정되는 양상을 부각시킨 것이다. 즉, 노동자계급 역시 인민의 일부이기 때문에 그들은 계급적 호명(class interpellation)뿐만 아니라 인민민주주의적 호명(popular-democratic interpellation)에도 응답해야 하는데, 파시즘은 이 인민민주주의적 호명의 한 방식이었던 것이며,[28] 이탈리아와 독일의 노동자계급은 이 차원에서 대안적인 호명에 실패했기 때문에 파시즘 앞에 패배하게 되었다는 것이다.[29]

라클라우가 제시한 이와 같은 해석은 계급 분화가 불충분하며 민족 문제가 중요한 위상을 지니는 주변부에서 파시즘이 지닌 영향력을 이해하는 데도 많은 시사를 준다고 할 수 있는데, (계급)투쟁이 지닌 적대성을 민족투쟁이라는 방향으로 전환시키려는 전략의 특성은 무엇보다도 그들이 내세운 '반제국주의'에서 찾을 수 있다. 이탈리아의 경우 1910년대 초에 민족주의자 코라디니(Enrico Corradini)가 이탈리아 이민들의 노예 상태에서 생겨나는

---

27) Ernesto Laclau, "Fascism and Ideology", *Politics and Ideology in Marxist Theory: Capitalism-Fascism-Populism*, London: NLB, 1977, pp. 106~107.

28) *Ibid.*, pp. 109~110. '인민민주주의'라는 표현이 약간 거슬릴 수 있지만, '인민'에 해당하는 독일어 Volk가 동시에 민족이나 민중을 뜻하기도 하듯이, 라클라우가 말하는 '인민민주주의적 호명'에는 '민족적 호명'이라는 뉘앙스도 포함되어 있다고 보아야 할 것이다.

29) *Ibid.*, p. 128. 그래서 라클라우는 헤게모니라는 개념의 중요성을 강조하는데, 그 문제의식을 발전시킨 성과로 나온 것이 무페(Chantal Mouffe)와 함께 지은 *Hegemony & Socialist Strategy*, London: Verso, 1985이다.

반제국주의를 언급하면서 이탈리아를 하나의 '프롤레타리아 민족(nazione proletaria)'으로 제시했는데,[30] 국내적인 계급 관계를 국제적인 민족 관계로 치환시키는 이 논리는 무솔리니에 의해서도 활용되었다.[31] 독일의 경우에도 국민사회주의독일노동자당(Nationalsozialistische Deutsche Arbeiter Partei, 이하 나치당)[32] 내부에 '나치 좌파(nationalsozialistische Linke)'라 불리는 세력이 존재했으며, 그 대표적인 인물인 그레고르 슈트라서(Gregor Strasser)는 노동자계급의 해방을 위해서는 먼저 민족적인 자유가 있어야 한다며 반제국주의적 수사로 나치즘을 선전했다.[33] '나치 좌파'뿐만 아니라, 나치즘의 승리 자체가 독일민족을 착취하는 국제금융자본에 대한 적개심, 즉 반제국주의적 계급의식과 맞닿아 있는 심정을 유대인에 대한 적개심으로 전환하는 데 성공한 결과였다는 사실이 이런 전략의 효과를 잘 보여준다.

여기서 한 걸음 더 나아가 주목해야 할 것은, 계급투쟁에 대처하기 위한 전략으로서 '반제국주의'가 주변부에서 하는 역할, 즉 파시즘이 주변부의

---

30) Enrico Corradini, "Le nazioni proletarie", *Il nazionalismo italiano*, Milano: Fratelli Treves, 1914, p. 40. 코라디니가 이런 개념을 만들어낸 것은 19세기 말에 프랑스에서 등장한 '민족사회주의(socialsme national)'를 받아들여 민족주의와 사회주의를 결합하려고 했기 때문이었다. Zeev Sternhell with Mario Sznajder and Maria Asheri, translated by David Maisel, *The Birth of Fascist Ideology: from Cultural Rebellion to Political Revolution*, Princeton: Princeton University Press, 1994, pp. 11~12.

31) A. James Gregor, *The Search for Neofascism: the Use and Abuse of Social Science*, Cambridge: Cambridge University Press, 2006, p. 41.

32) 흔히 Nationalsozialismus는 '국가사회주의'라고 번역되지만, 비스마르크에 의해 추진된 사회 정책을 가리키는 Staatssozialismus와 구별하기 위해서는 '국민사회주의' 또는 '민족사회주의'라고 번역해야 할 것이다. 실제로 해방 직후부터 1950년대까지는 남한에서도 국민/민족사회주의와 국가사회주의가 분명히 구별되었다.

33) Nicos Poulantzas, *Fascisme et dictature*, Paris: Seuil/Maspero, 1974, p. 222-223. 슈트라서는 히틀러가 정권을 잡은 다음해인 1934년에 '제2혁명'을 주장하던 돌격대(SA) 대원들과 더불어 숙청되었다. 권력을 장악한 히틀러에게 이들은 이제 위험한 존재가 된 것이다.

저항민족주의와 결합하는 지점이다. 그 단적인 사례를 우리는 1930년대 중국에서 찾아볼 수 있다. 중국에서도 만주사변 발발로 인해 고조된 위기의식을 매개로 1930년대에 파시즘이 본격적으로 수용되기 시작한 것이다.[34] 파시즘을 소개하는 여러 매체들이 나타난 가운데 가장 적극적으로 파시즘을 다룬 잡지가 1933년부터 상하이에서 발간된 『사회주의월간(社會主義月刊)』이며, 그 중심 필자는 20년대에 프롤레타리아문학운동에 관여하던 저우위잉(周毓英)이었다.[35] 저우위잉은 자신이 쓴 글을 모아 1934년 12월에 『파시스트와 중국혁명』이라는 책을 펴냈는데, 이 책을 통해 중국에서 파시즘이 어떻게 인식되었는지 그 일단을 엿볼 수 있다.

저우위잉은 "식민지국가, 더욱이 중국과 같은 반식민지국가에서는 파시스트가 하나의 활로가 될 수 있다"는 관점에서 파시즘을 제시했다.[36] 그는 식민지국가에서는 전국적인 역량으로 제국주의에 저항해도 성공하기 어려운데, 마르크스주의자들이 계급투쟁으로 민족의 역량을 분산시키면 그것은 죽음으로 가는 길이라고 지적한다.[37] 이런 논리로 그는 공산주의를 부정하고 기본적으로 국민당을 지지해야 한다는 입장을 밝히지만, 국민당은 내부의 자유주의, 자본주의, 봉건 세력 때문에 부패하고 있다. 그래서 그와 같은 세력을 숙청하고 중국혁명을, 식민지혁명을 성공시키기 위해서는 파시즘이 필요하다는 것이다.[38] 만주사변 이후의 위기 상황 속에서 굳센 의지를 가진 모든 지사들이 중국에서는 필수적으로 타성적인 민주를 포기하고 정의

---

34) 馮啓宏, 『法西斯主義與三〇年代中國政治』, 臺北: 國立政治大學歷史學系, 1998, 54~66쪽.

35) 위의 책, 67~69쪽.

36) 周毓英, 「青年法西斯蒂」, 『法西斯蒂與中國革命』, 上海: 民族書局, 1934, 21쪽.

37) 위의 글, 22쪽.

38) 위의 글, 24쪽.

의 독재를 실행해야 한다고 느낀 것이 중국에서 파시즘이 등장하게 되는 배경이 되었다고 설명한 것도,[39] 대외적인 위기 상황을 타개하는 방안으로 파시즘을 주장하는 논리라고 할 수 있다.

그런데 저우위잉은 파시즘의 필요성을 주장하면서 그와 동시에 앞으로 나아갈 방향으로 사회주의를 제시하고 있다는 점에도 주목할 필요가 있다. 그가 제시하는 노선은, 우선 정치 방면에서 국민당의 파쇼화를 실행하고 삼민주의를 강력히 집행함으로써 대내적으로는 봉건 세력을 숙청하고 대외적으로는 제국주의를 타도해 중국민족의 국가사회주의를 실현하는 것이었다. 경제 방면에서도 전국의 금융 제도와 금융 조직을 통일하고, 모든 불합리한 봉건적 내재적 속박을 풀어내며 모든 제국주의의 금융 및 산업의 조종을 타파하고 정부의 통제 역량을 사용해서 전국적으로 생산을 발전시켜 중국이 대동주의 사회주의를 실현시킬 수 있는 경제 기반을 조성한다고 했다.[40] 즉, 저우위잉이 제시한 파시즘이란 강력한 국가권력을 통해 사회주의를 실현하려는 것이었다.

그리고 저우위잉의 파시즘 이해의 큰 특징은 어디까지나 하나의 기술로 파시즘을 이해하고 있다는 점이다. "파시즘이란 원래 고정적인 내용이 있는 것이 아니라 사회적인 내용을 그 내용으로 하는 것으로 사회가 국가주의를 필요로 하면 파시스트는 가장 활발한 국가주의자가 되는 것이며 사회가 사회주의를 필요로 하면 파시스트는 가장 앞선 사회주의자가 된다"[41]고 보았기 때문에, 중국에서는 그 사상적인 내용이 무조건 삼민주의여야 한다고 역설하며[42] 중국혁명에 필요한 것을 "삼민주의＋파시스트"라는 식으로

---

39) 周毓英, 「法西斯蒂與中國革命」, 위의 책, 5쪽.
40) 周毓英, 「中國社會主義之旗」, 위의 책, 39~40쪽.
41) 周毓英, 「法西斯蒂與中國革命」, 위의 책, 3쪽.
42) 위의 글, 7쪽.

제시한다.[43] 이 도식은 삼민주의를 체(體)로 삼고 파시스트를 용(用)으로 삼는다는 식으로 표현되기도 했는데,[44] 이런 입장이었기 때문에 결국 그의 주장은 위에서도 본 것처럼 삼민주의를 내세운 국민당이 그것을 강력하게 실천할 수 있게 하기 위해 국민당을 파쇼화해야 한다는 것으로 귀착된다. 파시스트의 조직과 기율을 원래 쑨원(孫文)이 이끌었던 시절의 국민당이 가지고 있었기 때문에 다시 그런 체제를 부활시켜야 한다는 것이었다.[45] 그는 혁명에는 한 명의 영수에 의한 독재와 복종이 필수적이라고 하면서 스탈린과 무솔리니의 사례를 들기도 했는데,[46] 국민당의 파쇼화를 촉구한 그의 주장은 결국 장제스(蔣介石)에 의해 실현된다.

본문에서 다시 보겠지만, 1930년대부터 장제스는 파시즘을 본격적으로 수용하기 시작했다. 그 특징은 '반제민족주의'로서 레닌주의와 파시즘의 통치 방식을 혼합시킨 데 있었다.[47] 장제스도 레닌주의와 파시즘을 하나의 기술로 수용했던 것이다. 이와 같이 파시즘에 대한 장제스의 인식은 저우위잉과 거의 동일한 것이었는데, 다른 점은 장제스에게는 그것을 실제로 실현시킬 수 있는 힘이 있었다는 사실이다. 1938년 3월 말부터 4월 초에 걸쳐 개최된 중국국민당 임시전국대표대회에서는 항일전쟁 수행을 위해 "하나의 신앙, 하나의 영수, 하나의 정부"가 강조되었다.[48] 항일전쟁이라는 목적을 위해 파시즘적인 경향이 강화된 셈인데, 이와 동시에 제도적으로도 국민

---

43) 위의 글, 9쪽.

44) 周毓英, 「法西斯蒂的技術」, 위의 책, 96쪽.

45) 周毓英, 「國民黨恢復總理制與中國法西斯蒂的組織問題」, 위의 책, 44쪽.

46) 周毓英, 「獨裁與革命」, 위의 책, 17쪽.

47) 樹中毅, 「レーニン主義からファシズムへ : 蔣介石と独裁政治モデル」, 『アジア研究』 51 巻1號, 東京: アジア政経学会, 2005.

48) 崔之淸 主編, 『国民党政治与社会结构之演变』 下編, 北京: 社会科学文献出版社, 2007, 1071~1072쪽.

당에 총리의 권한을 대행하는 총재직이 신설되었다.[49] 이 수정은 장제스의 지시에 의해 이루어진 것이었으며, 실제로 그 총재로 취임한 사람은 장제스였다. 저우위잉이 주장했던 총리제 부활이 이루어진 셈이지만, 장제스에게 권력을 집중하는 명분을 준 항일전쟁은 동시에 직접 전쟁을 수행하는 공산당을 포함한 다양한 세력들의 역량을 키우는 결과를 낳았다. 결국 항일전쟁이 끝나자 바로 이어서 발발한 국공내전을 통해 장제스가 구축한 파시즘 체제는 곧바로 몰락했다. 하지만 주변부에서 파시즘이 활용되는 방식을 보여주었다는 점에서, 중국의 사례는 중요하다고 할 수 있다.

이러한 역사가 보여주는 것은 자본주의 체제의 위기가 가시화되는 가운데 민족주의와 사회주의가 다양한 편차를 내포하면서 결합되는 양상이며, 거기서 파시즘은 중요한 한 축을 이루고 있었다. 1960년대에 제3세계 국가들에서 나타난 이데올로기적인 경향은 **"민족주의적** 사회주의(*nationalist socialism*)"라고 표현되기도 했는데,[50] 30년대부터 형성된 흐름이 냉전이 시작된 뒤에도 제3세계에서 지속된 것이다. 흔히 제3세계주의(third worldism)라 불리는 흐름은 대체로 좌익적 경향이 강한 것이었지만, 민족의 일체성이나 지도자를 강조하는 측면에서는 파시즘과도 공통적인 지점들이 존재했다.[51] 1960년대 초에 인도네시아의 수카르노(Sukarno)가 공개석상에서 히틀러를 민족주의자로 높이 평가한 일화 역시 이러한 흐름을 단적으로 보여

49) 李雲漢 主編, 『中國國民黨黨章政綱彙編』, 臺北: 中國國民黨中央委員會黨史委員會, 1994, 124~126쪽.

50) Paul E. Sigmund ed., *The Ideologies of the Developing Nations*(revised edition), New York: Praeger Publishers, 1967, p. 17. 강조는 원문.

51) 제3세계주의 일반을 다룬 것은 아니지만 알제리를 중심으로 제3세계주의의 형성과 몰락을 분석한 것으로 Robert Malley, *The Call for Algeria: Third Worldism, Revolution, and the Turn to Islam*, Berkeley: University of California Press, 1996 참조.

주는 사례라고 할 수 있을 것이다.[52]

한국에서도 유사한 사례가 확인된다. 1948년에 남한에서 출판되어 "해방 전후를 통하여 정치학에 관한 최초의 저서"이며 "정치학 급(及) 정치사상에 관한 입문서로써 널리 강호 일반의 일독에 치(値)하는 근래의 쾌저(快著)"라는 평가를 받았던[53] 강상운[54]의 『현대정치학개론』이 그것이다. "현대 정치를 논하는 사람은 반다시 제국주의에 대하여 깊은 인식이 있어야 할 것이다. 이 제국주의를 인식함으로서 공산주의를 이해할 수 있고 또 자본주의를 이해할 수 있는 것"이라고 선언한 이 책은,[55] '파시즘 대 민주주의'라는 제2차 세계대전의 성격 규정과 더불어 일단 자취를 감추다시피 했던 제국주의의 문제를 또다시 현대 정치의 핵심으로 제시한다. 그러면서 그는 민족사회주의를 중요한 사조의 하나로 언급하는데, "민족사회주의라는 것은 서양에서 임이 국민사회주의라는 명칭으로 일반의게 알이어진 개념이다. 독일에서 힐틀라의 국민사회주의독일노동당의 수립 이래로 일시 서양을 풍미하였고 또 많은 충동을 준 것"이라며 그것이 나치즘과 기본적으로 동일한 것임을 상기시킨다. 그러면서도 "민족사회주의라는 것은 필경 민족주의이 기반 우에 사회주의를 결합시킨 것"이기 때문에 "민족주의의 개념을 명백히 하며는 곧에 민족사회주의의 본질도 이해하게 될 것"이라고 민족사회주

---

52) Benedict Anderson, *The Specter of Comparison*, London: Verso, 1998, pp. 1~2.

53) 『東亞日報』 1948년 11월 5일자.

54) 강상운(姜尙雲)의 '상운'은 호로 본명은 강주진(姜周鎭)이다. 1919년에 경북 상주에서 태어난 그는 1930년대에 일본으로 건너가 도쿄에서 스기나미(杉並)상업학교와 주오(中央)대학을 나왔으며 치안유지법 위반혐의로 1년여의 옥고를 치른 다음 1945년 1월에 경성일보사 조사부에 들어갔다. 해방 이후에는 경성상공학교 교사를 시작으로 교편을 잡게 되어 『현대정치학개론』 발간 당시에는 중앙대 강사였다. 「尙雲 姜周鎭 博士 年譜抄」, 『尙雲姜周鎭博士華甲紀念論文集』, 尙雲姜周鎭博士華甲紀念論文集刊行委員會, 1979.

55) 姜尙雲, 『現代政治學槪論』, 文藝書林, 1948, 86쪽.

의의 본질을 민족주의로 환원하면서 "민족주의의 사상 급(及) 운동은 일국가 급 민족이 여하한 점에서던지 타국의 협위 압박 침략을 받을 경우에 특히 발발하는 것"이라고 민족주의를 주로 외세에 대한 저항이라는 맥락에서 설명한다. 나치즘 자체에 대해서도 "히틀라가 제일 실책한 것은 사회노동당의 정강의 시책을 실시함에 당하여 독재로서 군림한 것이고 또 무기간으로 총통의 지위에 있었기 때문"[56]이라고 그 실천 방식에 관한 문제만을 지적한 것으로 알 수 있듯이, 강상운은 나치즘의 사상 자체에 대해서는 전혀 부정적이지 않았으며 오히려 저항민족주의의 흐름 속에서 이해하는 모습을 보였다.

나치즘에 대한 호의적인 평가는 이 책의 부록으로 들어간 '자료편'에서도 확인된다. '자료편'에는 네 가지 자료가 수록되었는데,[57] 프랑스 인권선언과 미국 독립선언이 들어간 것은 정치학 교재로서 무난한 선택이라고 할 수 있지만, 1931년에 마오쩌둥(毛澤東)을 주석으로 성립이 선언되었다가 몇 년 만에 사라진 중화소비에트공화국의 헌법과 더불어 나치당의 정강이 수록되었다. 중화소비에트공화국 헌법과 나치당 정강이라는 조합은 오늘날의 상식으로는 이해하기 어렵지만, 여기서 주목할 것은 소련 헌법이 이미 1936년에 제정되었는데도 굳이 중화소비에트공화국 헌법을 수록했다는 점이다. 만약 사회주의 헌법을 소개하는 것이 목적이었다면 소련 헌법을 수록했을 텐데 굳이 중화소비에트공화국 헌법을 수록한 까닭은, 그것이 사회주의와 동시에 반제국주의를 기조로 한 것이었기 때문일 것이다. 즉, 반제국주의라는 바탕 위에서 중화소비에트공화국과 나치즘이 공존하고 있는 것이다. 여기서도 주변부에서 파시즘이 수용되는 한 방식을 엿볼 수 있다.

---

56) 위의 책, 165쪽.
57) 위의 책, 194~210쪽.

물론 이런 인식이 당시 한국에서 주된 사상 흐름이었던 것은 아니다. 파시즘의 패배를 전제로 새로운 사회를 구상하려던 시기에 공공연하게 파시즘을 찬양한다는 것은 거의 있을 수 없는 일이었다. 하지만 민족주의와 사회주의가 자연스럽게 결합되는 경향 속에서 계급투쟁에 강경하게 대처하려 할 때, 파시즘은 여전히 참고할 만한 사조로 은연중에 존재하고 있었다는 점을 간과해서는 안 될 것이다.

3. 연구사 검토

족청계의 성격에 대한 학술적 접근은 먼저 해외에서 이루어졌다. 주한 미 대사관에서 근무했던 그레고리 헨더슨(Gregory Henderson)은 1968년에 간행된 『한국: 회오리 정치』에서 해방 직후의 청년단들에 대해 언급하면서, 이범석의 정치철학이 중국국민당의 그것과 유사하다는 것, 그리고 안호상이 히틀러 찬양자라는 것 등을 부각시켰다.[58] 헨더슨이 묘사한 이러한 족청 이미지는 미국 수정주의를 대표하는 학자인 가브리엘 콜코(Gabriel Kolko)와 조이스 콜코(Joyce Kolko)에 의해 미국의 대외 정책을 비판하는 맥락에서 계승되었다. 그들은 1972년에 낸 『권력의 한계』에서 족청을 언급했는데, 미국이 국내 반란 처리와 국군 핵심 세력 양성을 위해 OSS 요원이었던 이범석을 통해 족청을 조직케 했으며, 이는 히틀러유겐트의 영향을 받은 것이었다고 서술했다.[59] 하지만 콜코의 서술을 자세히 읽어보면 미군

---

58) Gregory Henderson, *Korea: The Politics of the Vortex*, Cambridge: Harvard University Press, 1968, p. 141.

59) Joyce and Gabriel Kolko, *The Limits of Power: The World and United States Foreign Policy,*

정의 정책과 족청의 관계는 불분명하게 서술되고 있다. 브루스 커밍스는 1973년에 발표한 글에서 콜코와 마찬가지로 족청의 파시즘적인 성격을 언급하면서, 하지(John R. Hodge)가 1948년 10월 28일자로 맥아더에게 보낸 비망록에서 제기되었던 '우익청년군(Rightist Youth Army)' 구상이 바로 족청을 가리키는 것이라고 설명했다.[60] 이 커밍스의 글을 통해 미군정이 좌익을 누르기 위한 무장력으로 족청을 조직했으며 그것이 파시즘적인 것이었다는 족청에 대한 역사적인 이미지가 확립되었다. 콜코와 커밍스에 의한 족청 서술은 각각 1982년과 1984년에 번역되어 국내에도 큰 영향을 미쳤다.[61] 그런데 그 뒤에 나온 연구에서 커밍스의 족청에 대한 인식은 분명한 변화를 보인다. 1990년에 나온 『한국전쟁의 기원』 2권에서, 커밍스는 족청을 다루면서도 위에서 본 하지의 전문을 전혀 언급하지 않았으며 오히려 중국과의 관계를 부각시켰다.[62] 그와 동시에 족청 시기에 이범석이 보여준 민족주의가 민족의 주체성과 일체성을 강조하는 것이었으며 당시의 그와 같은 민족주의가 "좌와 우가 만나는 영역"이었다고 서술한 것은 족청의 성격을 생각하기 위해서는 중요한 지적이다.[63]

국내에서는 1973년에 해방 직후 청년운동의 당사자였던 선우기성(鮮于基聖)이 쓴 『한국청년운동사』에서 다른 여러 청년단들과 더불어 족청이 다루어져 임원, 조직, 이념, 훈련 과정 등이 구체적으로 소개되었다.[64] 1980년

_1945~1954_, New York: Harper & Row, 1972, p. 292.

60) Bruce Cumings, "American Policy and Korean Liberation" in Frank Baldwin ed., _Without Parallel_, New York: Pantheon Books, 1973, pp. 84~85.

61) 콜코의 글은 한국의 해방3년 부분만 발췌되어 徐大肅·李庭植 外, 『韓國現代史의 재조명』, 돌베개, 1982에 수록되었으며 커밍스의 글은 그의 글이 수록된 책이 프랭크 볼드윈 編, 편집부 譯, 『韓國現代史』, 사계절, 1984로 번역 출간되면서 많이 읽히게 되었다.

62) Bruce Cumings, _op. cit._, pp. 195~196.

63) _Ibid._, p. 196.

대에 들어서면서 나타난 이경남의 연구는 학술적인 글은 아니지만 족청 출신들에 대한 인터뷰 등을 통해 나름대로 족청계의 성쇠 과정을 그려냈다.[65] 그 뒤에 나온 『대한민국건국청년운동사』에 수록된 족청 서술은 이경남의 글을 토대로 자료를 덧붙인 것이며,[66] 김철의 서술 역시 거의 이경남의 글을 베낀 것이다.[67]

1980년대 중후반부터 본격화된 한국 현대사 연구에서 족청은 우익 청년단을 다루는 가운데 항상 언급되긴 했지만, 본격적인 학술 연구 주제로 다루어지기 시작한 것은 1990년대 이후의 일이었다. 1991년에 나온 안상정의 연구는 부분적으로만 언급되던 족청을 주제적으로 다루었다는 점에서도 선구적이라고 할 수 있지만, 무엇보다 족청이 직접 작성한 자료 등을 활용해 족청의 조직 구성과 훈련을 비롯한 활동상을 실증적으로 밝혀냈다는 점은 높이 평가할 만하다.[68] 하지만 사상의 스펙트럼을 단순히 좌우로만 나누고 있으며 이범석을 "철저한 친미반공주의자"[69]로 표현하는 등, 족청이 가진 사상의 특성을 부각시키지는 못했다. 1994년에 나온 이진경의 연구는 족청이 지닌 정치성에 주목해, 그들이 '순수 청년운동'을 내세웠지만 사실은 반민족적이고 반민중적인 정치성을 띤 조직이었다고 보았다.[70] 안상정의 연구가 비교적 중립적인 관점에서 이루어진 데 비해, 이진경의 연구는 족청의 정치적 성격을 규명하려는 적극적인 자세를 보인 점을 평가할 수 있다. 하지만 그 정치성에 대해 '민족-반민족'이라는 이분법적인 구도로

---

64) 鮮于基聖, 『韓國靑年運動史』, 錦文社, 1973, 696~706쪽.

65) 李敬南, 「族靑系의 榮光과 沒落」, 『新東亞』 8월호, 東亞日報社, 1982.

66) 建國靑年運動協議會, 『大韓民國建國靑年運動史』, 建國靑年運動協議會總本部, 1989.

67) 김철, 「민족청년단」, 鐵驥李範奭將軍紀念事業會 編, 『鐵驥李範奭評傳』, 한그루, 1992.

68) 安相政, 「民族靑年團의 組織過程과 活動」, 성균관대 정치외교학과 석사논문, 1991.

69) 위의 논문, 66쪽.

70) 李珍京, 「朝鮮民族靑年團硏究」, 성균관대 사학과 석사논문, 1994.

접근함으로써, 안상정과 마찬가지로 족청의 독특한 성격을 파악하지 못했다. 그와 달리 임종명의 연구는 미국 자료를 적극적으로 활용해 미군정의 의도를 부각시킴으로써 족청의 성격을 규명하려 한 것으로, 좌익과의 관계에 대해서도 많은 분석을 해 족청의 특성을 잘 드러냈다고 할 수 있다.[71] 하지만 주로 미국 자료에 의존했기 때문에 족청의 성격을 모두 미군정의 정책으로 설명하는 경향이 있으며, 그 결과 정부 수립 이후에 대해서는 거의 다루지 못했다.

족청계의 영수라고 할 수 있는 이범석에 관한 전문 연구 성과로는 박영실의 석사논문이 유일하다.[72] 박영실은 이범석의 생애, 그의 사상, 미국 및 이승만과의 관계를 주로 다루었으며 해방 이전과 이후의 연속 관계에 주목하려고 했으나, 해방 이전 부분을 거의 회고록에 의존하는 등 이범석의 사상의 형성 과정에 접근하지 못해 깊이 있는 분석으로 나아가지 못했다.

족청계의 이데올로기라고 할 수 있는 일민주의에 대해서는 나름대로 연구가 축적되어 있다.[73] 김혜수의 연구는 일민주의의 등장을 정통성이 약한 이승만 정권의 권력 안정화를 위한 수단으로 보고 그것이 나오게 되는 역사적 맥락을 추적했는데, '통치 이념 정립 과정'이라기보다는 '통치 이념 정립 배경'을 주로 다룬 것이며 일민주의 자체에 대해서는 거의 소개 수준에

---

71) 林鍾明, 「조선민족청년단(1946. 10~1949. 1)과 미군정의 '장래 한국의 지도 세력' 양성 정책」, 『韓國史研究』 95호, 韓國史研究會, 1996.

72) 朴榮實, 「李範奭 研究」, 한국정신문화연구원 한국학대학원 석사논문, 2002.

73) 김혜수, 「정부 수립 직후 이승만 정권의 통치 이념 정립 과정」, 『梨大史苑』 第二十八輯, 梨花女子大學校 人文大學 史學會, 1995; 하유식, 「안호상의 一民主義 연구」, 『한국민족운동사연구』 34, 한국민족운동사학회, 2003; 연정은, 「안호상의 일민주의와 정치·교육 활동」, 『역사연구』 12호, 역사학연구소, 2003; 임종명, 「一民主義와 대한민국의 근대 민족국가화」, 『한국민족운동사연구』 44, 한국민족운동사학회, 2005; 김수자, 『이승만의 집권 초기 권력 기반 연구』, 景仁文化社, 2005, 1장 2절; 서중석, 『이승만의 정치이데올로기』, 1~3장.

머물렀다. 하유식의 연구는 안호상에 초점을 맞추어 그의 해방 이전 경력과 해방 이후의 활동, 그리고 그의 일민주의 사상의 구조를 다룬 것인데, 일민 주의와 직접 관련되지 않은 글들까지 동일하게 다루었기 때문에 안호상의 사상에 대해서는 파악할 수 있지만 일민주의 자체의 특성은 잘 부각되지 않았다. 연정은의 연구는 하유식의 글과 유사한데, 안호상의 사상의 기원을 나치즘과 연결시키려고 한 데 특징이 있다. 하지만 논리의 비약이 많으며 논증 방식 또한 문제가 적지 않다. 임종명의 연구는 대한민국의 국정 이데 올로기로서 일민주의를 다룬 것으로, 대한민국의 근대 민족국가화 과정에 서 일민주의가 어떤 역할을 했는지 텍스트 분석을 통해 밝히려 한 것이다. 하지만 일민주의에 관한 두 가지 텍스트만을 분석했기 때문에 일민주의가 지니는 사상사적 맥락은 거의 부각되지 않았다. 김수자의 연구는 일민주의 를 주로 정당 건설 또는 국민운동이라는 관점에서 다룬 것인데, 그렇기 때 문에 일민주의보급회 등 조직을 주로 분석했으며 사상적인 내용은 크게 다루지 않았다. 서중석의 연구는 일민주의를 가장 포괄적으로 다루려 한 것이라고 할 수 있는데, 일민주의가 등장하게 되는 정치사적 맥락에 대해서 는 잘 지적했지만 사상사적인 관점에서 보면 파시즘과의 유사성을 수사적 으로 환기시키는 등 인상 비평이라는 감이 없지 않으며, 일민주의를 유교와 관련시켜 그 '전근대성'만을 부각시킴으로써 일민주의의 역사성을 입체적 으로 그려내지 못했다.

족청계가 중심적인 역할을 하게 되는 (원외)자유당에 대해서는 주로 정치 학자에 의해 몇 가지 연구가 이루어졌으며[74] 비교적 최근에 역사학자에

---

74) 孫鳳淑, 「韓國自由黨十二年史의 硏究: 李承晚博士執權下의 政黨體制를 中心으로」, 이화 여대 정치외교학과 석사논문, 1967; 李命英, 「自由黨統治의 特性(1952~1960)」, 『社會科 學』 13권 1호, 성균관대 사회과학연구소, 1975; 이강로, 「초기 자유당(1951. 8~1953.

의해서도 연구되었다.[75] 하지만 원외자유당 창당 과정에 대해 구체적으로 서술한 것은 서중석의 연구가 거의 유일하며, 이 연구 역시 충분한 실증을 거친 것이라고 보기는 어려운 점이 적지 않다.

4. 자료 및 구성

주된 자료로는 신문을 최대한도로 활용할 것이다. 기존 연구들에서는 회고록 등에 대한 의존도가 높은데, 회고록 등은 사건의 내막을 알기에는 좋지만 역사학적인 접근에서 가장 중요하다고 할 수 있는 정확한 시기를 특정하기 어렵다는 한계를 지닌다. 시계열적으로 역사적 흐름을 재구성하기 위해서는 신문이 핵심적인 자료라 할 수 있다. 또한 족청계의 특성 중 하나가 지방에 기반이 있다는 것이었음을 감안하면 지방에서 발행된 신문은 지방에서의 족청계의 활동상을 조명하는 데 중요한 역할을 할 수 있다.

신문과 유사한 이유로 미군정, 미 대사관 등에서 작성한 보고서 역시 중요한 자료가 된다. 특히 부산정치파동과 같은 큰 사건이 일어났을 때는 하루에도 몇 번씩 전문을 보내는 경우가 있는데, 이런 자료는 사건의 재구성을 위해 유용하게 활용할 수 있다. 또한 미국의 한국에 대한 정책이 결정되는 과정을 한국 내정과의 상호작용으로 파악하기 위해서도 미 국무부의 외교 관련 문서는 중요한 분석 대상이다.

정치사적인 흐름뿐만 아니라 족청계의 사상을 파악하기 위해서 그들이

---

11)과 기간사회단체의 관계 고찰: 이승만과 사회단체를 중심으로」, 『대한정치학회보』 16집 3호, 대한정치학회, 2009.
75) 서중석, 『이승만의 정치이데올로기』, 3장.

분석 대상이 되는 시기에 쓴 저작들을 적극적으로 활용할 것이다. 단행본으로 출판된 것뿐만 아니라 잡지나 신문에 기고한 글을 비롯해 신문 광고란에 실린 성명서 등도 분석 대상으로 삼을 것이며, 단순히 텍스트로만 분석하는 것이 아니라 그것이 어떤 구체적인 역사적 맥락 속에서 서술되고 변화했는지 검토할 것이다.

또한 이 책에서는 중국과의 관계를 중요시하는데, 중국(대륙 및 대만)에서 발간된 중국국민당 관련 자료들도 중요한 자료가 될 것이다.

이 책의 구성은 다음과 같다. 먼저 제1부에서는 족청계의 중심적인 인물이라고 할 수 있는 이범석과 안호상, 양우정 등의 해방 이전 행적을 추적함으로써 족청계의 사상적 기원을 밝힐 것이다. 제2부에서는 족청계의 모체라고 할 수 있는 족청에 어떤 사람들이 참여했으며 어떤 훈련이 이루어지고 그 이념이 어떤 것이었는지 검토할 것이다. 제3부에서는 족청 출신들이 분단정부에 참여하게 되면서 일민주의를 매개로 해서 족청계를 맹아적으로 형성하게 되는 과정을 다룰 것이다. 제4부에서는 한국전쟁 발발이라는 상황 속에서의 족청계 동향과 그들이 중심적인 역할을 담당한 (원외)자유당 창당 과정과 그 성격을 밝힐 것이다. 제5부에서는 (원외)자유당 창당의 목적이었던 대통령 직선제 개헌을 위한 부산정치파동에서 족청계가 부각되어 미국의 경계 대상이 되면서 끝내 권력의 중심부에서 제거당하는 과정을 분석할 것이다.

제1부
족청계의 기원들
: 1930년대 동아시아와 민족주의

제1장
'반제민족주의'와 파시즘
—이범석과 장제스

족청계의 사상적 기원을 생각할 때 무엇보다도 중요한 것은 족청 단장이며 족청계 영수인 이범석의 사상이 어떻게 형성되었는지 밝히는 작업이다. 여기서는 이범석의 해방 이전 행적을 추적하면서 그 사상의 형성 과정을 밝혀보고자 한다.

1. 중국에서의 독립운동과 나치즘

이범석은 1900년 서울에서 태어났다. 그의 집안은 그 당시에도 노비를 10명 이상 둘 정도로 잘사는 양반 가문이었다고 한다.[1) 외아들인 이범석은 우수한 성적으로 경성고등보통학교에 입학했으나 일본인 교사들의 차별적인 태도를 접하면서 항일의식이 생겨 1916년 초에 학교를 그만두고 중국으로 건너가게 된다.[2) 중국으로 가게 된 직접적인 계기는, 당시 난징(南京) 진링(金陵)대학에 유학생으로 있다가 여름방학에 일시 귀국한 여운형(呂運

---

1) 李範奭, 『鐵驥李範奭自傳』, 외길사, 1991, 27쪽.
2) 위의 책, 58~78쪽.

亨)과의 우연한 만남이었다.3) 1915년 2월 진링대학에 입학한 여운형은 그
해 5월에 신규식(申圭植) 등의 활동을 접하게 되면서 상하이(上海)를 중심으
로 한 독립운동과 관계를 맺고 있었다.4) 여운형의 매개와 더불어 이범석의
매형인 신석우(申錫雨) 역시 상하이에서 활동하고 있었기 때문에, 이범석은
중국으로 건너가서 곧바로 독립운동 세력과 관계를 가지게 된다.

상하이에서 이범석은, 신석우가 같이 살고 있던 신규식의 집에서 함께
지내게 되었다. 신규식은 일찍이 중국으로 건너가 중국동맹회(中國同盟會)에
가입하고 우창봉기(武昌起義)에도 참가하는 등 쑨원(孫文)을 중심으로 한 세
력과 함께하고 있었기 때문에,5) 그 집에는 쑨원을 비롯해 다이지타오(戴季
陶), 바이원웨이(柏文蔚)6) 등 중화혁명당(中華革命黨)7) 간부들이 드나들었다
고 한다.8) 이범석이 1917년 말에 윈난육군강무학교(雲南陸軍講武學校)9)에
들어간 것도,10) 당시 윈난성(雲南省) 독군(督軍)이던 탕지야오(唐繼堯)가 과거
중국동맹회 회원이었던 관계로11) 쑨원을 통해 그를 소개받을 수 있었기에
가능했다.

---

3) 『事實의 全部를 記述한다』, 希望出版社, 1966, 58쪽.

4) 강덕상 지음, 김광열 옮김, 『여운형평전』 1, 역사비평사, 2008, 112~115쪽.

5) 猊觀 申圭植 原著, 石麟 閔弼鎬 編著, 『韓國魂』, 普信閣, 1971, 127쪽.

6) 이범석은 "백문위(白文尉)"라고 썼지만 수정했다.

7) 중국동맹회는 1912년에 국민당으로 명칭을 바꾸었다가 위안스카이(袁世凱)에 의해 탄압을
받아 해체된 다음 중화혁명당이라는 이름으로 다시 조직되었다. 다이지타오, 바이원웨이
등은 이 과정을 쑨원과 함께 겪은 이들이다. 崔之淸 主编, 『国民党政治与社会结构之演变』
上编, 北京: 社会科学文献出版社, 2007, 108~225쪽.

8) 『鐵驥李範奭自傳』, 79~81쪽.

9) 이범석은 '윈난군관학교', '윈난강무학교', '윈난군관강무학교' 등으로 쓰고 있지만 이범석
이 입학했을 당시 이 학교의 정식 명칭은 '윈난육군강무학교'였다. 裵淑姬, 「中國 雲南陸軍
講武堂與韓籍學員」, 『中國史研究』 第56輯, 中國史學會, 2008 참조.

10) 위의 글, 243쪽.

11) 崔之淸 主编, 앞의 책, 113쪽.

1919년 봄에 기병과를 졸업하고 견습사관으로 있던[12] 이범석은 5월에 3·1운동 소식을 접하고[13] 다시 상하이로 돌아간다. 하지만 상하이에서는 기대했던 군사 활동이 어렵다는 사실을 알고는 곧 만주로 떠나게 된다.[14] 서간도에서 신흥무관학교 교관을 하다가 1920년 봄에 김좌진(金佐鎭)이 이끄는 북로군정서로 자리를 옮겨 그해 10월에 청산리전투에 참여했다.[15] 청산리에서는 승리를 거두었지만 물량이 압도적으로 우세한 일본군에 밀려 김좌진 등과 더불어 이범석도 당시 극동공화국이었던 연해주 지역으로 넘어가 이만(Иман)에서 다른 독립군 부대들과 합류했다.

1921년 초에 이만에 모인 무장단체들은 무장해제를 요구받았는데, 이에 반발한 북로군정서의 서일(徐一)과 김좌진은 다시 만주로 돌아가고 남은 부대원들은 홍범도(洪範圖) 부대에 편입되었다.[16] 이 과정에서 이범석은 김좌진에 앞서 러시아를 탈출했다고 회고했지만,[17] 거기에는 약간 애매한 부분이 있다. 김좌진과 함께 있다가 일본군에 투항한 이정(李楨)이 진술한 내용에 의하면, 무장해제를 요구받은 김좌진은 적군 사령관과 협상을 벌인 결과

---

12) 이범석은 "38개월 동안의 군관학교 교육과정"이라고 회고했는데(『鐵驥李範奭自傳』, 113쪽) 실제로 이범석이 입학한 윈난육군강무학교 12기의 교육과정은 2년 반, 즉 30개월이었다. 裵淑姬, 앞의 글, 242쪽. 그런데 그렇게 되면 1917년 말에 입학한 사람이 1919년 봄에 졸업할 수는 없다. 이범석과 같은 12기생인 예젠잉(葉劍英)이 1919년 12월에 졸업한 것으로 되어 있는 점을 감안하면(叶劍英传编写组, 『叶劍英传』, 北京: 当代中国出版社, 1995, 28쪽) 이범석은 중퇴했을 수도 있다.

13) 『鐵驥李範奭自傳』, 121쪽.

14) 위의 책, 128~131쪽.

15) 위의 책, 147, 163, 173~235쪽; 서중석, 『신흥무관학교와 망명자들』, 역사비평사, 2001, 182, 202~203쪽.

16) 尹相元, 「러시아 지역 한인의 항일무장투쟁 연구(1918~1922)」, 고려대 한국사전공 박사논문, 2009, 171쪽.

17) 『鐵驥李範奭自傳』, 237~240쪽.

백군 축출에 협력하는 조건으로 대한혁명군을 조직해 백군과의 전투에 참여했다가 그해 연말에 다시 무장해제를 요구받아 중국으로 건너갔다고 한다.[18] 다른 일본 관헌 자료에서도 이범석이 대한독립군단에서 중국 닝안현(寧安縣)에 설치하기로 한 사관학교 교관에 임명되어 4월 하순에 그 지역에 가서 학교 설립 준비에 착수했다가[19] 그해 10월부터 다시 이만에서 군인을 모집하고 있다는 정보가 발견되며,[20] 또 같은 시기에 이범석이 이만사관학교를 출발해 중국령으로 들어갔다는 정보가 있는 것으로 보아,[21] 이범석은 계속 중소 국경[22]을 드나들면서 연해주에 남은 세력과 연계를 가지고 활동한 것으로 보인다.

1922년 7월에는 북로군정서에서 같이 활동하던 박영희(朴寧熙), 김규식(金圭植)과 연락을 취하면서 중국 닝안현에서 활동했다는 것이 일본 관헌 자료에 나오지만,[23] 그해 11월에는 일본군이 철수한 시베리아 소왕영(蘇王營), 즉 니콜리스크 우수리스키(Никольск-Уссурийский)를 점령할 때 이범석이 대한독립군 한아(韓俄)총사령 김규식 밑에서 기병대장으로 활약했

---

18) 「機密第九九號 大韓獨立軍團參謀李楨ノ陳述セル金佐鎭ノ行動及一般不逞鮮人團ノ槪況等ニ關スル件」, 『不逞團關係雜件－朝鮮人ノ部－在滿洲ノ部』 38(국사편찬위원회 소장).

19) 「機密第二四五號 五月中ニ於ケル間島地方槪況ニ關スル件」, 『不逞團關係雜件－朝鮮人ノ部－在滿洲ノ部』 28(국사편찬위원회 소장). 최근에 통합 무장단체인 대한독립군단의 존재 자체에 대한 의문이 제기되고 있어, 이 학교 설립 주체에 대해서는 재검토할 필요가 있다. 尹相元, 앞의 글, 162~165쪽.

20) 「國境警備ニ關スル所見」, 『不逞團關係雜件－朝鮮人ノ部－在滿洲ノ部』 30(국사편찬위원회 소장).

21) 「高警第二八九四三號 軍政署軍務總裁徐一ノ死亡」, 『不逞團關係雜件－朝鮮人ノ部－在滿洲ノ部』 30(국사편찬위원회 소장).

22) 엄밀하게는 중화민국과 극동공화국 국경이다.

23) 「機密第二七七號 間島接壤地方不逞團ノ情況ニ關スル件」, 『不逞團關係雜件－朝鮮人ノ部－在滿洲ノ部』 33(국사편찬위원회 소장).

다는 보도가 있다.[24] 이범석은 1923년에 러시아령에서 고려혁명군 기병대장을 맡았다고 회고했는데,[25] 이 고려혁명군은 1922년 9월에 연해주에서 김규식을 총사령관으로 조직된 한인 빨치산 부대이다.[26] 이범석은 1922년 하반기에 이 고려혁명군[27]의 일원으로 연해주 지역에서 활동한 것으로 보인다. 하지만 고려혁명군은 연해주에서 백군을 축출한 연해주 해방전쟁의 승리와 더불어 1922년 11월에 무장해제를 명령받았으며,[28] 이를 거부한 김규식은 부하들을 데리고 중국령으로 넘어가게 되었다.[29] 기본적으로 이 시기에 이범석은 김규식과 행동을 같이 하고 있었기 때문에 아마도 함께 이동했을 것이다. 이 무장해제 명령은 무장투쟁을 선호한 이범석이 공산주의자에 대한 불신감을 품게 된 계기를 제공한 것으로 보인다.

그 뒤 이범석은 만주에서 김좌진, 김규식 등과 더불어 활동했으며[30] 1925년에 김좌진 등이 주도해 신민부가 조직되자 거기에 참여했다.[31] 신민부는 1927년에 군정파와 민정파로 갈려 내분을 겪게 되었는데,[32] 이범

---

24) 『東亞日報』 1922년 11월 22일자.
25) 『鐵驥李範奭自傳』, 343~344쪽.
26) 尹相元, 앞의 글, 304~306쪽.
27) '고려혁명군'이라는 명칭은 러시아 측에서 사용하는 것이고, 조선인들은 '대한독립군단'이라는 명칭을 썼다고 일제 관헌 자료에 설명되어 있다. 「機密第三六三號 高麗革命軍ノ行動ニ關スル件」, 『不逞團關係雜件-朝鮮人ノ部-鮮人ト過激派』 3(국사편찬위원회 소장).
28) 尹相元, 앞의 글, 314쪽.
29) 「機密第三二號 武裝ヲ解除セラレタル高麗革命軍其後ノ情況ニ關スル件」, 『不逞團關係雜件-朝鮮人ノ部-鮮人ト過激派』 3(국사편찬위원회 소장); 尹相元, 앞의 글, 319쪽.
30) 『우등불』, 185쪽;『事實의 全部를 記述한다』, 68쪽;「公第三六號 北滿洲ニ於ケル獨立運動者ノ所在及其ノ計劃ニ關スル件」, 『不逞團關係雜件─朝鮮人ノ部─在滿洲ノ部』 37(국사편찬위원회 소장);「機密公第二四號 不逞鮮人ノ行動ニ關スル件」, 『不逞團關係雜件─朝鮮人ノ部─在滿洲ノ部』 41(국사편찬위원회 소장).
31) 「公第四八一號 報告書提出ノ件」, 『不逞團關係雜件─朝鮮人ノ部─在滿洲ノ部』, 41(국사편찬위원회 소장).

석은 그 과정에서 신민부를 이탈한 것으로 보인다. 1920년대 후반에 이범석은 "고려혁명군"33) 또는 "고려혁명군 결사단"34)을 조직해 테러 활동을 했다고 회고했는데, 고려혁명군 결사단은 1928년 11월경에 하얼빈에서 이범석이 백운봉(白雲峯), 진선(陳仙) 등과 더불어 조직한 독립운동단체이다.35) 하지만 그가 "최후에까지 남은 가장 용감·유능한" 동지로 거론한 백운봉과 김창덕36)이 1929년 7월에 체포되었으며,37) 이범석 역시 장쉐량(張學良)에 의한 토벌 때문에 중앙아시아 방면으로 도피해 방랑생활을 하게 되었다.

그러다가 만주사변을 전후한 시기에 당시 내몽고 후룬베이얼(呼倫貝爾) 경비사령이었던 쑤빙원(蘇炳文)38)의 부름을 받고 그 밑에 들어갔다가, 헤이허(黑河) 경비사령 마잔산(馬占山) 밑으로 옮겨 작전참모와 작전과장을 맡게 되었다.39) 만주사변 발발 직후 마잔산은 헤이룽장성(黑龍江省) 주석 대리 겸 동북변방군(東北邊防軍) 주헤이(駐黑) 부장관로 임명되어40) 쑤빙원과 함께 항일전에 나섰는데, 그곳에서 일단 일본군에 투항해 1932년 2월부터 만주국의 군정부 총장직을 맡았다가 같은 해 4월에 다시 반기를 들고 일본군과 싸웠다. 하지만 결국 일본군에 밀려 그해 12월 초에 소련으로 후퇴하게 되었다.41)

32) 신주백, 『만주지역 한인의 민족운동사(1920~45)』, 아세아문화사, 1999, 93~95쪽.

33) 『事實의 全部를 記述한다』, 68쪽.

34) 『우둥불』, 359쪽; 『鐵驥李範奭自傳』, 350쪽.

35) 『東亞日報』 1930년 3월 27일자.

36) 『우둥불』, 359쪽.

37) 『東亞日報』 1929년 7월 11일자; 『東亞日報』 1929년 7월 12일자.

38) 戚厚杰·刘顺发·王楠 编著, 『国民革命军沿革实录』, 石家庄: 河北人民出版社, 2001, 288쪽.

39) 『우둥불』, 337~338쪽.

40) 姜克夫 编著, 『民国军事史略稿』 第二卷, 北京: 中华书局, 1991, 87쪽.

41) 戚厚杰·刘顺发·王楠 编著, 앞의 책, 288~289쪽; 王鸿宾·王秉忠·吴琪, 『马占山』, 哈尔滨:

소련에서 무장해제를 당하고 포로처럼 된 이들은 시베리아 서부의 도시 톰스크(Tomck) 교외의 수용소에 수용되었지만,[42) 바로 직후에 중국과 소련의 국교가 회복되었기 때문에[43) 중국 국민정부와 소련 정부 사이에서 협상이 이루어졌다. 수용된 이들 가운데 일반 군인과 그 가족들은 1933년 3월 해삼위(海蔘威), 즉 블라디보스토크를 거쳐 귀국했으며[44) 마잔산, 쑤빙원 등 장교들은 4월 중순에 풀려났다.[45) 이범석을 포함한 이들은 톰스크를 떠나 4월 18일에 모스크바에 도착했다.[46) 그들은 국민정부 군사위원회의 지시로 군사 시찰단을 편성해 곧바로 유럽 각국 시찰에 나섰다.[47) 마잔산 일행은 4월 18일에 모스크바를 출발해 4월 20일 베를린에 도착했다.[48) 히틀러를 수반으로 하는 내각이 조각된 것이 그해 1월이었으니, 나치 시대가 막을 연 바로 그때 독일에 간 셈이다.

커밍스는 이범석이 이때 독일에서 군사를 배웠다고 서술해 이범석과 나치 독일의 관계를 암시했지만,[49) 한 달도 채 되지 않는 짧은 기간에 실질적으로 무언가를 배우기는 어려웠을 것이다. 다만 나중에 당시를 회고하면서

黑龙江人民出版社, 1985, 128쪽.

42) 『우둥불』, 267쪽.

43) 중국과 소련 사이의 국교는 중동철도의 소유권을 둘러싼 갈등으로 1929년 7월에 단절되었지만 만주사변을 계기로 1932년 12월에 회복되었다. 李嘉谷, 『合作与冲突: 1931~1945年的中苏关系』, 桂林: 广西师范大学出版社, 1996, 1~17쪽.

44) 『東亞日報』 1933년 3월 17일자.

45) 王鸿宾·王秉忠·吴琪, 앞의 책, 135~136쪽.

46) 上海市档案馆译, 『颜惠庆日记(一九二一~一九三六)』 第二卷, 北京: 中国档案出版社, 1996, 737쪽.

47) 『우둥불』, 304쪽; 王鸿宾·王秉忠·吴琪, 앞의 책, 136~137쪽.

48) 『東亞日報』 1933년 4월 27일자.

49) Bruce Cumings, *The Origins of the Korean War: The Roaring of the Cataract 1947~1950*, Princeton: Princeton University Press, 1990, p. 195.

"그의 일사불란한 지도 밋혜 백림(伯林)을 위시하여 독일 전국에 폐허를 뚜지고 올-솟는 나치스의 그 재건의 약동하는 생명력에는 참으로 가관할 바 있었"다고 말한 데서 알 수 있듯이,[50] 당시의 독일이 그에게 깊은 인상을 남겼음은 틀림없다. 그런데 이때 막연한 인상 이상으로 이범석과 나치즘을 연결시켜준 구체적인 계기가 따로 있었다. 베를린에서 이범석이 만난 '명'이라는 한국인 유학생이 그 매개였다.[51] 이범석은 '명'이라는 이름은 가명이고 성명을 밝히고 싶지 않다고 썼는데, 당시 베를린대학에서 교편을 잡으며 열심히 철학을 파고들고 있었다는[52] 그 인물은 강세형(姜世馨)이었을 것이다.[53] 1899년 전북 익산에서 태어난[54] 강세형은 3·1운동에 참여해 8개월의 징역형을 받은 뒤[55] 일본으로 건너가 와세다(早稻田)대와 조치(上智)대 철학과를 다녔으며,[56] 1931년 봄에 독일 베를린으로 가서 4년을 지내게 되었다.[57] 나치 체제가 형성되는 1930년대 전반에 그는 베를린대 철학과에서 박사학위를 받고 같은 대학에서 조선어 강의를 했는데,[58] 이 시기에 강세형과 이범석이 만난 것이다. 그런데 강세형은 유학생 시절부터 히틀러유겐트에 깊은 관심을 가졌으며, 그 지도자였던 쉬라흐(Baldur von

---

50) 「鐵血總理, 對內總結束, 對外共存을 絶叫: 祖國再建의 一念에 熱火같이 불타면서[總理李範奭氏會見記]」, 『三千里』 八月號, 三千里社, 1948, 9쪽.

51) 『우등불』, 305쪽.

52) 『우등불』, 308쪽.

53) 이범석이 강세형의 이름을 감춘 것은 1952년의 정부통령 선거에서 강세형이 함태영의 선거사무장을 맡아 이범석과 적대했기 때문일 것이다.

54) 『大韓民國建國十年誌』, 大韓民國建國十年誌刊行會, 1956, 957쪽.

55) 「大正八年刑控第二四七號 判決」(국가기록원 소장).

56) 金鐘範 編著, 『第三代 民議院人物考』, 中央政經研究所, 1958, 258쪽.

57) 姜世馨, 「伯林生活의 思出」, 『國民文學』 創刊號, 人文社, 1941, 106~109쪽.

58) 姜世馨, 「朝鮮文化와 獨逸文化의 交流」, 『三千里』 第十三卷 第六號, 三千里社, 1941, 117쪽.

Schirach)와도 교분이 두터웠다.59) 그 뒤 강세형은 일독문화협회 주사로 활동했는데, 1939년에 일독 문화 사업에 노력한 공로로 쉬라흐에게서 감사장을 받을 정도로 나치 독일을 적극 선전했으며,60) 1941년 4월에는 일독문화협회 주사로서 식민지 조선을 방문해61) 녹기연맹과 국민총력조선연맹과 같은 단체들이 마련한 자리에서 청소년 훈련에 관한 강연을 하기도 했다.62) 나치즘 신봉자인 강세형과의 만남을 통해 이범석은 나치즘에 대한 여러 정보를 얻었을 것이며, 그가 나중에 히틀러의 『나의 투쟁』에 대해 "내가 애독하는 책일뿐더러 나에게 '국가지상(國家至上), 민족지상(民族至上)'의 신념과 암시를 던져준 나에게는 잊지 못할 책"63)이라고까지 말하게 된 데도 강세형의 영향이 적지 않았을 것이다. 또한 이 만남은 뒤에 족청을 조직할 때 강세형이 참여하는 계기가 되기도 했다.

　그 후 마잔산 일행은 5월 중순에 베를린을 떠나 로마를 거쳐64) 6월 초에 상하이로 귀국했다.65) 중국으로 돌아온 이범석은 1933년에 김구의 섭외로

---

59) 『每日新報』 1939년 7월 24일자.

60) 『每日新報』 1939년 7월 24일자.

61) 독일 생활을 마친 뒤 강세형은 도쿄로 '귀국'해 계속 도쿄에서 활동했다.

62) 姜世馨, 「朝鮮文化漫步」, 『春秋』 第三卷 第二號, 朝鮮春秋社, 1942, 138~139쪽.

63) 「鐵血總理, 對內總結束, 對外共存을 絶叫: 祖國再建의 一念에 熱火같이 불타면서[總理李範奭氏會見記]」, 『三千里』 八月號, 三千里社, 1948, 9쪽. 원문에는 "있지 못할"로 되어 있으나 수정했다. 이범석은 『나의 투쟁』을 중국어로 읽었을 것으로 보이는데, 중국에서는 1934년 4월에 상하이에 있는 여명서국(黎明書局)에서 출판된 『我的奮鬪』가 다음 달에 바로 재판을 찍었으며, 1935년 7월에는 교육부 산하의 국가 기관인 국립편역관(國立編譯館)에서 다른 번역본이 간행되어 같은 해 11월에 재판을, 1938년 5월에는 5판을 찍었고, 그 뒤 1940년에도 다른 번역본이 출판될 정도로 『나의 투쟁』이 많이 읽혔다. 北京图书馆 编, 『民国时期总书目(1911~1949) 历史·传记·考古·地理』 下, 北京: 北京图书馆出版社, 1994, 684~685쪽.

64) 『東亞日報』 1933년 5월 13일자.

65) 『東亞日報』 1933년 6월 6일자.

중국중앙육군군관학교 뤄양(洛陽)분교 제2총대 제4대대 육군군관훈련반 제
17대(소위 '낙양군관학교') 교관 겸 학생대장으로 임명되었다.[66] 하지만 34
년 2월에 낙양군관학교가 개교한 뒤, 총교도관인 이청천(李靑天)과 김구 사
이의 알력,[67] 국민정부에 대한 창구 역할을 맡았던 박찬익(朴贊翊)과 김구
사이의 의견 차이[68] 등으로 인해 그해 8월 김구가 자기 계열 학생들을 모
두 철수시키자 이청천과 더불어 이범석도 사직하게 되었다.[69]

  그 뒤 1936년 12월의 시안(西安)사변 이후 이범석은 양후청(楊虎城) 밑에
서 기병 연대장을 하게 되었다.[70] 산시성(陝西省) 시안수정공서(西安綏靖公
署) 주임으로 국민혁명군 제17로군을 이끌던[71] 양후청은 장쉐량과 더불어
시안사변을 일으킨 인물이었다. 시안사변 당시 장쉐량과 양후청이 작성·발
표한 성명서에 마잔산도 서명을 했다는 점에서 알 수 있듯이[72] 양후청과
마잔산은 '연합항일'이라는 노선을 공유하고 있었기 때문에, 그 인연으로
이범석과 양후청이 연결된 것일 수도 있다. 하지만 양후청은 장제스(蔣介石)
의 명으로 1937년 6월 말에 일단 중국을 떠나게 되었기 때문에,[73] 이범석
은 장쉐량의 소개로 한푸쥐(韓復榘) 밑에서 고급 참모로 일하게 되었다.[74]
한푸쥐는 1937년 7월 중일전쟁이 발발하자 그해 8월에 국민정부가 설정한

---

66) 韓詩俊, 『韓國光復軍硏究』, 一潮閣, 1993, 33쪽.

67) 위의 책, 35쪽.

68) 金弘壹, 『大陸의 憤怒: 老兵의 回想記』, 文潮社, 1972, 299쪽.

69) 韓詩俊, 앞의 책, 35쪽.

70) 『事實의 全部를 記述한다』, 69쪽.

71) 戚厚杰·刘順发·王楠 編著, 앞의 책, 255쪽.

72) 中共中央党史资料征集委员会 編, 『第二次国共合作的形成』, 北京: 中共党史资料出版社,
    304쪽; 王鸿宾·王秉忠·吴琪, 앞의 책, 164~165쪽.

73) 文思 主编, 『我所知道的杨虎城』, 北京: 中国文史出版社, 2003, 184~187쪽.

74) 『事實의 全部를 記述한다』, 69쪽.

제5전구의 부사령관이자 제3집단군 총사령이 되었다.[75] 엄밀히 말하면 이 범석은 그 제3집단군 휘하 차오푸린(曹福林)이 군장으로 이끄는 제55군에서 주임참모로 활동했다.[76] 한푸취는 일본군과의 전투에 소극적인 태도를 보여 1938년 1월에 처형되었지만, 이범석은 그대로 제55군에서 종군해 1938년 봄의 타이얼좡회전(臺兒莊會戰) 등에 참전했다.[77]

2. 장제스와의 만남과 광복군

이범석은 중국에서 줄곧 군인으로 있으면서도 대체로 장제스와는 거리가 있는 사람들 밑에서 일했는데, 1939년에 들어 여기에 큰 변화가 일어났다. 장제스가 만든 '중국국민당 중앙집행위원회 훈련위원회 훈련단'(소위 '중앙훈련단')에서 훈련을 받게 된 것이다. 1941년 7월, 중국국민당 조직부장으로서 임시정부에 대한 창구 역할을 맡고 있던 주자화(朱家驊)가 장제스에게 보낸 문서에 따르면, 이범석은 1940년에 중앙훈련단 영예대대 중대장이 되어 당정훈련반 제3기를 졸업한 것으로 되어 있다.[78] 중앙훈련단 당정훈련반(정확하게는 '당정간부훈련반') 제3기는 1939년 6월 4일부터 7월 5일까지 훈련을 받았으므로,[79] 이범석도 1939년 6월에 중앙훈련단에 들어갔을

---

75) 戚厚杰·刘顺发·王楠 編著, 앞의 책, 458, 464쪽.
76) 「簽呈 總裁韓国光復軍奉准成立, 懇令主管機關從速照辦並請召見金九等四人面予慰勉」에 붙여진 이범석 약력. 『대한민국임시정부 자료집』 10, 국사편찬위원회, 2006, 221~222쪽 (영인). 이범석 본인은 '주임참모'가 아니라 '참모처장'이라고 회고했다. 『우둥불』, 246쪽.
77) 『대한민국임시정부 자료집』 10, 222쪽(영인).
78) 『대한민국임시정부 자료집』 10, 222쪽(영인).
79) 馮啟宏, 『抗戰時期中國國民黨的幹部訓練: 以中央訓練團爲中心的探討(1938~1945)』, 臺北: 國立政治大學歷史系硏究部博士論文, 2004, 72쪽.

것이다. 이곳에서 이범석은 장제스의 영향을 크게 받게 된다. 그런데 이 중앙훈련단은 장제스가 중국국민당을 완전히 장악하는 과정과 밀접하게 연결되어 있는 기관이었다.

여기서 일단 장제스가 어떤 사상을 가지고 권력을 장악하게 되었는지 살펴보자. 잘 알려져 있듯이, 중국국민당은 소련의 지원과 지도를 받으면서 본격적으로 출발했다.[80] 그 과정에서 장제스 역시 소련의 영향을 받았다. 1923년 9월부터 쑨원 등과 더불어 모스크바를 방문한 장제스는 적군 내부의 정치 공작에 큰 관심을 보였다고 한다.[81] 군사와 정치의 결합이라는 점에서, 장제스는 레닌주의적인 당 조직과 군 운영을 적극적으로 받아들였다.[82] 하지만 군사적 지원을 기대한 장제스는 군사보다도 정치 공작을 우선시하는 소련에 대해 실망하게 되었으며, 외몽고 문제를 계기로 소련 역시 제국주의에 불과하다는 인식을 가지게 되었다.[83] 물론 그것이 곧바로 그를 반공으로 나아가게 한 것은 아니었지만, 1920년대 말 중국국민당이 철저한 '청당(淸黨)'을 추진하는 과정에서 장제스는 반공적인 입장을 분명히 했다.[84] 1931년 만주사변 이후 중국에서는 구국의 방법으로 파시즘을 받아들이자는 논의가 일기 시작했는데,[85] 장제스 또한 공개석상에서는 파시즘에 대해 부정적으로 언급하면서도, 1933년의 한 강화에서는 중국의 파시스

---

80) 王奇生, 『党员, 党权与党争』, 上海: 上海书店出版社, 2003, 1~11쪽.

81) 中共中央党史研究室第一研究部 译, 『联共(布), 共产国际与中国国民革命运动(1920~1925)』, 北京: 北京图书馆出版社, 1997, 288쪽.

82) 樹中毅, 「レーニン主義からファシズムへ: 蔣介石と独裁政治モデル」, 『アジア研究』 第51卷 第1号, 東京: アジア政経学会, 2005, 5~6쪽.

83) 杨奎松, 『国民党的"联共"与"反共"』, 北京: 社会科学文献出版社, 2008, 102쪽.

84) 위의 책, 229~264쪽.

85) 馮啓宏, 『法西斯主義與三〇年代中國政治』, 臺北: 國立政治大學歷史學系, 1998, 54~66쪽.

트가 유명무실하다며 각국 파시스트들의 공통적인 기본 정신으로 민족적 자신감, 일체의 군사화, 영수(領袖)에 대한 신앙을 들고, 그래야만 진정한 파시스트가 될 수 있다고 역설했다.[86] 장제스에게 파시즘이란 민족주의·군사화·지도자 숭배로 이해되었던 것이다.[87]

장제스가 이렇게 파시즘을 적극적으로 받아들인 데는 공산주의와의 대결이라는 측면이 컸다. 이탈리아와 독일에서 파시즘이 공산당을 이겨냈기 때문에 장제스가 파시즘에 관심을 가지게 되었다는 점은 이미 지적된 바 있지만,[88] 중요한 것은 1930년 말부터 진행된 공산당에 대한 군사 공세인 '위초(圍剿)' 과정에서 1932년에 '칠분정치, 삼분군사(七分政治, 三分軍事)'라는 방침이 채택되었다는 점이다.[89] 1932년 3월에 국민정부 군사위원회 위원장이 된 장제스는 이어서 5월에 '예악환초비총사령(豫鄂皖剿匪總司令)'[90]에 임명되었고, 1933년 4월에는 '초비(剿匪)'를 위한 업무 전반을 다루는 난창행영(南昌行營)을 설치해 당·정·군을 아우르는 통치 제도를 마련했다.[91] 그런 와중에 군사 공세만으로는 공산주의를 이길 수 없다는 인식을 바탕으로

---

86) 蔣介石, 「如何做革命黨員: 「實在」爲革命黨員第一要義」, 秦孝儀 主編, 『先總統蔣公思想言論總集』 11, 臺北: 中國國民黨中央委員會黨史委員會, 1984, 560~567쪽.

87) 1934년 1월에 장제스를 중심으로 한 이와 같은 동향을 보도한 『동아일보』는, 그들의 "독재파쇼 정치운동"이 "사회주의국가의 계급독재나 자본주의국가의 민주제 등 제 정치 방식은 피압박 민족국가의 정치 방식으로 채용할 수 없고 이태리 독재의 파시스트적 민족집단독재제를 모방"한 것이라면서, 중국의 파시즘 수용 방식을 '피압박 민족국가의 정치 방식'으로 설명했다. 『東亞日報』 1934년 1월 24일자 석간.

88) 馮啓宏, 앞의 책, 96쪽.

89) 蔣介石, 「淸剿匪共與修明政治之道」, 秦孝儀 主編, 『先總統蔣公思想言論總集』 10, 臺北: 中國國民黨中央委員會黨史委員會, 1984, 620~625쪽.

90) '예악환(豫鄂皖)'은 각각 허난성(河南省), 후베이성(湖北省), 안후이성(安徽省)을 가리킨다. 당시 이 지역에 소비에트지구가 있었다.

91) 崔之淸 主編, 앞의 책, 中編, 785쪽.

파시즘이라는 정치 모델이 수용된 것이다.

이런 방침은 먼저 군인들에 대한 훈련으로 나타났다. 장제스는 1933년 7월에 '초비'를 위한 부대에 소속된 군인들을 대상으로 '북로초비군관훈련단(北路剿匪軍官訓練團)'을 개설해 보름씩 훈련을 시켰다. 그리고 이것이 효과를 보이자 모든 부대의 중상급 군관으로 대상을 확대하여 훈련을 실시했다.[92] 군인을 대상으로 시작된 이 훈련은, 장제스가 당권을 장악하면서 범위가 당원 전반으로 확대되었다.

"중국은 지금 4천여 년 역사상 미증유의 민족항전에 종사하고 있다"는 위기의식 아래 1938년 3월 말부터 4월 초에 걸쳐 개최된 중국국민당 임시 전국대표대회에서는 '혁명 이론의 통일과 정치투쟁의식의 숙청'이 제기되어 항일전쟁 수행을 위해 "하나의 신앙, 하나의 영수, 하나의 정부 아래서 전국 상하가 일치한 힘으로 끝까지 항전할 것"이 결의되었다.[93] 항일전쟁이라는 목적을 위해 파시즘적인 경향이 강화된 셈이다. 이와 동시에 제도적으로도 중국국민당 총장(總章)이 수정되어 당의 최고 권력자인 총리(쑨원 사후 계속 공석)의 권한을 대행하는 총재직이 신설되었다.[94] 이 수정은 장제스의 지시하에 중국국민당 중앙집행위원회가 제출한 '당무 개진 및 당정 관계 조정안'에 따라 이루어진 것이었는데, '영수 제도 확정'과 더불어 '청년단 설립', '당원 훈련', '일반 훈련' 등이 제기된 점에 주목할 필요가 있다.[95] 이 안에 따라 장제스는 총재로 취임해 절대적인 권력을 쥐게 되었으며, 동시에 본격적인 당 개조를 위해 삼민주의청년단과 중앙훈련단이 설치

---

92) 馮啟宏, 앞의 글, 13~15쪽.

93) 崔之淸 主編, 앞의 책, 下編, 1071~1072쪽.

94) 李雲漢 主編, 『中國國民黨黨章政綱彙編』, 臺北: 中國國民黨中央委員會黨史委員會, 1994, 124~126쪽.

95) 「改進黨務並調整黨政關係案」, 馮啟宏, 앞의 글, 부록 1.

되었다.96)

임시전국대표대회 이후 '당무 개진 및 당정 관계 조정안'을 바탕으로 당 내부의 논의를 거쳐 "당 중하급 간부 인원, 전국 정치·군사·경제·교육 기관 공무원 및 학교 교직원의 사상 훈련"을 목적으로 하는 훈련위원회가 당 내부에 설치되고, 그 훈련을 실시하는 기관으로 중앙훈련단이 설치되었 다.97) 중앙훈련단은 1938년 7월 7일부터 훈련을 시작했는데,98) 단장은 중 앙훈련위원회 위원장이기도 한 장제스가 직접 맡았으며, 중앙훈련단에서도 특히 중요한 당정훈련반의 훈련 기간에는 매주 여러 번 훈련단을 방문할 정도로 적극적으로 훈련을 지도했다.99)

당정훈련반은 중앙훈련단에서 가장 중요한 훈련 단위로 1939년 3월 1일 에 개설되었는데,100) 이범석이 들어간 제3기는 1939년 6월 4일부터 7월 5일까지 훈련을 받았다.101) 당정훈련반의 훈련 과정은 '단장 정신훈화', '당정 훈련 과정', '군사 훈련', '업무 연습'의 네 가지로 구성되었다.102) '단장 정신훈화'는 이름 그대로 단장인 장제스가 직접 한 훈화이며, '당정 훈련 과정'은 '국민당에 대한 기본 인식', '당(단)무 과정', '항전 건국 공작', '전문 업무', '특강'으로 이루어졌다. '군사 훈련'은 학과와 실기 및 연습을, '업무 연습'은 조사, 설계, 인사, 경리에 관한 연습을 개별적으로 또는 조별

---

96) 삼민주의청년단에 대해서는 王良卿, 『三民主義靑年團與中國國民黨關係硏究(一九三 八~一九四九)』, 臺北: 近代中國出版社, 1998 참조.

97) 「五中全會中央執行委員會常務委員會黨務報告」, 李雲漢 主編, 『中國國民黨黨務發展史 料——中央常務委員會黨務報告』, 臺北: 中國國民黨中央委員會黨史委員會, 1995, 478쪽.

98) 馮啟宏, 앞의 글, 51쪽.

99) 위의 글, 55쪽.

100) 위의 글, 71쪽.

101) 위의 글, 72쪽.

102) 위의 글, 103쪽.

로 실시했다.[103) 또한 교과과정 외에 자서전 쓰기, 조별 토론회, 좌담회 등을 실시했으며 오락 시간도 있었다.[104) 중앙훈련단은 장제스의 지시에 따라 '노동, 창조, 무력', '자각, 자동, 자치'를 표어로 내걸었는데,[105) 이런 인식의 바탕을 이룬 것은 역시 '군사'였다.

이범석이 훈련을 받은 제3기에는 장제스가 두 번에 걸쳐 군사에 관한 강화를 했다. 그 자리에서 장제스는 "군사 훈련은 우리의 모든 훈련의 기본 훈련이며, 그렇기 때문에 군사는 실제로 우리의 모든 학문 사업의 기초이자 우리 국가와 개인이 생존하는 데 반드시 갖추어야 할 요건"임을 강조하면서 일상생활의 행동을 모두 군사화할 것을 요구했다.[106) 그런데 장제스의 특징은 '행동의 군사화'라는 말을 비유적으로 쓰는 것이 아니라, 문자 그대로 신체 동작 하나하나를 통제하려는 데 있었다. 군사 훈련에서 가장 중요한 것이 군사 동작이라고 하면서 '차렷(立正)' 자세를 예로 들어 다리 각도, 손의 위치, 입, 시선 등에 대해 일일이 설명했는데, 그 취지는 단순히 기술적인 부분에 그치는 것이 아니라 오히려 그런 동작이 정신의 표현이라는 것이었다.[107) 제3기의 다른 강화에서도 장제스는 군사 훈련 중 가장 기본적인 동작으로 '차렷', '경례', '주목' 등 세 가지를 들어 신체 규율의 중요성을 지적하면서, 그것을 응용하면 개인 생활의 혁신과 모든 사업의 개혁이 가능하다고 설명했다.[108) 장제스의 훈련관은 왕양밍(王陽明)이 말하는 '지

---

103) 위의 글, 107~119쪽.

104) 「黨政訓練班訓育實施細則」, 위의 글, 부록 12.

105) 蔣介石, 「訓練的目的與訓練實施綱要」, 秦孝儀 主編, 『先總統蔣公思想言論總集』 16, 199쪽.

106) 蔣介石, 「軍事基本常識—軍事訓練之要領」, 위의 책, 262~263쪽.

107) 위의 글, 274~278쪽.

108) 蔣介石, 「軍事訓練基本動作的意義與效用」, 위의 책, 317~331쪽.

행합일(知行合一)'이라는 이념의 영향을 크게 받은 것이었다.109) 말하자면 '지(知)'와 '행(行)'이 교차하는 자리로서 신체에 주목한 셈이다.

군사에 관한 이 두 강화와 더불어 이범석이 직접 들은 장제스의 강화는 지방의 민중 조직에 관한 것이었다.110) 지방에서의 당정 관계를 어떻게 운영해야 할지 설명한 이 강화는, 이범석이 지방 조직을 중요하게 여기게 된 계기를 제공했을 것이다. 그 외에는 이범석이 당정훈련반에서 어떤 훈련을 받았는지 구체적으로 알 수 없다. 하지만 '당(단)무 과정'에는 '청년단 단무'라는 내용이 포함되었으며,111) 중앙훈련단 간부들이 거의 삼민주의청년단 간부와 중복되었기 때문에112) 이범석도 청년 훈련의 중요성에 대해 배웠을 것이다.

또한 이 시기에서 중요한 것은 이범석이 '국가지상, 민족지상'이라는 구호를 만났다는 것이다. '국가지상, 민족지상'이라는 구호는 1938년 7월 7일 장제스가 발표한 '항전 건국 1주년을 기념하여 전국 군민에게 알리는 글'에서 '군사제일, 승리제일'이라는 구호와 함께 처음113) 등장한다.114) 이

---

109) 馮啟宏, 앞의 글, 95~96쪽.
110) 蔣介石,「確定縣各級組織問題」, 秦孝儀 主編, 앞의 책, 303~316쪽.
111) 馮啟宏, 앞의 글, 109쪽.
112) 위의 글, 29~31쪽.
113) 박찬승은 족청의 이념인 '민족지상 국가지상'이라는 구호를 언급하면서 "사실은 '민족지상 국가지상'이라는 말은 1920년대 중국의 국가주의자들이 만든 용어였다"며 그 기원으로 중국청년당을 들었다(박찬승,『민족주의의 시대』, 景仁文化社, 2007, 351~353쪽). 실제로 박찬승이 근거로 삼은『중국근대사회사조』라는 책을 보면 중국청년당에 대해 설명하면서 '국가지상', '민족지상'이라는 말이 나온다(吳雁南·冯祖贻·苏中立·郭汉民 主編,『中国近代社会思潮(1840~1949)』第三卷, 長沙: 湖南教育出版社, 1998, 189~ 217쪽). 그런데 중요한 것은, 이 용어가 중국청년당 등 당시의 국가주의자들이 직접 사용한 용어가 아니라 필자가 국가주의자들의 사상을 설명하기 위해 제시한 용어라는 점이다. 중국청년당의 사상을 '국가지상 민족지상'으로 설명한 예는 다른 사상사 개설서에서도 찾아볼 수 있다(예를 들어 俞祖华·王国洪 主編,『中国现代政治思想史』, 济南: 山東大學

글을 기초한 사람은 당시 『대공보(大公報)』 총편집(總編輯)을 맡고 있던 장지롼(張季鸞)이었다.115) 그는 당시 항일을 위해 소련과 연합할 것과 각 당파의 단결을 주장하고 있었다.116) 이 구호는 이듬해 3월에 발표된 '국민정신총동원강령'에서도 공동 목표 세 가지, 즉 '국가지상, 민족지상', '군사제일, 승리제일', '의지집중, 역량집중'의 하나로 채택되었다.117) 장제스는 '국민정신총동원강령'을 중앙훈련단의 필독서로 지정했기 때문에118) 이범석 역시 중앙훈련단에서 이 구호를 알게 되었을 것이다.

당정훈련반을 졸업한 뒤 이범석은 1941년 1월까지 중앙훈련단에서 중대장, 교관 등을 지냈는데,119) 그 사이에 임시정부 측에서는 광복군 조직을 위한 움직임이 이미 시작되고 있었다. 이범석이 실제로 어느 단계에서 참여하게 되었는지는 분명하지 않지만, 한국광복군 총사령부가 성립전례를 가

出版社, 1999, 174~194쪽 참조). 최근에도 박찬승은 동일한 주장을 반복하고 있지만(박찬승, 『민족·민족주의』, 소화, 2010, 223~225쪽) 이것은 연구 주체가 사용한 표현과 연구 대상이 사용한 표현을 혼동한 데서 비롯된 오류이며 실제로 중국청년당은 1938년 7월 7일 이전에 '국가지상 민족지상'이라는 구호를 내건 일이 없다. 스스로의 입장을 설명할 때 단 한 번 '국가지상'이라는 표현을 사용한 적이 있지만(余家菊, 「讀國民黨臨代會宣言雜感」, 『國光旬刊』 1938년 4월 19일자), 이는 제목에도 있듯이 중국국민당 임시전국대표대회 선언에 '국가지상'이라는 표현이 나오기 때문에(「中國國民黨臨時全國代表大會宣言」, 李雲漢 主編, 『中國國民黨宣言彙編』, 臺北: 中國國民黨中央委員會黨史委員會, 1994, 381쪽) 그것과 연결시켜 자신의 주장을 설명한 것에 지나지 않는다.

114) 蔣介石, 「抗戰建國週年紀念告全國軍民書」, 秦孝儀 主編, 『先總統蔣公思想言論總集』 30, 268쪽.

115) 田斌, 「張季鸞与蔣介石的恩怨」, 『炎黃春秋』 04期, 北京: 炎黃文化研究会, 2004, 74쪽.

116) 徐铸成, 「报人張季鸞先生传」, 『徐铸成传记三种』, 上海: 学林出版社, 1999, 107쪽.

117) 「國民精神總動員綱領及其實施辦法」, 秦孝儀 主編, 『中華民國重要史料初編—對日抗戰時期』 第四編 戰時建設(四), 臺北: 中國國民黨中央委員會黨史委員會, 1988, 580쪽.

118) 蔣介石, 「訓練的目的與訓練實施綱要」, 秦孝儀 主編, 『先總統蔣公思想言論總集』 16, 233쪽.

119) 『대한민국임시정부 자료집』 10, 222쪽(영인).

진 1940년 9월 17일의 이틀 뒤인 9월 19일에 김구가 주자화에게 보낸 서한에 첨부된 명단에는 참모장으로 이범석의 이름이 보인다.[120] 참모장 인선을 둘러싸고 김구는 김홍일(金弘壹)을, 이청천은 이범석을 추천했다고 하는데, 그런데도 이범석이 선임된 것은 장제스 직계 기관인 중앙훈련단 출신인 이범석이 국민정부와 교섭하는 데 유리하다는 판단이 있었기 때문이었을 것이다.[121]

이범석이 참모장이 된 것과 아마도 동일한 맥락에서, 초기에는 광복군도 '국가지상, 민족지상'이라는 구호를 사용한 것이 눈에 띈다. 1940년 9월 17일에 거행된 한국광복군 총사령부 성립전례에서 한독당 중앙집행위원으로 축사를 한 조완구(趙琬九)는 '군사제일, 승리제일'이라는 말과 함께 '국가지상, 민족지상'이라는 말을 사용했다.[122] 또 1940년 11월 12일 당시 광복군 참모장 대리였던 김학규(金學奎)의 라디오 연설에도 '집중의지, 집중역량'이라는 말과 함께 '국가독립지상, 민족해방지상'이라는 표현이 나오며,[123] 1941년 3월 1일 한국광복군 총사령부가 발표한 '3·1절 제22주년 기념선언'에도 이 말이 등장한다.[124] 광복군도 '국가지상, 민족지상'이라는 구호를 받아들여, 아직 국가가 없는 상황에 맞게 이를 변용시킨 것이었다.

국민정부 노선에 대한 적극적 지지에도 불구하고, 국민정부에 의한 광복군 인준은 잘 진행되지 않았다. 1941년 11월, 광복군은 국민정부 군사위원

---

120) 「韓國光復軍總司令部職員名單」, 위의 책, 73쪽(영인). 이 자료에는 '李範一'로 되어 있지만 이범석으로 보아도 무방할 것이다.

121) 이범석이 선임된 이유에 대해 한시준은 만주에서의 독립군 활동이 크게 작용한 것으로 보았지만(韓詩俊, 앞의 책, 94쪽) 장제스와의 관계가 더 컸을 것이다.

122) 「韓國獨立黨中央執行委員趙琬九先生之祝詞」, 『光復』 第一卷 第一期, 西安: 韓國光復軍總司令部政訓處, 1941, 21쪽.

123) 金學奎, 「韓國光復軍的當面工作」, 위의 책, 11쪽.

124) 「三一節第二十二週年紀念宣言」, 『光復』 第一卷 第二期, 4쪽.

회에 예속되는 형태로 바뀌고 참모장 자리는 군사위원회에서 파견한 사람으로 충당하게 되었다.[125] 그런데 흥미로운 것은, 이범석을 대신할 참모장으로 김구가 추천한 사람이 중앙훈련단 소속이었다는 점이다.[126] 이 리전강(李振剛)이라는 인물의 구체적인 면모는 알 수 없지만, 중앙훈련단을 통해 이범석과 아는 사이였을 가능성은 충분히 있다. 그 결과 1941년 말에는 리전강이 참모장으로 인선되었다고 전해졌지만[127] 실제로 부임했는지는 확인되지 않는다. 확실한 것은 1942년 3월에 군사위원회 고급 참모인 인청푸(尹呈輔)가 참모장으로 발령받았다는 사실이다.[128] 인청푸의 회고에 의하면 그가 참모장이 된 이유는 이범석이 말을 잘 듣지 않아서였는데,[129] 그 결과 이범석은 부참모장 및 참모처장을 맡게 되었다.[130] 여기서 주목할 것은, 이범석이 중국 국민정부 군사위원회가 시키는 대로 움직이지 않았다는 점이다. 군사위원회와 이범석 사이의 갈등은 군인들에 대한 교육 문제에서 비롯되었다.

군사위원회 측은 국민정부의 지원을 받는 이상 삼민주의 교육을 시켜야 한다고 주장하면서 삼민주의를 실천하지 않는다면 재정 지원을 할 수 없다는 식으로 나왔는데, 이에 이범석은 부임한 지 얼마 되지 않은 인청푸를 찾아가 삼민주의를 강요하는 것은 다시 한국을 속국으로 만들려는 것이라

125) 「軍事委員會辦公廳三十年十一月十三日辦一參字第18066號代電抄件」에 붙여진 「韓國光復軍總司令部暫行編制表」, 『대한민국임시정부 자료집』 10, 259쪽(영인).

126) 「金九致朱家驊爲請轉託軍令部劉次長(斐)圈定李振剛任光復軍總司令部參謀長函」, 위의 책, 275쪽(영인).

127) 「朱家驊致金九爲劉斐函告參謀長人選核中李振剛函」, 위의 책, 286쪽(영인).

128) 「광복군 참모장 尹呈輔의 발령에 관한 훈령(1942. 3. 1)」, 『대한민국임시정부 자료집』 11, 20쪽. 이유는 알 수 없지만 이 자료는 영인되어 있지 않다.

129) 『尹呈輔先生訪問紀錄』, 臺北: 近代中國出版社, 1992, 48쪽.

130) 위의 책, 49쪽.

며 강하게 항의했다. 인청푸가 이범석의 말에도 일리가 있음을 인정해서 이 문제는 해결되었는데, 여기서 이범석이 지닌 강한 민족주의적 정서를 엿볼 수 있다.[131] 이범석이 장제스의 영향을 크게 받은 것은 분명하지만, 이는 오히려 그의 민족주의를 강화시키는 방향으로 작용한 것이다.

이런 갈등의 원인인 광복군의 군사위원회 예속 문제를 해결하려는 움직임은 계속 일어났다.[132] 주목할 점은, 처음 그것이 임시정부 안에서 제기되었을 때 광복군의 지휘권을 "태평양전구 중국구 사령장관"에게 임시 위임하는 방식으로 제기되었다는 사실이다.[133] 제안서에는 마치 태평양전구 밑에 중국구라는 것이 있는 듯이 쓰여 있지만, 태평양전구와 중국전구는 따로 설정되어 있었으며 1942년 1월부터 설정된 연합국군 중국전구 사령관은 장제스였다. 그렇기 때문에 실질적으로 장제스의 지휘를 받는 것에는 변함이 없었지만, 연합국군 사령관의 지휘를 받는다는 것은 형식적으로 보면 중국 국민정부 군사위원회의 지휘를 받는 것과 큰 차이가 있었다. 광복군이 인도·버마 전선에 공작대원을 파견해 영국군과 공동 작전을 펼치게 한 것[134]도 연합국군의 일부로 활동함으로써 그 위상을 제고하려는 의도였다고 볼 수 있다. 제2지대 지대장인 이범석이 미 전략첩보국(Office of Strategic Services, 이하 OSS)과의 공동 작전을 적극적으로 추진하려 한 데는 이런 맥락도 있었을 것이다.

위에서 본 것처럼 참모장 자리를 내준 이범석은 1942년 8월에 새로 재편된 제2지대 지대장을 맡아[135] 그해 10월에 부임했다.[136] 참모장 자리에서

131) 위의 책, 51~53쪽.
132) 韓詩俊, 앞의 책, 124~138쪽.
133) 「提議案(光復軍에 關한 件)」, 『대한민국임시정부 자료집』 10, 347쪽(영인).
134) 韓詩俊, 앞의 책, 260~271쪽.
135) 「爲奉諭韓國光復軍准編組第二支隊並派李範奭爲支隊長等因電請查照由」, 『대한민국

는 물러났지만 부참모장으로 있던 이범석이 지대장으로 나간 이유에 대해, 이범석 스스로는 "나도 그분들(임정 요인들—인용자)의 정치 싸움에 진절머리가 났던 것이고, 이곳에 더 이상 머물러 있다는 것은 나와 나라에 모두 아무런 이익도 주지 못한다는 것을 깨달았기 때문"이라 말했다고 한다.[137] 그런데 이는 1942년 5월에 이루어진 조선의용대의 광복군 편입에 따라 광복군에서 이범석의 위상이 격하된 결과로 봐야 할 것이다. 이범석은 1942년 2월 이청천과 연명으로 주자화에게 보낸 글에서 조선의용대 대장 김원봉을 "다른 주의를 가진 정치투기분자"라며 맹렬히 비난했지만,[138] 같은 해 5월에 장제스는 김원봉을 광복군 부사령관으로 임명하고 조선의용대를 광복군에 편입시키도록 지시했다.[139] 이런 결정의 배경에는, 김원봉의 중국 중앙육군군관학교, 즉 소위 황푸(黃埔)군관학교 동기생으로서[140] 그 뒤로도 계속 김원봉을 도왔던 텅제(滕傑)가[141] 당시 군사위원회 정치부 총무청 청장으로 있었던 사정도 작용한 듯하다.[142] 그런데 조선의용대와 중국

임시정부 자료집』 11, 85쪽(영인).

136) 「李範奭致朱家驊爲已到西安任光復軍第二支隊隊長函」, 『國民政府與韓國獨立運動史料』, 臺北: 中央研究院近代史研究所, 1988, 415~417쪽. 이재현의 증언의 의하면 그가 부임하는 과정에서 송호성을 둘러싼 갈등이 있었던 것으로 보이는데 자세히는 확인할 수 없다. 『韓國獨立運動證言資料集』, 韓國精神文化研究院, 1986, 287~288쪽 참조.

137) 金俊燁, 『長征』 2, 나남, 1989, 483쪽. 장준하도 이범석의 이 발언을 거의 똑같이 전하고 있다. 張俊河, 『돌베개』, 세계사, 1992, 267쪽.

138) 「李青天, 李範奭致朱家驊爲光復軍請派人員迄未到達經費亦未核准請予格外關拂俾早日組織完成函(附節略一件)」, 『대한민국임시정부 자료집』 10, 308~313쪽(영인).

139) 「조선의용대의 광복군 편입에 관한 군사위원회의 代電」, 『대한민국임시정부 자료집』 11, 41쪽(영인).

140) 염인호, 『김원봉 연구』, 창작과비평사, 1993, 103~105쪽.

141) 滕傑, 「三民主義力行社의 韓國獨立運動에 대한 援助」, 韓國精神文化研究院 編, 『韓國獨立運動史資料集(中國人士證言)』, 博英社, 1983, 61~85쪽.

142) 國軍政工史編纂委員會, 『國軍政工史稿』 (上), 臺北: 國防部總政治部, 1960, 708쪽.

공산당의 관계를 인지하고 있었는데도[143] 이런 인사가 가능했던 것은, 독일이 소련을 침공하고 일본이 미국을 공격한 것을 계기로 소련과 미국이 합작한 국제 정세 속에서 국공 관계가 개선되었기 때문이었을 것이다.[144] 이런 분위기는 1942년 10월에 임시의정원에서 김원봉을 비롯한 좌파 세력을 받아들이는 배경으로도 작용했는데, 이와 같이 좌우합작이 이루어지는 과정에서 이범석이 텅제에게 항의한 것에서 알 수 있듯이[145] 이범석이 "진절머리가 났"다고 표현한 "정치 싸움"이란 자신의 위상을 격하시킨 '국공합작'과 '좌우합작'의 강화를 말하는 것으로 보인다. 제2지대에서 이범석의 부관이었던 김준엽(金俊燁)이 회고한 "입버릇처럼 공산주의자들을 절대로 믿어서는 안 된다고 나에게 강조"하던 이범석의 반공적인 자세는[146] 이런 경험을 통해 확고해진 것이었다. 당시 미군도 이범석이 "한국에서 러시아가 지배적인 영향력을 지니게 될지도 모른다는 것에 대한 강한 관심"을 보인다고 기록했는데,[147] 이런 의식이 이범석으로 하여금 미군과의 적극적인 제휴를 선택하게 만들었다.

그런데 '낙향'하듯이 나간 제2지대는 해방 이후 이범석이 족청을 조직할 때 큰 기반이 되었다. 먼저 제2지대의 구성을 보면, 지대장 이범석, 지대부(附) 이복원(李復源), 부관 이건림(李建林), 총무조장 김용의(金容儀), 정훈조장 송면수(宋冕秀), 제1구대장 안춘생(安椿生), 제2구대장 노태준(盧泰俊), 제3구

---

143) 「朱家驊呈蔣總裁爲轉陳金九「關於中國政府援助韓國獨立問題之種種」節略並請賜觀謁面陳簽呈(松字一五二號)」, 『대한민국임시정부 자료집』 10, 319쪽(영인).

144) 杨奎松, 앞의 책, 448~460쪽; 金冲及 主編, 『周恩来传(1898~1949)』, 北京: 人民出版社, 1996, 545~546쪽.

145) 滕傑, 앞의 글, 85쪽.

146) 金俊燁, 앞의 책, 514쪽.

147) "The Eagle Project for SI Penetration of Korea" annex 5 "The Second Group of the Korean Independence Army", 『대한민국임시정부 자료집』 12, 216쪽(영인).

대장 노복선(盧福善)으로 되어 있다.[148]

제2지대의 초기 활동은 초모 활동이 주를 이루었는데,[149] 미군과의 연계
가 이루어지면서 활동이 활발해졌다. 그 계기는 1944년 8월경에 이범석이
미 UP통신 기자를 통해 미군 정보부의 딕(Dick) 대령을 소개받으면서 마련
되었다.[150] 아마도 이범석은 '딕'이라는 인물을 통해 OSS 요원과 접촉하게
되어 제2지대 대원 등을 선발해 미군 밑에서 정보 수집과 한국 침투를 맡게
할 것을 제안했을 것이다.[151] 이 제안이 받아들여져 1945년 2월에 OSS는
이를 '독수리 계획(The Eagle Project)'이라는 이름으로 정식 입안했다.[152]
독수리 계획에 따라 제2지대 대원들과 새로 충칭(重慶)에 도착한 장준하(張
俊河), 김준엽 등 학병 출신들을 중심으로 훈련이 실시되고 국내 진입 작전
이 추진되었는데, 일본의 항복으로 인해 끝내 실현되지는 못했다.

이 독수리 계획에서 이범석은 핵심적인 위치를 차지하고 있었다. 여기에
는 미군이 이범석에 대해 "완전히 혁명적인 군사 지휘관", "완전히 혁명적
이고 군사적이며, 한국이 일본으로부터 해방되는 것을 돕겠다는 욕망 이상
으로는 아무런 개인적 야심이 없다" 등으로 평가한 것이[153] 크게 작용했을

---

148) 韓詩俊, 앞의 책, 196~197쪽.
149) 위의 책, 198~200쪽.
150) "Letter from Kim Ku to Syngman Rhee", 『대한민국임시정부 자료집』 12, 153쪽(영인).
    이 편지는 김구가 이승만에게 한국어로 쓴 편지의 일부를 미국에서 영어로 번역한
    것이다. 이 편지에서 이범석이 이 내용을 전하기 위해 충칭(重慶)으로 온 것이 9월
    9일로 되어 있기 때문에 그 만남은 8월이었을 것으로 추측된다.
151) "The Eagle Project for SI Penetration of Korea" annex 4 "Korean Personnel for the
    Eagle Project", 『대한민국임시정부 자료집』 12, 215쪽(영인).
152) "The Eagle Project for SI Penetration of Korea", 『대한민국임시정부 자료집』 12, 201~227
    쪽(영인).
153) "The Eagle Project for SI Penetration of Korea" annex 5 "The Second Group of the
    Korean Independence Army", 『대한민국임시정부 자료집』 12, 216쪽(영인).

것이다. 이런 평가는 OSS에서 제2지대로 파견된 사전트(Clyde B. Sargent) 대위가 보고서에서 이범석을 "참된 애국자이며 양심적인 지휘관이자 정직한 인물"이라고 극찬한 것154)으로도 확인된다. 이범석에 대한 미군 내의 평가는 대체로 높았다. 그리고 개인의 자질에 대한 평가와 별개로, 이범석이 러시아의 위협을 거듭 강조한 것도 작용했을 것이다. 위에서 보았듯이 이범석은 러시아에 대해 강한 경계심을 가지고 있어서, 러시아가 만주에 진입하는 것을 막기 위해 미군과 공동 작전을 펼칠 필요가 있다고 주장하기까지 했다.155)

이러한 이범석의 주장은 해방을 전후한 상황에서도 계속되었다. 이범석은 구체적인 수신인은 알 수 없지만 미국 측에 보낸 한 서한에서, 미국이한국에 '빨갱이(the Reds)'가 침투하는 것을 막아야 하며 그러기 위해 미군이 즉시 한국에 상륙해야 한다고 주장했다. 또한 일본의 저항이 끝나는 즉시 대한민국임시정부와 광복군이 한국으로 들어가야 하며, 한국에서 평화를 유지하기 위해 이범석 자신에게 일본군의 무기를 넘겨줄 것과 적절한 인력과 물자를 제공해줄 것을 요청했다.156) 9월에도 이범석은 OSS 첩보과의 헬리웰(Paul Helliwell)에게 서한을 보내 자신이 미국적 이상과 자유와 민주주의라는 목적을 공유해왔다고 전제하면서, 러시아의 활동이 한국뿐아니라 극동에서의 미국의 지위와 아시아 평화를 위협할 것이라고 주장하고, 자신을 빨리 한국으로 보내주면 미군을 지원하도록 사람들을 조직할 것이라고 호소했다.157) 하지만 그에 대한 헬리웰의 답장은, 이제 '독수리

---

154) "Monthly Report for May: Eagle Project", 『대한민국임시정부 자료집』 13, 109쪽(영인).
155) "Manchuria & Korea Interview with General LI-Fan-K'uei", 『대한민국임시정부 자료집』 12, 239쪽(영인).
156) "An Urgent Request to the United States Facing the Conclusion of the War", 『대한민국임시정부 자료집』 13, 319~320쪽(영인).

계획'은 마무리되었기 때문에 도울 수 없다는 것이었다.[158] 결국 이범석은 1946년 6월에야 귀국할 수 있었다.

---

157) "Letter from Lee Bum-Suk to Paul Helliwell", 위의 책, 330~332쪽(영인).

158) "Letter from Pau Helliwell to Lee Bum-Suk", 위의 책, 341쪽(영인).

제2장
철학과 민족주의
—안호상과 전체주의

　족청계의 이념인 일민주의를 가장 정력적으로 설파한 사람이 철학자 안호상이다. 1950년대만이 아니라 1990년대에 이르러서도 '한백성주의'라는 이름으로 일민주의를 계속 내세울 정도로[159] 안호상에게 일민주의는 중요했다. 흔히 나치즘과의 관련이 지적되는 그의 사상이 어떻게 형성되었는지 살펴보기로 하자.

　안호상은 1902년 경남 의령군에서 태어났다.[160] 1919년에 서울로 올라와 중동학교 초등과와 중등과를 마쳤으며 그때 대종교를 접했다 한다.[161] 안호상은 중동학교를 졸업하고 나서 잠깐 시골집에 있다가 일본으로 건너가 도쿄 세이소쿠(正則)영어학교에 들어가서 영어과와 중학과를 다녔다.[162] 안호상이 도쿄에 있던 1920년에 이탈리아 비행기가 도쿄에 온 일이 있었는데, 그것을 계기로 안호상은 비행기에 관심을 갖게 되어 비행기에 대해 배

---

159) 안호상, 『한백성주의의 본바탕과 가치』, 대한교과서, 1994 참조.
160) 안호상, 『한뫼 안호상 20세기 회고록: 하나를 위하여 하나 되기 위하여』, 민족문화출판사, 1996, 16쪽.
161) 위의 책, 29~31쪽.
162) 위의 책, 44~45쪽.

우기 위해 독일로 유학을 갈 생각을 하게 되었다. 그런데 식민지 조선에서는 독일에 갈 수 있는 여권을 구할 수 없어 일단 중국에 가기로 결심하고,[163] 상하이에 있는 독일계 학교인 퉁지의공전문학교(同濟醫工專門學校) 예과에 들어갔다.[164]

상하이에 있는 동안 안호상은 민족운동에 관여하게 된다. 1923년 1월부터 임시정부의 노선을 둘러싸고 상하이에서 국민대표회의가 개최되었다. 여기에 안호상은 학생 대표 자격으로 참관했다고 한다.[165] 하지만 그 결과 안호상이 얻은 결론은 '우리 민족에겐 분명 문제가 많다', 즉 '민족 사상이 박약하고 통일되어 있지 않다'는 것이었으며, 그런 문제의식 때문에 철학을 공부하기로 결심하게 되었다.[166] 이 시기에 안호상이 민족운동에 관여했다는 것은 일본 관헌 자료를 통해서도 확인할 수 있다. 상하이에 있는 한인 학생들이 상하이 조계에서 일본인 집에 드나드는 한인을 단속하고 또 학자금의 일부를 독립운동단체에 제공하는 '경호대'라는 조직을 만들었는데, 그 주요 경호위원 중에서 안호상의 이름이 보인다.[167] 비슷한 시기에 상하이 한인 유학생회가 주최한 웅변대회에서 안호상이 3등을 했다는 보도가 있는데,[168] 그 기사에 나오는 유학생회 회장과 입선한 3명의 이름이 모두 위 관헌 자료에도 나오는 것으로 보아, 한인 유학생회를 기반으로 '경호대' 라는 조직이 만들어졌던 것 같다. 이 모임이 실제로 얼마나 활동했는지는

---

163) 위의 책, 46~47쪽.
164) 위의 책, 61쪽. 안호상은 이 학교를 '中德同濟醫工大學'이라고 썼지만 안호상이 입학했을 당시 정식 명칭은 '同濟醫工專門學校'였다.
165) 위의 책, 68쪽.
166) 위의 책, 70쪽.
167) 「機密第三七號 上海在住鮮人留學生狀況ニ關スル件」, 『不逞團關係雜件 鮮人ノ部 在上海地方』 5(국사편찬위원회 소장).
168) 『東亞日報』 1924년 1월 4일자.

알 수 없지만, 상하이에 있으면서 안호상이 나름의 민족의식을 가졌음은 틀림없다.

독일 유학을 위해 상하이를 떠난 안호상은 베를린을 거쳐 1925년 3월에 예나에 도착했다. 해방 이후 안호상의 사상을 설명할 때 자주 언급되는 것이 이 독일 경험인데, 제대로 검증되지 않은 채 나치즘의 영향이 운위되는 경향이 강하다.169) 연정은 역시 안호상이 독일에 있으면서 나치즘의 영향을 받은 것으로 서술하고 있지만, 거의 대부분이 당시 시대 상황과 결부시킨 추측에 지나지 않는다.170) 그렇다고 안호상이 전혀 나치즘의 영향을 받지 않았다는 것은 아니다. 1938년에 쓴 글에서 안호상은 '세계적 인물'의 한 사람으로 오이켄, 아인슈타인과 더불어 히틀러를 들었다.171) 이 글에 의하면, 안호상은 1925년, 즉 독일에 간 직후부터 히틀러의 이름을 알았으며 1930년 봄에는 직접 히틀러의 연설을 듣기도 했다. 1930년 1월 튀링겐(Thüringen) 주에서 나치 당원 최초로 프릭크(Wilhelm Frick)라는 인물이 주정부에 입각한 것을172) 축하하기 위해 히틀러가 예나에서 그리 멀지 않은 바이마르 시를 방문하게 되자, 안호상은 "이 기회를 일치 않으려고 독일인 친우 십여 인과"173) 더불어 바이마르 시로 간 것이다. 안호상은 그 자리에

---

169) 극단적인 예를 들면, 그레고리 헨더슨은 안호상이 나치 시대에 예나대를 졸업했다고 쓰기까지 했다. Gregory Henderson, *Korea: The Politics of the Vortex*, Cambridge: Harvard University Press, 1968, p. 141.

170) 연정은, 「안호상의 일민주의와 정치·교육 활동」, 『역사연구』 12호, 역사학연구소, 2003, 10~13쪽.

171) 安浩相, 「히틀러, 아인스타인, 오이켄 諸氏의 印象」, 『朝光』 11월호, 朝鮮日報社出版部, 1938.

172) SS-Hauptamt (Hg.), *Der Weg der NSDAP: Entstehung, Kampf und Sieg*, Berlin: SS-Hauptamt, 1940, S. 106. 안호상은 프릭크가 바이마르 시의 지방정부 수반이 되었다고 썼는데, 프릭크는 바이마르시가 있는 튀링겐 주 정부에서 '내무상 겸 인민교육상(Innen-und Volksbildungs-minister)'으로 입각했다.

서 히틀러가 "우리는 빵과 노동과 자유를 원한다. 이 원을 푸러주리는 오직 나치스뿐이다. 이 원을 해결하는 데에 비로소 나치스 승리 즉 독일의 승리가 있는 것이다. 만일 그대들이 독일의 승리를 획득하거든 한 사람도 빼지 말고 나치스로 오게 하라!", "독일을 망쳐준 자는 벨사이유 조약을 작성한 연합국보다 오히려 그 조약에 서명한 독일의 유태적 사회민주당과 공산당이다"라고 연설한 것을 기억한다고 적었다.[174) '베르사유 조약 반대'라는 반외세적일 수 있는 주장을 '유태적인 사회민주당과 공산당'이라는 내부의 적을 공격하는 논리로 둔갑시키는 히틀러의 논리가 안호상에게 인상 깊었음을 알 수 있다. 그런 다음 안호상은 히틀러에 대해 "마봉(摩縫)의 정치가가 아니라 파괴의 정치가이며 또 유추(維推)의 정치가가 아니라 건설의 정치가"라며 "그의 행동은 철혈(鐵血)로서 된 것 같으며 그의 말은 금심(金心)으로 우러나오는 듯하며 듣는 사람으로 하여금 도취와 신뢰를 아끼지 못하게 한다"라고 높이 평가했다.[175)

위의 글을 통해서 안호상이 히틀러의 영향을 어느 정도 받았음을 알 수 있지만, 중요한 점은 그것이 안호상의 철학과 어떻게 연결되어 있느냐이다. 해방 이전에 안호상은 적극적으로 나치즘을 찬양하지도 않았고, 주로 학술적인 저작 활동과 교육 활동만을 했기 때문에, 철학자로서의 안호상에 대한 분석이 없으면 해방 이후 그의 사상을 충분히 이해하기 어려울 것이다.

원래 독일에 온 목적에 따라 예나대에서 철학을 전공한 안호상은 1929년에 브루노 바우흐(Bruno Bauch)의 지도를 받아 『관계 문제에 있어 헤르만 로체의 의의(Hermann Lotzes Bedeutung für das Problem der Beziehung)』라는

---

173) 安浩相, 앞의 글, 88쪽.
174) 위의 글, 89쪽.
175) 위의 글, 89쪽.

논문으로 박사학위를 받았다.176) 바우흐는 흔히 신칸트파 중 서남독일학파로 분류되기 때문에, 하유식은 안호상이 바우흐를 통해 신칸트주의의 영향을 받은 것으로 설명하고 그와 별개로 헤겔의 영향도 있었다고 추측했는데,177) 사실 바우흐 자체가 칸트파이면서도 헤겔파라고도 할 수 있는 사람이었다.178) 안호상의 소개에 따르면 바우흐는 이론철학과 실천철학 사이의 우열을 부인하고 이론철학과 실천철학이 철학의 전 체계 안에서 각각 한 부분과 계기를 만들어내는 것으로 보았다고 한다.179) 이는 칸트가 이론이성과 실천이성을 구별하고 이론이성에 대한 실천이성의 우위를 주장한 것을 다시 헤겔적인, 즉 변증법적인 관점에서 통합한 것이라고 할 수 있다. 안호상이 이론과 실천의 통일을 강조하는 기반이 된 것이 바우흐의 이러한 사상이었다.

그런데 헤겔을 통해 칸트를 재해석한 결과 바우흐는 '문화', '민족' 등을 강조하게 된다.180) 헤겔은 아무도 '자기 민족의 정신(den Geist seines Volkes)'을 뛰어넘을 수 없다고 하면서 민족정신(Volksgeist)을 실체화시켰는데,181) 바우흐 역시 1916년에 발표한 「국민 개념에 대하여(Vom Begriff der Nation)」라는 글에서 독일인과 유대인의 민족성의 차이를 강조하면서 유대

---

176) 『東亞日報』 1929년 7월 9일자.
177) 하유식, 「안호상의 一民主義 연구」, 『한국민족운동사연구』 34, 한국민족운동사학회, 2003, 310~313쪽.
178) 安浩相, 「부루노, 바우흐 現代世界唯一民族哲學者 (一)」, 『東亞日報』 1933년 1월 11일자.
179) 安浩相, 「부루노, 바우흐 現代世界唯一民族哲學者 (三)」, 『東亞日報』 1933년 1월 14일자.
180) 안호상 역시 문화, 민족 등을 다루는 바우흐는 칸트답다기보다 너무 헤겔답다고 썼으며, 본문에서 그 부분을 언급하지 않았지만 바우흐를 소개하는 글의 부제를 '현대 세계 유일 민족철학자'라고 달았다. 安浩相, 「부루노, 바우흐 現代世界唯一民族哲學者 (一)」, 『東亞日報』 1933년 1월 11일자.
181) Theodor W. Adorno, *Negative Dialektik*, Frankfurt am Main: Suhrkamp Verlag, 1975, S. 334.

인이 독일을 조국으로서 사랑하는 것은 불가능하다고 주장했으며,[182] 가치의 유무를 가리는 데 인종 이론이 차지하는 중요성을 주장하기도 했다.[183] 안호상의 사상이 인종주의적 경향을 보이게 되는 바탕을 제공한 이가 바로 바우흐였던 것이다.

학위를 마친 뒤 안호상은 영국 옥스퍼드대학에 갔지만 건강 악화로 인해 1930년 초 다시 예나로 돌아왔으며, 건강이 계속 나빠져 독일에서의 공부를 접고 1930년 8월에 귀국을 결심하게 되었다.[184] 귀국해서 일단 고향에 머물던 안호상은 독일어를 잊기 전에 독일어로 무언가 업적을 남겨야겠다는 생각으로 헤겔에 도전하게 되었다고 한다.[185] 바우흐를 통해 배운 헤겔 철학을 이 시기에 본격적으로 독학하게 된 것이다. 건강이 어느 정도 회복된 안호상은 다시 공부를 하려고 1931년 봄부터 1932년 봄까지 일본 교토(京都)제국대학 문학부 철학과에 입학하여 다나베 하지메(田邊元)의 지도를 받으면서 헤겔의 판단론에 관한 논문을 쓰게 되었다.[186] 다시 귀국한 안호상은 윤태동(尹泰東), 신남철(申南澈), 이종우(李鍾雨), 권세원(權世元) 등 경성제대 철학연구실을 중심으로 움직이기 시작한 철학연구회 조직에 김두헌(金斗憲), 최현배(崔鉉培) 등과 더불어 참여하게 되어 1932년 4월에 철학연구회를 결성했다.[187] 이 연구회는 기본적으로 학문 연구를 위한 모임이었는데, 이 인연 때문인지 안호상은 그해 6월에 경성제국대학 대학원에 들어가

---

182) Hans D. Sluga, *Heidegger's Crisis: Philosophy and Politics in Nazi Germany*, Cambridge: Harvard University Press, 1993, p. 84.

183) *Ibid.*, p. 214.

184) 안호상, 앞의 책, 126~130쪽.

185) 위의 책, 142쪽.

186) 『朝鮮日報』 1933년 9월 26일자.

187) 「京東警高秘第一〇〇七號 哲學研究會組織ニ關スル件」, 『思想ニ關スル情報』 3(국사편찬위원회 소장).

칸트와 헤겔을 연구하게 되었다.[188]

이 시기부터 안호상은 글을 발표하기 시작했다. 처음 발표한 글은 헤겔에 관한 것이었다. 그는 1932년 7월 14일부터 17일까지 세 번에 걸쳐 『동아일보』에 연재한 「헤겔이 본 철학과 시대의 관계」를 통해, 헤겔은 철학이라는 것, 그리고 개인이라는 것을 시대의 산물이라 보았다고 썼다.[189] 안호상은 헤겔을 통해 개인이 역사에 의해 크게 규정되는 존재임을 강조하게 된 것이다. 철학연구회에서 발행한 『철학』에 안호상이 처음 발표한 글 역시 헤겔에 관한 것이었다.[190] 안호상은 스승인 바우흐가 그랬듯이 칸트가 제시한 이론과 실천의 문제를 헤겔의 변증법을 통해 체계화하는 방향으로 나아갔는데, 주목할 것은 칸트에 대한 안호상의 평가지점이 칸트의 생활태도, 즉 신체에 대한 철저한 규율이었다는 점이다.[191] 여기에는 둘 다 병약했다는 유사점도 작용했겠지만, 이러한 칸트 이해와 헤겔이 만나 정립된 것은 민족과 같은 전체를 위한 개인의 규율이었다.

경성제대 대학원에 들어간 뒤 안호상은 1933년 10월 1일부터 보성전문학교에서 철학 강의를 시작했으며,[192] 34년에는 전임이 되어 철학개론, 윤리학, 독일어, 논리학 등을 맡았다.[193] 보성전문학교에서 강의를 하던 1930년대 중반부터 안호상의 철학에는 약간의 변화가 생겼다. 처음에는 독일철학을 소개하는 것이 안호상이 발표하는 글의 주된 내용이었는데, 이 시기부

---

188) 『京城帝國大學學報』 第六十四號, 京城帝國大學庶務課, 1932.
189) 安浩相, 「헤겔이 본 哲學과 時代의 關係」, 『東亞日報』 1932년 7월 14·16·17일자.
190) 安浩相, 「客觀的 論理學과 主觀的 論理學」, 『哲學』 第一卷 第一號, 哲學研究會, 1933.
191) 그래서 안호상은 1940년에 칸트를 소개하는 글을 썼을 때 그의 학설보다 그의 생활을 중심으로 소개했다. 安浩相, 「칸트」, 朝鮮日報社 編, 『世界名人傳』 1, 朝鮮日報社, 1940 참조.
192) 『朝鮮日報』 1933년 9월 26일자.
193) 안호상, 앞의 책, 154~157쪽.

터 동양철학을 직접 다루기 시작한 것이다. 1935년에 『철학』 3호에 실린 「이론철학과 실천철학에 대하야」는 안호상이 예전부터 가졌던 이론과 실천의 통일이라는 문제의식을 성리학, 특히 율곡을 통해 다루었다.194) 이 글에서 안호상은 '실천이성의 우위'를 주장하는 칸트를 비판하고 "지(知)에 대한 행(行)의 우위를 절대로 주장하는 유학(儒學)에서 우리는 반대로 행에 대한 지의 우위를 찾아낼 수 있으며" "지이행난(知易行難)이 아니라, 도리어 행이지난(行易知難)을 주장할 수 있는 것"이라며 실천(行)에 대한 이론(知)의 우위를 주장하면서 그 바탕 위에서 실천과 이론의 통일을 이야기한다. 실천에 대한 이론의 우위를 주장하면서 실천을 강조하는 입장은 어떤 이념에 의한 신체의 규율을 요청하게 된다는 점에서 파시즘과도 친화적이라고 할 수 있다. 또한 흥미로운 것은 '지이행난'이 아니라 '지난행이'를 주장하는 것은 중국에서 쑨원이 취한 입장이었으며, 거기에 왕양밍의 '지행합일'을 가미한 것이 바로 장제스가 내세운 역행(力行)철학이었다는 사실이다.195) 이범석이 1930년대 말경 중국에서 접하게 되는 사상과 거의 동일한 주장을 안호상이 이미 하고 있었던 것이다. 이런 점에서 보면 해방 이후 이범석과 안호상이 함께하게 되는 것은 거의 필연적인 일이었다.

이와 같이 동양철학과 서양철학에 대한 연구를 병행하는 일은 1930년대 후반에도 그대로 이어졌는데,196) 그 작업의 성과는 율곡과 헤겔 사이의

---

194) 安浩相, 「理論哲學과 實踐哲學에 對하야(知와 行에 對한 一考察)」, 『哲學』 第一卷 第三號, 哲學研究會, 1935.

195) 张皓, 「论"力行哲学"的建立」, 『辽宁教育学院学报』 第4期, 沈阳: 辽宁教育学院, 1998 참조.

196) 연구실을 방문한 학생이 요새 무엇을 연구하냐고 묻자 안호상은 "이퇴계 이율곡의 이기설(理氣說)과 칸트·헤겔의 논리 인식 문제"라고 대답했으며, 그 학생이 들어갔을 때 안호상은 『퇴계전집』을 펴놓고 무언가 정리하고 있었다고 한다. 『每日新報』 1938년 12월 25일자.

공통성 주장으로 나타났다. 『동아일보』에 연재한 「조선 고래 사상과 현대 사조와의 관련성」에서 안호상은 이(理)와 기(氣)를 통일적으로 파악하는 율곡의 방식이 헤겔철학과 공통적임을 지적했는데, 주목할 것은 이들의 철학의 특징을 "부분이 전체요 또 전체가 부분"이라는 사상으로 보고 있다는 점이다. 안호상은 헤겔철학이 현대 사조에 큰 영향을 미쳤다면서 "최근의 파쇼국가에서 부르짖는 그 소위 전체주의를 말할지라도 그것의 시비판단과 가치고하(價値高下)는 여기에서 논할 바 아니며 또 그것이 비록 철학적 전체론과는 다소 상이한 점이 없는 것이 아니지만 여하튼 그것이 헤겔과 또는 헤겔에 영향 받은 철학가의 철학적 전체론으로부터 막대한 영향을 받은 것은 부정할 수 없는 사실"이라며 전체주의의 한 기원으로서 헤겔을 제시했다.197) 헤겔을 매개로 독일민족이 하나의 전체가 될 수 있었다면 율곡을 매개로 한민족 역시 하나의 전체가 될 수 있을 것이다. 헤겔을 통해 '전체'에 대한 강한 욕망을 가지게 된 안호상은 드디어 그 '전체'를 가능케 할 수 있는 근거를 '민족의 전통' 속에서 찾은 것이다.

물론 스승인 바우흐가 나치즘과 친화성을 가지면서도 직접 나치즘을 찬양하는 활동을 하지 않은 것과 마찬가지로, 안호상 역시 나치즘이나 전체주의를 직접적으로 옹호하는 언동을 보이지는 않았다. 1942년 『매일신보』에 연재한 「근로의 본질과 개념」이라는 글을 통해 '노동에 대해 생각하기 위해서는 개인의 입장이 아니라 전체인 국가의 입장에서 보아야 한다'고 주장한 데서198) 전체주의적 발상을 엿볼 수는 있지만, 안호상은 적극적인 나치즘 찬양이나 대일협력을 하지 않고 해방을 맞이하게 된다.

---

197) 安浩相,「朝鮮古來思想과 現代思潮와의 關聯性: 特히 栗谷思想과 現代思想 (完)」,
　　　『東亞日報』 1939년 1월 8일자 석간.
198) 安浩相,「勤勞의 本質과 槪念 ③」,『每日新報』 1942년 1월 29일자.

제3장
'전향'과 '가족'
—양우정의 사회주의운동과 그 굴절

족청계 이념의 특징은 반공적이면서도 '반제국주의'적이고 '반자본주의'
적이라는 점인데, 그런 측면을 대표하는 인물이 양우정이다. 양우정은 원래
족청과 무관한 사람이었지만 일민주의를 통해 족청 세력과 결합해 족청계
의 중심 인사가 되었다. 그렇기 때문에 해방 이전의 그의 경력 역시 족청계
의 성격을 밝혀내는 데 필수적인 요소라 할 수 있다.

1. 시인 양우정과 공산주의자 양창준

양우정은 1907년에 경남 함안에서 태어났으며 원래 이름은 양창준(梁昌
俊)이다.199) 그는 함안에서 보통학교를 나온 뒤 대구고등보통학교에 진학
했지만 중간에 퇴학했다.200) 이 퇴학에 관해 송원영은 4학년 때 반일 학생
사건에 관련되어 학교에서 쫓겨났다고 썼지만,201) 일본 관헌 자료에는 5학

---

199) 양창준은 시를 발표할 때 필명으로 양우정(梁雨庭)을 사용하다가 해방 이후에는 이름
　　자체를 양우정(梁又正)으로 고쳤다. 이하에서는 편의상 시기와 무관하게 양우정으로
　　표기하기로 한다.
200) 서범석, 『우정 양우정의 시문학』, 보고사, 1999, 197쪽.

년 때 학자금 궁핍 때문에 퇴학한 것으로 되어 있다.202) 퇴학 이후 일본으로 건너간 양우정은 와세다대 전문부 경영학과를 다니다 중퇴해서 귀국한203) 뒤 보통학교 촉탁교원을 거쳐 조선일보사 함안지국을 경영했다고 일본 관헌 자료에 나오지만,204) 실제로 확인되는 것은 1926년 2월에 동아일보사 함안지국에 기자로 채용되었다는 사실이다.205) 다만 1926년에 동아일보사 함안지국 지국장을 맡고 있던 조진규(趙珍奎)가 1929년에는 조선일보사 함안지국 지국장을 맡았으며,206) 이 조진규가 중심이 되어 1927년 10월 조직된 신간회 함안지회207)에서 1929년 8월부터 양우정이 검사위원을 맡은 사실208)로 보아, 일단 동아일보사에 들어갔다가 조선일보사로 옮겼을 수도 있다. 또한 1928년 말에는 함안청년동맹에서 위원장 후보 및 소년부 위원으로 보선되는209) 등 지역에서 적극적으로 운동에 참여했다.

　신문사에서 일하면서 양우정은 시를 쓰게 되었고, 1928년부터 『중외일보』를 중심으로 시를 발표하기 시작하였다.210) 1928년 7월 1일자 『중외일보』에 양우정(梁雨庭)이라는 필명으로 「쉬고 가소」라는 시를 발표한 것을 시작으로211) 7, 8월 두 달 동안 『중외일보』에 시 19편을 연달아 발표했다.

---

201) 宋元英,「梁又正論」,『人物界』2월호, 人物界社, 1956, 97쪽.
202)「朝鮮國內工作委員會事件等豫審決定書寫」, 金俊燁·金昌順 共編,『韓國共産主義運動史 資料編 Ⅱ』, 高麗大學校 亞細亞問題研究所, 1980, 587쪽.
203) 서범석, 앞의 책, 198쪽. 그렇지만 와세다대를 다녔다는 근거는 제시되어 있지 않다.
204) 金俊燁·金昌順 共編, 앞의 책, 587쪽.
205)『東亞日報』1926년 2월 2일자.
206)『朝鮮日報』1929년 9월 20일자.
207)『朝鮮日報』1927년 10월 20일자.
208)『朝鮮日報』1929년 8월 21일자.
209)『朝鮮日報』1928년 12월 8일자.
210) 이 시기에 발표된 시들은 대부분 서범석, 앞의 책에 수록되어 있다.
211) 梁雨庭,「쉬고 가소」,『中外日報』1928년 7월 1일자.

가장을 북간도로 떠나보낸 가족의 모습을 그린 첫 작품과 마찬가지로, '28년 6월'에 지은 것으로 표시되어 있는 「써나면서」에는 당시 양우정이 고향에서 무엇을 문제로 보고 있었는지 잘 나타나 있다.[212)]

써나면서

산천아 잘잇거라
소도개도 잘잇거라
동내사람 잘사시오
님아 너도 잘잇거라

동내사람 뭇거들낭
북간도로 갓다하고
아들딸이 울거들낭
돈버러서 온다하소

소와개가 뭇거들낭
못사러서 갓다하고
빗쟁이가 오거들낭
버리하러 갓다하소

여기서 양우정이 보고 있는 것은 가난 때문에 가족이 흩어져야 하는 농촌의 모습이다. 시적으로 보면 아주 소박한 수준이지만, 청년운동을 하면서

---

212) 梁雨庭, 「써나면서」, 『中外日報』, 1928년 7월 5일자.

양우정이 인식했던 식민지의 현실이 어떤 것인지 잘 보여준다. 1928년 7월 3일자 『중외일보』에 실린 동요 「해바라기」는 엄마가 그리워 종일 우는 아기를 그렸는데,213) 이것은 그가 관여했던 함안청년동맹이 유치원을 경영했으며214) 거기서 양우정이 유치원 문제를 직접 다루기도 했다는 사실과215) 관련되는 내용이다. 지역에 있는 청년동맹이 유치원을 만들어야 했던 것 자체가 아이를 돌봐야 할 가정환경이 이미 열악한 상태였음을 보여준다. 양우정이 가족의 문제를 중요하게 생각한 것은 이와 같은 직접적인 운동 경험에서 나온 것이었다.

이처럼 실제 운동 속에서 창작된 것이긴 했지만, 양우정의 시는 1928년 11월 8일자 『조선일보』에 실린 「밤기차」가 "쎈치멘탈한 맛이 잇다"는 평을 받았던 것처럼216) 기본적으로 감상적인 서정시였다. 이 감상주의의 바탕에는 가족이라는 것을 어떤 자연적이자 원초적인 공동체로 보면서 그것이 파괴되어가는 현실을 한탄하는 그의 인식이 깔려 있다. 가족과 같은 '자연 상태'를 먼저 설정해놓고 현실을 바라보기 때문에 그의 비판의식 역시 감상주의로 흐를 수밖에 없었다. 하지만 1929년부터 양우정의 시는 변화를 보이기 시작한다. 과거 양우정이 발표했던 시들이 대체로 가족이 이별하는 슬픔을 감상적으로 그린 것이었던 반면, 1929년 1월 28일자 『조선일보』에 발표된 시 「가야만 하리」는 고향으로 가야 한다는 주체적 결의에 찬 작품이다.217) 또 1929년 2월 19일자 『조선일보』에 발표된 「벗의 귀향」 역시 돌아온 벗의 힘찬 모습을 그렸다.218) 이제 양우정이 그리는 인물들은 식민

---

213) 梁雨庭, 「동요 해바라기」, 『中外日報』 1928년 7월 3일자.
214) 『朝鮮日報』 1929년 7월 12일자.
215) 『朝鮮日報』 1929년 4월 25일자.
216) 梁雨庭, 「밤汽車」, 『朝鮮日報』 1928년 11월 8일자.
217) 梁雨庭, 「가야만 하리(小曲)」, 『朝鮮日報』 1929년 1월 28일자.

지배라는 상황에 의해 좌지우지되면서 슬퍼만 하는 피동적인 존재에서 벗어나기 시작한 것이다. 이러한 변화 배경에는 프롤레타리아문학운동과의 본격적인 교류가 있었던 것으로 보인다. 「가야만 하리」 말미의 "29년 신춘에 서울서"라는 부기를 볼 때, 양우정은 1929년 새해를 서울에서 맞이했던 것 같다. 물론 이 서울행의 목적이 무엇이었는지 알 수는 없지만, 이 기회에 그가 조선프롤레타리아예술동맹(카프)과 어떤 인연을 맺게 되었다고 추측해보는 것도 큰 무리는 아닐 것이다.[219)]

아마도 카프와의 관계가 생기면서 양우정의 문예관은 급속도로 계급적인 것으로 변해갔다. 1929년 6월에 발표된 「농민문예소론」은 당시 그가 도달한 문예관이 어떤 것이었는지 분명히 보여준다. 양우정은 '농민문예'를 "비참하고 참담하고 그러나 빗나는 미래가 잇는 현실을 정면으로 직사(直寫)하야 그들로 하여금 철저히 모순과 당착이 심한 현사회를 비판하여서 각성과 용기를 주는 문예"라고 정의하면서 "우리들 농민으로 하여금 지배 도덕의 현실 환경에서 일보라도 버서나지 못하게 하는 기만적 문예"인 '전원(田園)문예'와 달리 "계급의식에 눈써서 주우린 맹수와 갓치 새 삶을 요구하는 천명지동(天鳴地動)의 부르지즘이요 지각(地殼)을 쓸코 나오는 용암과 갓치 부자연한 자연을 정복하는 문예"를 주장하며 "묵묵한 대지, 혁연(赫然)한 태양, 이 가운데서 태생한 농민문예는 농민의 각성과 아울러 성장할 것이다"라고 글을 맺었다.[220)] 이제 양우정의 과제는 농민의 슬픔을 노래하는

218) 梁雨庭, 「벗의 歸鄕」, 『朝鮮日報』 1929년 2월 19일자.
219) 서범석은 1928년경에 양우정이 카프 중앙위원이 되었다고 썼지만(서범석, 앞의 책, 198쪽), 함안에 있던 양우정이 중앙위원이 되었을 가능성은 희박하며, 당시 카프 중앙에 있던 박영희도 1930년 가을 당시 양우정이 카프 회원도 아니었다고 회고했다(朴英熙, 「草創期의 文壇側面史(第七回)」, 『現代文學』 第六卷 第三號, 現代文學社, 1960, 223쪽).
220) 梁雨庭, 「農民文藝小論」, 『朝鮮日報』 1929년 6월 30일자.

것에서 그들이 지닌 '맹수'나 '용암' 같은 파괴적 잠재력을 일깨우는 일로 바뀌었다. 이 변화는 그의 시 또한 변화시켰다.

1929년 7월에 양우정은 『조선일보』에 두 편의 시를 발표했다. 7월 12일 자에 게재된 「농촌의 칠월」은 "칠월의 농촌은 감격에 넘친다 / 젊은이의 가슴에서—젊은이의 가슴으로— 피끓는 의분(義憤)이 흘러단인다", "칠월 의 하늘아! 풍우(風雨)를 실어다가 / 가증(可憎)한 이 날—이 대지를 휩싸고 돌아라 / 이것이 이 마실 젊은이들의 공신(共信)된 소원이란다"와 같은 구절 에 잘 나타나듯 「농민문예소론」에서 제시한 농민문예상을 실제로 창작으 로 옮긴 것이다.221) 또 8월 22일자에 실린 「녀름의 정서」 역시 여름이라는 계절을 '폭풍우'와 '홍수'로 표현하면서 "오! 위대한 녀름! / 동무들아 그대 들은 녀름과 가티—"라고 시를 맺음으로써222) 여름이라는 알레고리로 농 민들이 지닌 파괴력을 표현하려 했다. 그런데 흥미로운 것은 이 두 편의 시가 양우정(梁雨庭)이 아닌 양창준(梁昌俊) 명의로 발표되었다는 사실이다. 그 뒤에도 양우정(梁雨庭) 명의로 발표된 시와 평론이 있기는 하지만, 계급 적인 입장을 분명히 하면서 양창준 명의로 시를 발표했다는 것은 과거의 양우정(梁雨庭)에서 벗어나려는 의지의 표현이라 할 수 있을 것이다.

1930년 봄 양우정은 서울로 올라왔다. 관헌 자료에는 일자리를 찾아서 올라온 것으로 되어 있지만,223) 보다 본격적인 프롤레타리아문학운동을 위 해 올라온 것이기도 할 것이다. 실제로 서울로 활동 무대를 옮기면서 양우 정은 당시 좌익적인 경향을 띠고 있던 아동문학 잡지 『신소년』과 관계를 가지기 시작한다. 1930년 6월호에 「망아지」라는 동요와224) 「풀밧해 누어

---

221) 梁昌俊, 「農村의 七月」, 『朝鮮日報』 1929년 7월 12일자.

222) 梁昌俊, 「녀름의 情緒」, 『朝鮮日報』 1929년 8월 22일자.

223) 金俊燁·金昌順, 앞의 책, 587쪽.

224) 雨庭, 「(童謠) 망아지」, 『新少年』 第八卷 第六號, 新少年社, 1930, 7쪽.

서」라는 수필을 기고한 것을 시작으로[225] 7월호엔 동화「산에서 불은 노래」를 기고했으며[226] 8월호에는 수필「비 오는 날」을 기고함과 동시에[227] 이주홍(李周洪), 엄흥섭(嚴興燮) 등『신소년』의 주요 필진들과 함께 '여름방학 지상좌담회'에 참석하기도 했다.[228] 좌담회 내용 자체는 이렇다 할 만한 것 없이 평범했지만,『신소년』에서 양우정이 어느 정도의 위상을 확보했음을 알 수 있다. 또한 신소년사에서는 근간 예정으로『신흥동요칠인집』의 광고를 냈는데, "조선 푸로동요작가 총출진"이라는 선전 문구가 달린 광고의 필진 가운데서도 이주홍, 엄흥섭 등과 함께 양우정의 이름을 확인할 수 있다.[229] 이와 같이『신소년』을 통해 양우정은 프롤레타리아 작가의 위상을 확보했다.

『신소년』을 통해 확보한 위상과 인맥을 활용하여 양우정이 시도한 것이 잡지 발행이었다. 양우정은 인사동에 사는 외삼촌의 도움을 받아서 잡지를 발행하게 됐는데,[230] 그것이『음악과 시』이다.『음악과 시』의 필진을 보면 이주홍·엄흥섭·손풍산(孫楓山)·신고송(申鼓頌) 등『신소년』의 주요 필진이던 이들이 중심을 이루고 있으며, 인쇄인은 당시『신소년』에서 실질적인 편집장이었던[231] 이주홍으로 되어 있어[232]『신소년』과의 깊은 관계를 보

---

225) 梁昌俊,「풀밧해 누어서」,『新少年』第八卷 第六號, 16~17쪽.

226) 梁昌俊,「山에서 불은 노래」,『新少年』第八卷 第七號, 新少年社, 1930, 16~17쪽.

227) 梁昌俊,「비 오는 날」,『新少年』第八卷 第八號, 新少年社, 1930, 10~13쪽.

228)「여름방학 紙上座談會」,『新少年』第八卷 第八號, 14~19쪽.

229)「[광고] 新興童謠七人集」,『新少年』第八卷 第八號, 19쪽. 이 책은 결국『童謠集 불별』이라는 제목으로 간행되었으나(『新少年』第八卷 十·十一月號, 新少年社, 1930, 뒷표지 광고), 나중에 출판법 위반으로 차압당했다(『朝鮮出版警察月報』第五十七號, 警務局圖書課, 1933, 8쪽).

230) 金俊燁·金昌順, 앞의 책, 587쪽. 이 자료에서는 '叔父'로 표시되어 있지만 그 '숙부'가 양우정의 어머니와 같은 김 씨이기 때문에 실제로는 외삼촌이다.

231) 박태일,「이주홍의 초기 아동문학과『신소년』」,『현대문학이론연구』18호, 현대문학이론

여준다. 그렇지만『신소년』과 달리『음악과 시』는 "주장이 다른 작품은 아니 실기로 하엿다"라는 사고(社告)를 낸 것으로 알 수 있듯이[233] 분명한 노선을 가진 잡지였으며, 원래 제호를『프롤레타리아 음악과 시』로 하려고 했다고 사고(社告)에서 밝히고 있는 것처럼[234] 프롤레타리아문학운동의 일환으로 발행된 것이었다. 실제로 당시 카프 중앙집행위원이었던 엄흥섭의 평론과 권환(權煥)[235]의 시를 비롯해 카프 계열 문인들의 평론, 시, 동요 등을 실어 그 노선이 기본적으로 카프와 유사한 것이었음을 알 수 있다.[236]

그렇지만 양우정은 보다 더 직접적으로 카프에 참여하기를 원했다. 그래서 그는 엄흥섭을 통해 카프 중앙에 자신이 카프 기관지를 발행할 의사가 있다는 뜻을 전달했으며 기관지를 필요로 했던 카프 중앙에서는 바로 이 제의를 받아들였다.[237] 이렇게 해서 나오게 된 잡지가『군기(群旗)』이다.

『군기』는 발행처인 군기사(群旗社)의 주소가 양우정 외삼촌의 주소와 동일한 것으로도 확인할 수 있듯이[238] 형식적으로는 양우정 개인이 발행하는 잡지였지만 카프 중앙이 함께 편집하는 카프의 실질적 기관지였다.[239] 실

학회, 2002, 149쪽.

232)『音樂과 詩』創刊號, 音樂과 詩社, 1930, 판권지. 여기서는 李周洪이 아니라 李柱洪으로 표기되어 있지만 주소지가 신소년사와 동일한 水標町 42번지로 되어 있기 때문에 동일인물로 판단했다.

233)「社告」,『音樂과 詩』創刊號, 音樂과 詩社, 1930, 48쪽.

234)「社告」,『音樂과 詩』創刊號, 34쪽.

235)「詩人消息 樂人消息」,『音樂과 詩』創刊號, 27~28쪽. 이 기사에서 카프 중앙집행위원으로 소개되고 있는 사람의 이름은 정확하게는 '權景煥'이다. 하지만 권환의 본명이 權景完이며 출생지와 출생 연도가 일치하기 때문에 이 '권경환'이 권환이라고 판단해도 될 것이다.

236) 권영민,『한국 계급문학 운동사』, 문예출판사, 1998, 232~233쪽.

237) 朴英熙, 앞의 글, 223~224쪽.

238)『朝鮮日報』1930년 11월 7일자; 金俊燁·金昌順, 앞의 책, 587쪽.

239) 安漠,「朝鮮プロレタリア藝術運動略史」,『思想月報』第一卷 第十號, 高等法院檢事局

제로『군기』는 "재래의 다른 잡지와 달러서 지식계급과 문학청년을 상대로 하지 아니하고 순전히 노동자와 농민 대중을 한 것으로 통속유물론(通俗唯物論), 무산계급경제학(無産階級經濟學), 노동 문제, 농민 문제, 청년 문제, 소년 문제, 국제정세 노동자 농민의 예술강좌(藝術講座)와 창작(創作) 등을 그 내용으로" 한 것으로 알려졌으며[240] 창간호 필진도 양우정 외에 이적효(李赤曉), 임화(林和), 박영희(朴英熙), 권환, 이기영(李箕永), 안막(安漠), 송영(宋影), 윤기정(尹基鼎), 김기진(金基鎭) 등 카프 중심 멤버들이었다.[241] 노동자 농민을 주된 독자로 삼은 기관지의 발행은 1930년을 전후해 도쿄에서 활동하던 임화, 안막, 권환 등이 귀국해서 카프 중앙에 가담하면서 이루어진 '제2차 방향 전환'의 결과였는데,[242] 양우정은 바로 이런 흐름을 타서 직접적으로 카프에서 활동하게 된 것이다.『군기』뿐 아니라 1930년 12월에 발간 준비 중이던『무산소년』이라는 잡지에서도 집필자로 송영, 박영희, 이기영 등 카프 주도층 인사들과 더불어 양우정의 이름이 보인다.[243] 이제 양우정은 본격적으로 카프의 일원이 되었다.

그런데 양우정과 카프의 양호한 관계는 그리 오래 가지 않았다. 1931년 2월경부터 양우정은 이적효, 엄흥섭, 민병휘(閔丙徽) 등과 함께 카프 중앙에 대항하여 '전조선무산자예술단체협의회' 결성을 시도했으며,[244] 이것이 여의치 않자 군기사를 개성에 있는 민병휘의 집으로 옮기면서 카프쇄신동맹이라는 이름하에 중앙과 대결하는 방향으로 나아갔다.[245] 이에 카프 중앙

思想部, 1932, 178쪽.
240)『朝鮮日報』1930년 11월 7일자.
241)『東亞日報』1930년 11월 7일자.
242) 권영민, 앞의 책, 206~215쪽.
243)『東亞日報』1930년 12월 5일자.
244)『朝鮮日報』1931년 4월 28일자.
245) 金龍吉,「반(反)카프 음모 급(及)『군기(群旗)』에 관련된 문제」, 임규찬·한기형 편,『볼세비

은 4월 7일에 군기사에서 독자명부, 지사명부, 원고 등 군기사의 모든 문서를 압수했고,246) 이를 계기로 갈등이 완전히 표면화되었다. 카프 개성지부는 4월 13일에 임시총회를 열어 중앙간부에 대한 불신임안을 카프 서기국에 발송하고, 중앙간부가 이에 불응할 경우 카프쇄신동맹을 창립할 것을 결의했으며, 중앙간부들의 "반동적 사회민주주의적 일화견주의적(日和見主義的) 행동"을 신랄하게 비판하는 성명서를 발표했다.247) 이에 카프 중앙은 중앙위원 전원의 합의로 양우정, 이적효, 민병휘, 엄흥섭 등 4명의 제명과 개성지부 집행위원 전원에 대한 정권 처분으로 대응했으며248) 서기국에서도 이들의 "반카프적 반××적 분파적 파괴 행동의 음모와 『군기』 탈취 책동"을 강하게 비판하는 성명서를 발표했다.249) 임화를 중심으로 한 서기국의 단호한 대응으로 양우정의 카프 활동은 끝나고 만 것이다.

기존의 문학사에서는 이 사건이 대체로 카프 개성지부의 양우정, 이적효, 민병휘, 엄흥섭 등 4명이 자신들이 발행하는 『군기』를 통해 카프 중앙에 항거한 것으로 서술되었다.250) 그런데 위에서 보았듯이 『군기』는 개성지부에서 발행한 것이 아니었으며, 4명 가운데 이 사건에 깊이 관여하지 않았던 엄흥섭을251) 제외한 나머지 3명 중 개성지부와 관련이 있는 이는 민병휘밖에 없다.252) 일반적으로 카프 중앙과 개성지부 사이의 분규처럼 인식

키화와 조직운동』, 太學社, 1989, 304쪽.

246) 朴英熙, 앞의 글, 225~226쪽.

247) 『朝鮮日報』 1931년 4월 22일자.

248) 『朝鮮日報』 1931년 4월 22일자.

249) 『朝鮮日報』 1931년 4월 28일자.

250) 권영민, 앞의 책, 231~237쪽; 金允植, 『韓國近代文藝批評史硏究』, 一志社, 1976, 34쪽; 「해설: 문예운동의 볼세비키화」, 임규찬·한기형 편, 앞의 책, 15쪽. 시인 양우정에 대한 유일한 연구에서도 동일한 인식을 공유하고 있다. 서범석, 앞의 책, 198쪽.

251) 朴英熙, 앞의 글, 224쪽.

되는 이 사건에는 사실은 다른 측면이 있다. 카프 개성지부에서 발표한 성명서 마지막에 열거된 구호들 가운데 "군기 산업노동을 지지하자"라는 구절이 그 실마리가 된다. 이 '산업노동'이란 이적효가 몇몇 사람들과 함께 1931년 3월부터 발행했던 노동자 잡지의 제호이다.[253] 이적효는 본명이 이금동(李金童)으로, 출판노조 집행위원이기도 했는데, 1930년 12월부터 조선공산당 재건운동 조직인 '중국공산당 동만(東滿)특위 조선국내공작위원회'와 관계를 가지면서 활동 중이었다.[254] 양우정 역시 이 국내공작위원회와 연결되어 있었으며 국내공작위원회에서 파견된 서중석(徐重錫)을 민병휘에게 소개하기도 했다.[255] 즉, 당시 양우정 등은 국내공작위원회와 관계를 가지면서 활동하고 있었던 것이다. 그들이 카프 중앙에 본격적으로 대항하기 시작한 1931년 3월은 국내공작위원회의 활동이 활발해진 시기이기도 하다.[256] 여기서 알 수 있는 것은 『군기』 사건이 단순한 내분은 아니었다는 것이다. 양우정 등이 관계했던 국내공작위원회는 "(서울)상해계를 중심으로 한 조선공산당재건설준비위원회"의 후신이었고,[257] 카프의 '제2차 방향 전환'을 주도하면서 카프의 실질적 지도 세력으로 등장했던 임화, 안막 등은 ML계 당 재건운동과 연결되어 있었다.[258] 즉, 양우정 등은 국내공작

---

252) 민병휘는 카프 개성 지부 창립 당시부터 참여한 인물이다. 『朝鮮日報』 1928년 1월 13일자.

253) 『東亞日報』 1931년 3월 6일자.

254) 金俊燁·金昌順 共編, 앞의 책, 564~565쪽.

255) 위의 책, 587쪽. 이 문서에는 양우정이 4월 중순에 정종명(鄭鐘鳴)의 소개로 국내공작위원회에서 파견된 서중석을 만나 공작위원회에 가담한 것으로 되어 있지만, 이적효와의 관계를 생각하면 그 이전부터 공작위원회와 연계되어 있었다고 보는 편이 자연스러울 것이다.

256) 金俊燁·金昌順, 앞의 책, 554~555쪽.

257) 이종민, 「당 재건운동의 개시(1929~31년)」, 한국역사연구회 1930년대 연구반, 『일제하 사회주의운동사』, 한길사, 1991, 93~100쪽.

위원회와 연계되면서 ML계로부터 카프의 주도권을 빼앗기 위해 카프 중앙을 공격했던 것이다.

이와 같이 당 재건운동에 관여하면서 양우정은 카프에서 제명당한 뒤에도 활동을 계속했다. 먼저 서울에서 "농민의 빈곤의 원인이 어디에 있는지 찾으려고 하는", "철두철미 계급의식을 고조시키기 위한"『농민교정(農民教程)』이라는 책을 출판하려 했지만, 검열 결과 불허가 처분을 받아 출간하지 못했다.259) 양우정이 기존에 해왔던 문학과 거리가 있는 이런 책을 내려고 한 것도, 국내공작위원회에서 "노동자 또는 농민의 경제적 투쟁을 정치적 투쟁과 연결시키며 노동자 또는 농민에게 공산주의적 교양 훈련을 시킴으로써 조선공산당 재건설의 기초가 될 우수분자의 공급을 임무"로 삼았기 때문으로 보인다.260) 하지만 검열 때문에 출판을 통한 농민 교양에 어려움을 느낀 양우정은 고향인 함안으로 내려가 곧바로 함안농민조합에 관여하게 된다. 1931년 6월경에 개편된 함안농조의 조직선전부에서 일하게 된 것이다.261) 이때 개편된 함안농조 임원들은 쟁의부의 조진규를 비롯해 신문사 지국 출신들이 많았기 때문에262) 양우정이 들어가는 데 어려움은 없었을 것이다. 이렇게 해서 직접 농민운동에 참여하게 되었지만, 양우정은 농조 간부들에게 국내공작위원회 '테제'를 보여주고 가입 권유를 하면서 당 재건운동도 계속 해나갔다.263)

양우정이 참여한 함안농조는 활발한 활동을 보였다.264) 1931년 10월 15

258) 권영민, 앞의 책, 200~206쪽.
259) 『朝鮮出版警察月報』第三十四號, 警務局圖書課, 1931, 16~17쪽.
260) 金俊燁·金昌順, 앞의 책, 554쪽.
261) 『朝鮮日報』 1931년 6월 30일자.
262) 지수걸, 『일제하 농민조합운동 연구』, 역사비평사, 1993, 193쪽.
263) 金俊燁·金昌順, 앞의 책, 587쪽.
264) 지수걸, 앞의 책, 195~199쪽.

일에 남해척식회사 함안농장에 60여 명의 소작인들이 모여들어 비료대금을 부당하게 징수했다고 농장장에게 항의하는 사태가 벌어지자, 그 배후 인물로 함안농조의 양우정, 변면섭, 안봉중, 박승표 등 4명이 경찰에 검거되었다.[265] 그런데 이들 가운데 양우정만 서울로 이송되고 나머지 3명은 곧 풀려나왔다.[266] 양우정이 국내공작위원회와 연결되어 있다는 사실이 드러난 것이다. 유일하게 기소된 양우정은 1931년 12월에 서대문형무소에 구금되었고, 1934년에 재판장에게 '상신서(上申書)'를 제출해 '전향'을 하게 된다.

2. 전향과 '가족'의 재발견

이 '상신서'는 해방 이후 양우정을 파악하는 데도 중요한 내용을 담고 있으므로 자세히 살펴보기로 하자. 양우정은 먼저 감옥에서 육친을 생각할 기회가 주어진 것을 고맙게 생각한다며 글을 시작한다.[267] "바로 앞의 실행을 피하기 위해서 서적 속에서 타타르인을 사랑하는 코즈모폴리턴을 믿지 말라"는 루소의 말을 절실히 느낀다면서, 양우정은 이 기회가 없었다면 자신은 부모형제를 망각한 비인간이 되고 말았을 것이라고 했다. 그러면서 친척이나, 유물론자도 동지도 아니었던 친구들은 편지를 주는데 기타 사람들은 무관심한 데다 자기에게 배신자라는 낙인을 찍기 위해 자기의 사소한 과오를 기다리고 있다고 말한다. 이런 경험을 바탕으로 양우정은 제대로

---

265) 『東亞日報』 1931년 10월 23일자.
266) 『東亞日報』 1931년 10월 28일자.
267) 梁昌俊, 「上申書」, 『思想月報』 第四卷 第三號, 高等法院檢事局思想部, 1934, 26쪽.

된 인간이 되기 위해 번민하기 시작한다. 유물론은 진리인가, 공산주의는 합리적인가 하는 물음이 양우정을 번민케 했다. 여전히 유물론이 진리이며 공산주의가 합리적이라면 진리를 배반하고 불합리에 구애되어야 하기 때문이다. 진리를 배반하고 불합리를 묵과해서라도 인정(人情)으로 돌아가고 기계가 아닌 인간이 되겠다고 변명해봐도, 정의를 사랑하고 진리를 탐구하는 마음은 납득하지 못한다. 그런 번민 속에서 양우정은 이 수수께끼를 풀어줄 지도자를 원했지만, 결국 스스로 이 수수께끼를 풀었다. 인정과 진리가 모순되는 것이 아니고, 유물철학이 진리가 아니며 공산주의가 불합리하다고 깨달은 것이다.268) 이 내용을 그는 세 가지로 설명한다. 첫째, 유물론은 경험론과 결부되는데 단순한 경험의 축적으로는 결코 보편타당성과 필연성을 설명할 수 없으며 그것은 선천적으로 주어진다는 것이다. 둘째, '인간의 사회적 존재가 그 의식을 결정한다'는 유물사관의 근본 명제에 대한 의문이다. 여기서 소작농이 많은 남부 조선이나 서부 조선보다 생활이 넉넉한 자작농민층이 많은 함경도에서 사회운동이 고도로 발달한 현실은 농민운동에 관여한 양우정에게 절실한 문제였을 것이다. 셋째, 공산주의의 근본 명제인 사유재산 부정에 대한 의문이다. 소유욕은 인간의 본성이며 재산 사유는 인간의 근면성을 자극해 생산을 증식시킨다고 하면서, 자작농의 논밭이 소작농의 논밭보다 개량 발전되어 있다는 예를 든다.269) 그리고 마지막으로 다음과 같이 선언한다.270)

나는 지금 과거에 신봉한 주의가 진리가 아님을 깨닫고 감연히 방향을 전환한

---

268) 위의 글, 27쪽.
269) 위의 글, 28쪽.
270) 위의 글, 28~29쪽.

다. 남들이 뭐라고 하든 상관없다. 나는 내가 믿는 새로운 방향으로 맥진할 것이다. 나는 사랑하는 부모형제에게 다정한 말 한 마디를 걸 수 있을 것이다. 하루라도 고향에 빨리 돌아가 가래와 괭이를 손에 들어 건전하게 앞길을 내딛고 싶다. 그리고 부모형제를 기쁘게 하고 싶다. 공산주의의 기계관에 사로잡혀서 주의가 다른 어릴 적 친구에게도 냉정하게 대한 일이 있다. 그러나 그들은 나를 인간적으로 미워하지 않았다. 나는 나의 과거를 부끄러워한다. 이제 와서는 그들과의 우정도 되찾을 수 있으리라. 나의 가슴은 희망에 불타오른다. 민중의 벗은 공산주의가 아니라, 인도이며 인정이며 사랑이다. 모든 인류의 행복을 표방하는 '혁명'이라는 것은 자가모순에 빠진다. 인류를 위해 인류를 죽이고 인류의 문화를 파괴하는 것은 모순이다. 혁명이란 정치적 야심가의 수단에 지나지 않다. 나는 혁명에 반대한다. 아, 그리고 나는 인도로 돌아간다. 어머니 품으로 돌아간다.

이 '상신서'를 통해 양우정이 공산주의에 대치시킨 것이 '인도'이며 가족이었다. 1931년 3월경에 양우정이 출판하려 한 『현대 청년 교과서』에서 '인도주의자'를 증오할 것을 호소했던 것을 생각해보면,[271] 양우정의 정치적 입장이 크게 변화한 것은 틀림없는 사실이다. 하지만 앞서 보았듯이 1928년부터 발표되기 시작한 그의 초기 시에서 주로 그려진 것이 가난 때문에 흩어져 살아야 하는 농촌의 가족들이었음을 상기한다면, 이 '전향'은 양우정이 또다시 원점으로 되돌아갔음을 의미하는 것이었다. 1936년의 통계에 의하면 일본에서는 전향의 이유로 '근친애 기타 가정 관계'가 41.5%로 압도적으로 많지만, 한국에서는 '구금에 의한 후회'(34.4%)가 가장 많으

---

271) 『朝鮮出版警察月報』第三十一號, 警務局圖書課, 1931, 18~19쪽. 이 책도 불허가 처분을 받아 출간되지 않았다.

며 '근친애 기타 가정 관계'는 34.1%로 2위를 차지한다.272) 양우정은 이 '근친애 기타 가정 관계'에 속한다고 할 수 있다. 이는 같은 사건으로 기소 되어 같은 시기에 「상신서」를 제출해 전향을 표명한 황순봉(黃舜鳳)과 강문수(姜文秀)가 공산주의 이론의 모순과 공산주의운동 내부의 문제 등을 거론 하면서 전향한 것과 대조적이다.273) 오히려 양우정과 유사한 전향 사례로 는 일본의 고바야시 모리토(小林杜人)를 들 수 있다. 양우정보다 5살 위인 고바야시는 자소작농 집안에서 태어나 1920년대 중반부터 청년운동, 농민 운동을 거쳐 일본공산당에 입당했다가 1928년에 검거되어 이듬해에 전향 했는데, 그 이유는 정신적으로도 물질적으로도 폐만 끼치는데도 계속 애정 을 보여주는 부모형제에 대한 미안한 마음이었으며, 추상적인 인류나 프롤 레타리아에 대한 책임을 운위하면서 가장 가까운 사람들에 대해 무책임하 게 행동한 것에 대한 죄책감이었다.274) 1933년부터 시작되는 대량 전향에 앞서 전향한 고바야시는 그런 만큼 신념을 가지고 '전향자운동'을 추진했 다. 그는 실제 사회에 존재하는 계급모순 등을 외면하는 것이 아니라 계급 투쟁과 다른 방식으로 이를 해결하기 위해 전향자들이 적극적으로 일해야 한다고 주장했다. 그러면서 그가 내세운 것이 가족공동체에 바탕을 둔 자본 주의 비판이었다. 고바야시는 일본에서 생각할 수 있는 사회주의사회란 "가족주의를 국가 전체로 미루어나간 형태로서의 전체주의"라고까지 말한 다.275) 즉, 현실적으로 존재하는 사회적 모순들을 '가족주의'의 논리로 해 결하려 한 셈이다. 이와 같은 논리가 지배 체제에 대한 동조로 작동할 수

---

272) 水野直樹, 『植民地朝鮮·台湾における治安維持法に関する研究』, 京都: 平成8~10年度 科学研究費補助金研究成果報告書, 1999, 43쪽.
273) 黃舜鳳, 「上申書」; 姜文秀, 「上申書」, 『思想月報』第四卷 第三號, 29~50쪽.
274) 藤田省三, 『転向の思想史的研究』, 東京: みすず書房, 1997, 34~35쪽.
275) 伊藤晃, 『転向と天皇制』, 東京: 勁草書房, 1995, 218~220쪽.

있었던 것은, 고바야시가 '우리가 의존해야 할 근본적 신조'로 "가장이 군주이며 가족이 국민이라는 관념, 즉 군민일체의 일대가족이라는 신념"을 가졌기 때문이었다.276) 이와 같은 가족주의는 일본 파시즘의 큰 특징이기도 했는데,277) 고바야시의 가족주의는 가족과 국가를 상상적으로 일치시키는 천황제라는 장치의 효과로 체제에 대한 순응이 될 수 있었던 것이다.

하지만 고바야시도 말하듯이 이 논리는 "일본민족의 독자성"278)으로 인식되기 때문에 식민지에서는 동일한 효과를 낼 수 없다. 식민지에는 가족에 대한 애정을 일본제국에 대한 애정으로 변환시킬 수 있는 장치가 결여되어 있기 때문이다. 전향 이유에서 일본과 한국이 차이가 나는 이유도 바로 여기에 있다. 양우정이 그의 빈민을 풀어줄 '지도자'를 원한 것 역시 가족이라는 '특수'와 공산주의라는 '보편' 사이의 괴리 때문이었는데, 그 '지도자'가 주어지지 않은 상황에서 양우정의 '전향'은 불완전할 수밖에 없었다.

이 지점에서 주목할 것은 '상신서'에 언급된 루소의 말이다. '코즈모폴리턴'을 비판하는 이 구절은 『에밀』에서 인용된 것인데,279) 이 구절이 나오는 맥락은 양우정의 '전향'을 생각할 때 의미심장하다. 루소는 양우정이 인용한 구절이 나오는 문단에서 이렇게 말했다. "모든 부분사회(société par-tielle)는 긴밀하고 잘 통일되어 있을 때 더 큰 사회(la grande)에서 떨어져

---

276) 小林杜人 編著, 『轉向者の思想と生活』, 東京: 大道社, 1935, 45~46쪽.

277) 丸山眞男, 『現代政治の思想と行動』 上卷, 東京: 未來社, 1956, 38~39쪽.

278) 小林杜人 編著, 앞의 책, 46쪽.

279) Jean-Jacques Rousseau, *Émile ou de l'éducation*, Paris: Garnier Frères, 1951, p. 9. 양우정은 일본어판으로 『에밀』을 읽었을 것으로 보이는데, 무슨 판본으로 보았는지 확인되지 않는다. 원문 'Tartares'를 양우정은 'タタール人'이라고 표기했는데, 1920년대에 田制佐重, 内山賢次, 平林初之輔에 의해 각각 일본어로 번역된 『에밀』(특히 内山賢次와 平林初之輔의 번역은 각각 改造文庫와 岩波文庫로 출간되었기 때문에 당시 많이 읽혔을 것이다)에서는 모두 이를 '韃靼人'이라고 번역했다.

나간다. 모든 애국자(patriote)는 이방인에게 냉혹하다."280) 즉 양우정이 인용한 루소의 말은 '코즈모폴리턴'에 '애국자'를 대비시키면서 '부분사회'가 '더 큰 사회'에서 떨어져나갈 가능성을 이야기하는 맥락에 있는 것이다. 이런 점에서 보면 이 '상신서'를 통해 표명된 양우정의 전향은 공산주의로부터 민족주의로의 전향이라는 성격을 지닐 수 있었다.

1934년 6월 25일에 경성지방법원에서 '공작위원회 사건'의 언도공판이 있었다. 양우정에게는 징역 1년 6개월과 집행유예 4년이 언도되었다.281) 그 결과 공판 종료와 더불어 양우정은 석방되었을 것으로 보인다. 그는 '상신서'를 통해 성명한 대로 시골로 내려간 듯한데, 1935년 2월에 또다시 검거되고 말았다. 마산, 함안 등지를 중심으로 '프롤레타리아문예협회'를 조직해 비밀리에 원고를 교환하며 적색 서적을 구입해 문예 비판에서 불합리한 사회 제도 비판으로 나아가려 했다는 것이다. 같은 혐의로 나중에 아동문학가로 알려지게 되는 이원수를 비롯하여 6명이 검거되었는데, 그 가운데 양우정만은 관계가 없다고 해서 몇 달 만에 석방되었다.282) 나머지 이들은 결국 유죄 판결을 받았는데,283) 이원수의 회고에 의하면 이 모임을 지도하고 고문 노릇을 했던 사람이 양우정이었다.284) 양우정 본인은 가족으로 돌아가고 고향으로 돌아가려 했을 뿐일지도 모르지만 식민 지배 속에 있는 고향의 현실은 그를 다시 활동하게 만든 것이다.

그 후 양우정은 해방 직전에 녹기연맹에 들어가 그 기관지인 『녹기』에

---

280) *Ibid.*, p. 9.
281) 『東亞日報』 1934년 6월 26일자 석간.
282) 『中央日報』 1935년 5월 3일자.
283) 『朝鮮日報』 1935년 10월 30일자.
284) 이원수, 「나의 살던 고향은 꽃피는 산골」, 『털어놓고 하는 말』 2, 뿌리깊은 나무, 1993, 136쪽.

관여했다고도 하지만,285) 이 부분에 대해서는 아직까지 확인된 바 없기 때문에 관여를 했다 하더라도 본격적인 참여는 아니었던 것으로 보인다. 식민 지배 아래서 양우정의 전향은 끝내 완성될 수 없었다.

---

285) 宋元英, 앞의 글, 97쪽.

제2부
족청계의 모태
: 해방 정국과 조선민족청년단

제1장
이범석의 귀국과 조선민족청년단 창단

제1부에서 보았듯이 이범석은 미군에 조기 귀국을 요청했지만 끝내 받아들여지지 않았다. 이범석은 1945년 12월에 사임한 김홍일 대신 또다시 광복군 참모장을 맡게 되어 광복군 귀국을 위해 중국 및 미국과의 교섭에 분주했다.[1]

귀국을 위한 협상을 거듭하는 한편, 1945년 9월 임시정부는 중국군에 투항한 일본군 내부의 한국인 장병들을 광복군에 편입시킬 것을 선언하고[2] 이를 중국 국민정부에 요청했으며,[3] 국민정부도 한국 청년들을 광복군으로 보내도록 각 전구(戰區) 사령관에게 지시했다.[4] 일본군 점령지에 대한 국민정부의 접수 작업과 동시에 진행된 광복군 확군 과정에 광복군 참모장인 이범석도 관여했을 것으로 보이는데, 이 과정과 관련해 한 가지 주목할 것이 있다. 당시 외교부장이었던 쑹쯔원(宋子文)이 장제스에게 보낸 글에서

---

1) 金俊燁, 『長征』 2, 나남, 1989, 590~591쪽.
2) 「국내외 동포에게 고함」, 『대한민국임시정부자료집』 8, 국사편찬위원회, 2006, 317쪽.
3) 「김구가 蔣介石에게 보낸 서신」, 『韓國獨立運動史資料集: 中國編』, 韓國精神文化研究院, 1993, 349쪽.
4) 「탈출한 한국 청년들의 안치방법을 전하는 會電」, 『대한민국임시정부자료집』 10, 국사편찬위원회, 2006, 210쪽. 이 자료는 원문이 수록되어 있지 않아 번역문을 참조했다.

소련이 이미 한국 청년을 훈련시켜 북한으로 보냈다고 하면서, 삼민주의청년단이 계획해서 임시정부를 도와 한국 청년들을 조직·훈련시킬 것을 건의했다는 사실이다.[5] 1부에서도 언급했듯이 1938년에 결성된 삼민주의청년단은 장제스 중심의 체제를 수립하기 위한 핵심 조직으로 구상된 것이었다.[6] 삼민주의청년단은 1945년 10월경에 전국적으로 조직된 각지의 당정(黨政)접수위원회에도 참여하여,[7] 그 과정에서 조직의 규모를 늘려나갔다.[8] 이 시기에는 이미 중국국민당과 중국공산당 사이의 갈등이 표면화된 상태였는데, 일본군 및 그 점령지의 접수를 둘러싸고 국공내전의 재개가 예상되는 상황 속에서 삼민주의청년단이 적극적으로 청년들을 조직하고 훈련시키는 일을 진행했기 때문에, 쑹쯔원은 한국 청년들에 대한 대책으로 삼민주의청년단을 통한 훈련을 건의했을 것이다. 이 건의가 실제로 받아들여졌는지는 확인되지 않지만, 1945년 12월부터 광복군의 확군 작업은 중국 군사위원회의 통제를 받았기 때문에[9] 삼민주의청년단과의 관계도 충분히 생겼을 수 있다. 또한 1945년 11월부터 충칭, 청두(成都), 쿤밍(昆明) 등지를 중심으로 일어난 중국국민당의 내전 추진에 반대하는 학생운동을 파괴하는 데도 삼민주의청년단이 활용되어, 1946년 2월에는 충칭을 시작으로 상하이, 난징과 같은 도시에서도 삼민주의청년단이 주도한 반공·반소 시위가 있었다.[10] 이범석 스스로도 귀국하기 전에 "터키의 청년운동, 중국 쑨원 선생의

---

5) 「宋子文이 蔣介石에게 보낸 簽呈」, 『대한민국임시정부자료집』 10, 491쪽(영인).

6) 王良卿, 『三民主義靑年團與中國國民黨關係硏究(一九三八~一九四九)』, 臺北: 近代中國出版社, 1998, 88~93쪽.

7) 林桶法, 『戰後中國的變局: 以國民黨爲中心的探討(1945~1949年)』, 臺北: 臺灣商務印書館, 2003, 20쪽.

8) 王良卿, 앞의 책, 275쪽.

9) 염인호, 「해방 후 韓國獨立黨의 中國 關內地方에서의 光復軍 擴軍運動」, 『역사문제연구』 창간호, 역사문제연구소, 1996, 294~295쪽.

삼민주의 이념에 입각한 청년운동 등 전 세계 청년운동에 관한 지식을 넓혔다"라고 회고했듯이,[11] 그는 이 과정에서 공산주의에 맞서기 위한 방법으로 청년단을 활용하는 방안을 배웠을 것이다.

결국 광복군은 광복군으로 귀국하는 것을 포기하고 1946년 5월 16일에 '한국광복군 복원(復員)선언서'를 발표해 개별적으로 귀국하게 되었다.[12] 이범석은 제2지대의 노태준, 안춘생 등 530명을 데리고 1946년 5월 26일에 부산항에 도착했지만, 당시 만연했던 콜레라 때문에 상륙하지 못하고[13] 결국 6월 4일 인천으로 상륙했다. 6월 5일에는 김구의 병상을 찾아가 환국 인사를 했는데, 그 자리에 왔던 기자의 질문에 대해 이범석은 정치적 의견은 말할 수 없다며 자신의 입장을 밝히지 않았다.[14] 당시 임정에서 이범석에게 큰 기대를 걸었던 것을 생각하면, 이는 의외라고도 할 수 있는 일이었다. 이범석의 귀국을 앞둔 1946년 4월에 이범석의 저작 『한국의 분노』[15]가 출판되었는데, 서문은 임정 선전부장인 엄항섭(嚴恒燮)이 맡았다. 거기서 "그가 조국 광복에 이바지한 바 위대한 업적의 가지가지는, 매거하기조차

---

10) 马烈,「三民主义青年团与国统区学生运动」,『民国档案』第03期, 江苏: 民国档案杂志社, 2003, 84쪽.

11) 『事實의 全部를 記述한다』, 希望出版社, 1966, 73쪽.

12) 독립운동사편찬위원회 엮음, 『독립운동사』 6, 독립유공자사업기금운용위원회, 1983, 570~572쪽.

13) 『朝鮮日報』 1946년 6월 6일자.

14) 『東亞日報』 1946년 6월 6일자.

15) 李範奭 作, 金光洲 譯, 『韓國의 憤怒: 靑山里血戰實記』, 光昌閣, 1946. 이 책은 1941년에 중국에서 출판된 『韓國的憤怒』를 번역한 것인데, 이범석 명의로 출판되었지만 실제 필자는 無名氏라는 필명으로 알려진 작가 부나이푸(卜乃夫)이다. 이범석과 가까이 지내던 그는 이범석의 경험을 소재로 『北極風情話』라는 소설을 발표해 베스트셀러 작가가 되기도 했다. 나중에 『톰스크의 하늘 아래서』라는 제목으로 번역된 책은 이 『北極風情話』를 번역한 것이다. 赵江滨, 『从边缘到超越: 现代文学史"零余者"无名氏学术肖像』, 上海: 学林出版社, 2005 참조.

어려울 만하다"라며 "피와 정열의 장군"으로 이범석을 묘사한 것은, 무장 독립운동을 부각시킴으로써 임정의 정통성을 확보하려는 의도였을 것이다.16) 그런데도 이범석이 스스로의 입장을 분명히 하지 않은 것은, 당시 미군정과 김구의 사이가 좋지 않았기 때문일 것으로 추측된다. 김구를 찾아간 다음 바로 미군정청으로 간 것도 이범석이 미군정과의 관계를 중요시했음을 보여준다.

이범석이 귀국 이후 자신의 생각을 처음 밝힌 것은 6월 19일에 개최된 '환국환영간담회' 자리였다. 참석자의 대부분이 군인 출신이었던 이 모임에서 이범석은 "삼팔 이남의 청년 장병 출신만이라도 물심양면으로 총단결"할 것, "우리의 대전제는 민족이요 행동은 국가지생주의17)로 당파심을 타파하여 군사지상 명령을 구호로 하여야 한다", "국가 없는 곳에 군인이 있을 수 없는 법이며 지금부터 완전 자주독립의 촉성과 독립 후의 임무수행을 위한 준비를 촉진하여야 한다", "그 방법으로 국방군과 협력하며 긴밀한 연락을 취하는 동시 재향군인의 조직을 철저화시켜야 한다"라는 네 가지를 주장했다.18) 기본적으로 민족과 국가라는 기치 아래 군인의 조직화를 생각한 것이며, 그것을 위해 국방경비대와의 협력을 주장한 것이다. 이는 1부에서 본 바와 같이 해방 직후에 미군에 제의했던 내용과 거의 동일하다고 볼 수 있다. 또 6월 20일에도 『한성일보』 기자에게 앞으로 평생을 군사운동에 바칠 것이라는 의사를 밝히면서 "건군 준비 공작으로서 국내에 분산되어 있는 모든 청년 혁명 세력을 공정한 입장에서 통합 재편"할 생각임을 밝혔다.19) 이 발언을 통해서도 귀국 직후에 이범석이 생각했던 것이

---

16) 嚴恒燮,「作者의 片貌: 序에 代하여」, 李範奭, 앞의 책, 1~3쪽.
17) '지상주의'의 오기일 것이다.
18) 『大東新聞』 1946년 6월 22일자.
19) 『漢城日報』 1946년 6월 23일자.

'건군'임을 확인할 수 있다.

이범석이 건군을 위해 국방경비대와의 협력을 이야기할 수 있었던 것은 이미 미군정과의 관계가 존재했기 때문이다. 1946년에 미군정은 국방부에 해당하는 통위부를 설치하기로 하면서 그 부장 후보로 아직 중국에 있던 이청천, 이범석, 김학규 등을 섭외했다고 한다.[20] 그때는 모두가 거절해서 결국 유동열이 통위부장을 맡게 되었는데,[21] 귀국한 이범석은 1946년 여름에 통위부 정보작전고문을 맡았다.[22] 하지만 자신의 건의가 받아들여지지 않자 출근을 하지 않게 되었다.[23] 미군 측은 통위부가 '좌경되어 있다 (pinkish)'는 이유로 이범석이 그만두었다고 인식했는데,[24] 아마도 위에서 본 군인 출신들의 조직화를 건의하다 거부당했기 때문으로 보인다.

이범석이 적극적인 움직임을 보인 것은 조선민족청년단(이하 족청)을 조직하면서부터였다. 족청의 조직 준비는 창단 직후에 "두어 달 전부터 관계 방면과 연락하여 준비해오던"[25] 것이라고 보도된 것처럼 이범석이 통위부를 그만둔 직후부터 진행된 듯하다. 미군정 공식문서에 의하면 족청이 조직

---

20) 지복영, 『역사의 수레를 끌고 밀며: 항일 무장 독립 운동과 백산 지청천 장군』, 문학과지성사, 1995, 396쪽.

21) 이들이 취임을 거부한 이유는 당시 미국이 임시정부를 정식 정부로 승인하지 않고 광복군 역시 정식 국군으로 인정하지 않은 데 대한 불만이었을 것이다.

22) "Who's Who in Korea(Revision of 15 October 1947 edition)", 鄭容郁 編, 『解放直後政治·社會史資料集』 第三卷, 다락방, 1994, 41쪽에는 이범석이 1946년 7월에 국방경비대 고문을 맡은 것으로 되어 있으며 1946년 8월 1일자로 작성된 "Supplementary Background Information Concerning Leading Koreans", p. 7(위의 책, 512쪽)에는 이범석이 현재 통위부 군사고문이라고 나와 있다.

23) 강영훈, 「철기장군 국방시대 회상」, 鐵驥李範奭將軍紀念事業會 編, 『鐵驥李範奭評傳』, 한그루, 1992, 102쪽.

24) "G-2 Weekly Summery No. 65", 『美軍政情報報告書』 12, 日月書閣, 1986, 451쪽.

25) 『大東新聞』 1946년 10월 11일자.

되기 시작한 시기는 1946년 8월이며 그 조직이 허가를 받은 것은 1946년 10월 6일인데,[26] 실제로 족청이 세상에 모습을 드러낸 것은 1946년 10월 9일 서울에서 발기인회가 개최되면서부터였다. 이 발기인회는 이범석, 이준식(李俊植), 노태준, 안춘생, 송면수, 유해준(兪海濬) 등 광복군 출신들을 중심으로 최규동(崔奎東), 현상윤(玄相允), 백낙준(白樂濬), 안호상, 김형원(金炯元), 김활란(金活蘭), 황의돈(黃義敦), 박주병(朴柱秉), 이용설(李容卨), 이철원(李哲源) 등 미군정과 가까운 학자 및 언론인이 참석한 가운데 개최되었다. 이 자리에서 개회사와 경과보고에 이어 송면수와 장준하가 기초한 창립선언문이 낭독되었고, 곧이어 발기인회장인 이범석이 단장으로 선출되었으며,[27] 강욱중(姜旭中) 외 36명의 전국위원과 김웅권(金雄權) 외 11명의 상임이사가 선출되었다.[28] 이를 통해 초기의 족청 조직이 이범석이 이끌던 광복군 제2지대를 중심으로 주로 미군정과 가까운 인사들의 후원을 받으면서 출발했음을 알 수 있다.

그런데 초기 족청의 성격에 대해 기존 연구들은 거의 모두 주한미군 사령관 하지가 맥아더에게 보낸 글을 근거로 미군정이 구상한 '우익청년군(Rightist Youth Army)'이 족청의 기원이라 주장하고 있다.[29] 서론에서 보았

---

26) General Headquarters Commander-in-Chief Far East, "Summation No 16 United States Army Military Government Activities in Korea", p. 85(『미군정활동보고서』VOL NO. 3, 原主文化社, 1990, 314쪽). 허가 날짜는 10월 9일의 오기일 것이다.

27) 李敬南,「族青系의 榮光과 沒落」,『新東亞』8월호, 東亞日報社, 1982, 113~114쪽. 이날의 상황에 대해서는 建國青年運動協議會,『大韓民國建國青年運動史』, 建國青年運動協議會總本部, 1989, 1113쪽 및 김철,「민족청년단」, 鐵驥李範奭將軍紀念事業會 編, 앞의 책, 128~129쪽에도 묘사되어 있지만 이경남의 글을 베낀 것으로 보인다. 그런데 이미 미국에 가 있는 임영신이 참석했다고 쓴 것을 보더라도 이 글의 신빙성에는 약간 문제가 있다.

28)『大東新聞』1946년 10월 11일자.

29) 安相政,「民族青年團의 組織過程과 活動」, 성균관대 정치외교학과 석사논문, 1991,

듯이 처음 이런 주장을 제기한 것은 커밍스(Bruce Cumings)인데,[30] 이후 커밍스 스스로 더 이상 이런 주장을 하지 않는 데서도 짐작할 수 있듯이 이 주장에는 약간의 무리가 있다. 하지가 점령군과 경찰 및 국방경비대를 지원할 목적으로 우익청년군을 건설하도록 맥아더에게 제의한 것은 1946년 10월 28일로,[31] 이미 족청이 규약에서 '비군사'를 내세운 사단법인으로 창단된 뒤였다. 이범석이 통위부를 그만둔 이유가 이 우익청년군과 유사한 것을 제기했다가 거부당해서였을 것이라는 점, 족청 규약에 이범석의 원래 의도와 달리 '비군사'가 들어간 것도 미군정의 의도였을 것이라는 점을 감안하면, 하지가 족청을 우익청년군으로서 조직하려 했다는 주장은 그다지 설득력이 있지 않다. 미군정은 10월항쟁을 진압하는 과정에서 우익 청년단을 활용한 경험이 있었으며,[32] 10월 하순에 그러한 청년단체들로 '조국방위전선'이라는 조직이 결성되었다는 사실에 주목할 필요가 있다.[33] "국제 볼세비키의 악랄한 도전과 동족 살육을 자행하는 공산당 극렬분자의 잔인한 위협에서 조국과 민족을 보호"할 것을 목적으로 결성된 조국방위전선은 "전국 애국청년은 본 전선에 대동단결하여 전시 체제에 돌입"할 것을 호소하는, 군사적인 성격이 강한 단체였다.[34] 이 조직이 결성 당시부터 재정

36쪽; 李珍京, 「朝鮮民族青年團研究」, 성균관대 사학과 석사논문, 1994, 19쪽; 林鍾明, 「조선민족청년단(1946. 10~1949. 1)과 미군정의 '장래 한국의 지도 세력' 양성 정책」, 『韓國史研究』 95호, 韓國史研究會, 1996, 182~183쪽.

30) Bruce Cumings, "American Policy and Korean Liberation" in Frank Baldwin ed., *Without Parallel*, New York: Pantheon Books, 1973, pp. 84~85.

31) "General of the Army Douglas MacArthur to the Chief of Staff(Eisenhower)" in *Foreign Relations of the United States 1946*(이하 FRUS로 줄임) Volume VIII The Far East, Washington: United States Government Printing Office, 1971, p.751.

32) Bruce Cumings, *The Origins of the Korean War: Liberation and the Emergence of Separate Regimes 1945~1947*, Princeton: Princeton University Press, 1981, p.369.

33) 『大東新聞』 1946년 10월 23일자.

문제 때문에 각 방면에 원조를 호소한 것을 보면,35) 아마 미군정에도 원조를 요청했을 것이다. 시기적으로 보아 하지가 말하는 우익청년군은 이 조국방위전선을 가리키는 것이며 이 조직에 대한 지원을 맥아더에게 요청한 것으로 보아야 할 것이다. 하지의 제안에 대해 미 국무부 극동국장인 빈센트(John C. Vincent)는 '완전히 부적당하다'고 코멘트했으며,36) 맥아더 역시 '실행성이 없다'는 코멘트를 올렸다.37) 그만큼 미국 측은 우익청년군 조직 계획에 부정적이었다. 조국방위전선이 금방 흐지부지된 것도 이 우익청년군이 조국방위전선이었음을 뒷받침해준다.

미군정이 족청을 지원한 것은, 선행 연구들의 주장처럼 군사적인 성격이 었다기보다는, 오히려 좌우합작을 추진해야 하는 입장에서 청년들을 훈련시켜 친미적 청년층을 양성하는 데 목적이 있었다고 보는 편이 타당할 것이다. 미군정은 초기에 족청에 대해 '조선민족청년단(Korean National Youth Corps)'이라는 표현을 쓰지 않고 '조선민족청년운동(Korean National Youth Movement)'이라는 명칭을 사용하며 공식적인 지원을 했다.38) 이는 미군정

---

34) 『大東新聞』 1946년 10월 26일자.
35) 『大東新聞』 1946년 10월 23일자.
36) "Memorandum by the Director of the Office of Far Eastern Affairs(Vincent) to the Secretary of State", *FRUS 1946* Volume VIII The Far East, p.752.
37) "General of the Army Douglas MacArthur to the War Department", *FRUS 1946* Volume VIII The Far East, p. 753.
38) 그렇기 때문에 미 극동군 총사령관 명의로 매월 발행된 미군정의 공식 활동보고서인 "Summation of United States Army Military Government Activities in Korea"(이 제호는 1947년 8월호 때 "South Korea Interim Government Activities"로 바뀌었다가 그 다음 달부터 "South Korean Interim Government Activities"로 개칭되어 1948년 8월까지 발행되었다)에는 1947년 1월 이후 빠짐없이 'Korean National Youth Movement'(이 역시 1947년 9월에 'Korean National Youth'로 바뀌었다가 그 다음 달부터 'Korean National Youth Inc'로 변경되었다)에 관한 보고가 실려 있다.

정치고문 랭던(William R. Langdon)이 1947년 1월에 미 국무부에 보낸 보고서에서 "이 운동은 군정 민정과에 직속하며 그 책임 아래 있는 부서(office)로 창설되었다"며 "현재 작업에 대한 500만 원39) 예산이 주어졌다"라고 쓴 데서도 확인된다.40) 이 보고서에서 랭던은 청년을 조직해서 훈련시키는 목적이 "애국적이고 규율이 있으며 유용하고 민주적인 생활과 봉사"를 위한 것이라며 이 운동이 이범석과 전국위원회에 의해 잘 관리되고 있다고 말했다.41) 랭던은 이범석이 장제스 및 중국국민당과 밀접한 관계에 있었으며 김구 및 임시정부와도 가까운 우익 진영임을 환기시키긴 했지만, 이 운동이 지도자들의 주장대로 비정치적임을 인정했다.42) 미군정에서 족청 고문으로 파견된 보스(Ernest Voss)는 1946년 11월에 준비 중이던 중앙훈련소를 방문한 사람에게 자신의 이상과 사상은 이범석과 동일하기 때문에 굳이 따로 이야기할 필요가 없다고 할 정도로 이범석을 신뢰하고 있었다.43)

미군정과 이범석의 밀월 관계는 중앙훈련소의 첫 입소식을 통해 충분히 확인된다. 10월 19일에 이미 보도되었던 수원의 훈련소는 일본군이 전쟁 말기에 건설하다 만 육군병원 시설과 4만여 평의 부지를 미군정이 제공한 것이었다.44) 11월 중순부터 입소생을 모집하기 시작한45) 훈련소는 1946년 12월 2일에 제1기생 입소식을 가지고 본격적으로 움직이기 시작했다. 이날

---

39) 원문에는 'yen'으로 되어 있지만 圓을 일본식으로 읽은 것일 것이다.

40) "From Langdon to the Secretary of State: Korean National Youth Movement"(January 21, 1947),『美軍政期情報資料集: 하지(John R. Hodge) 문서집』1, 한림대학교 아시아문화연구소, 1995, 234쪽.

41) 위의 글, 234쪽.

42) 위의 글, 236쪽.

43) Mark Gayn, *Japan Diary*, New York: William Sloane Associates Inc., 1948, p. 437.

44) 李敬南, 앞의 글, 119쪽.

45) 『東亞日報』1946년 11월 16일자.

서울 천도교 강당에서 열린 입소식은 먼저 애국가와 미 국가가 합창되고, 이어서 단장 이범석의 훈시와 단원의 선서, 미 군정장관 대리 헬믹(Charles G. Helmick), 조소앙(趙素昻), 정인보(鄭寅普)의 축사가 있은 다음 단가 합창과 오세창(吳世昌)의 선창에 의한 만세삼창으로 끝났다.[46] 미국 국가 합창이 식순에 있는 것이 눈길을 끄는데, 이날 이범석의 훈시도 "밖으로 멀리 뉴욕에서는 세계 열국(列國)의 지도자가 모히어 인류의 평화와 행복을 증진시키기 위하여 총회가 열리어 있고 안으로 국내에 있어서는 임시정부의 촉성을 위하야 좌우합작이 열심으로 논의되고 있는 이때"라는 정세 인식으로 시작되었고, "연합국의 위대한 승리로 조선민족도 해방의 날을 맞게 된 것은 첫째 하나님께 감사드리는 바이오, 둘째 연합국민에게 감사드리는 바이오, 셋째 모-든 전몰용사의 영령에 감사드리는 바"라는 식으로 미국을 상당히 의식한 것이었다.[47] 그도 그럴 것이, 이범석이 기자에게 족청은 군정 당국으로부터 6개월마다 500만 원[48]의 보조를 받게 되었다고 말했을 정도로[49] 미군정과 족청의 관계는 공공연한 것이었다.

이범석의 원래 의도는 다른 데 있었다 하더라도 족청은 이렇게 미군정과의 긴밀한 관계를 바탕으로 출범했다.

---

46) 『東亞日報』 1946년 12월 3일자.

47) 李範奭, 「第一期受訓生入所式訓辭」, 大韓民族靑年團中央訓鍊所敎務處 編, 『民族과 靑年』, 白水舍, 1948, 221쪽.

48) 족청이 결성된 1946년 10월 당시 백미 1석(=144kg)의 도매가격이 8,400원이었는데(『朝鮮經濟年報 1948年版』, 朝鮮銀行調査部, 1948, I-220) 이를 현재 한 가마(=80kg)의 도매가격 242,000원과 비교하면 물가는 약 51배가 된다. 즉 단순히 비교하면 당시 500만 원은 현재의 2억 5천만 원에 해당하는 금액이었다.

49) 『東亞日報』 1946년 12월 17일자.

1. 족청 중앙 조직

앞 장에서 보았듯이 족청 진영은 1946년 10월 중순경에 갖추어졌다. 임원으로는 단장 이범석 외에 전국위원 46명, 이사 12명, 상무이사 6명이 선출되었다.[50] 이때 선출된 이사는 아래와 같다.[51]

김웅권 김형원 김활란 노태준 이기진 이범석 박주병 백낙준 설린 최규동 황의돈
현상윤

그 가운데 상무이사로 김형원, 노태준, 이범석, 박주병, 설린(薛麟), 김웅권이 선출되었으며,[52] 전국위원으로 김관식(金觀植), 김활란, 이철원, 현상윤, 이용설,[53] 강욱중[54]이 들어갔다는 것 이상은 알 수 없다. 1947년 3월 25일

---

50) 『東亞日報』 1946년 10월 19일자.
51) 『朝鮮日報』 1946년 10월 19일자.
52) 『漢城日報』 1946년 10월 19일자.
53) 『漢城日報』 1946년 10월 19일자.
54) 『東亞日報』 1946년 10월 19일자.

제2회 전국위원회가 열렸을 때 14명의 전국위원이 추가되었으며, 이사로는 안춘생, 송면수, 백두진(白斗鎭), 윤치영(尹致暎), 전진한(錢鎭漢), 임영신(任永信), 강세형, 백성욱(白性郁)이 추가되고 설린, 황의돈, 현상윤은 이사에서 빠졌다.[55] 이 회의 이후 작성된 것으로 보이는『사단법인 조선민족청년단 규약』에는 위와 같은 이사 명단과 더불어 전국위원 60명의 명단이 실려 있는데 그 면면은 아래와 같다.[56]

강세형 강욱중 권영일(權寧一) 김관식 김경진(金耕進) 김정상(金鼎相) 김병연(金炳淵) 김웅권 김윤경(金允經) 김창기(金昌起) 김현경(金顯慶) 김형원 김활란 정규호(鄭圭晧) 정인보 노태준 이기진 이대위(李大偉) 이도순(李道淳) 이만수(李晩秀) 이범석 이성민(李性玟) 이용설(李容卨) 이우민(李愚民) 이천탁(李天鐸) 이철원 이태규(李泰圭) 박영출(朴永出) 박인덕(朴仁德) 박주병 박택선(朴宅先) 배영건(裵榮建) 백두진 백낙준 백성욱 변성옥(邊成玉) 변영태(卞榮泰) 설린 송두환(宋斗煥) 송면수 신현상(申鉉商) 안춘생 안호상 오하영(吳夏英) 유억겸(兪億兼) 윤낙병(尹樂炳) 윤석오(尹錫五) 윤일선(尹日善) 윤치영 임영신 전진한 전형필(全鎣弼) 조인섭(趙寅燮) 조일문(趙一文) 주봉식(朱奉植) 최규동 최승만(崔承萬) 홍헌표(洪憲杓) 황의돈 현상윤

인적 구성을 살피기 전에 우선 족청의 조직 구성부터 확인해보기로 하자. 족청 규약에 따르면, 위의 전국위원들로 구성된 전국위원회가 족청의 최고 결의 기관으로 되어 있으며, 30명 이상의 각도 대표로 구성하지만 창립기 에는 각계 대표 발기인으로 구성하기로 되어 있다.[57] 또한 전국위원회에서

---

55)『朝鮮日報』1947년 3월 30일자.
56)『社團法人 朝鮮民族靑年團規約』, 독립기념관 소장, 3~4쪽.
57) 위의 책, 7쪽.

선임된 이사 9명 이상으로 중앙이사회를 구성하게 했다.[58] 전국위원회는 매년 2월에 정기회를 여는 데 비해, 중앙이사회는 한 달에 한 번씩 정기회를 개최하도록 규정되어, 실질적인 운영은 중앙이사회에서 했을 것으로 보인다. 그 밑에 전국위원인 도 대표를 기간으로 구성된 도위원회, 도위원을 기간으로 구성된 부군도(府郡島)위원회, 부군도위원을 기간으로 구성된 구읍면(區邑面)위원회, 그리고 그 밑에 해당 지역의 사회단체 및 유지의 발기로 조직되는 구읍면위원회 분회를 두었다.[59] 조직 구성 자체가 하향식 조직임을 알 수 있다.

또한 전국위원회에서는 임원으로 회장, 부회장, 서기장, 재무부장을 1년 임기로 선임케 했는데, 회장은 단장 및 전국위원회 의장을, 부회장은 부단장을 겸임하게 했으며 '조선정부 주석, 부주석'을 각각 명예회장과 명예부회장으로 추대하기로 했다. 또 단에는 총무부, 조직부, 선전부, 훈련부, 연구위원회, 훈련소가 설치되었다.[60]

지방 조직 역시 중앙 조직에 준거해서 조직되었다. "단의 조직의 기초"인 분회는 분단장 1명, 부단장 1명 이상, 분회위원 3명 이상을 간부로 삼고, 약 10명으로 조직되는 반 10개 이내로 구성하게 했다.[61]

다음으로 중앙간부들의 성향을 살펴보기로 하자. 먼저 처음 이사로 선출된 12명을 살펴보면, 김응권은 1897년생으로 3·1운동에 참여한 뒤 중국으로 건너가 상하이에서 독립운동을 하다 귀국하여 신문 출간 및 광업에 종사한 사람이다.[62] 또 해방 이후에는 김구를 총재로, 김규식을 부총재로 추대

---

58) 위의 책, 7~8쪽.
59) 위의 책, 8~10쪽.
60) 위의 책, 11~13쪽.
61) 위의 책, 14~16쪽.
62) 金得中, 「制憲國會의 構成過程과 性格」, 성균관대 사학과 석사논문, 1993, 142쪽.

한 조선소년단의 전무이사를 맡기도 했는데,[63] 기본적으로 임시정부에 가까운 인물로 볼 수 있을 것이다. 상하이에 있을 때 윈난에서 이범석이 가지고 온 권총을 맡은 인연이 있어서 족청과 연결되었다.[64] 김형원은 『동아일보』, 『조선일보』, 『중외일보』, 『매일신보』 등에서 기자, 편집국장 등을 지낸 원로 언론인으로 해방 후에는 다시 『조선일보』에서 편집국장을 맡았으며[65] 정치적으로는 한독당 중앙위원이기도 했다.[66] 김활란은 당시 이대 총장, 백낙준은 연대 총장, 현상윤은 고대 총장, 최규동은 중동학교 교장이었는데, 이 4명은 모두 1945년 9월 말에 미군정 학무국에서 선출한 조선인 교육위원으로[67] 초기부터 미군정의 교육 정책에 깊이 관여했다. 황의돈은 보성고보, 중동학교 등에서 오래 교사를 하던 역사가이며 해방 이후에는 미군정 학무국에서 제작한 국사 교과서를 집필하는 등 미군정과도 가까웠다.[68] 이기진은 해방 이전에는 함흥상업창고주식회사 전무취체역,[69] 선흥(鮮興)상공주식회사 대표취체역,[70] 북내(北內)상점 대표취체역,[71] 경성건축사 대표취체역[72] 등 다방면의 사업을 벌였던 기업가이며 해방 직전에는 함흥에서 조선판석공업주식회사 취체역으로 일한 사람인데,[73] 어떤 인연으로 족청과 관계를 맺었는지 잘 알 수 없다. 위의 기업들은 자본 규모도

63) 『서울신문』 1945년 12월 23일자.
64) 李範奭, 『鐵驥李範奭自傳』, 외길사, 1991, 132~134쪽.
65) 『韓國言論人物誌』, 韓國新聞研究所, 1981, 415~420쪽.
66) 『朝鮮日報』 1946년 8월 14일자.
67) 『每日新報』 1945년 9월 29일자.
68) 『서울신문』 1946년 1월 22일자.
69) 『朝鮮銀行會社組合要錄』, 東亞經濟時報社, 1939, 108쪽.
70) 위의 책, 476쪽.
71) 위의 책, 492쪽.
72) 위의 책, 556쪽.
73) 『朝鮮總督府官報』 第五三七九號, 1945년 1월 13일자, 45쪽.

별로 크지 않았으며, 이기진 본인도 해방 이후 상공회의소 등의 임원을 맡지도 않았다. 또 해방 직후에 우익 진영의 자금 공급원 노릇을 했던 대한경제보국회 같은 조직에도 별로 관여한 흔적이 없다.[74] 박주병에 대해서는 자세히 알 수 없으나, 1947년 6월에 좌우합작위원회 위원이 확충될 때 새 위원으로 선출된 당시의 소속이 '한독당 민주파'라고 되어 있다.[75] 한독당 민주파는 기본적으로 신한민족당 계열이기 때문에[76] 박주병 역시 신한민족당계 인사였겠지만, 크게 보면 한독당계라고 할 수 있다. 노태준은 1부에서 보았듯이 광복군 제2지대 출신이다.

이사들 가운데 사상적 측면에서 흥미로운 존재는 설린이다. 설린은 천도교 신파에서 활동했던 인물로, 1925년 말 천도교청년당이 조선농민사를 적색국제농민동맹[77]에 가입시키기 위해 모스크바로 파견한 3명의 간부 중 한 사람이었으며[78] 1926년 초봄에 일단 귀국했다가 다시 모스크바로 유학을 간 경력이 있다.[79] 이런 경험을 바탕으로 설린은 1930년대 초에 천도교 신파의 이돈화(李敦化)를 중심으로 체계화된 유사사회주의적 사상인 수운주의(水雲主義)[80]를 내세워 좌파 진영과 사상 논쟁을 벌이기도 했다.[81] 1930년대 후반 이후 설린의 행적에 대해서는 잘 알 수 없지만 계속 천도교에서

---

74) 정병준, 『우남 이승만 연구』, 역사비평사, 2005, 580~591쪽.

75) 『朝鮮日報』 1947년 6월 19일자.

76) 『朝鮮日報』 1947년 6월 15일자.

77) '크레스틴테른(Крестинтерн)'이라는 약칭으로 알려진 이 조직의 정식 명칭은 'Кресть янскийинтернационал'로 '농민인터내셔널' 정도로 번역하는 것이 타당하겠지만 당시 '적색국제농민동맹'이라는 이름으로 소개된 바 있어서 그것을 존중하기로 한다. 朴春宇, 「世界農民運動의 過去와 現在」, 『開闢』 63호, 開闢社, 1925, 20쪽.

78) 김정인, 『천도교 근대 민족운동 연구』, 한울, 2009, 238쪽.

79) 위의 책, 239쪽.

80) 허수, 『이돈화 연구: 종교와 사회의 경계』, 역사비평사, 2011, 226~258쪽 참조.

81) 김정인, 앞의 책, 285~288쪽.

활동한 것 같다. 1946년에 천도교 수운회관을 찾은 서영훈(徐英勳)에게 족청을 소개한 것도 설린이었다.[82] 설린은 족청에서 이렇다 할 활동상을 보이지 않았지만, 1950년대 중반에 서울특별시 경찰국 사찰과에서 '족청계 배후 지도 인물'로 강세형과 더불어 설린을 지목한 사실을 감안하면[83] 그의 유사사회주의적인 사상은 족청에 어느 정도 영향을 미쳤을 수 있다.

이렇게 보면 초기 족청의 이사진은 한독당 또는 임정 관계자(김웅권, 김형원, 노태준, 이범석, 박주병), 미군정에 가까운 교육계 인사(김활란, 백낙준, 최규동, 현상윤, 황의돈), 기업인(이기진), 종교가(설린)로 구성되어 있음을 알 수 있다. 크게 보면 임시정부와 관계를 맺으며 독립운동을 했던 인사들과 미군정 계열 교육가들의 합작이라 할 수 있으며 상무이사는 거의 다 임정 계열이다.

그런데 1947년 3월에 새로 추가된 8명의 이사들은 약간 다른 흐름을 보여준다. 광복군 제2지대 출신인 안춘생과 송면수가 선임된 것은 기존 구도의 연장선상이었고, 강세형이 들어간 것은 1부에서 보았듯이 이미 이범석과 연결되어 있었기 때문이며, 백두진은 미군정의 재정 지원을 처리하기 위해 재정 담당 이사로 들어간 것인데,[84] 이승만의 비서 출신으로 당시 민주의원 비서국장이었던 윤치영,[85] 여자국민당 당수이며 "이승만의 강력한 지원자이자 동료"[86]였던 임영신, 독일에서 철학 박사학위를 받은 불교

---

82) 서영훈, 『평화의 계단』, 백산서당, 2002, 24쪽.

83) 『査察要覽 左翼, 中間, 第三勢力, 其他』, 서울특별시 경찰국 사찰과, 1955, 59쪽. 이 책은 2000년에 『韓國政黨史査察要覽』이라는 제목으로 선인에서 영인 출판되었다.

84) 白斗鎭, 『白斗鎭回顧錄』, 大韓公論社, 1975, 77쪽.

85) 尹致暎, 『尹致暎의 20世紀』, 삼성출판사, 1991, 173쪽.

86) "Who's Who in Korea(Revision of 15 October 1947 edition)", 鄭容郁 編, 앞의 책, 67쪽.

도이며 "1946년부터는 이승만을 중심으로 한 건국운동에 참여"[87]했던 백성욱, 대한독립촉성국민회 중앙상무집행위원이었던 전진한[88]이 참여한 것은 족청과 이승만계의 관계가 생기기 시작했음을 보여준다. 특히 윤치영과 임영신의 참여는 당시 이승만의 의도와 관련시켜 생각해볼 필요가 있다. 1947년 3월 당시 이승만은 방미 중이었는데, 미국에 있으면서 자신의 단독 정부안과 미군정의 과도정부안을 절충한 '과도독립정부' 수립을 위한 총선거 추진을 준비하고 있었다.[89] 이 구상은 기존의 임정 법통론과의 대립을 분명히 하는 것으로서, 그 결과 약화될 수 있는 자신의 지지 기반을 보완하기 위해 족청에 접근했다고 볼 수 있을 것이다. 자신의 지지 세력으로 족청을 이용하려는 이승만의 의도는 1947년 6월 초 족청에 반탁운동에 참여할 것을 요청한 사실을 통해서도 확인할 수 있지만, 이 요청은 이범석에 의해 거절당했다.[90]

다음으로 전국위원들을 살펴보자. 이 60명의 전국위원 가운데 이사(경험자)가 아닌 사람은 40명인데, 먼저 광복군 관계자로서는 광복군 제2지대 출신인 이도순[91]과 어느 부대 소속이었는지 불분명하지만 조일문[92]이 있다. 미군정 관계자로는 미군정 노동부장 이대위, 보건후생부장 이용설, 공보부장 이철원, 문교부장 유억겸이 있으며,[93] 재무부장 서리를 역임한 홍

---

87) 『한국민족문화대백과사전』 9, 한국정신문화연구원, 1991, 397쪽.
88) 『朝鮮日報』 1946년 6월 15일자.
89) 정병준, 앞의 책, 652~653쪽.
90) "XXIV G-2 Periodic Report" No. 550(07 June 1947), p. 2, 『HQ, USAFIK G-2 PERIODIC REPORT(1947.4.1~1947.9.20)—駐韓美軍情報日誌』 4, 한림대학 아시아문화연구소, 1989, 229쪽.
91) 韓詩俊, 『韓國光復軍研究』, 一潮閣, 1993, 335쪽.
92) 독립운동사편찬위원회, 『독립운동사』 9, 독립유공자 사업기금운용위원회, 1977, 856쪽.
93) 宋南憲, 『韓國現代政治史』 1, 成文閣, 1980, 265쪽.

헌표94) 및 문교부 교화국장을 역임한 최승만95)도 여기에 포함시킬 수 있다. 미군정 또는 과도정부에서 지원하는 사업이라는 것이 이런 부분에서도 분명히 드러난다.

다음으로 눈에 띄는 것은 기업인들이다. 권영일, 김창기, 김현경, 이만수, 배영건, 조인섭, 이천탁, 박택선, 이성민 등 9명이 기업인으로 보인다[부록 2] 참조). 1946년 11월 한 미군 장교는 족청이 "한국에서 가장 벌이가 잘되는 사업"이라고 표현했는데,96) 적지 않은 기업인이 전국위원으로 참여한 사실이 이를 뒷받침해준다. 또 이 장교는 기업인들이 친일파로 몰릴까봐 겁나서 돈을 낸다고 했는데, 실제로 전국위원으로 들어간 기업인 중 이만수처럼 군산에서 부회 의원을 지내 친일파로 지목된 사람도 있다.97) 하지만 거대 자본이라 할 만한 기업인이 참여하지는 않았고, 대체로 중소 자본이었다. 사실 재정적으로는 1947년부터 미군정 예산 항목에 민족청년단이 포함되어 있었기 때문에, 족청은 자본가에게 의지할 필요가 없었다. 구체적으로 말하면 1947년에는 2,064만 8천 원의 예산이 할당되었고 실제로 2,069만 2천 원이 지출되었다. 이 예산 규모는 같은 해 노동부 예산을 웃도는 것이었다.98) 정부가 수립될 때까지 예산 지원은 지속되었으므로, 이런 상황에서 자본가들이 족청 운영에 큰 비중을 차지했을 것 같지는 않다. 또한, 실제로 이 기업가들이 족청 인맥을 통해 큰 특혜를 받은 것 같지도 않다.

교육계 인사로는 이태규, 윤일선, 전형필, 박영출, 박인덕 등이 있으며 안호상, 김윤경, 정인보, 변영태 등 당시 교수로 재직하던 사람들도 일단

---

94) 『大韓民國建國十年誌』, 大韓民國建國十年誌刊行會, 1956, 1124쪽.
95) 위의 책, 1112쪽.
96) Mark Gayn, *op. cit.*, p. 438.
97) 김학민·정운현 엮음, 『親日派罪狀記』, 학민사, 1993, 133쪽.
98) 『四二八二年度版 經濟年鑑』, IV-131쪽.

여기 포함시켜도 될 것이다. 정인보는 뒤에서 다시 보듯이 족청에 적극적으로 관여했다. 귀국한 이범석을 한강가에서 처음 만났을 때 "몇마디 말하는 것을 듣고 내 가슴이 찌르를 하얏다"고 한 것[99]으로도 알 수 있듯이, 정인보는 이범석에 대해 처음부터 좋은 인상을 가지고 있었다. 1946년 11월에 한중문화협회가 결성되었을 때 정인보는 부이사장을, 이범석은 이사를 맡았는데,[100] 이런 관계를 통해서 족청에 관여하게 되었을 것이다. 윤석오는 당시 이승만의 비서였기 때문에 이승만계로 볼 수도 있지만, 원래 정인보의 제자이기도 해서[101] 그 관계로 들어갔을 수도 있다.

이사진에서 확인된 것처럼 전국위원회에서도 이승만계의 진출이 확인된다. 기독교인이기도 한 김관식은 독촉국민회 무소속 상무위원이었으며,[102] 변성옥은 독촉국민회 청년부장을 맡았고,[103] 당시에는 과도입법의원 의원이었다. 하지만 이사에 윤치영, 임영신 같은 이승만의 측근이 들어간 것에 비하면, 전국위원회에서 이승만계가 차지하는 비율은 그리 크지 않다고 하겠다.

앞에서도 보았듯이 규약상 전국위원은 각도 대표로 구성하도록 되어 있었는데, 그 점을 감안해서 지방 유지를 선임한 경우도 있는 것 같다. 김경진은 경남도단부 단장인 김동욱(金東郁)이다.[104] 주봉식은 광주 사람으로 전남체육회의 거물이자 해방 직후 조직된 광주청년단 부단장을 맡았다가[105]

99) 鄭寅普, 「李將軍論說集우에」, 大韓民族靑年團中央訓鍊所敎務處 編, 앞의 책, 2쪽.
100) 『朝鮮日報』 1946년 11월 26일자.
101) 『남기고 싶은 이야기들』, 中央日報·東洋放送, 1977, 25쪽.
102) 『東亞日報』 1946년 9월 19일자.
103) 『東亞日報』 1946년 9월 19일자.
104) 1949년 2월에 발표된 '보라매동창회' 성명서에서 김동욱은 이름 다음에 괄호치고 '耕進'이라고 썼다. 이는 김동욱의 또 하나의 이름이 김경진임을 의미하는 것 같다.
105) 金奭學·林鍾明, 『光復30年』 1, 全南日報社, 1975, 41~42쪽.

족청 광주시단부 단장을 맡은 사람이다.106) 송두환은 대구 사람으로 해방 이전에는 신간회 대구지회 위원장을 지냈으며 신간회 중앙집행위원으로 선출되기도 했다.107) 해방 이후에는 1946년 12월에 홍명희를 중심으로 조직된 민주통일당 발기인을 맡는 등 정치 활동을 계속했으며108) 유도회 경북 회장, 청구대 및 대구대 이사를 지내는 등109) 대구의 지역 유지였다. 족청에서는 경북도위원회 위원장을 맡았다.110) 또 기업인들 가운데 이천탁은 족청 경북도위원회 부위원장을,111) 박택선은 위원을 맡았으며,112) 이성민은 족청 인천시단부 단장을 맡았다.113) 김병연은 해방 직후 평남에서 조만식, 이윤영 등과 더불어 건국준비위원회를 결성한 사람으로114) 월남 이후에는 조선민주당 조직부장을 지냈다.115) 그는 이북을 대표해서 참여한 것일 수 있다.

기타 전국위원들을 살펴보면, 이우민은 나중에 민족자주연맹이 조직되었을 때 회계로 일하게 된 사람으로 보이는데116) 이범석과는 돈독한 친구였다고 한다.117) 오하영은 초기에 독촉국민회 고문을 맡았지만118) 좌우합작

106) 『東光新聞』 1947년 4월 23일자.
107) 이균영, 『신간회 연구』, 역사비평사, 1993, 388~389, 600~601쪽.
108) 『朝鮮日報』 1946년 12월 11일자.
109) 金世馨, 『獨立義士 宋斗煥: 그의 思想과 鬪爭』, 心蓮宋斗煥紀念事業會, 1985, 211쪽.
110) 『大邱時報』 1947년 1월 18일자.
111) 『大邱時報』 1947년 1월 18일자.
112) 『大邱時報』 1947년 1월 18일자.
113) 『大衆日報』 1947년 11월 7일자.
114) 李允榮, 『白史 李允榮 回顧錄』, 史草, 1984, 104쪽.
115) 위의 책, 129쪽.
116) 『朝鮮日報』 1948년 1월 11일자.
117) 李敬南, 앞의 글, 129쪽.
118) 『朝鮮日報』 1946년 2월 21일자.

에 대해 우호적이었기 때문에 당시에는 독촉국민회에서는 빠져[119] 과도입
법의원 의원을 지내고 있었다. 신현상은 김구의 한문 비서였으며 나중에
반민특위 특별검찰관을 지냈다.[120] 강욱중은 함안 출신으로 해방 이전에는
변호사를 했으며 해방 이후에는 백민회를 창립해[121] 잡지 『우리공론』을
발행했다.[122] 김정상은 경성의전 출신의 의사로 보이는데 확실하지 않다.
정규호는 『신천지』 1946년 12월호에 「동학농민투쟁의 역사적 고찰」이라
는 글을 발표한 사람으로 보이지만, 계급적 관점에서 쓰인 이 글의 논지로
보자면 좌익일 수밖에 없어 동명이인일 가능성도 있다.[123] 윤낙병에 대해
서는 전혀 정보가 없다.

이상 전국위원의 인적 구성을 살펴보았는데, 그 특징으로는 무엇보다도
미군정의 관련부서장이 망라되었다는 점을 들 수 있다. 또한 기업인들을
다수 영입했다는 점도 특징이라 할 수 있을 것이다. 참여한 인물의 성향은
기본적으로 우익이긴 했지만 노골적인 정치적 색채를 띤 사람은 별로 많지
않았다.

이어서 족청 중앙본부의 임원 구성을 살펴보자. 정확한 날짜가 확인되는
임원 명단이 없어서 약간 애매하긴 하지만, 초기의 중앙본부 임원은 다음과
같다.[124]

---

119) 洪定完,「정부수립기 大韓獨立促成國民會의 국민운동 연구」, 연세대 사학과 석사논문,
    2005, 13쪽.
120) 서영훈, 앞의 책, 27~28쪽.
121) 『檀紀四二八三年版 大韓民國人事錄』, 2쪽.
122) 『東亞日報』 1946년 1월 16일자.
123) 鄭圭皓,「東學農民鬪爭의 歷史的 考察」, 『新天地』 第一卷 第十一號, 서울신문社, 1946,
    31~41쪽.
124) 建國靑年運動協議會, 앞의 책, 1115쪽.

단장 이범석

부단장 김형원 이준식

총무부장 김응권 **차장** 강인봉

조직부장 노태준 **차장** 정일명(鄭逸明)

선전부장 송면수 **차장** 조일문

재정부장 백두진 **차장** 유창순(劉彰順)

훈련부장 안춘생

학생부장 유해준 **차장** 장준하

여성부장 최이권(崔以權) **차장** 김현숙(金賢淑) 박봉애(朴奉愛)

감찰부장 김근찬(金根燦)

후생부장 김정희(金晶熙)

총무부 차장을 맡은 강인봉은 유동열이 위원장을 지낸 신진당에서 청년
부장을 맡았는데,[125] 1946년 말 유동열 사임 이후 집행부가 개편되면서
이름이 사라졌다.[126] 그때 족청으로 옮긴 것으로 보인다. 정일명은 광복군
제2지대 소속이었던 정일명(鄭一明)일 것이다.[127] 유창순은 백두진과 함께
조선은행에서 들어오게 된 사람이며,[128] 최이권은 해방 직후 한국애국부인
회 선전부장을 맡은 경력이 있었지만[129] 백낙준 부인이기 때문에 맡았다고
봐야 할 것이다. 김현숙은 여자 경찰관 간부로 있던 사람이며,[130] 박봉애는

---

125) 宋南憲, 앞의 책, 360쪽.
126) 『서울신문』 1946년 12월 14일자.
127) 韓詩俊, 앞의 책, 295쪽.
128) 白斗鎭, 앞의 책, 77쪽.
129) 『每日新報』 1945년 9월 13일자.
130) 『東亞日報』 1946년 5월 24일자.

식민지기에 경성보육학교 체조 교사를 지내다가[131] 중일전쟁 발발 이후 시국 강연을 하는 등 일제에 협력했고[132] 해방 이후에는 건국부녀동맹 집행위원,[133] 독립촉성애국부인회 총무를 지냈다.[134] 김근찬은 일본 도요(東洋)대학을 중퇴하고[135] 조선씨름협회에서 심판장을 맡는 등[136] 체육계의 중진으로 중등 교사 생활을 오래 했다고 한다.[137] 1946년 4월에 유진산(柳珍山) 등을 중심으로 결성된 대한민주청년동맹에서 부회장직을 맡았다가 족청이 조직되자 바로 족청으로 옮겨왔다.[138] 김정희에 대해서는 정보가 없다.

이 임원 구성을 보면 광복군 출신의 비중이 절대적이다. 단장, 부단장을 비롯해 조직부, 선전부, 훈련부, 학생부 등 주된 부서의 부차장이 거의 모두가 광복군 출신이었다. 여성부장인 최이권 외에는 특별히 미군정과 가까운 사람도 없었다.

이런 경향은 족청의 핵심 기관이라 할 수 있는 중앙훈련소에서도 마찬가지였다. 중앙훈련소 임원은 다음과 같다.[139]

소장 이범석
부소장 송면수 이준식 안춘생

131) 金八蓮,「서울女敎員名簿」,『三千里』6월호, 三千里社, 1936, 133쪽.
132) 民族政經文化硏究所 編,『親日派群像』, 三省文化社, 1948, 112쪽.
133) 『每日新報』1945년 9월 15일자.
134) 『東亞日報』1946년 6월 23일자.
135) 『歷代國會議員選擧狀況』, 中央選擧管理委員會, 1971, 365쪽.
136) 『東亞日報』1940년 5월 1일자.
137) 김철,「민족청년단」, 鐵驥李範奭將軍紀念事業會 編,『鐵驥李範奭評傳』, 한그루, 1992, 133쪽.
138) 建國靑年運動協議會, 앞의 책, 798~799쪽.
139) 위의 책, 1141쪽.

훈련대장 김근찬

훈련과장 최주종(崔周鍾)

교무과장 유해준

학생과장 장준하

서무과장 이유종(李有鍾)

주된 구성원은 중앙본부와 동일하며, 약간 다른 것은 최주종이 들어 있다는 점이다. 최주종은 함북 성진 출신으로 해방 이전에는 만주군에 있었다.[140] 최주종이 족청과 관련을 가지게 된 것은 유해준을 통해서였을 것이다. 이범석보다 먼저 귀국한 것으로 보이는 유해준은 1946년 2월에 군사영어학교에 들어갔으며,[141] 1946년 9월에 편성이 완료된 조선국방경비대 제1연대 근무중대에서 최주종과 더불어 소대장을 지냈다.[142] 그 외에도 훈련소에서는 국방경비대 소속인 군인이 훈련 과정에 관여했는데, 국방경비대 B중대에서 소대장을 맡고 있던 이성가(李成佳)[143] 역시 군사영어학교에서 유해준과 동기였던 인연으로[144] 참여하게 된 것 같다. 아무리 국방경비대가 정식 군대가 아닌 것으로 되어 있었다 해도 현역 군인이 훈련소에서 일하는 것이 허용되었다는 사실은 족청과 미군정의 밀접한 관계를 여실히 보여준다.

다음으로 조직의 근간이 되는 단원에 대해 살펴보기로 하자. 족청의 특징은 무엇보다도 전국적으로 방대한 단원들이 존재했다는 점이다. 족청은

---

140) 佐々木春隆, 『朝鮮戰爭─韓國編』 上, 東京: 原書房, 1976, 438쪽.

141) 위의 책, 86~87쪽. 최주종 역시 군사영어학교 출신이다.

142) 위의 책, 116~118쪽.

143) 위의 책, 118쪽.

144) 위의 책, 86쪽.

"오늘의 국내의 제반 정세에 처하여 인민에게 대한 신망과 사랑으로써 인민을 보도(保導)하는 윤리와 능력이 겸비하며 희생적 분투로써 현난국을 타개하고 멸사적 봉공으로써 건국 사업에 헌신할 견실한 애국청년을 단원으로 모집"[145]한다고 밝히고 "만 십팔 세 이상 만 삼십 세 이하의 본국 청년 남녀"로서 아래와 같은 자격을 갖춘 사람을 단원으로 모집했다.[146]

1. 단(團)의 목적과 취지를 신봉하고 단의 지도하에 건국 사업에 헌신하려는 청년
2. 매국이나 민족 반역의 죄적(罪跡)이 없는 청년
3. 민주 사상의 견정(堅定)한 청년
4. 신용과 거동이 방정(方正)한 청년

또한 한국어 해독이 가능할 정도의 학력을 갖출 것, 행동에 지장이 되는 불구나 질병이 없을 것도 조건이었다.

족청의 단원은 후보, 통상, 특별, 찬조 등 네 가지로 나누어졌다. 후보단원은 "통상단원의 소개 보증과 지방 유지의 추천으로 입단지원서, 이력서, 서약서를 제출하고 해(該) 지구단부(地區團部) 이사회를 통과하고 입단금을 납입한 자"로 규정되었으며, 후보 기간은 기본적으로 3개월이었다. 통상단원은 "창립단원과 후보 기간을 경과한 후보단원, 본단(本團) 지방훈련소를 졸업한 자로써 입단 절차를 완료한 자"로 규정되었다. 특별단원은 "연령이 초과한 자로 중앙이사회의 심사에 합격한 자, 중앙훈련소를 졸업한 자로써 입단 절차를 완료한 자", 찬조단원은 "본단(本團)의 발전을 위하여 물질적으

---

145) 『社團法人 朝鮮民族青年團規約』, 17쪽.
146) 위의 책, 17~18쪽.

로 원조하는 유지에게 중앙이사회의 추천에 의하여 단원 자격을 증여"한 단원이다.[147] 단원의 근간을 이루는 것은 후보단원과 통상단원이라고 할 수 있으며, 기본적으로 중앙을 거치지 않고 지방 수준에서 단원을 모집할 수 있었다.

2. 족청 지방 조직

위에서 살펴보았듯이 족청의 운영 주체인 위원회는 전국위원회부터 구읍 면위원회에 이르기까지 전국적으로 구성되어 있었다. 단원으로 구성되는 단 역시 총본부 아래 도시(道市)단부, 부군(府郡)단부, 읍면단부, 지단부, 분단부, 반이라는 식으로 구성되었으며 직장, 기관, 학교 등에는 직속단부를 두었다.[148] 각급 단부에는 "본단의 주지(主旨)를 찬동하는 발기인으로 구성된 위원회"를 두어 "해(該) 단부(團部)의 최고 방침을 결정하여 경비를 조달하며 집행부(단장·부단장·각부 장)를 선·해임"하는 등 단 운영을 맡도록 했다.[149] 즉 단 운영에 지역 유지들의 영향이 있을 수밖에 없는 구조였던 것이다. 실제로 단 운영 경비는 각 지역에서 조달한 것 같다. 전북도단부의 경우 중앙총본부에서는 일체 보조가 없었고, 전국위원이기도 한 군산상공회의소 대표 이만수가 도단부가 아닌 군산군단부 소속이기 때문에 전혀 원조를 하지 않는다고 재정상의 어려움을 언론에 토로할 정도였다.[150]

지방단부가 조직되는 과정을 구체적으로 살펴보면, 경북의 경우 먼저 발

---

147) 위의 책, 23~24쪽.
148) 盧泰俊, 『組織에 關한 參考』, 朝鮮民族青年團組織部, 1948, 12쪽.
149) 위의 책, 14쪽.
150) 『群山新聞』 1948년 1월 16일자.

기위원회가 구성되고 그 발기위원회에서 족청 도위원회를 구성하는 순서로 조직이 진행되었다. 발기위원과 도위원회 명단은 아래와 같다.

발기위원 장인환(張仁煥) 이명석(李命錫) 이효상(李孝祥) 이경희(李慶熙) 송두환 박인세(朴寅世) 김성곤(金成坤) 전순덕(全順德) 주희안(朱希顔) 김석구(金石龜)[151]

도위원회 위원장 송두환 **부위원장** 우병진(禹炳進) 이천택(李天澤)[152]

도위원회 위원 장인환 박인세 이효상 윤방희(尹邦熙) 이경희 박택선 김선인(金善仁) 전석룡(全石龍) 정대열(鄭大烈) 왕종고(王宗高) 외[153]

위원장을 맡은 송두환과 부위원장을 맡은 이천탁, 그리고 위원 중 박택선은 위에서 보았듯이 전국위원을 맡게 되는 이들이다. 나머지 사람들을 살펴보면, 부위원장을 맡은 우병진은 남선경제신문사 사장을 지낸 사람이고[154] 장인환은 대구시보사 사장으로[155] 해방 이전에는 신간회 대구지회 선전부 등에서 활동했다.[156] 박인세는 경상북도 정보과장을 지냈으며[157] 이효상은 경상북도 학무과장을 지냈다.[158] 이경희는 해방 이전에는 신간회 대구지회 회장을 지냈으며[159] 해방 이후 민주통일당 발기인을 지내는 등[160]

---

151) 『南鮮經濟新聞』 1947년 1월 16일자.

152) 이천탁(李天鐸)의 오자일 것이다.

153) 『大邱時報』 1947년 1월 18일자.

154) 『大邱時報』 1946년 3월 6일자.

155) 『檀紀四二八三年版 大韓民國人事錄』, 32쪽. 이 책은 인명록 부분과 정부직원, 정당·사회 단체, 언론 기관 등을 다룬 부분을 각각 따로 쪽수를 매겼는데, 이 쪽수는 뒤에 있는 부분이다.

156) 이균영, 앞의 책, 600~601쪽.

157) 『大邱時報』 1946년 1월 25일자. 이 '정보과장'이란 내용으로 보아 '공보과장'이다.

158) 『大邱時報』 1945년 11월 1일자.

159) 이균영, 앞의 책, 600쪽.

송두환과 행동을 함께했다. 김선인은 의사로[161] 여자국민당 대구지부장을 지냈다.[162] 김성곤은 삼공합자회사를 경영하고 해방 이후 영남체육회 이사장을 지내기도 한 기업인이었으며,[163] 주희안 역시 해방 이후 경북상공회의소 이사를 지낸 기업인이었다.[164] 윤방희, 전석룡, 정대열, 왕종고, 이명석, 전순덕, 김석구에 대해서는 알 수 없다.

기본적으로 전국위원회 구성과 마찬가지로 대체로 독립운동가를 중심으로 언론인, 관공리, 기업인으로 구성되어 있음을 알 수 있다. 또한 여기서도 임영신이 당수를 지낸 여자국민당의 참여가 눈에 띈다.

전남의 경우도 경북과 마찬가지로 1947년에 들어서면서 지역 단부 결성의 움직임이 나타나기 시작했다. 1947년 2월부터 도단부 결성 준비에 들어가 32명의 조직위원을 각지로 보내 각 군단부를 먼저 결성한 다음 도단부를 결성하는 방식으로 조직이 진행되었다.[165] 전남도단부가 정확히 언제 결성되었는지는 분명하지 않지만, 도단부 결성식을 위해 광주로 온 이범석의 환영식이 3월 13일에 열린 것으로 보아 3월 중순일 것이다. 또한 그 환영식 석상에서 현준호(玄俊鎬)가 10만 원을, 애국부인회가 만원을 즉청에 기부했다고 한다.[166] 현준호는 영암의 대지주 집안 출신으로 호남은행을 설립한 대자본가이며 일제 말기에는 중추원 참의를 지내는 등 잘 알려진 '친일파'였다.[167] 그 뒤에도 현준호와의 관계가 지속되었는지 잘 드러나지

---

160) 『朝鮮日報』 1946년 12월 11일자.
161) 『歷代國會議員選擧狀況』, 中央選擧管理委員會, 1971, 51쪽.
162) 『東亞日報』 1949년 5월 29일자.
163) 『省谷 金成坤傳』, 省谷言論文化財團, 1995, 82~98쪽.
164) 『大邱時報』 1946년 5월 28일자.
165) 『東光新聞』 1947년 2월 25일자.
166) 『東光新聞』 1947년 3월 15일자.
167) 현준호에 대해서는 朴二俊, 「현준호의 자본형성 과정과 친일행위」, 『한국근현대사연구』

는 않지만, 도단부 단장을 지낸 주봉식과 부단장을 지낸 정성태(鄭成太) 등168)이 해방 직후 광주청년단을 결성할 때 근거지 노릇을 했던 곳이 현준호의 집이었으며169) 청년단을 후원하는 관계였기 때문에170) 간접적으로는 영향력을 행사했을 수 있다.

전남도단부가 정식으로 구성된 것은 1947년 7월 28일이었는데, 선출된 위원들은 다음과 같다.171)

주봉식 이채문(李采文) 정성태 최운희(崔雲熙) 승명천(昇明天) 홍익선(洪益先) 김녹영(金祿永) 김남중(金南中) 김영탁

주봉식은 위에서 본 것처럼 체육계 인사이자 광주청년단 중심 멤버였으며, 정성태는 보성전문학교를 나와 조선은행 광주지점에서 근무하다가 해방 직후에 광주청년단에 참여한 사람이다.172) 최운희에 대해서는 자세히 알 수 없지만 그의 형인 최추서(崔秋墅)는 중국에서 김구의 비서를 지내고 1947년 봄에 한독당 나주군당이 조직되었을 때 위원장을 맡기도 했다. 그의 다른 형제들도 한독당원이었기 때문에 최운희도 기본적으로 그 흐름에 있었다고 볼 수 있을 것이다.173) 김남중은 언론인으로 1948년 8월경에는

제40집, 한국근현대사학회, 2007 참조.

168) 『東光新聞』 1947년 11월 4일자.

169) 金爽學·林鍾明, 『光復30年』 1, 全南日報社, 1975, 41~42쪽.

170) 『撫松 玄俊鎬』, 全南每日出版局, 1977, 303~304쪽. 또한 이 책에는 이범석이 직접 현준호를 찾아와 도움을 청했다는 이야기가 나온다. 놀랍게도 그 시기가 1945년 9월 초로 되어 있어 신뢰성이 떨어지기는 하지만 1947년 3월에 광주에 갔을 때 찾아가서 도움을 청했을 가능성은 있다.

171) 『東光新聞』 1947년 7월 30일자.

172) 金鐘範 編著, 『第三代 民議院人物考』, 中央政經硏究所, 1958, 164쪽.

『호남신문』 편집국 차장을 지냈는데, 정부에 의한 공출을 비판해 『호남신문』이 정간 처분을 당하는 필화 사건을 일으키기도 했다.[174] 또한 주봉식과 김남중은 도단부에 앞서 결성된 광주시단부의 단장 및 부단장이었다.[175] 그런데 전남도위원회의 특징은 중앙훈련소 출신들이 대거 참여했다는 점이다. 승명천, 홍익선, 김녹영이 모두 중앙훈련소 1기생들이다.[176] 중앙훈련소 졸업생들은 기본적으로 각 지역에서 다시 활동하게 되었는데, 전남에서는 1947년 6월 5일에 회의를 열어 친목회를 조직하기로 하고 그 간사로 홍익선, 승명천, 구영작(具榮作), 김녹영, 강대창(姜大彰)을 선출했다. 또한 그 회의에서 다음과 같이 결의했다.[177]

1. 매주 목요일 정기방송을 일반에 주지케 할 것[178]

2. 각 지방에서 목요회를 구성할 것

3. 조기 청소 방역 등 운동을 적극 전개할 것

4. 도내 빈발하는 도난에 대하여 자위적인 입장에서 대중을 위하여 방지를 기해 적극 노력할 것

5. 반동모략 분쇄의 역군이 되며 대중의 충복이 될 것

---

173) 박찬승, 「해방 전후 나주 지방의 정치사회적 동향」, 『지방사와 지방문화』 1호, 역사문화학회, 1998, 324쪽.

174) 金爽學·林鍾明, 앞의 책, 282~283쪽.

175) 『東光新聞』 1947년 4월 23일자.

176) 李敬南, 앞의 글, 118쪽. 홍익선은 1기 졸업식에서 졸업생 대표로 답사를 하기도 했다. 『朝鮮日報』 1946년 12월 28일자.

177) 『東光新聞』 1947년 6월 18일자.

178) 언제부터 시작되었는지 분명하지 않지만, 당시 라디오 방송에서 '민족청년단 시간'이라는 것이 목요일마다 오후 8시 반부터 방송되고 있었다.

전남에서는 중앙훈련소 출신들의 이런 활동을 통해 지역 단부가 결성되었던 것이다. 실제로 홍익선은 전남도단부 조직부장을 맡았다가 1947년 10월 말에 총본부로 자리를 옮겼으며,[179] 승명천은 족청에 들어가기 전에는 한독당에 있었는데[180] 나중에 족청 나주군단 단장을 지냈다.[181] 김녹영은 장성군단부에서 일하다가 도단부에서 조직부장을 맡았다.[182] 또 강대창은 광산군단부에서 훈련부장을 지냈다.[183] 전남의 경우는 대체로 지역 유지와 중앙훈련소 출신들이 결합되는 형태로 지역 단부가 조직되었음을 알 수 있다.

경남의 경우에는 정확히 언제 조직되었는지 알 수 없는데, 1947년 5월에 신덕균(申德均) 등을 중심으로 족청을 후원하기 위한 모임이 준비되기 시작했으며[184] 6월에는 이미 도단부가 존재하는 것이 확인된다.[185] 경남도단부에는 훈련소도 있었다. 경남훈련소는 1947년 9월 중순에 개설되었으며[186] 10월 3일에 1기 졸업식이 거행되었다. 이 훈련소 졸업식을 보도한 기사를 통해 단장 및 훈련소장을 확인할 수 있는데, 단장은 김경진, 즉 김동욱이었으며 훈련소장은 최원봉(崔元鳳)이었다.[187] 김동욱은 중앙훈련소 1기생으로[188] 당시 아직 30살 전후의 나이였으며[189] 최원봉 역시 20대 청

179)『東光新聞』1947년 10월 24일자.
180) 박찬승, 앞의 글, 324쪽.
181) 위의 글, 322쪽.
182) 金祿永,『荊棘의 길』, 韓國政經社, 1974, 59~60쪽.
183) 建國靑年運動協議會, 앞의 책, 1134쪽.
184)『釜山日報』1947년 5월 11일자.
185)『民主衆報』1947년 6월 19일자.
186)『大東新聞』1947년 9월 14일자.
187)『民主衆報』1947년 10월 4일자.
188) 서영훈, 앞의 책, 28쪽.
189)『역대국회의원선거상황』은 1950년 당시 김동욱의 나이를 30살로 기록했으며(『歷代國會

년이었다.190) 자세히는 알 수 없지만 중앙훈련소 출신의 젊은이들이 중심이 된 것이 경남도단부의 특징이라 할 수 있다.

서울시단부는 1947년 5월 18일에 결성되었다. 그때 선출된 이사는 다음과 같다.191)

김병로(金炳魯) 김여식(金麗植) 송금선(宋今璇) 강인봉(姜仁鳳) 탁일천(卓一泉) 주해(朱海) 이근택(李根澤) 김명근(金命根) 박순남(朴順南) 남송학(南松學) 김용하(金容河) 조병순(趙炳淳) 이일범(李一凡) 박광순(朴光淳) 김문호(金文鎬) 노태준 신광직(申光稷) 박진식(朴晋植) 이민종(李民鍾) 송승룡(宋承龍) 이강현(李康賢) 김호엽(金浩燁) 김성권(金星權) 송병휘(宋秉暉) 김재길(金在吉)

그리고 5월 27일에 개최된 제1회 이사회에서 다음과 같이 임원이 선출되었다.192)

위원장 김여식 이사장 이근택 단장 노태준 부단장 송금선 강인봉
총무부장 이일범 조직부장 김문호 선전부장 강인봉 재무부장 이근택
사업부장 송금선

위원장을 맡은 김여식은 미국 오하이오 주립대학에서 정치학으로 박사학위를 받고193) 귀국한 뒤 협성학교 교장을 지냈다.194) 1930년대에는 수양

議員選擧狀況』, 152쪽), 1954년 당시에는 36살(위의 책, 236쪽), 58년에는 40살로 기록했다(위의 책, 310쪽).
190) 1950년 5·30선거 당시 그의 나이는 28살이었다. 『歷代國會議員選擧狀況』, 152쪽.
191) 『東亞日報』 1947년 5월 20일자.
192) 『東亞日報』 1947년 5월 28일자.

동우회에 관여해서 검거되었다가 갈홍기 등과 더불어 전향자단체인 대동민
우회에 가입하기도 했다.195) 해방 이후 중도 우파 정당인 신한민족당에서
활동했으며,196) 3당 합당 후의 한독당에서 중앙상무위원을 지냈다.197) 이
근택은 해방 이전에 평화당이라는 제약회사를 차려 성공한 사람으로,198)
해방 이후에도 그대로 평화당 사장을 지낸 기업인이다.199) 송금선은 해방
이전에는 숙명여고, 동덕여고, 이화여전 등에서 교사 생활을 하다가 덕성여
자실업학교 교장을 지냈다.200) 1941년 말에는 후쿠자와 레이코(福澤玲子)로
개명해 여학생들에게도 '국체적 국가 관념'을 인식시키기 위해 군사 훈련
이 필요하다고 주장하는 등 일제에 적극 협력하는 모습을 보였다.201) 해방
이후에도 송금선은 덕성고등여학교 교장을 지냈다.202) 이일범은 조일문과
더불어 광복군과 관계를 가지면서 난징에서 활동했던 인물이며203) 김문호
는 광복군 제2지대 출신이다.204) 기타 이사들에 대해서도 살펴보면, 김병
로는 미군정청 사법부장이었으며205) 김용하는 경성제대를 나와 교사 생활

193) 『東亞日報』 1924년 11월 24일자.
194) 『東亞日報』 1926년 4월 21일자.
195) 「機密室」, 『三千里』 第十卷 第八號, 三千里社, 1938, 27~28쪽.
196) 『서울신문』 1945년 12월 15일자.
197) 『東亞日報』 1946년 4월 23일자.
198) 「半島醫藥界大觀」, 『三千里』, 第十卷 第一號, 三千里社, 1938, 37쪽.
199) 『東亞日報』 1947년 5월 9일자.
200) 覆面子, 「朝鮮五大女校長人物評」, 『三千里』 第十三卷 第一號, 三千里社, 1941, 169~
170쪽.
201) 「我校의 女學生軍事敎鍊案」, 『三千里』, 第十四卷 第一號, 三千里社, 1942, 102쪽.
202) 『東亞日報』 1946년 7월 23일자.
203) 독립운동사편찬위원회 엮음, 『독립운동사』, 독립유공자 사업기금운용위원회, 1979, 442
~445쪽.
204) 韓詩俊, 앞의 책, 215~217쪽.
205) 宋南憲, 앞의 책, 265쪽.

을 하다가 해방 이후 군정청 문교부 교학관을 지내고 경기공립사범학교 교장 겸 용산중학교 교장을 역임했다.206) 이민종은 해방 이전에는 조선중앙일보사 판매부에서 일했으며207) 조선일보사 영업국장 등을 지냈기 때문에208) 기본적으로 언론계 인사라고 보면 된다. 탁일천,209) 조병순,210) 신광직,211) 이강현,212) 전호엽,213) 김성권,214) 송병휘215) 등은 기업인이다.

서울시단부도 기본적으로 전국위원회와 마찬가지로 광복군 출신을 주축으로 미군정 관계자와 재계 인사들, 그리고 교육계 인사와 언론계 인사로 구성되었음을 알 수 있다. 또한 정치적으로 보면 신한민족당 계열이 많다는 것이 특징이다.

다른 지역 단부에 대해서는 그 조직 과정을 자세히 확인할 수 없지만, 족청은 남한의 거의 모든 지역에서 조직되었다. 지역에서 이미 활동하고

---

206) 『檀紀四二八三年版 大韓民國人事錄』, 32쪽.
207) 「三千里機密室」, 『三千里』 第六卷 第八號, 三千里社, 1934, 11쪽.
208) 『大韓民國建國十年誌』, 大韓民國建國十年誌刊行會, 1956, 1060쪽.
209) 대화화학공업사 사장, 대아토건주식회사 사장 등을 지냈다. 『檀紀四二八三年版 大韓民國人事錄』, 177쪽.
210) 해방 이전에는 중국에서 회사를 다니다가 해방 후 귀국하여 동방상사주식회사 사장을 지냈다. 『檀紀四二八三年版 大韓民國人事錄』, 158쪽.
211) 소화산소주식회사 대리점 등을 경영하다가 1946년부터 소화산소주식회사 전무취체역을 역임했다. 『檀紀四二八三年版 大韓民國人事錄』, 83쪽.
212) 경성방직회사 상무취체역 등을 역임하며 조선상공회의소 평의원 등을 지냈다. 『檀紀四二八三年版 大韓民國人事錄』, 109쪽.
213) 조선상업은행 지배인, 삼화공업유한회사 사장 등을 역임했으며 정치적으로는 신한민족당에서 활동하다 독촉국민회 중앙본부 정보부장 등을 지냈다. 『檀紀四二八三年版 大韓民國人事錄』, 148쪽.
214) 해방 이전부터 은행계에 있다가, 해방 이후 이승만을 지지하는 재계단체라 할 수 있는 경제보국회에도 관여했다. 정병준, 앞의 책, 584쪽.
215) 자세히는 알 수 없으나 나중에 대한상공회의소 사무국장을 지낸 것으로 봐서 기업인일 것으로 보인다. 『東亞日報』 1954년 3월 8일자.

있던 사람들을 포섭한 경우도 많이 있지만, 포섭하는 경우에도 중앙훈련소 등에서 훈련을 받게 한 다음에 단원으로 했다는 점을 주목할 필요가 있다.

중앙훈련소에서의 훈련생 모집은 기본적으로 공모를 통해 이루어졌으며 심사를 거쳐 입소할 수 있었다. 하지만 제5기로 중앙훈련소에 입소한 김성준(金聖俊)은 1947년 1월에 결성된 대한노총 운수부연맹 창립위원 중 한 명으로서,216) 운수부연맹과 미군정 운수부(뒤의 교통부) 당국의 추천으로 1947년 6월에 입소했다.217) 운수부의 파견 지시는 전국적으로 이루어진 듯하며, 부산에서는 철도 노동자들이 이에 항의하는 사태가 벌어지기도 했다.218) 이와 같이 미군정의 전면적인 후원을 배경으로 파견이라는 형태로 중앙훈련소에 입소하는 경우도 있었다. 또한 족청은 운수부에서 인원을 파견케 한 것처럼 교육부를 통해 각 중등학교 안에 족청 지부를 조직할 것을 시도하기도 했지만, 이는 교육부 장관이었던 오천석(吳天錫)의 반대로 실현되지 못했다.219) 그래서 족청은 1948년 초에 "고급중학, 전문학교, 대학교에 현재 재적자로서 본단 단지를 찬동하며 학생운동에 취미를 가진 자"를 대상으로 "금반 방학기를 이용하여 전국 학생에게 훈련소를 개방하여 제8기생으로 1월 15일부터 일 개월 모집 훈련"할 것을 밝혔다.220) 또 그에 앞서 1947년 가을에는 제7기 훈련으로 여성 대상 훈련을 실시해 180명의 여성이 훈련을 받았으며,221) 1948년 1월 말에는 여성부 후원회도 결성되

---

216) 凡石 金聖俊, 『回顧錄 人間다운 삶을 위하여』, 韓國人物硏究院, 2001, 67~68쪽.
217) 위의 책, 69쪽.
218) 『民主衆報』 1947년 6월 8일자.
219) 吳天錫, 『외로운 城主』, 光明出版社, 1975, 117쪽.
220) 『民主衆報』 1948년 1월 8일자.
221) 『東亞日報』 1947년 10월 8일자; 김정례, 「대도와 정도를 걸으신 애국애족의 거인」, 『鐵驥 李範奭評傳』, 한그루, 1992, 171~172쪽.

었다.[222] 1948년 7월에도 제10기로 여학생 대상 훈련이 실시되었다.[223] 이와 같이 여성을 중요시한 것은 족청의 특징이었다. 여성이나 학생뿐만 아니라 1947년 8월에는 "청년을 위한 농민도장을 개설"해 '농지개발대'를 조직하는 등 농촌에서의 활동에도 주력했다.[224] 이렇게 족청은 다른 청년 단들과 달리 다양한 주체들을 적극적으로 포섭했다. 이렇게 광범위한 청년 들을 대상으로 훈련을 실시했다는 사실은 족청의 목적이 대공투쟁을 위한 물리력의 동원에 있지 않고 '건국'을 위한 기반을 다지는 데 있었음을 잘 보여준다. 또한 '조선민족해양청년단'이라는 단체를 따로 조직해[225] 1948 년 4월에는 "해군 출신자 혹은 해양 출신자로서 중등학교 3년 이상 졸업 정도" 된 사람을 대상으로 간부 훈련을 실시했다.[226] 이것은 해군 창설을 준비하기 위한 작업이었던 듯하다. 1947년 11월에 항공단부를 조직한 것 역시 공군 창설에 대비한 사업이었을 것이다.[227]

---

222) 『京鄕新聞』 1948년 2월 1일자.
223) 『東亞日報』 1948년 7월 24일자.
224) 『朝鮮日報』 1947년 8월 29일자.
225) 해양청년단이 정확히 언제 조직되었는지 알 수 없지만, 1947년 12월에 남로당의 지시로 김성수 등을 암살하려 했다는 혐의로 체포된 백영기(白英基)가 1947년 6월에 해양청년단 에 들어갔다고 보도된 것을 보면 1947년 상반기에 조직된 것으로 보인다. 『朝鮮日報』 1947년 12월 24일자.
226) 『釜山日報』 1948년 4월 4일자.
227) 『朝鮮日報』 1947년 11월 23일자.

제3장
족청의 훈련과 이념

1. 족청 중앙훈련소의 훈련 과정

앞에서 살펴본 것처럼 족청의 활동에서 핵심적인 위치를 차지한 것이 훈련소에서 실시된 훈련이었다. 여기서는 그 훈련의 중심이었던 중앙훈련소에서 실시된 훈련에 대해 살펴보고자 한다. 중앙훈련소의 훈련은 1주일의 예비훈련을 거친 다음 한 달의 훈련 기간을 '훈치(訓治) 계단'과 '자치 계단'으로 나누어서 진행했다. 훈련생들은 입소 허가를 받으면 먼저 예비훈련을 받는데, 그때부터 조와 반으로 편대(編隊)되어 단복(團服)과 단모(團帽)를 착용하며, 족청의 예식을 연습하고 족청의 취지, 목적, 훈련의 의의, 정신, 방침 등을 이해하는 과정을 밟았다. 이 예비 훈련을 마친 뒤에야 입소식을 하고 정식 훈련에 들어갔는데, 훈련 기간인 4주에 각각 '확실', '신속', '정숙', '일치'라는 주훈(週訓)을 설정해 이를 준수하도록 했다. '훈치 계단'인 '확실 주간'에는 훈련 정신과 여러 규범들을 체득하게 하고 생활 습관화시켰다. '자치 계단'으로 들어가는 '신속 주간'부터는 훈련생 중에서 조장(組長)을 선출해서 자각·자동으로 자치 관리를 하게 했으며, '정숙 주간'과 '일치 주간'에는 상호 연구와 토론으로 통일된 사상과 일치된 행동을 하게 했다.228) 사실 이 훈련 방식은 이범석이 중국국민당 중앙훈련단에서 배워온 방식이었다. 중앙훈련단에서도 입단 이후 대대-중대-분대로 편성하여 기숙사에서 함께 생활하도록 했으며 모두가 초황색의 사병복을 입었다.229) 또한 관리 방침으로 '자각, 자동, 자치'를 내걸고 4주의 훈련 과정을 '입오(入伍)주', '역행(力行)주', '자치주', '검토주'로 나누어 진행시켰다. '확실', '신속', '정숙' 등도 여기서 강조된 덕목들이다.230)

중앙훈련소의 훈련은 초기에는 정신 훈련, 기능 훈련, 생활 훈련, 행동 훈련, 실천 훈련 등 5가지로 이루어졌으며231) 나중에는 정신 훈련, 지능 훈련, 체력 훈련, 생활 훈련, 실천 훈련으로 약간 명칭이 바뀌었다.232) 정신 훈련은 "자립 자존 자활의 민족정신을 함양하여 민족적 중심 사상을 확립함으로써 자주독립국가 건설의 기본 이념으로 삼도록 할 것. 그리하여 먼저 의지를 집중시키고 나아가 역량을 집결하며 행동을 통일하여 전 조선 청년의 정신력 지력 체력을 집중하야써 신국가 건설의 굳센 역군이 되도록 정신을 훈련"시키는 것이었다. 기능 훈련은 아무리 좋은 정신이나 사상이 있어도 조직과 운용과 창조 역량이 없으면 실현이 불가능하기 때문에 "능히 조직하고 능히 운용하고 능히 창조적 역량을 발휘할 만한 기능을 훈련"시

---

228) 鮮于基聖, 『韓國青年運動史』, 錦文社, 1973, 702~703쪽.

229) 吳恒祥, 「国民党中训团杂忆」, 文闻 編, 『国民党中央训练团与军事干部训练团』, 北京: 中国文史出版社, 2010, 12~13쪽.

230) 馮啟宏, 『抗戰時期中國國民黨的幹部訓練: 以中央訓練團爲中心的探討(1938~1945)』, 臺北: 國立政治大學歷史系研究部博士論文, 2004, 136~137쪽.

231) 李範奭, 「第一期受訓生入所式訓辭」, 大韓民族青年團中央訓鍊所敎務處 編, 앞의 책, 228쪽.

232) 建國青年運動協議會, 앞의 책, 1144~1150쪽. 이 책은 전혀 서술 근거를 밝히지 않았지만 수록된 훈련 내용이 족청에서 1947년에 발행한 『창립 1주년 기념호』에 의거한 안상정의 서술 내용과 거의 다 일치하기 때문에 이 자료를 근거로 서술된 것으로 보인다.

키는 것이었다. 생활 훈련은 "새 생활을 하랴면 먼저 모든 악습을 버리고 철저적으로 생활 방식을 개혁하여야 할 것"이며 "근로 생활을 함은 물질 생활을 풍부 유족(豊富裕足)케 하는 도리만이 아니라 신체를 건강하게 하여 우생학상으로도 중대한 의의가 있는 것이오, 내지는 정신을 건전케 하는 데도 위대한 효과가 있는 것"이기 때문에 "생활의 합리화 과학화 성실화 협동화 등등 여러 가지 훈련"을 하는 것이었다. 행동 훈련은 "행동을 훈련하여 첫째 기율 둘째 질서 셋째 시간을 직히도록 하여야 할 것이오. 또 모든 행동을 계획에 배합되도록 훈련"한다고 밝혔으며, 실천 훈련은 "이상 네 가지 각개 훈련에서 받은 바 훈련을 여기서 다시 한 번 종합하여 실천 훈련을 실시"하는 것으로 규정되었다.[233]

정확한 시기는 알 수 없지만 훈련 내용과 강사, 시간 배분은 〈표 1〉과 같다.[234]

전체 훈련 시간이 304시간이기 때문에 이를 4주로 나누면 1주일당 76시 간이었다. 일요일도 쉬지 않고 훈련해도 하루 10시간 이상 훈련을 받아야 하는 셈이었다. 물론 여기에는 식사 시간 등도 포함되긴 했지만 아주 빡빡 한 훈련 일정이었다.

내용을 순서대로 살펴보면, 정신 훈련에서는 단장인 이범석이 윤리와 독 립운동사를 맡았다. 1부에서 본 것처럼 중국국민당 중앙훈련단 당정훈련반 에서도 단장, 즉 장제스에 의한 정신훈화가 있었는데, 이범석이 맡은 '윤리' 가 그 역할을 했다고 볼 수 있다. '윤리'의 내용은 족청의 취지, 정신 및 훈련소의 목적 방침, 조국의 현실과 새로운 청년운동의 방향, 혁명적 인생

---

233) 李範奭,「第一期受訓生入所式訓辭」, 大韓民族青年團中央訓鍊所教務處 編, 앞의 책, 229~230쪽.
234) 安相政, 앞의 석사논문, 46쪽.

정신 훈련 (71)		지능 훈련 (75)		체력 훈련 (49)		생활 훈련 (87)		실천 훈련 (22)
윤리(12)	단장	정치(9)	선전부장	체조(11)	훈련대장	隊務(4)	훈련대장	강연회(6)
국사(9)	정인보	경제(9)	고승제	체육(16)	훈련대장	근로(12)		토론회(4)
독립운동사	단장	법률(6)	조기열	구보(22)		同樂會(5)		小組會(7)
단무(4)	교무과장235)	특별강좌(9)	강세형			영화감상(2)		독서회(5)
교무(4)	교무과장	시사(6)	설의식			방송청취(2)		
사회심리(6)	박영출	국문(6)	박창해			내무정리(17)		
명사강연(10)	각계 명사	철학(6)	안호상			학습		
승강기식(20)		조직(9)	조직부장			세면		
창가(6)		선전(6)	선전부장			식사(45)		
		측도(9)	교무과장					

* 괄호 안의 숫자는 시간.

관, 혁명적 민족관, 혁명적 국가관, 혁명적 신생활론, 기타 한국 청년의 구국구족에 필요한 인식 등이었다. 일반적인 윤리가 아니라 족청이 지향하는 방향성을 제시하는 것이었음을 알 수 있다. 정인보가 맡은 '국사'는 단군신화부터 시작해 조선시대 말기에 이르는 전반적인 역사 과정을 다룬 것이긴 했지만, 단군의 건국 이념, 화랑국선과 백의선인의 정신, 임진왜란과 이충무공 등 이념적인 부분에 초점을 맞춘 점이 눈에 띈다. '사회심리'는 원래

---

235) 建國靑年運動協議會, 앞의 책, 1145쪽에서는 담당자가 이준식·안춘생으로 되어 있다. 즉 교무과장이 아니라 부소장이 맡았다는 것이다. 내용으로 보아 교무과장보다는 부소장이 맡았다고 보는 것이 타당할 것 같다.

목사인 박영출이 맡았는데, 현 조선사회의 풍기와 인심, 청년운동가가 구비해야 할 인격적 제 요소 등 보통 생각하는 '사회심리'와는 약간 다른 내용으로 이루어졌다. 단무 역시 실무적 내용이라기보다는 국사와 소사(所史), 훈련 목적 의의 방침, 단지·휘장·신조·규약 해설, 단장 및 혁명 선배 소개, 국기 단기(團旗)의 유래 및 원리 해설 등 이념적인 색채가 강했다.236) 또한 정신 훈련 중에서 제일 많은 시간을 할애한 것이 승강기식인데, 입소한 날부터 졸업하는 날까지 매일 아침저녁 국기와 단기의 승강기식을 거행했으며 음악에 맞추어 애국가, 단가를 합창했다. 식 이후에는 단장 또는 부소장의 훈시가 있었다.237) 제5기로 입소한 김성준이 당시 쓴 일기에 의하면, 새벽 4시 반에 기상 나팔소리로 일제히 일어나 30분 동안 세면과 내무 정리, 점호를 마치고 단모와 단복으로 갈아입고서 5시 정각부터 승기식을 했다고 한다.238) 이범석은 "국기는 그 나라의 이상, 그 국민의 정신을 상징할 뿐만 아니라 그 나라의 권세, 즉 그 나라의 국제적 지위와 그 국민의 운명을 통터러 상징하는 것"239)이라고 보았으며, 국기 승강식이 무질서하고 산만한 것은 "국기에 대한 숭경심, 따라서 국가 관념과 민족의식이 박약하다는 것, 즉 민족적 결속이 결여되어 있다는 것을 여실히 들어내는 것"240)이라며 국기에 대한 의식의 중요성을 강조했다. 창가 시간에는 애국가, 단가, 소가(所歌), 혁명가의 노래, 대한의 딸, 민족 학생의 노래 등을 교습시켜 애국심의 앙양과 정서 함양에 힘썼다고 하는데,241) 이것도 승강기식과 유사

---

236) 建國靑年運動協議會, 앞의 책, 1145쪽.

237) 위의 책, 1146쪽.

238) 金聖俊, 앞의 책, 70쪽.

239) 李範奭, 「昇降旗式에 對하여」, 大韓民族靑年團中央訓鍊所敎務處 編, 앞의 책, 104쪽.

240) 위의 글, 106쪽.

241) 建國靑年運動協議會, 앞의 책, 1146쪽.

한 의미를 지녔을 것이다. 이상에서 본 것처럼 '정신 훈련'은 그야말로 족청이 지향하는 인간형을 만들기 위한 과정이었다.

'기능 훈련' 또는 '지능 훈련'은 대체로 일반 교양에 가까운 내용이었지만, 여기서는 경제 과목에 우선 주목할 필요가 있다. 경제를 담당한 고승제는 경제학자로 당시 연대 교수로 재직 중이었는데, 아마도 백낙준을 통해 족청에서 강의를 하게 된 것으로 보인다.

강의록이 남아 있지 않기 때문에 정확히 그가 어떤 강의를 했는지 알수 없지만, 당시 발표된 글들을 통해 어느 정도 추정해볼 수는 있을 것이다. 고승제의 입장을 보여주는 것으로 먼저 1946년 7월에 쓴 현대 미국 경제의 동향에 관한 글을 들 수 있다. 이 글의 중심 주제는 뉴딜 정책이었는데, 뉴딜 정책을 전기와 후기로 나누어서 살펴본 다음 마지막으로 "현 단계 미국 경제에 있어서의 '뉴—딜' 정책의 사명과 의의는 미국 경제 조직을 전면적으로 계획적으로 재편성하는 데 있을 것"이라고 결론지었다.[242] 즉, 고승제는 뉴딜 정책을 앞으로도 추진해야 할 경제 모델로 보고 있으며, 그 핵심은 경제의 계획화에 있다. 같은 해 10월에 경제학이라는 학문을 소개한 글에서도 마지막 부분에서 공황을 다루면서 그 원인이 "현대 경제의 조직이 좋지 못하기 때문"이라고 하면서 "소련 같은 나라는 물론이지만 자본주의 경제가 가장 발달하고 개인의 자유를 가장 존중하는 나라에 있어서도 약 십삼·사 년 전부터 경제 공황이 발생치 못하게 하려고 소위 통제경제를 시작하게 되었다"며 미국의 뉴딜 정책을 들었다.[243] 족청에서 그가 맡은 '경제' 과목 중에 미국 경제 발달사도 들어 있는데[244] 그것은 위와

---

242) 高承濟, 「現代美國經濟의 動向: 뉴—딜政策을 中心으로 하야」, 『新天地』 第一卷 第八號, 서울新聞社出版局, 1946, 111쪽.

243) 高承濟, 「講座 經濟學」, 『協同』 通卷 二號, 朝鮮金融組合聯合會, 1946, 61쪽.

같은 내용을 담았을 것이다. 1947년 8월에 쓴 글에서는 프랑스의 정치·경제 상황을 다루었는데, 1930년대 프랑스에서 형성된 인민전선을 긍정적으로 언급하면서 자본가들이 인민전선을 파괴했기 때문에 프랑스가 독일에 항복하게 되었다며 "불란서(佛蘭西) 금융 자본가들의 애국심의 정체"가 여지없이 폭로되었다고 지적한 대목이 눈에 띈다.245) 고승제 본인은 뚜렷하게 민족주의적인 입장을 보이지는 않았지만, 프랑스의 사례를 통해 볼 수 있는 것은 민족의 입장에서 자본가를 통제해야 한다는 문제의식이다. 고승제는 해방 이전부터 케인즈파에 속하는 경제학자 칼레츠키(Michał Kalecki)에 대해 관심을 가져 그 책을 번역하기도 했기 때문에246) 기본적으로 시장에 대한 국가 개입의 필요성을 주장하는 입장이었으며 그것은 민족주의와도 연결된 것이었다.

또 하나 주목할 만한 것은 강세형이 담당한 '특별강좌'였다. 그 내용을 보면, 지리정치학247) 개념, 조선민족과 타민족의 지리·역사적 관계, 유태민족의 민족성과 그 활동, 제1차 대전 및 제2차 대전 후의 열강 정책과 약소민족의 현상(現狀), 미·소 양 진영과 조선의 입장, 선진국의 청년운동과 조선에 적절한 청년운동 등이었다.248) 지정학이라는 것 자체가 나치 독일의 대외팽창 주장을 뒷받침하던 민족의 생존권(生存圈, Lebensraum) 논리의 배경을 이루었던 학문인 데다, 한국과 직접적인 관련이 거의 없는 유대인에 대해 강의한 것을 보아도, 강세형이 여전히 나치즘의 세계관을 바탕으로

---

244) 建國青年運動協議會, 앞의 책, 1146쪽.
245) 高承濟, 「現代 佛蘭西의 政治, 經濟的 動向」, 『文化』 第一卷 第三號, 新文化社, 1947, 27~29쪽.
246) 高承濟, 『回想의 學問과 人生: 經濟學者의 回顧』, 經研社, 1979, 50~51쪽.
247) 일반적으로 '지정학'이라고 번역되는 Geopolitik의 번역어일 것이다.
248) 建國青年運動協議會, 앞의 책, 1146쪽.

교육하고 있었다는 것을 알 수 있다. 제5기 때는 직접 독일의 청년운동에 대한 강의를 하기도 했다.[249] '체력 훈련'은 행동 훈련의 명칭이 바뀐 것으로 보이는데, 체조에는 제식 동작, 분열 행진, 밀집 훈련 같은 내용이 포함되었으며[250] 앞 장에서 보았듯이 현역 군인들이 교관으로 참여하여 어느 정도 군대식 훈련을 실시했던 것 같다. 하지만 전체에서 체력 훈련이 차지하는 시간 자체가 별로 많지 않았고, 더욱이 구보(驅步)가 22시간을 차지한 것이 아침마다 체조와 더불어 구보를 실시했기 때문임을[251] 감안한다면, 이 체력 훈련이 다른 훈련에 비해 특별한 위상을 차지했다고 볼 수는 없을 것이다.

오히려 어떤 의미에서 족청의 특징을 가장 잘 보여주는 것은 '생활 훈련'이었다. 식사까지 훈련에 포함되어 있었는데, 조(組)별로 행동하는 훈련생들은 신호나팔에 의해 조장(組長)의 인솔하에 각 조가 지정된 식당으로 들어가 번호순으로 착석한 뒤 자기 번호가 기입된 식기의 밥과 국을 앞에 놓고 조장의 구령에 따라 일제히 식사를 했으며, 모두 식사가 끝나면 조장의 구령에 의해 일제히 기립해 질서 있게 식당을 나가는 것으로 되어 있었다.[252] 중앙훈련단에서도 식사는 분대장의 인솔에 의해 중대 단위로 지정된 식당에 들어가서 하는 식이었는데,[253] 이는 생활을 바꾸는 것의 중요성을 장제스가 누누이 강조했기 때문이었으며, 이범석이 직접 들은 중앙훈련단의 정신훈화에서도 생활의 군사화가 거듭 강조되었다.[254] 1948년에 족

---

249) 金聖俊, 앞의 책, 70쪽.

250) 建國靑年運動協議會, 앞의 책, 1148쪽.

251) 위의 책, 1148쪽.

252) 위의 책, 1149~1150쪽.

253) 房宇園, 「回忆重庆中训团党政班」, 文闻 编, 앞의 책, 80쪽.

254) 蔣介石, 「軍事基本常識─軍事訓練之要領」, 秦孝儀 主編, 『先總統蔣公思想言論總集』

청이 발행한 『훈련수지(訓練須知)』255)에서도 경례, 행진, 제식 동작 등과 더불어 내무 교육이 크게 다루어졌다. "내무 교육의 궁극의 목적은 정신 교육"256)이라고 밝혔듯이, 생활에 대한 규율을 통해 정신 훈련을 시키려 한 것이었다. 신체의 미세한 동작까지 규율하려는 자세는 『훈련수지』에서 볼 수 있는 동작에 대한 너무나 자세한 지시를 통해서도 확인할 수 있다. 이범석의 다음과 같은 말은 신체를 통해 정신을 규율하려는 입장을 잘 보여 준다.257)

첫째 눈(眼)을 똑바로 뜨는 습관을 길러야 한다. 눈은 그 사람의 모든 인격 모든 정신을 상징한다. 눈알이 또록거리는 사람은 사람 노릇을 못하고 만다.

둘째 입(口)을 꾹 다물고 있는 습관을 길러야 한다. 늘 입을 헤벌리고 앉았는 사람은 도모지 사업을 성취할 사람이 못된다. 그들은 대개 천치가 아니면 기력이 빠진 사람이다.

셋째 자세를 단정히 갖는 습관을 길러야 한다. 머리로 대공(大空)을 떠받들고 두발로 대지를 튼튼히 디디지 않으면 안 된다. 자세 하나 단정히 갖이지 못하는 사람이 견실한 건설적 투사가 될 수 없는 것이다.

눈과 입과 자세에 이런 의미부여를 하면서 그 규율을 강조한 것은 역시 이범석이 장제스의 정신훈화를 통해 배운 내용이었다.258)

16, 臺北: 中國國民黨中央委員會黨史委員會, 1984 참조.

255) 책자 뒤표지에 소속과 성명을 기입케 한 것을 보면 훈련생들에게 소지케 한 것으로 보인다.

256) 朝鮮民族青年團, 『訓練須知』, 兵學研究社, 1948, 162쪽.

257) 李範奭, 「革命青年의 自己修養」, 大韓民族青年團中央訓鍊所教務處 編, 앞의 책, 82~83 쪽.

이와 같이 중앙훈련소에서 실시된 훈련은 장제스가 중앙훈련단에서 실시한 훈련 방식을 거의 그대로 재현한 것이었다. 중앙훈련단에서 훈련받은 경험이 있는 사오위린(邵毓麟)이 1949년에 주한 중국대사로 서울에 부임했을 당시, 일기에 이범석은 완전히 우리 중앙훈련단의 훈련 방법을 남한에 이식해 민족청년단을 조직했다고 기록했을 정도였다.259)

2. 족청의 이념과 이범석의 민족주의

그럼 이어서 훈련을 통해 전달하고자 한 족청의 이념이 구체적으로 어떤 것이었는지 살펴보자. 족청의 이념에 대해서는 오랫동안 논란이 있어왔다. 서론에서 보았듯이 과거에는 족청과 히틀러유겐트의 유사성을 부각시키면서 그것을 지원하는 미군정 또는 미국의 반동성을 비판하는 경향이 강했는데, 비교적 최근에는 족청의 활동이 실제로는 주로 사회봉사 활동 같은 것이었으며 이는 미군정의 철저한 통제를 받았기 때문이라는 해석이 나오고 있다. 그런데 이 양자는 미군정이 족청의 활동에 대해 충분히 인지하고 있었다는 전제를 공유하고 있다. 하지만 실제로 족청의 이념이나 교육 내용까지 미군정이 충분히 인지했던 것 같지는 않다. 임종명은 "기본적으로 미군정과 미국 정부는 족청이 극우 정치단체와 좌익단체와 결합하여 반미민족주의 청년단체로 발전하지 않고, 미국의 대한반도 정책 범위 안에서 움직이도록 항상 주의를 기울였다"며 미군정이 족청 고문으로 파견한 보스를 통

---

258) 蔣介石, 「軍事基本常識—軍事訓練之要領」, 秦孝儀 主編, 『先總統蔣公思想言論總集』 16, 275~276쪽.
259) 邵毓麟, 『使韓回憶錄』, 臺北: 傳記文學出版社, 1980, 109쪽.

해 운영 전반을 장악했다고 평가했다.[260] 하지만 한국어를 못하는 보스가 얼마나 이범석을 감독할 수 있었을지 의문이다. 앞에서 보았듯이 오히려 이범석을 믿고 맡겼다고 보는 편이 사실에 가까울 것이다.

물론 앞서 보았듯이 랭던은 이범석과 중국국민당의 관계를 인식하고 있었기 때문에, 미군정은 1947년 봄에 상하이의 미 총영사관으로 미군정 고문인 파커(Vivian L. N. Parker)를 보내 중국에서 이범석에 관한 조사를 하기도 했다. 1947년 4월에 제출된 이 보고서는 이범석이 삼민주의청년단의 영향을 받았다는 것, 그가 중국군 소속이자 동시에 광복군 소속이었으며 중국 비밀경찰의 두목인 다이리(戴笠)를 도왔다는 것, 해방을 전후한 시기에 상하이를 비롯한 여러 도시에서 한국 교민을 무차별적으로 괴롭혔던 청년들을 활용해 광복군을 잠재적으로 위험한 부대로 개편한 혐의가 있다는 것 등을 지적했다.[261] 하지만 1947년 5월에 사전트는 이에 대해서 미소공위 미측 대표단 수석대표에게 비망록을 보내, 그 내용은 거의 다 사실이 아니며 족청과 삼민주의청년단의 유사성도 청년 조직이기 때문에 생긴 우연의 일치라고 주장했다.[262] 파커의 보고는 족청의 기원에 대한 나름대로 중요한 지적이었지만, 사전트의 두 번에 걸친 비망록 제출로 이 의혹은 일

260) 林鍾明, 앞의 글, 194~195쪽.

261) "From American Consulate General, Shanghai to Director, Office of Foreign Affairs USAMGIK, Seoul, Korea: Korean National Youth Movement"(5 April 1947) Enclosure No. 1 to Despatch No. 51 "Reports of political adviser for United States Army Military Government in Korea, Joseph E. Jacobs to the Secretary of State: Korean National Youth Movement"(August 12, 1947) NARA, RG 59(국회도서관 소장).

262) "From Clyde B. Sargent to Chief Commissioner, American Delegation US-USSR Joint Commission: USAMGIK Report on "Korean National Youth Movement.""(8 May 1947) Enclosure No. 2 to Despatch No. 51 "Reports of political adviser for United States Army Military Government in Korea, Joseph E. Jacobs to the Secretary of State: Korean National Youth Movement"(August 12, 1947) NARA, RG 59(국회도서관 소장).

단 유야무야되었던 것 같다.

하지만 1947년 6월에 미국에서 족청과 히틀러유겐트의 유사성을 지적하는 보도가 나는 등263) 족청이 문제가 되자, 하지의 최고 정치고문으로 부임한 제이콥스(Joseph E. Jacobs)264)는 7월에 족청에 대한 조사를 실시했다. 이범석을 대신해 질문에 답변한 송면수는 족청과 보이스카우트의 유사성을 말하고 독일이나 소련 같은 독재와 대립되는 민주주의를 이념으로 삼고 있음을 강조했다.265) 하지만 같은 조사에 협력한 백낙준은 자신이 강사로 있던 당시 직접 경험한 중앙훈련소의 엄격함과 군대식 규율을 언급하면서 그 배경으로 강한 중국의 영향을 지적하며 "과도한 민족주의(ultra-nationalistic)"266)가 될 위험성에 대해 이야기했다.267) 제이콥스는 국무부로 보낸 보고서에서 기본적으로 사전트의 주장을 받아들이면서도 한국에서 민주사회의 건전한 기반을 닦기 위해서는 중국국민당의 청년 조직은 모방할 만한 것이 아니라고 결론을 내렸다.268) 제이콥스의 결론이 약간 애매하긴 했지만, 당시 미군정 내부에서는 이범석에 대한 의혹이 강하게 제기될 만한 상황이 아니었다. 우선 이범석과 함께 일한 경험이 있고, 그 경험을 통해 이범

---

263) 직접 확인하지는 못했지만 *Far East Stars and Stripes Weekly Review* 6월 15일자 등에 기사가 실렸다. Gregory Henderson, *Korea: The Politics of the Vortex*, Cambridge, Massachusetts: Harvard University Press, 1968, p. 420.

264) 정용욱, 『해방 전후 미국의 대한 정책』, 서울대학교 출판부, 2003, 265쪽.

265) "Reports of political adviser for United States Army Military Government in Korea, Joseph E. Jacobs to the Secretary of State: Korean National Youth Movement"(August 12, 1947) NARA, RG 59(국회도서관 소장), p. 1~2.

266) 'ultra-nationalism'이라는 말은 미국에서 일본제국의 이데올로기를 가리켜 사용했던 말로, 마루야마 마사오(丸山眞男)에 의해 '초국가주의'로 번역되어 널리 알려졌다.

267) "Reports of political adviser for United States Army Military Government in Korea, Joseph E. Jacobs to the Secretary of State: Korean National Youth Movement", p. 3~4.

268) Ibid., p. 4.

석을 확실히 신뢰하고 있었던 사전트가 1947년 4월부터 미군정 정치고문실에서 일하고 있었다. 또 무엇보다도 당시 주한미군 사령관 하지가 '공산주의를 막으려 하면 파시즘으로 갈 가능성이 있지만 그렇다고 공산주의가 강해지도록 내버려둬도 민주주의는 파괴되기 때문에 어떻게 해야 할지 모르겠다'고 드레이퍼 육군부 차관에게 실토했듯이,[269] 미군정 내에서 파시즘을 막아야 한다는 신념은 흔들리고 있었다.

또한 미군정이 족청을 신뢰한 까닭은 그들이 겉으로 내세운 이념이 그다지 민족주의적이지도 않았기 때문이다. 창단 당시 족청이 내세웠던 이념을 살펴보자. 먼저 족청 창립 선언문은 다음과 같다.[270]

해방 후 일 년이 지난 오늘 조선과 조선인은 어떠한 형편에 있으며 또 무엇을 요구하는가.

정치적 실망과 경제적 혼란과 사상적 갈등 속에 신음하는 우리는 다시 국제적 각축하에 이중으로 고난을 받고 있다. 이 환경을 배정(排整)하고 이 난관을 돌파함에는 무엇보다도 민족의 통일과 역량의 집결이 절실히 요청되고 있다. 그러나 정당은 세력을 다투어 분열을 일삼고 지도자는 목전의 얽매여 대계를 바로잡지 못한다.

새 술은 새 부대에 담아야 한다. 기성 인물 기성세력이 강국(疆局)에 고착됨을 보고 국가 창건의 엄숙한 대업을 오-즉 수수방관하려 함은 너무나 무책임한 착견(錯見)이다.

이에 비로소 우리는 새로운 힘의 원천으로써 청년의 등장을 요구한다.

---

269) "Orientation for Undersecretary of the Army(Draper, and Party by Lt Gen Hodge at 0900, 23 September 1947)", 申福龍 編, 『韓國分斷史資料集』 III-2, 原主文化社, 1991, 25쪽.
270) 『社團法人 朝鮮民族青年團規約』, 1~2쪽.

그러나 청년은 신선한 대신에 미숙한 점이 많고 용감한 반면에 주도(周到)치 못함이 있다. 우리는 청년 자신의 수련을 목적하고 조선민족청년단을 발기하여 먼저 청년의 정신을 작흥(作興)시키고 청년의 진로를 명백히 하여 건국 성업(聖業)의 역군이 될 것을 자기(自期)하랴 한다.

송면수와 장준하가 기초했다는 이 선언문을 통해서는 족청의 성격이 거의 파악되지 않는다. 민족의 통일과 역량의 집중을 위해 기성세력이 아닌 청년이 일어나야 한다는 지극히 일반적인 내용밖에 없기 때문이다. 이러한 일반적인 성격 규정은 족청 규약에서도 볼 수 있다.

『사단법인 조선민족청년단 규약』은 제2조에서 "십팔 세부터 삼십 세까지 조선 남녀 청년의 애국심 앙양과 인격 양성, 공민 훈련"을 목표로 한다고 밝혔으며, 제3조에 아래와 같이 그 목적을 명시했다.271)

가. 조선 청년의 민주주의정신을 발휘하게 하여 건전한 신체와 활발한 정신과 선미(善美)한 도덕을 겸비함으로써 장래 조선 건설에 공헌함.

나. 진실한 조선 청년됨을 기함. 단 비정치적, 비군사적, 비종파적으로 함

다. 조선 청년의 애국심을 발양(發揚)하게 하며 조국을 위하여 희생적 분투로써 완전 독립을 전취(戰取)하게 함

라. 국제 친선과 세계 평화에 공헌함

이것만 보면 족청은 보이스카우트나 다름이 없다. 미군정은 이범석이 가진 강한 민족주의를 거의 인지하지 못한 채, 기본적으로 족청을 이런 단체로 파악했던 것 같다.

---

271) 위의 책, 5~6쪽.

그런데 족청의 실제 이념은 10월 중순경에 작성된 것으로 보이는 단지(團旨)에서 드러나기 시작한다. 족청 단지는 다음과 같다.[272]

1. 우리는 민족정신을 환기하여 민족지상 국가지상의 이념하에 청년의 사명을 다할 것을 기함.

2. 우리는 종파를 초월하여 대내 자립 대외 공존의 정신하에 민족의 역량을 집결할 것을 기함.

3. 우리는 현실을 직시하여 원대한 곳에 착안하고 비근한 점에 착수하여 건국 도상의 청년다운 순성(純誠)을 밭일 것을 기함.

대외 공존을 내세우는 등 배타적 민족주의가 아님을 강조했지만, 이 단지를 통해 족청의 대명사라고 할 수 있는 '민족지상 국가지상'이라는 이념이 등장했다. 제1부에서 본 것처럼 이 구호는 중국 국민정부가 내걸었던 '국가지상 민족지상'의 순서를 바꾼 것이다. 이미 국가가 존재하고, 무엇보다도 그 국가를 옹호하게 만들어야 했던 중국 국민정부와 달리,[273] 아직 국가가 없는 상황에 맞게 민족을 앞에 둔 것이다. 이러한 약간의 차이는 있어도 기본적으로 중국 국민정부의 구호를 거의 그대로 차용했음은 [그림 1]을 통해서도 확인할 수 있다.

---

272) 위의 책, 3쪽.
273) 그 점과 관련해서 흥미로운 것은 1941년에 당시 충칭에 머무르면서 활동했던 중국공산당의 저우언라이(周恩來)가 국민당 통치구에서 발행됐던 중국공산당 기관지인 『신화일보(新華日報)』에 발표한 글에서는 이 구호를 '민족지상 국가지상'의 순으로 썼다는 점이다. 국가 수호보다 민족해방을 강조하려는 자세로 볼 수 있는데, 족청의 이념을 좌익들이 어떻게 받아들였는지 생각할 때 시사하는 바가 있다. 周恩來, 「民族至上與國家至上」, 『新華日報』 1941년 6월 15·22일자.

[그림 1] 국가지상 민족지상, 민족지상 국가지상 왼쪽은 1946년 5월 29일 중국 선양(瀋陽), 오른쪽은
수원 족청 중앙훈련소 사진이다. 각각 '국가지상 민족지상'과 '민족지상 국가지상'이라는 구호가
선명하게 새겨져 있으며 디자인도 거의 동일하다.

이와 같이 족청의 중심적인 이념은 중국 국민정부에서 차용한 것이었다
고 할 수 있다. 즉, 항일전쟁이라는 맥락 속에서 만들어진 이념이 해방 후
남한에서 활용된 것이다.

이어서 이범석이 중앙훈련소에서 한 연설 등을 통해 족청의 이념을 좀
더 구체적으로 살펴보기로 하자.

앞에서도 보았듯이 중앙훈련소 제1기 수훈생 입소식의 훈사에서 이범석
은 미국에 대해 우호적인 모습을 보였지만, 그와 동시에 '피'를 강조하기도
했다. 민족의 유대로서의 혈통을 이야기하면서 이범석은 다음과 같이 말했
다.274)

피! 무서운 피! 냉엄하고도 열렬한 피! 부자(父子)의 피! 골육(骨肉)의 피! 민족의 피! 이 피야말로 모든 문제의 시초요 결말입니다. 우리 조선민족청년단의 사업은 이 피에 대한 연구·분석·종합, 이 피의 조직·재생·배양, 그리고 활력, 무한한 활력을 기르는 데 있습니다.

이범석이 강조하는 피는 단순히 혈통을 의미한다기보다는 청년이라는 이미지와 연결되는 것이기도 했다. 한 예로 그는 "국가 혈관에 수혈할 맑은 피를 담뿍 가지고 있는 것은 오직 청년뿐"[275)]이라고 청년이 지닌 의미에 대해 설명하기도 했다. 청년을 새로운 피로 표현하는 것은, 장제스가 삼민주의청년단과 중국국민당의 관계를 설명하면서 청년 조직이 "당의 새로운 피(黨的新血輪)"라고 표현한 데서 영향을 받았을 것이다.[276)] 하지만 이범석이 피에 대해 강조할 때 염두에 둔 것 중 하나는 나치즘이었다. 이범석은 1947년 6월 15일에 중앙훈련소에서 강의하면서 다음과 같이 말했다.[277)]

독일의 힛트러-가 억지로 순혈운동을 일으킨 일이 있었던 것을 우리는 기억하지만, 그것은 독일민족의 형성된 역사 배경으로 보아 사실상 되지 못할 일이긴 하였으나, 현실적으로 유태인을 배척하므로써 민족적 결속에는 심대한 효과가 있었던 것이다. 이 하나의 실례만 가지고서도 피의 순결이라는 것이 얼마나

---

274) 李範奭,「第一期受訓生入所式訓辭」, 大韓民族青年團中央訓鍊所教務處 編, 앞의 책, 227쪽.

275) 李範奭,「民族과 青年」, 大韓民族青年團中央訓鍊所教務處 編, 앞의 책, 3쪽.

276) 蔣介石,「黨與團的關係」, 秦孝儀 主編,『先總統蔣公思想言論總集』16, 163쪽.

277) 李範奭,「民族論」, 大韓民族青年團中央訓鍊所教務處 編, 앞의 책, 30쪽. 유해준이 쓴「跋」에 의하면 이 책의 2편에 수록된 글들은 강의 내용을 엮은 것이라고 하는데 이「民族論」은 2편에 수록되어 있기 때문에 이범석이 중앙훈련소에서 한 강의라고 볼 수 있다.

존귀한 것이며 중요한 것인가를 알 수 있는 것이니 우리는 이 점 충분히 음미할 필요가 있다.

그런데 동시에 이범석은 유대인의 강한 민족의식에 대해서도 높이 평가한다. 같은 강의에서 "민족의식의 경이할 위력을 보여주는" 예로서 유대인을 거론하면서, 그는 다음과 같이 말했다.[278]

> 그들은 절대로 멸망하지 않을 것이다. 왜냐하면 그들에게 요지부동의 민족의식이 있고 이에 근거한 공고한 민족적 결속이 있고 민족의 복리를 위한 집요한 투쟁이 있기 때문이다.
> 유태민족의 세계 지배는 인류의 커다란 불행을 초래하게 되는 것일지라도 우리는 냉정한 어조로 '유태민족은 세계를 전면적으로 지배하게 될지도 모른다'라고 말할 수밖에 없는 것이다.

유대인에게 "홀시(忽視)할 수 없는 민족적 결함"[279]이 있다고도 하고, 마르크스와 트로츠키 등이 유대인이었음을 지적하면서 "세계를 사상적 정치적으로 지배하여볼 야심"을 논하는 것을 보면, 이범석에게 반유대주의적인 발상이 있는 것은 분명하다. 그러나 이는 유대인에 대한 멸시로 이어지기보다는, 오히려 세계를 인종들 사이의 투쟁의 장으로 인식하는 자세로 이어진다. 그렇기 때문에 이범석은 나치즘에 대해 어느 정도 평가를 하면서도 동시에 유대인도 긍정적으로 볼 수 있었던 것이다. 그의 세계관은 같은 강의에서 한 다음과 같은 말을 통해 분명히 드러난다.[280]

---

278) 위의 글, 29쪽.
279) 위의 글, 28쪽.

이번 대전(大戰)을 단순히 주의(主義)와 주의의 싸흠이라고 보는 사람도 있으나 그것은 너무나 천진난만한 소견이라 하겠다. 실은 민족과 민족과의 투쟁이 주인(主因)이오 본질이오 우연(偶然)이오 주의와 주의의 싸흠은 형식이오 명분임에 불과했던 것이다. 전쟁에 있어서의 민족과 민족의 연합은 오직 민족적 이해의 타산에 근거하였을 것이다.

제2차 세계대전을 파시즘 대 민주주의의 전쟁으로 보는 공식적인 견해를 완전히 부정하고, 오히려 패배한 독일·이탈리아·일본 측이 가졌던 전쟁 인식을 간직하고 있음을 알 수 있다. 제2차 세계대전 자체를 그렇게 보고 있었기 때문에, 전후 세계에 대한 인식 역시 "지금은 전후좌우에 단 하나의 사실, 즉 민족과 민족끼리의 투쟁이 여전히 계속되고 있을 뿐"[281]이라는 식으로 표현된다. 전후 세계를 그 이전 시대의 연장선상에서 파악하는 이범석의 인식은 다음과 같은 말에서도 확인된다.[282]

지금은 세계적으로 도도한 민족주의의 조류를 무시할 수 없는 시대다. 파시즘이 있었고 공산주의가 있고 민주주의가 있지만 모다 대반(臺盤)을 민족 세력의 신장에 두고 있다고 할 수 있는 것이다.

이러한 인식은 족청 창단 초기에 보였던 친미적인 태도와는 너무나 거리가 먼 것이었고, 장제스의 그것과도 차이가 있다. 다민족국가인 중국을 통합하기 위해 장제스는 혈통을 강조할 수 없었기 때문이다.

---

280) 위의 글, 12쪽.
281) 위의 글, 15쪽.
282) 위의 글, 38쪽.

이렇게 혈통을 강조하는 이범석의 말들을 통해 나치즘의 영향을 분명히 확인할 수 있다. 이범석에 대한 나치즘의 영향 문제와 관련해, 기존 연구들은 마크 게인이 개소 준비 중이던 중앙훈련소를 방문했을 때 이범석의 오른팔로 보인 "독일에서 3년 동안 히틀러유겐트의 열광적인 멤버"였던 인물,[283] 1947년 5월에 미국 기자단이 중앙훈련소를 방문했을 때 기자들에게 독일어로 말을 걸고 1931년부터 1935년까지 독일에서 살았으며 히틀러의 청년운동을 공개적으로 찬양했다는 "중앙훈련소 소장([t]he head of the Suwon training center)"[284]을 안호상으로 생각하는 경향이 있었다.[285] 하지만 이 사람은 제1부에서 보았듯이 안호상이 아니라 강세형이다. 이범석이 나치즘적인 세계관을 받아들이고 족청이 히틀러유겐트와 유사한 형태를 띠게 된 데는 강세형의 존재가 무엇보다 컸을 것이다.

하지만 그와 동시에 그런 민족주의가 제3세계주의적인 경향을 띤다는 점도 무시할 수 없다. 세계를 민족과 민족의 싸움으로 보는 시각은 제국주의와 싸우는 민족의 입장이기도 하기 때문에, 전후 세계의 형성 과정을 '냉전'이 아닌 '탈식민화'라는 시각에서 바라본다면 그런 민족주의의 존재는 중요하며 이범석 역시 다음과 같이 말하기도 했다.[286]

강대국의 확장적 민족주의에 대하여, 또 아세아를 중심으로 하는 후진 민족의 자위적 민족주의도 또한 날로 성장하여가고 있다.

---

283) Mark Gayn, *op. cit.*, p. 437.
284) Richard D. Robinson, "Betrayal of a Nation"(unpublished manuscript, 1960), p. 249.
285) 그레고리 헨더슨이 안호상이 나치시대에 예나대를 나왔다고 생각한 것은 로빈슨이 서술한 이 인물을 안호상이라고 생각했기 때문이다.
286) 李範奭, 앞의 글, 38쪽.

이범석의 민족주의에는 분명 나치즘의 영향이 있지만, 반제국주의적 성격 역시 존재한다. 제1부에서 보았듯이 장제스는 레닌주의와 파시즘을 '반제민족주의'로 융합시켜 자기 통치 스타일을 정립했는데, 이범석 역시 반제국주의라는 이념과 더불어 파시즘을 수용했던 것이다.

그런데 이범석이 중앙훈련소 등에서 한 연설들은 그 시기에 따라 변화하는 모습을 보인다는 데 유의할 필요가 있다. 위에서 살펴본 「민족론」은 1947년 6월에 한 강의였는데, 사실 1946년 말이나 47년 초에는 '민족지상 국가지상'을 내세우면서도 강한 민족주의적 경향을 보이지는 않았다. 오히려 초기 이범석의 발언에서 흥미로운 것은 민주주의에 대한 해석이다. 족청은 "민주주의정신을 발휘하게" 하는 것을 하나의 목적으로 삼았는데도, 이범석은 민주주의에 대해 거의 언급하지 않았다. 예외적으로 민주주의에 대한 나름의 생각을 피력한 것이 1947년 1월의 라디오 연설이었다.

이 연설에서 이범석은 당대 한국사회의 문제로 '민주주의'를 들었다. 그는 현재 조선이 앓고 있는 것이 '민주주의병'이라고 하면서 다음과 같이 말했다.[287]

민주주의 자체가 나쁜 것이 아니라, 밥도 급히 먹으면 체하듯이 민주주의를 너무 급히 먹은 탓인지 체하고 말았읍니다. 민주주의를 평등주의로 생각하는 이가 많은 모양인데, 평등이라 하여 큰 사람에게도 한자옷 적은 사람에게도 한자옷을 입힌다면 그야말로 극단의 불평등이 되고 말 것입니다. 민주주의는 군주주의(君主主義)에 상대되는 정치상 용어라고 볼 수 있으니, 쉽게 말하면 군주주의는 외상(外)을 혼자 받고 마음대로 먹는 것이오, 민주주의는 여러 사람이

---

287) 李範奭, 「禮義廉恥를 지키자」, 大韓民族青年團中央訓鍊所教務處 編, 앞의 책, 118~119쪽.

한 식탁에서 같이 먹는 격입니다. 다시 말하면 이 식탁의 주인공은 나도 한 분자인 동시에 다른 사람도 모다 주인공이 될 수 있다는 것을 확실히 인식하여야 될 것입니다. 여러분! 요사이 정초라 하야 여러분도 더러는 설상(床)을 받으신 일이 있겠읍니다. 여러 사람이 같이 먹는 상에서 어떠한 태도로 식사를 하여야 된다는 것쯤은 내가 여기서 말한 필요조차 없는 일입니다. 서로 맛있는 음식을 다투어 먹는다든가 남이 먹으려 하는 것을 빼앗어 먹는다든가 남이 먹기도 전에 부정한 짓을 한다든가 하여서는 실례만 될 뿐 아니라 잘못하면 식탁이 변하여 수라장이 되고 모였던 사람들은 얻어먹지도 못하고 망신만 당할 것입니다. 그와 반대로 서로 권하고 서로 사양하면 음식이 다하고 배가 부를 때까지 유쾌한 가운데 식사를 맞힐 것이 아닙니까. 이렇게 하는 것이 예의요 염치입니다. 좀 궤변 같다고 할는지 모르나 민주주의는 예의염치주의(禮義廉恥主義)라고 말해도 아조 망발은 아닐 것입니다.

민주주의를 '예의염치주의'라 재해석하고 그 말에 이어 다음과 같이 설명을 계속한다.[288]

민주주의는 곧 예의염치주의라는 나의 주장이 정말 망발이오 사실과 상반되는 억설(抑說)일까요. 간단한 식사에 예의를 지키지 못하고 염치가 없이 덤빈다면 그 식사조차 원만히 하지 못하는 것과 마챤가지로 정치에 예의염치가 없다면 그 정치가 망할 것이오 경제에 문화에 모든 사회생활에 예의염치를 잊어버리면 그 사회는 유지할 수가 없는 것입니다. 보십시오. 혼자 독차지하고 지나던 밥상을 여러 사람이 같이 먹고 질기며 살자 하는 것이 정치상의 예의염치를 차린 민주주의가 아니고 무엇입니까. 민주주의의 사상은 불국혁명(佛國革命)

---

288) 위의 글, 119~120쪽.

이후 발생하고 민권주의에서 생긴 것이 아니오 미국 독립 후에 흥기한 평등 사상에서 싹튼 것이 아닙니다. 민주주의는 실로 동양에서는 고래의 정신이니 '민유방본(民維邦本)'289)이라 함은 누구보다도 먼저 동양 사상의 근저에 흐르는 민주주의의 원류라 할 것입니다. 이렇듯 묵고도 새로운 민주주의를 갑자기 수입이나 한 듯이 떠들지만은 민주주의의 골격이라 할 예의염치는 잊어버리고 자행방종(自行放縱)하는 것이 곧 민주주의라고 떠드는 데서 우리의 병폐는 더욱 깊어가는 것입니다.

예의니 염치니 말하면 새것을 내세우는 일부에서 말하기를 이는 봉건사상이라고 할는지도 모릅니다. 그러나 예의를 요새말로 번역하여 기율이라고 하면 어떠하며 염치를 신식으로 바꾸어서 절제라고 하면 어떠할까요. 민주주의라 하여 기율이 없이 사회가 유지될 것 같습니까. 민주주의라 하여 절제가 없이 공영(共榮)을 향수(享受)할 것 같습니까. 아니 자각적인 예의염치, 즉 기율과 절제야말로 민주주의를 성립시키는 기본적인 계기인 것입니다.

민주주의에 대한 이런 설명 역시 장제스에게서 배운 것이다. 이범석이 직접 들은 중앙훈련단 당정훈련반 3기 강화 '군사기본상식'에서, 장제스는 훈육의 표준으로 '예의염치'를 언급하기도 하고 '군심(軍心)'의 일치를 위해 '예의염치'가 중요함을 강조하기도 했으며 거기서 '예의염치'의 '예'를 기율과 연관시켜서 설명했다.290)

사실 장제스는 30년대 초반부터 '예의염치'를 강조했는데, 특히 이것이 본격적으로 추구된 것은 1930년대 중반부터 추진된 신생활운동에서였다.

---

289) '民爲邦本'의 오기일 것이다.

290) 蔣介石, 「軍事基本常識—軍事訓練之要領」, 秦孝儀 主編, 『先總統蔣公思想言論總集』 16 참조.

신생활운동이 막 시작된 1934년 3월에 장제스는 '예의염치'라는 네 글자 가운데 '예'가 제일 중요하다고 하면서, 이를 삼민주의에서 말하는 '민권'의 문제와 연결시켜 설명했다. 그는 혁명을 완성하고 새 국가를 건설하는 데 중국이 실패한 가장 근본적 원인이 일반 국민들이 '예'를 모르기 때문이며, 독일과 이탈리아에서는 사회질서를 존중하지 않는 사람이 하나도 없고 단체의 기율을 엄수하기 때문에 국내의 적도 저절로 굴복하게 된 것이라고 보았다.291) 제1부에서도 보았듯이, 1930년대 중반에 장제스가 자신의 권력을 강화하기 위한 모델로 파시즘을 수용하는 가운데 나온 것이 이 신생활운동이었다. 즉 민권주의가 삼민주의의 하나이기에 장제스도 '민권'이라는 것을 완전히 무시할 수는 없었으며, 때문에 그것을 수용하면서도 사회의 군사화를 추진하기 위해 선택된 덕목이 '예의염치'였던 것이다.

또 1947년 4월 『조선일보』에 발표한 글에서 이범석은 민주주의를 군중주의로 설명하면서 다음과 같이 말한다.292)

시대는 바야흐로 군중(群衆)의 시대입니다. 민주주의라 함은 곳 군중주의라는 의미이니, 일개인의 영웅시대나 독재주의시대는 이미 지났읍니다. 그럼으로 국가 민족의 운명을 만회하고 개척하는 대업은 말할 것도 없고 일가족 일사회의 발전도 군중의 협심 공력하에서만 성공을 기득(期得)할 수 있을 것입니다.

이범석의 이 민주주의 인식 역시 장제스에게서 배운 것이다. 이범석이 중앙훈련단에 들어가기 전이긴 하지만,293) 중앙훈련단 당정훈련반 2기 강

<hr />

291) 蔣介石, 「新生活運動之中心準則」, 秦孝儀 主編, 『中華民國重要史料初編―對日抗戰時期』 緖編 (三), 臺北: 中國國民黨中央委員會黨史委員會, 1981, 83~84쪽.
292) 李範奭, 「群衆의 속으로」, 『朝鮮日報』 1947년 4월 8일자.

화에서 장제스는 현대를 '과학적 군중시대'라고 부르면서 이 '군중본위시대'는 소수의 지사(志士)나 영걸(英傑)의 고군분투로 일이 이루어지는 시대와 달리 "군중의 지우강약(智愚强弱)과 영고이해(榮枯利害)가 국가 민족의 성쇠 존망을 결정하는 시대"라고 설명했다. 그래서 군중의 열렬한 찬조와 자발적인 참가를 얻기 위한 군중 공작의 중요성이 지적되는데,294) 이범석은 이런 인식을 바탕으로 군중 공작을 벌인 셈이다. 민주주의를 '예의염치주의'로 해석하거나 '군중주의'로 해석하는 것은 분명 미국에서 이해하는 민주주의와는 다른 것이었다.

이와 같이 이범석의 사상은 초기부터 미국과는 거리가 있었는데, 점차 원론적인 수준을 벗어나 구체적으로도 미국에 대해 거리를 두기 시작한다. 1947년 3월에 이범석은 미소공위에 대해 언급하면서 다음과 같이 말했다.295)

미소공동위원회에 대한 양군 사령관의 왕복 서한이 발표된 이래 조국의 현실은 어떠한 상태에 있습니가. 소위 신탁통치는 경술합방의 운명을 되풀이하는 것이니 죽어도 받을 수 없다고 5호 성명(五號聲明)에 서명한 것까지 취소하는 일파(一派), 나는 이들 우리의 존경하는 선배와 동지를 가르쳐서 지사파(志士派)라고 부르랴 합니다. 지사파가 있는가 하면, 막부삼상결정(莫府三相決定)은 우리의 독립을 전취(戰取)하는 유일한 노선이니 절대로 지지하여야 된다는 일파, 나는

---

293) 당정훈련반에서 장제스가 한 강화는 곧바로 소책자로 제작되었기 때문에 이범석은 이 강화를 읽을 수 있었을 것이다. 文闻 編, 앞의 책, 14쪽.

294) 蔣介石, 「認識時代: 「何謂科學的群衆時代」」, 秦孝儀 主編, 『先總統蔣公思想言論總集』 16, 173~189쪽.

295) 李範奭, 「우리의 할 일은 우리가 하자」, 大韓民族靑年團中央訓練所敎務處 編, 앞의 책, 126~127쪽.

이들 우리의 존경하는 선배와 동지를 가르쳐서 추수파(追隨派)라고 부르라 합니다.

　똑같이 "우리의 존경하는 선배와 동지"라고 표현하고는 있지만 '지사파'와 '추수파'라고 명명한 것만 보더라도 이 시기에 이범석이 미소공위 재개를 위한 움직임에 반대했음은 분명하다. 여기서 이범석이 '지사파'라 부른 것은 1947년 1월 16일에 미소공위 5호 성명 서명 취소와 좌우합작위원회 부인을 결의한 한독당·한민당·독촉국민회·민주의원·비상국민회의·대한노총 등 30여 개 단체들일 것이다. 이 움직임의 중심에는 김구가 있었으며, 그날 모임에서는 조소앙, 명제세(明濟世), 백홍균(白泓均), 김준연(金俊淵), 이윤영, 양우정 등 9명이 김구를 보좌하는 위원으로 선출되었다.296) 이것은 김구를 중심으로 우익 진영을 통합하려는 움직임이었는데,297) 이범석 역시 이런 움직임을 지지했던 셈이다. 미소공위에 대한 부정적인 인식은 같은 글에 나오는 다음과 같은 연합국에 대한 불신의 표명으로 이어진다.298)

　조선을 해방시키고 독립시키는 것이 조선인에게 유리한 것보다도 연합국 자체에 유리한 까닭에 이것을 약속한 것입니다. 나의 말이 국제 예의에 벗어나는지 모르나, 연합국 자체에 유리하다는 것보다 유해한 점이 있다고 하면 절대로 되지 못하였을 것입니다. 지금까지도 우리가 수수께끼로 생각하는 소위 '얄타협정'이라는 것이 어떠한 내용을 가졌는지, 우리의 조국의 허리를 잘너서 두동갱이를 내인 삼팔선이라는 것이 저들 연합국의 이해관계를 위하야는 조선인의

---

296) 『大東新聞』 1947년 1월 18일자.
297) 도진순, 『한국 민족주의와 남북 관계』, 서울대학교출판부, 1997, 145∼149쪽.
298) 李範奭, 「우리의 할 일은 우리가 하자」, 128∼129쪽.

이해는 무시하여도 할 수 없다는 증거가 아니고 무엇입니까.

위에서 본 「민족론」에서 이범석은 나치즘과도 유사한 강한 민족주의적 성향을 보였는데, 그 강의가 1947년 6월 15일, 즉 미소공위 11호 성명에 한민당이 서명해서 우익 진영이 동요하는 가운데 이승만과 김구가 공동으로 또다시 대규모 반탁 시위를 준비하던 시기[299]임을 생각한다면, 사실은 이것이 동일한 맥락에 있음을 알 수 있다. 물론 앞에서 보았듯이 이범석은 반탁 시위에 직접 참여하는 것은 거절했지만 강의를 통해서 민족주의라는 이름으로 '반탁'의 논리를 교육했다고 할 수 있다.

그런데 연합국을 비판하고 민족주의를 강조하는 자세는 공산주의에 대한 평가와도 연동된다. 「민족론」에서 이범석은 공산주의에 관해 다음과 같은 미묘한 자세를 보였다.[300]

> 대체로 우리의 공산운동은 민족운동의 변태로써 충실하였으니 소련의 연방화 운동이 아니라 오직 우리 민족이 왜놈의 손으로부터 이탈하여 독립하려는 반일본제국주의운동이었다. 즉 우리 민족의 일본민족에 대한 투쟁이었다. 다만 여기서 유감인 것은 이 운동의 출발과 과정에 있어서 약간 사대주의적인 몰비판한 의타근성(依他根性)과 당파적 할거심(割據心) 또는 계급적 보복의식이 작용을 면치 못하였다는 점이니, 이것이 8·15 이후 새로운 국제적 제약의 영향하에 조장되어 오늘날과 같이 반민족적 경향을 명백히 하게 된 것은 참 의상외(意想外)의 슬픈 사실이다.

---

299) 도진순, 앞의 책, 152~154쪽.
300) 李範奭, 「民族論」, 18~19쪽.

또한 "전일(前日)의 우리나라 공산운동자들은 그렇지 않았건만, 오늘날의 공산주의자들은 함부로 민족을 부인하고 또 민족과 조국을 부인하려고 드니 딱한 노릇"[301]이라고도 했는데, 이 논리는 공산주의가 그 자체로서 문제라기보다는 '반민족적'이기 때문에 문제라는 것이다. 뒤집어서 말하면, 민족주의적이고 소련에 대한 사대주의적인 경향이 없다면 공산주의도 받아들일 수 있다는 의미가 된다. 이범석은 당대의 소련에 대해서는 슬라브민족의 독재라고 비판하는 한편[302] 레닌에 대해서는 다음과 같이 말했는데, 이를 통해 좌익에 대한 이범석의 생각의 일단을 알 수 있다.[303]

　　존경할 만한 혁명가 레인 같은 이도 온 세계에서 무산자가 독재하게 되는
　　때에는 민족의식이 일직선이 되리라고 하여 민족의식을 부인하는 게 아니라
　　오히려 민족혁명을 통한 민족의식의 수평화로 이념을 삼았다.

과거의 공산주의자들에 대한 평가와 마찬가지로, 민족혁명을 주장한 사람으로서 레닌을 평가한 것이다. 이런 이범석의 입장은, 족청의 투쟁 과제로서 "조선인이면서 조선인이 아닌 반역적 행동을 하는 분자를 상대로 그들을 조선인으로 돌아오게 하기 위하여 투쟁"[304]할 것을 언급하고, 족청이 "일시 좌경(左傾)했던 청년들을 받아들인" 데 대해 "그들이 1년 동안에 적색(赤色)에 동화되었다면 나는 2년을 걸려서라도 다시 전향시키겠다"[305]는 생각을 가지는 것으로 이어졌다. 이와 같이 좌익(출신)들을 전향시켜 포섭하

---

301) 위의 글, 23쪽.
302) 위의 글, 24쪽.
303) 위의 글, 15~16쪽.
304) 李範奭, 「信念에 살자」, 大韓民族靑年團中央訓鍊所敎務處 編, 앞의 책, 145쪽.
305) 『事實의 全部를 記述한다』, 79쪽.

는 방식 역시 장제스에게서 배운 것일 가능성이 있다. 1930년대 말에 장제스가 파시즘적인 방향으로 중국국민당을 재편할 때, 그 기반이 된 삼민주의 역행사가 공산당에서 전향한 이들을 훈련시킨 다음 간부로 포섭한 경우가 있었으며, 장제스 자신도 이 훈련 과정에 관여하면서 전향자 포섭에 직접 나섰기 때문이다.306)

뒤에서 다시 보듯이 족청은 적지 않은 좌익(출신)들이 들어간 것이 하나의 특징이었는데, 그것이 가능했던 사상적 기반을 위와 같은 데서 찾을 수 있을 것이다. 족청이 나중에 좌우합작의 산물이라고 규정받게 된 것도 이러한 경향 때문이었다. 물론 위에서 본 것처럼 이범석은 미소공위 자체에 대해 부정적이었으며 미군정이 추진하는 좌우합작을 지지하지는 않았다. 하지만 그렇다고 좌우합작을 부정하고 우익만 단결하면 된다는 입장을 취한 것도 아니었다. 족청의 입장은 기존의 좌우합작은 부정하되 민족의 이름으로 좌익도 포섭해야 한다는 것이었다. 그런데 이러한 또 하나의 '좌우합작'적 경향은 족청만의 독특한 입장은 아니었다.

좌우합작을 둘러싼 논의들이 달아오르던 1946년 7월경에 독촉국민회는 좌와 우를 넘어선 민족 단결을 주장했으며,307) 같은 해 7월 17일과 18일 이틀에 걸쳐 『대동신문』에는 '좌우합작'을 주제로 한 「동맹군」이라는 사설이 실렸다. '진정한 좌우합작은 이러하게 성립된다'는 부제가 달린 이 사설은, 우익을 "진실로 민족 전체의 이익을 이념으로 하는 진정한 민족주의자"와 "자본주의 경제 제도를 답습하므로써 민족 간의 착취 제도를 긍정

---

306) 康澤, 『康澤自述及其下落』, 臺北: 傳記文學, 1998, 45~46쪽. 한 예로 황푸군관학교 출신으로 중국공산당에서 트로츠키파에 속했던 량간차오(梁幹喬)는 1930년에 전향해 삼민주의역행사에 가입했다. 량간차오에 대해서는 唐寶林, 『中國托派社』, 臺北: 東大圖書公司, 1994 참조.
307) 洪定完, 앞의 석사논문, 51~52쪽.

하는" "경제적 반(反)민족의 반동분자"로 구별하고 이 '진정한 민족주의자'를 "공생민족주의자(共生民族主義者)"로 규정하면서 '경제적 반민족분자'는 그 동맹군이 아님을 역설한다.[308] 또한 좌익에 대해서도 "민족국가를 이념하는 민족사회주의 계열"과 "정치적 반(反)독립 계열, 즉 좌경 공산주의분자"로 나누고, "좌익 내의 이 좌경 공산주의 계열은 우익 내의 우경 분자가 경제적 반민족 반동을 하는 것과 같이 이 좌경은 정치적 반독립 반동을 하는 것"이라고 규정한다. 이렇게 좌우익을 각각 두 갈래로 나누고 "조선의 진정한 민족국가의 자주적 독립운동은 우익의 공생민족주의 계열이 경제적 반(反)민족 계열, 즉 우경을 숙청 또는 인양(引揚)하고 또 좌익의 민족사회주의 계열이 정치적 반(反)독립 계열인 좌경과 결별하고서 동맹군끼리 악수를 하는 것에서만 그 성공을 바랄 수 있을 것"이라고 결론을 맺었다.[309] 필자이름은 없지만 양우정이 쓴 것으로 보이는 이 사설은, 좌우합작에 맞서는 한 방식을 보여준다. '공생민족주의'라는 이념은 당시 독촉국민회 중앙상무집행위원이자 농민부 차장이었던[310] 채규항(蔡奎恒)이 거의 동일한 시기에 내건 '민족공생주의'[311]와 같은 흐름에 있다고 볼 수 있다. 채규항 역시 해방 이전에는 공산주의운동을 하다가 1930년대 옥중에서 전향했는데,[312] 양우정과 더불어 공산주의운동 경험이 있는 사람이 좌우합작이 추진되는 상황 속에서 이데올로그로서 등장하기 시작한 것이다. 1946년 12월에 양

---

308) 『大東新聞』 1946년 7월 17일자.

309) 『大東新聞』 1946년 7월 18일자.

310) 『朝鮮日報』 1946년 6월 15일자.

311) 蔡奎恒, 「民族共生主義宣言」, 『勞農運動의 文獻』, 새글사, 1947, 39~53쪽. 이 글의 날짜는 1946년 8월 20일로 되어 있다.

312) 三千里社編輯局 編, 『總選擧政見集』, 三千里社, 1950, 42~44쪽에 수록된 자필 약력 참조.

우정이 독촉국민회 선전부장을 맡게 되면서 독촉국민회가 "사상의 좌우를 구별하지 않고 애국적인 독립운동의 집결체로서 전국민을 포섭하는 것"이라고 스스로를 규정한 것이 바로 그러한 흐름을 단적으로 보여주는 것이다.[313]

또한 1947년 10월에 이범석이 족청이 내세운 '비정치'라는 말에 대해 설명한 다음과 같은 말도 동일한 흐름에 속한다.[314]

민족청년단은 '비정치'라고 합니다. 여기에는 두 가지 의미가 있으니, 첫째 청년운동은 독립운동이요 독립운동은 정치운동이 아니요 그보다도 더 위대하고 본질적인 민족부흥운동이기 때문에, 독립운동을 완성하기 전에는 정치운동이 있을 수 없고, 있다 할지라도 효과를 거둘 수 없는 것, 둘째 정치운동은 국민운동이 아니요 정당이 주가 되는 운동이기 때문에 민족적 운동과는 한계를 달리하지 않을 수 없는 것, 이러한 두 가지 이유로 우리는 정치운동이 아니요, 순수한 청년운동이요 민족운동이라는 것을 주장합니다.

이와 같이 독립운동과 정치운동을 구별하고 정치운동이 아닌 독립운동을 주장하는 것 역시 양우정의 주장과 동일한 것이었다.[315]

이런 점에서 보면 족청은 '비정치', '비종파'를 내세우면서도, 아니 오히려 내세웠기 때문에 당시 독촉국민회와 아주 유사한 정치적 입장을 가지게 되었다고 할 수 있다. 뒤에서 다시 보듯이 독촉국민회, 특히 양우정과 족청의 친화성은 이미 이러한 사상을 통해서 배태되었던 것이다.

---

313) 『朝鮮日報』 1946년 12월 8일자.
314) 李範奭, 「創立一週年에 際하여」, 大韓民族青年團中央訓鍊所教務處 編, 앞의 책, 159쪽.
315) 梁又正, 「李博士의 獨立運動路線」, 『大東新聞』 1946년 11월 9일자.

또 족청의 이념에 대해 생각할 때 정인보의 존재는 주목할 만하다. 위에서 보았듯이 정인보는 원래 이범석을 긍정적으로 평가했으며, 중앙훈련소에서도 강의를 했을 뿐만 아니라 단가(團歌), 훈련소가 등을 작사해 족청의 이념을 표현하는 데 적극적으로 참여했다.[316] 이렇게 정인보와 족청을 이어준 것은 양명학에 대한 평가였다. 장제스가 실시한 훈련의 바탕에는 양명학에서 말하는 '지행합일(知行合一)'이라는 사고방식이 깔려 있었는데,[317] 식민지 조선에서 양명학에 주목했던 지식인이 다름 아닌 정인보였다. 정인보는 1933년 9월부터 12월까지 『동아일보』에 「양명학연론」을 연재했다. 거기서 '지행합일설'에 대해 설명하면서 "우리 아무리 본심에 대한 자증(自證)이 잇다 할지라도 행(行) 업는 지(知) 실지(實知) 아님을 알지라 알엇는가 그러면 행(行)하얏는가 항여 알지만 행(行)하지 못하얏다 하지 말라 애초에 알지 못한 것으로 알라"라며 실천의 중요성을 부각시킨 것처럼,[318] 정인보에 의한 양명학 소개는 "1930년대 민족 대중에게, 지행합일의 실천적인 정신을 호소하는" 것이었다.[319] '지행합일'이라는 관점에서 실천을 중요시하는 입장은 1930년대 중반에 안호상이 보인 것과 유사한 것인데, 이범석과 정인보, 그리고 안호상이 이 지점에서 만나게 된다.

3. 반외세 이념과 파시즘

그렇다면 당시 안호상의 사상은 어떠했을까. 안호상의 직접적인 강의 기

---

316) 建國靑年運動協議會, 앞의 책, 1114~1115, 1142~1143쪽.

317) 馮啓宏, 앞의 글, 99~101쪽.

318) 鄭寅普, 「陽明學演論」 9, 『東亞日報』 1933년 9월 19일자 조간.

319) 洪以燮, 「解題」, 鄭寅普, 『陽明學演論 (外)』, 三星文化財團, 1972, 252쪽.

록은 없지만, 당시 중앙훈련소에서 안호상이 담당했던 '철학' 과목 중 '유심유물론(唯心唯物論)의 비판'320)의 내용은 추측해볼 수 있다. 1947년 6월에 안호상은 『유물론비판』이라는 책을 펴냈는데, "인류 역사는 유물(唯物)로써 규정되었다던가 혹은 유심(唯心)으로 규정되었다는 주장은 역사적 사실 인식으로부터 된 정당한 판단이 아니라, 오직 당파적 편견에 불과한 것"321)이라는 관점에서 유물론과 유심론의 지양을 주장한 이 책의 내용과 강의 내용은 아마도 동일했을 것이다. 이 책에서 안호상은 유심론의 한계도 지적하고 있지만,322) 제목에서도 알 수 있듯이 그 주장의 핵심은 유물론 비판이었다. 그의 유물론 비판의 한 축은 물질에 대한 법칙의 선재성(先在性)에 있다. 즉 물질이 있기에 앞서 법칙이 존재하기 때문에 물질을 세계의 근본으로 보는 유물론이 틀렸다는 것이다.323) 이런 견해는 '법칙'이라는 '이론적 대상'과 '물질'이라는 '현실적 대상'이 존재하는 층위가 다르다는 것을 무시한 전형적인 관념론이다. 한편, 그와는 약간 다른 각도에서 다음과 같이 유물론을 비판하기도 한다.324)

사실에 있어서 자본주의를 박멸하고 진정히 물질생활을 고루 잘하려면, 사람의 머리로부터 유물주의를 근본적으로 없애버려야 할 것이다. 소박적(素朴的) 유물론이고 과학적 유물론이고 간에 유물론은 언제나 자본주의의 맹아요 모태이다.

즉, 자본주의 비판이라는 관점에서 유물론을 비판하는 것이다. 이와 유사

320) 建國靑年運動協議會, 앞의 책, 1147쪽.
321) 安浩相, 『唯物論批判』, 文化堂, 1947, 27쪽.
322) 위의 책, 23~30쪽.
323) 위의 책, 35~37쪽.
324) 위의 책, 45쪽.

한 관점은 맑스가 자본의 논리로 제시한 '질적인 차이를 지닌 노동들이 양적인 차이로 환원된다'는 내용을, 마치 맑스의 주장인 양 비판하는 데서도 엿볼 수 있다.[325] 이와 같이 안호상은 공산주의와 동시에 자본주의를 비판하는 자세를 보이고 있었다.

또 같은 1947년 6월에 같은 출판사에서 간행된 『우리의 부르짖음』에 수록된 「깨달어라, 학도들이여」에서 안호상은 '지도자'의 중요성을 역설하고 있다. 연합국 승리의 원인을 각국 지도자의 존재에서 찾으면서 "현재 우리에겐 위대한 지도자가 절대로 필요"하다고 말한 것이다.[326] 그러면서 안호상은 "우리 삼천만의 참된 지도자는 아무 다른 이가 아니라 모든 사리 사욕을 버리고 오직 우리 조국의 광복만을 위하여 일생을 싸우다가 해외에서 들어온 그분들"이라고 단언하기도 한다.[327] 하지만 안호상은 단순히 지도자를 따르면 된다는 입장을 취하지는 않는다. 오히려 지도자보다는 지도원리를 강조하며 그것을 체득할 것을 요구하는 것이다. 같은 책에 수록된 「서백리 바람이냐, 태평양 바람이냐?」는 그런 입장을 잘 보여준다. 이 글에서 안호상은 지도원리의 필요성에 대해 다음과 같이 설명한다.[328]

우리에겐 위대하고도 독특한 지도원리를 세우지 아니하여선 아니 됩니다. 만일 이러한 지도원리가 없이 새 사회를 건설하며 세계의 넓은 무대에서 다른 민족들과 생존 경쟁을 하려 함은 낮꿈(白日夢)에 불과한 것입니다. 우리는 이때까지 꾸어오던 이 꿈을 깨여버리고 과거의 사실을 참고하여 현재의 정세에 비추어서 우리의 살 길을 뚫치 아니하면 아니 됩니다. 과거의 모든 민족들의 역사 발전과

---

325) 위의 책, 58쪽.
326) 安浩相, 『우리의 부르짖음』, 文化堂, 1947, 1~2쪽.
327) 위의 책, 3쪽.
328) 위의 책, 18쪽.

그들의 쟁탈전은 그들의 지도원리 때문이라 할 수 있습니다. 이것은 과거와 현재보다도 오히려 미래가 더욱 그러한 것은 밝기가 불보기와 같습니다. 미래에 있어선 한 민족의 역사의 발전과 싸움의 승리는 전혀 그 나라의 지도원리와 또 그것의 신봉 여하에 따라 좌우될 것입니다.

"한 민족성의 지도원리의 힘은 그 민족의 생존 경쟁의 근본 동력이요 국가적 싸흠에 승리의 열쇠가 되는 것"[329]이라는 표현에도 잘 나타나듯이, 안호상 역시 세계를 민족과 민족의 생존 경쟁의 장으로 파악하고 그러한 장에서 살아남기 위해 지도원리를 강조하는 것이다. 앞서 보았듯이 이범석도 그런 세계관을 보였지만, 안호상도 "세계대전쟁은 인제 겨우 끝은 고하였습니다. 그러나 이것은 단지 겉으로 나타나는 표면이요 그 내면에 드러가선 격렬한 싸움이 여전히 그대로 계속되고 있습니다"[330]라며 아직까지 민족과 민족이 싸우고 있다는 인식을 보였다. 이러한 인식은 제2차 세계대전에 이르는 과정을 설명하는 부분에 잘 나타난다. 좀 길지만 인용하면 아래와 같다.[331]

미영은 자본주의, 노서아는 공산주의, 독일은 나치스, 이태리는 파쇼주의, 이와 같이 여러 나라들은 저마다 제 주의를 서로 다퉈가면서 세계에 퍼트리기에 바빴든 것입니다. 미영의 자본주의의 뿌리는 각 나라의 지배[계]급에 깊이 박앗으며 노서아 공산주의의 덩굴은 세계 무산대중에게 넓게 뻐쳤든 것입니다. 그러나 이태리 파쇼와 독일의 나치스는 그 역사가 짧은 것만큼 그들 본국을 떠나선

---

329) 위의 책, 19쪽.
330) 위의 책, 19쪽.
331) 위의 책, 39~40쪽.

아직까지 큰 지반을 갖이 못하였읍니다. 그러나 독일은 신작 나치스주의로 국민의 사상을 철석같이 굳게 하여 경제적으로 파멸된 독일을 부흥시키기에 왼 힘을 다하였읍니다. 그런 결과 마츰내 중단되었든 독일 역사는 새 진행을 하게 되어 잃어버렸든 독일 백성의 명예는 차차 회복하기 시작하였읍니다. 다수의 세계 시청은 이제야 바야흐로 이 나치스 리론의 매력에 흥미와 호기심을 점점 깊어가기 시작했읍니다. 그러나 이것을 대단 두려워하고 미워하는 이들은 두말할 것 없이 미영 계통의 자본주의와 노서아 계통의 공산주의였읍니다. 만일 독일 나치스가 이와 같은 속도와 위력으로서 발전해간다면 기성 세계를 갖은 미영과 또 인제 겨우 자리를 잡은 노서아는 사상적으로, 정치적으로 또 경제적으로 크나큰 타격을 받아 앵글쌕손족의 세계자본가의 지배권과 슬라브족의 세계무산자의 통치력이 반드시 줄어질 것은 밝기가 불보는 것과 같은 것입니다. 이 명백한 사실을 누구보다도 더 또 미리 잘 보고 있는 미영과 노서아로서는 이 독일 나치스를 그대로 둘 리는 절대로 없었든 것입니다. 그러나 독일은 미영과 노서아의 대항에 조금도 두려워하지 아니하고 도리어 그 대항에 대항만 하면서, 오직 제가 정한 길만을 걸어갈 뿐이었읍니다. 여러분, 그러면 여기에 올 것은 무엇일까요? 그것은 아무 다른 것이 아니고, 오직 충돌과 싸움뿐입니다. 그리하여 1939년 8월 30일 새벽에 독일 파란, 두 나라는 마츰내 제2차 세계대전쟁의 불뚜껑을 열고 말았읍니다.

나치스가 독일을 부흥시켰는데, 그것이 자본주의의 미·영과 공산주의의 러시아라는 기성세력을 위협했기 때문에 전쟁을 하게 되었다는 것이다. 여기서 나치스에 대한 부정적인 인식은 전혀 찾아볼 수 없다. 전쟁 자체에 대해서도 "독일을 말할지라도 물질과 인간의 수량적 절대 부족으로써 비록 싸움은 졌지마는, 긴 5년 8개월의 끝까지 용감히 싸운 것은 나치스의 통일

사상이 국민의 정신에 철저히 박혔든 까닭"[332]이라는 식으로 오히려 나치 스는 잘 싸운 것으로 평가받는다. 안호상은 한국을 둘러싼 외부 압력들에 대해 이야기하면서 "그중에도 특히 압력의 맹위가 심한 것은 태평양 바람 에 불려오는 아메리카주의와 서백리 바람에 불려오는 소련주의입니다. 하 나는 자본주의요 하나는 공산주의, 하나는 금전주의요 하나는 물질주의, 하나는 유산자의 독지배권을 하나는 무산자의 독지배권을 절대로 주장하는 주의"[333]라는 식으로 미국에 대해서도 소련에 대해서도 부정적이었기 때 문에, 그 대안으로 나치 독일이 부각되는 것은 어쩌면 당연한 일일 수도 있다. 하지만 제1부에서 보았듯이 해방 이전에는 그렇게 노골적으로 나치 즘을 찬양하지 않았던 안호상이 해방 이후에 이런 말을 하게 된 것은 공산 주의와의 대결이라는 과제가 주어졌기 때문일 것이다. 아이러니하게도 나 치즘이 패배한 이후에 안호상은 반공을 위해 나치즘을 적극적으로 평가하 게 된 것이다.

또 하나 살펴보아야 할 것은 중앙훈련소 출신들의 사상이다. 중앙훈련소 출신자의 사상을 잘 보여주는 사람으로 1기생인 김철(金哲)을 들 수 있다. 1926년생인 김철은 함북 경성에서 고등보통학교를 마친 뒤 상경해 1946년 에 족청 중앙훈련소에 들어갔다. 그 전에는 다른 단체 등에 관여한 적이 없고[334] 족청에서 이범석의 총애를 받는 존재였기 때문에[335] 중앙훈련소

---

332) 위의 책, 40~41쪽.
333) 위의 책, 20쪽.
334) 족청 중앙훈련소에 입소하기 전까지 김철은 다양한 독서를 통해 민족주의적인 사상을 익혔지만 특정한 단체 등과 관계를 가지지는 않았다. 강요식, 「당산 김철 연구: '민주적 사회주의'를 중심으로」, 경남대 정치외교학과 박사논문, 2010, 47~57쪽 참조.
335) 「김한길이 말하는 나의 아버지 김철」, 당산김철전집 간행위원회 엮음, 『堂山金哲全集 4 한국 사회민주주의의 정초』, 해냄, 2000, 270쪽. 김철이 이범석의 총애를 받았다는 부분은 서영훈이 회고한 내용이다.

출신의 사상을 살피기에 가장 적절하다. 더욱이 김철은 훈련을 마친 뒤 중앙훈련소 교무처 편집실에서 실장을 맡았는데,[336) 교무처장이었던 유해준 명의로 1948년에 족청에서 발행한 『민족학생운동의 이념』은 실제로는 김철이 쓴 것이었다.[337) 즉 『민족학생운동의 이념』은 실제로는 중앙훈련소 1기생이 썼고 족청에서 공식 간행되었다는 점에서 족청 단원의 공인된 사상을 보여주는 책이라고 할 수 있다.

먼저 김철은 당시 세계정세를 "전후의 세계사는 양대 승리자인 미·소에 의한 세력권의 획정 과정 및 상호 대치 태세의 정비·강화 과정"[338)이라고 보았으며, 그런 상황 속에서 "남북을 막론하고 반민족적 사대주의 세력이 엄청나게 성장하여 민족 대중과 괴리되어버렸다"[339)라고 현재 상황을 진단한다. 그렇기 때문에 "북조선 민중 사이에 미국을 기망(冀望)하는 어떤 경향이 있고, 남조선 민중 사이에 좌익에 쏠리는 어떤 경향이 있"[340)다는 것이다. 남북한의 그런 상황을 비판하는 김철의 입장은 다음과 같은 구절에 잘 나타난다.[341)

지금 양 세력권의 세력자인 미·소 양국의 국가권력의 성격을 표시하는 자본주

---

336) 서영훈, 「후기」, 이범석, 『민족과 청년』, 백산서당, 1999, 쪽수 없음.
337) 유해준 명의로 된 『민족학생운동의 이념』은 국립중앙도서관에 소장되어 있다가 분실되어 직접 확인할 수 없지만 목차와 서지사항은 알 수 있다. 「민족학생운동의 이념」이라는 글이 1948년에 쓰였다는 설명과 함께 『김철전집』 1권인 『민족의 현실과 사회민주주의』에 수록되어 있는데 그 목차는 유해준의 것과 정확히 일치한다. 교무처 처장과 그 밑의 편집실장이라는 관계로 보아 김철이 쓰고 유해준 명의로 발행한 것으로 추측된다.
338) 김철, 「민족학생운동의 이념」, 당산김철전집 간행위원회 엮음, 『堂山金哲全集 1 민족의 현실과 사회민주주의』, 해냄, 2000, 403쪽.
339) 위의 글, 403쪽.
340) 위의 글, 405쪽.
341) 위의 글, 406~407쪽.

의적 민주주의와 전제주의적 공산주의는, 전자가 인민의 경제적 균형 번영을 보장함이 없이 자산가 아닌 절대다수의 민중에 대한 우심한 착취를 용인하는 것이라면, 후자는 인민의 정치적 자유 활동을 보장함이 없이 집권자 아닌 절대다수의 민중에 대한 가혹한 압제를 용인하는 것이다. 게다가 미국이나 소련은 각각 그 국가권력의 직접적 기반인 아메리카 국민이나 슬라브민족과 자기 세력권 내의 다른 모든 민족이나 국가를 동일한 이해 범주 위에서 취급하고 있는 것이 아니라, 오히려 다만 아메리카 국민이나 슬라브민족의 복리를 증진시킬 것을 목적으로 자기 세력권의 확대와 안전을 꾀하여 권외 세력의 협위(脅威)를 구축(驅逐)하려는 데 급급하다고 할 것이다. 그러나 이에 반하여 양 세력권의 피영도적 지위에 있는 민족이나 국가는 한결같이 그들 자신의 자유로운 발전에 대한 영도적 세력자의 부당한 제약의 파기를 의욕하고 있으며, 나아가 자산가나 집권자가 아닌 전 세계의 인민은 모두 경제적 균등 번영과 정치적 자유 활동이 아울러 보장되는 새로운 사회 체제의 수립을 갈망하고 있다.

미소 양국을 "자산가나 집권자가 아닌 전 세계의 인민"의 입장에서 동일하게 비판하고 민족의 자주를 강조하면서, 김철은 "진정한 민족 발전의 의지가 관철될 수 있는 완전한 민족 주권을 확립하고 이로써 항상 민족 발전의 현실적 단계에 즉하여 민족 전체의 경제적 균등 번영과 정치적 자유 활동을 보장할 수 있는 사회 체제를 갖추는 민족적 혁명의 철저한 수행을 지향"[342]할 것을 천명했다.

이상 살펴본 것처럼 훈련 방식에서도 이념적으로도 족청은 기본적으로 이범석이 중앙훈련단을 통해 배운 것을 재현한 것이었다. 제1부에서 보았듯이 장제스는 원래부터 훈련을 중요시했지만, 특히 1930년대 이후 공산당

---

342) 위의 글, 409쪽.

과 대결하기 위해 '칠분정치, 삼분군사'라는 노선을 취하면서부터는 정치적인 훈련을 유별나게 강조했다. 이범석이 중앙훈련단에 들어간 것은 국공합작 시기였는데, 그와 마찬가지로 좌우합작이 추진되는 상황 속에서 이범석은 중앙훈련단의 훈련 방식을 차용해 간접적인 반공운동을 시도한 것이라고 볼 수 있다. 하지만 중앙훈련단을 뼈대로 삼으면서도 그 '정치'라는 측면에서는 나치즘의 영향이 엿보인다. 한 예로 단독선거를 앞둔 시기에 족청 군산부단부의 김종영이 "공산독재와 자본독재를 분쇄하며 거족적인 민족혁명으로서 남북통일 완전 자주독립국가 건설에 투쟁할 수 있는 미덥직한 우리의 대표와 단연코 토지개혁에 투쟁하여 절대다수인 소작농민의 복리를 위하여 대표 투쟁할 수 있는 자" 등을 뽑도록 호소한 사실[343]은 나중에 일민주의로 나타나게 될 이념성을 거의 그대로 드러낸 것으로 주목할 만하다. 이와 같이 공산주의와 동시에 자본주의에도 반대하는 입장은 강세형, 안호상 등을 통해 족청에 접목된 나치즘의 영향으로도 볼 수 있으며, 또 족청이 좌익(출신)들을 받아들이면서 생긴 경향일 수도 있을 것이다.

---

343) 金鍾泳(朝鮮民族靑年團 群山府團部), 「總選擧와 靑年의 覺悟(下)」, 『群山新聞』 1948년 4월 3일자.

제3부
족청계의 태동
: 분단국가, 전향, 일민주의

제1장
족청의 단정 참여와 갈등

제2부에서 잠깐 언급했듯이 족청에는 적지 않은 좌익(출신)들이 들어가 있었다. 당시 남조선로동당 서울시당 서대문구당부 선전책이었던 양한모(=홍민표)의 회고에 의하면, 1947년 4월경에 민주청년동맹 맹원을 적극적으로 족청에 침투시켜 합법 공간을 확보하고 그 영도권을 잡아서 제2 민청화를 기도하는 방침이 채택되었다고 한다.[1] 그리고 바로 뒤이어 민청이 해산당했기 때문에[2] 탄압을 피하는 의미에서 들어간 사람들도 있었을 것이다. 실제로 울산 방어진읍단부에서는 조직이 와해된 민청 출신들이 족청에 들어오게 유도했으며 서북청년회와 같은 우익 청년단의 테러에서 그들을 보호했다고 한다.[3] 전남 장흥에서는 몇 달 만에 단원 3천여 명을 획득했는데, 그중 다수가 이전에 좌익 활동을 했던 청년이었다.[4] 이런 상황에 대해 1947년 상반기에 미군정청에서 조사를 하러 나온 사람들에게 송면수는 민청 출신들이 족청에 있음을 인정하기도 했다.[5] 1947년 5월경에 장준하

---

1) 양한모, 『조국은 하나였다?』, 日善企劃, 1990, 165~166쪽.

2) 『東亞日報』 1947년 5월 18일자.

3) 김호연·박제균·양상현, 『울산 청년운동과 김진수』, UUP, 2007, 168~169쪽.

4) 『東光新聞』 1947년 10월 25일자.

5) "Reports of political adviser for United States Army Military Government in Korea, Joseph

가 족청을 떠나게 된 이유가 "좌익분자들에 대한 처리 문제로 철기(鐵驥)와 의견이 맞지 않아"서였다는데, 장준하가 "좌익 불순분자들에게 철기가 포위되어 있다"고까지 인식하게 되는 상황이 있었던 것이다.6) 족청에서 좌익 출신들은 극단적인 경향을 삼가야 했으며 6개월 동안 후보 단원으로 있어야 했다. 주한미군 G-2는 이러한 좌익 포섭이 경찰이나 일반인들에게 '전향'이라기보다 침투로 비친 것은 이해할 만한 일이었다고 평가했다.7) 우익 청년단이 족청을 공격하는 일이 종종 일어난 것은 바로 이런 시선 때문이기도 했다.

그런데 다른 우익 청년단과 족청 사이의 갈등은 무엇보다도 족청이 급속도로 단원수를 늘리면서 생긴 것이었다. 〈표 2〉에서 보듯이 족청의 단원수는 1947년 하반기부터 급팽창했다.8) 이는 미소공위가 결렬되고 남한 단선이 확실해지는 상황 속에서 족청이 정치적인 입장을 드러내기 시작하는 과정과 맞물린 것이었다.

원래 족청은 '비정치'를 내세워 기성 정치 세력과 거리를 유지했지만, 1947년 7월에 이범석이 "민족지상 국가지상의 이념하에 살고 죽기를 맹서한 우리 단(團)이 우리의 이념을 지도이념으로 삼고 참말로 이를 실천하는

E. Jacobs to the Secretary of State: Korean National Youth Movement"(August 12, 1947) NARA, RG 59(국회도서관 소장), p. 2.

6) 金俊燁, 『長征』2, 나남, 1989, 683쪽.

7) "XXIV G-2 Periodic Report" No. 682(12 November 1947), p. 4(『HQ, USAFIK G-2 PERIODIC REPORT(1947. 9. 21~1948. 3. 17)—駐韓美軍情報日誌』5, 한림대학 아시아문화연구소, 1989, 201쪽).

8) National Economic Board, "South Korean Interim Government Activities No 34", p. 248(『미군정활동보고서』VOL NO. 6, 原主文化社, 1990, 869쪽). 이 단원 수는 미군정의 공식 활동보고서에 실린 것이긴 하지만 미군정이 족청에서 보고한 내용을 바탕으로 작성한 것이기 때문에 과장되었을 가능성이 있다. 그렇지만 기본적인 추세를 파악하는 데는 문제가 없을 것이다.

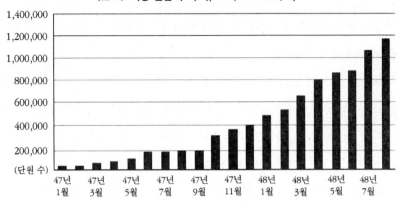

〈표 2〉 족청 단원 수 추이(1947. 1~1948. 8)

정치가가 있다면 그가 누구임을 막론하고 일인 내지 백인, 천인이라도 당연히 그를 지지 옹호할 것이 아닙니까"[9]라고 발언한 것은 구체적인 정치 세력과 관계를 가질 것을 선언하는 의미였다고 볼 수 있다.

제2차 미소공위가 결렬되고 이승만이 임정법통론을 고수하던 김구계와 분명히 결별하는 시기였던 1947년 9월에, 이범석은 기자에게 "나는 애당초부터 미소공위가 성공하리라고는 추호도 밋지 않었던 것"이라며, "이 나라 전 민족을 대상으로 이 나라 전 민족의 자유를 위하여 개최된 공위에서 태반의 민의를 부인하고까지 자국 주장을 관철시키려는 로(露)국의 반데모크라시-적 주장"을 적어도 "죠-지 와싱톤과 "린-컨"의 피를 계승한 미측 대표가 수낙할 수 있을 것인가"라면서 분명하게 소련에 반대하고 미국을 지지하는 입장을 드러냈다.[10] 당시 김구를 중심으로 한 국민의회는, 한국

9) 李範奭, 「信念에 살자」, 大韓民族靑年團中央訓鍊所敎務處 編, 『民族과 靑年』, 白水舍, 1948, 145쪽.
10) 『大衆日報』 1947년 9월 7일자.

문제 해결을 위해 미국이 제안한 소련도 포함되는 4국회의 안을 지지하고 단선에 반대하는 입장이었다.11) 이제 이범석은 분명히 김구가 아닌 이승만을 지지하게 된 셈이다.

1947년 11월에 이범석은 '투쟁 대상은 눈앞에 있다'라는 제목의 글을 발표하여 족청의 정치적 위치를 분명히 하려 했다. 당시 대동청년단을 비롯한 다른 우익 청년단체들이 족청 내부 좌익(출신)들의 존재를 근거로 족청을 공격하는 일이 잦았는데,12) 이범석은 청년들의 투쟁 대상은 족청이 아니라 "민족의 독립을 찾기 전에 계급의 이익을 표방하고 몇몇 분자의 정권 독점을 위해서 결국은 제 민족의 훌륭한 애국적인 의욕 세력, 심지어 무고한 민중까지를 투쟁 대상으로 삼고 투쟁을 전개하는 정당"13), 즉 좌익임을 호소했다. 그런 다음 유엔에서 결의된 총선거안을 언급하면서 그때 기권한 소련을 비롯한 나라들에 대한 주의를 환기시켰다.14) 이제 단선을 지지하고 반소·반공을 분명히 하기 시작한 족청에서는 11월 17일부터 28일에 걸쳐 각급 단부 최고 책임자들을 대상으로 "결합 단결과 더불어 공작의 통일 향상을 꾀하고저" 제1차 간부 훈련을 실시했으며,15) 전국의 선전부장을 대상으로 한 일주일간의 훈련 역시 중앙훈련소에서 실시되었다.16) 노선 전환에 따라 간부들, 특히 선전과 관련된 재훈련이 필요해진 것이다.

1948년 1월에 총선거 실시를 위해 유엔조선임시위원단(이하 '유엔조위')

---

11) 『東亞日報』 1947년 9월 7일자.
12) "XXIV G-2 Periodic Report" No. 687(18 November 1947), p. 3(『HQ, USAFIK G-2 PERIODIC REPORT(1947. 9. 21~1948. 3. 17)―駐韓美軍情報日誌』 5, 224쪽).
13) 李範奭, 「鬪爭對象은 눈앞에 있다」, 大韓民族靑年團中央訓鍊所敎務處 編, 앞의 책, 171~172쪽.
14) 위의 글, 175쪽.
15) 『東亞日報』 1947년 11월 21일자.
16) 金聖俊, 『人間다운 삶을 위하여』, 韓國人物硏究院, 2001, 75쪽.

이 남한에 왔을 때도, 족청은 유엔조위를 환영하는 현수막을 내걸어 족청의 정치적 입장을 드러냈다.17) 또한 전남도단부는 1948년 1월 18일 회의를 열어 이승만 지지를 결의하고 그 내용을 중앙총본부에 제출했다. 미군 G-2 는 이것을 '족청 내의 단위에서 공식 발표된 최초의 우파 선언'으로 평가했다18)

하지만 유엔조위가 총선거 실시를 위한 활동을 벌이는 동안, 이에 반대하는 족청 단원들의 움직임이 도처에서 나타났다. 1948년 2월 초에는 삼천포에서 단원인 안기옥이 유엔조위에 반대하는 삐라를 살포하다 체포되었으며,19) 2월 8일에는 족청 동목리단부 단원 30명이 공산주의의 노래를 부르고 '조선인민공화국 만세'와 같은 구호를 외치며 유엔조위와 미곡 수집에 반대하는 시위를 벌였다.20) 2월 21일에는 청주에서 청주상고 재학생 등 20명의 학생들이 공산주의의 노래를 부르며 깃발을 내세우고 시위를 벌였는데, 이 시위를 주도한 사람은 족청 단원이었다.21) 또한 전북에서는 1948년 1월부터 전북도경이 '많은 좌익들이 족청 단원이 되어 문제를 일으키고 있다'고 경고했는데,22) 실제로 2월 26일에는 김제, 정읍 등지에서 40명의 족청 단원이 공산주의자들의 소요에 가담해 체포되었으며,23) 그 뒤에도 도경은 169명의 족청 단원이 이 소요와 관련이 있는 것으로 보고 있었다.24)

---

17) "XXIV G-2 Periodic Report" No. 730(12 January 1948), p. 2(『HQ, USAFIK G-2 PERIODIC REPORT(1947. 9. 21~1948. 3. 17)—駐韓美軍情報日誌』 5, 408쪽).

18) "XXIV G-2 Periodic Report" No. 762(18 February 1948), pp. 1~2(위의 책, 568~569쪽).

19) "XXIV G-2 Periodic Report" No. 749(03 February 1948), p. 3(위의 책, 492쪽).

20) "XXIV G-2 Periodic Report" No. 768(26 February 1948), p. 4(위의 책, 594쪽).

21) "XXIV G-2 Periodic Report" No. 773(03 March 1948), p. 1(위의 책, 615쪽).

22) "XXIV G-2 Periodic Report" No. 733(15 January 1948), p. 2(위의 책, 421쪽).

23) "XXIV G-2 Periodic Report" No. 775(05 March 1948), p. 1(위의 책, 621쪽).

24) "XXIV G-2 Periodic Report" No. 799(02 April 1948), p. 1(『HQ, USAFIK G-2 PERIODIC

그런 한편, 2월 7일 수색에서 '2·7 구국투쟁'의 일환으로 시도된 변전소 파업을 막기 위해 서대문경찰서와 협력해 족청 단원들이 동원되기도 했다.[25]

남한 단선에 반대하는 이러한 분위기는 2월 중순에 이범석이 'UN조선위원단을 마지하여 민족 청년이 가질 인식'이라는 제목의 라디오 연설을 하게 만들었다. 이 연설에서 이범석은 "국가도 역시 국제사회를 떠나서 홀로 고립할 수는 없는 것"이라며 "오늘날 우리 조선과 같은 가련한 입장으로써 국제적 협조와 원조를 전혀 잃어버리고 참다운 자주와 독립이 있을 수 없는 것은 더 말할 것도 없는 것"이라고 민족 자주적인 입장에서 또다시 국제적인 협력을 강조하는 입장으로 선회했다.[26] 또한 유엔을 "미국 자본주의의 부용기구(付傭機構)"라고 비판하면서도, 소련도 유엔에 가입하고 있는 이상 "UN은 엄연한 현존 국제기구 중의 최고 유일한 것"이라고 유엔을 옹호했다.[27] 그러면서 "언제까지나 현실을 떠난 의타적 미·소 타협을 부르짖고 막연한 남북통일의 관념론을 되풀리할 수는 없는 것"이라고 단독선거를 지지하는 입장을 분명히 했다.[28]

하지만 이범석이 단선 지지 의사를 분명히 했다고 족청 전체 입장이 곧바로 결정되는 것은 아니었다. 2월 22, 23일에 개최된 족청 전국위원회에서 전국위원들의 의견은 단선에 대한 태도를 놓고 참여론과 보이코트론으로

REPORT(1948. 3. 18~1948. 12. 12)—駐韓美軍情報日誌』6, 한림대학 아시아문화연구소, 1989, 50쪽).

25) National Economic Board, "South Korean Interim Government Activities No 29", p. 221(『미군정활동보고서』VOL NO. 5, 原主文化社, 1990, 677쪽).

26) 李範奭, 「UN朝鮮委員團을 마지하여 民族靑年이 가질 認識」, 大韓民族靑年團中央訓鍊所 敎務處 編, 앞의 책, 182쪽.

27) 위의 글, 184쪽.

28) 위의 글, 186쪽.

양분되었는데, 결국 '건국은 정치성을 상회하는 국가대계의 기본'이라는 논리로 단선 지지가 결의되어 각 지단부는 선거구 형편에 따라 후보 출마를 자체적으로 결정하게 되었다.29)

　단선을 지지하는 입장을 공식화한 결과, 족청은 이제 좌익의 공격 대상이 되었다. 1947년에는 족청에 대한 공격이 주로 우익 청년단에 의한 것이었는데, 1948년 4월에는 전남 영광군에서 족청 단원이 '폭도들(rioters)'에 의해 살해되는 사건이 일어났다.30) 또한 제주도에서는 족청 제주도단부 학생부 명의의 전단지가 살포되었는데, 그 내용은 족청의 진정한 목적이 미제의 주구 노릇을 하는 것임이 드러났기 때문에 학생부는 족청에서 탈퇴한다는 것이었다.31)

---

29) 李敬南,「族青系의 榮光과 沒落」,『新東亞』8월호, 東亞日報社, 1982, 125쪽. 족청 출신들의 증언을 근거로 이 과정을 서술한 이경남은, 단선 지지를 결정한 회의를 '상무이사회'라고 썼으며 이진경과 임종명의 연구 또한 이 서술을 그대로 받아들이고 있다(李珍京,「朝鮮民族青年團研究」, 성균관대 사학과 석사논문, 1994, 32~33쪽; 林鍾明,「조선민족청년단(1946. 10~1949. 1)과 미군정의 '장래 한국의 지도 세력' 양성 정책」,『韓國史研究』 95호, 韓國史研究會, 1996, 205쪽). 이 '상무이사회'가 언제 열렸는지 분명하지 않지만 1948년 3월 초에 대동청년단, 서북청년회 등 다른 청년단체들과 더불어 단선을 지지하는 성명에 서명한 것(『朝鮮日報』1948년 3월 11일자)으로 보아 2월경에 그 회의가 있었을 것이다. 그런데 2월 22~23일에 이틀에 걸쳐 전국의 지단부 대표 227명이 참석한 가운데 전국위원회가 개최되었다는 사실이 확인되며(National Economic Board, "South Korean Interim Government Activities No 29", p. 219[『미군정활동보고서』 VOL NO. 5, 原主文化社, 1990, 675쪽]), 규약상으로도 최고 결정 기관이 전국위원회임을 감안한다면 비슷한 시기에 굳이 상무이사회를 열어 그 자리에서 결정한다는 데는 약간의 무리가 있다. 더욱이 앞에서 살펴보았듯이 이사들 중에는 의견이 양분될 정도로 단선에 반대할 사람이 많을 것 같지도 않기 때문에 단선 지지 결정은 '상무이사회'가 아니라 전국위원회에서 이루어졌다고 보아야 할 것이다.

30) "XXIV G-2 Periodic Report" No. 816(23 April 1948), p. 1(『HQ, USAFIK G-2 PERIODIC REPORT(1948. 3. 18~1948. 12. 12)—駐韓美軍情報日誌』 6, 105쪽).

31) "XXIV G-2 Periodic Report" No. 837(18 May 1948), p. 1(『HQ, USAFIK G-2 PERIODIC REPORT(1948. 3. 18~1948. 12. 12)—駐韓美軍情報日誌』 6, 186쪽).

이런 상황 속에서도 남로당은 족청 내부에 프락치를 심어 단원들을 포섭하는 공작을 계속 벌였다.[32] 1948년 5월에는 '과격 사상 및 외국 사상의 침투와 영향을 최대한도로 막기 위해' 단장 이범석의 지시로 모든 단원에 대한 제5차 재심사(re-screening)가 이루어지기도 했다.[33]

실제로 선거가 진행되는 와중에도 족청의 노선을 둘러싼 갈등은 계속되었다. 인천시 을구에서는 족청 인천시단부 단장 이성민이 1948년 4월 15일에 후보 등록을 마쳤고,[34] 4월 24일자 성명서를 통해 인천 갑구의 곽상훈, 인천 을구의 이성민, 부천군의 이유선(李裕善)을 "삼천만 민족의 절규를 대변하야 조국 완전 자주독립 전취에 민족지상 국가지상의 최고 이념을 실천하려는 진실한 애국지사"라며 공인 추천한다고 밝혔다.[35] 성명서는 이 사항이 인천시단부와 인천시위원회에서 결의하고 각 구분단장 회의에서 만장일치로 결정한 것임을 밝혔는데, 인천시단부 명예단장이기는 했지만[36] 한민당 소속이기도 했던 곽상훈을 추천한 것은 족청의 성격을 생각하면 논란의 여지가 있었다. 실제로 1948년 5월 3일자로 족청 인천시단부는 다시 성명서를 발표해 예전의 성명서가 "본단의 지도 방침에 상위(相違)"하기 때문에 취소한다고 밝혔으며, 같은 날 이성민도 후보를 사퇴했다.[37] 족청 인천시단부에서는 부단장이었던 강원명(姜元明)[38]이 이범석의 뜻을 거슬러서

32) 『좌익사건실록』 9, 대검찰청 수사국, 1972, 65~69쪽.

33) National Economic Board, "South Korean Interim Government Activities No 32", pp. 185~187(『미군정활동보고서』VOL NO. 6, 原主文化社, 1990, 407~409쪽).

34) 『大衆日報』 1948년 4월 18일자.

35) 『大衆日報』 1948년 4월 28일자.

36) 『檀紀四二八三年版 大韓民國人事錄』, 187쪽.

37) 『大衆日報』 1948년 5월 4일자.

38) 강원명이 부단장이었다는 것은 사료로는 확인되지 않는다. 적어도 1947년 11월의 인천시단부 임원 명단에는 그의 이름은 없다. 『大衆日報』 1947년 11월 7일자.

까지 조봉암을 지지했는데,[39] 이것은 시단부 내부의 노선 갈등이 선거 과정에서 드러난 것이었다.

그런데 중요한 것은 후보 선출 과정에서 갈등이 드러나면서도 결국에는 조봉암을 지지하는 세력이 한민당 지지 세력을 눌렀다는 점이다. 단정 참여를 천명하면서 족청은 좌익과의 갈등을 겪어야 했지만, 그렇다고 한민당 노선으로 나아간 것도 아니었다. 족청은 원래 성격을 어느 정도 간직한 채 분단정부 수립을 맞이하게 된다.

---

39) 李英石, 『竹山 曺奉岩』, 圓音出版社, 1983, 178쪽.

제2장
대한민국 정부 수립과 족청 출신들

1. 족청의 국회 진출

분단정부 수립을 위한 5·10 선거에는 직접 족청이라는 이름을 걸고 출마한 사람도 적지 않았다. 인천 을구의 이성민, 양주 을구의 구중서(具重書), 고양 갑구의 유만석(柳萬錫),[40) 김포의 정장해(鄭暲海), 서천의 최영재(崔榮宰), 서산의 김남윤(金南潤), 임실의 이정기(李珽器), 김제 을구의 홍희종(洪熺鍾)과 이원익(李元益),[41) 담양의 정균식(鄭均植), 나주 을구의 서상덕(徐相德), 완도의 황학봉(黃鶴鳳), 부산 갑구의 문시환(文時煥), 부산 병구의 최명구(崔命九), 부산 정구의 이시환(李時桓), 의령의 안준상(安駿相), 함안의 강욱중(姜旭中), 울산의 김태근(金太根), 김해 을구의 김상규(金尙圭) 등 19명이 출마했으며, 이 가운데 이정기·홍희종·정균식·문시환·안준상·강욱중 등 6명이 당선되었다.[42)

게다가 족청이라는 간판을 내걸지 않고 출마해 당선된 사람들도 있었기

---

40) 유만석의 소속이 『歷代國會議員選擧狀況』에서는 비어 있지만 족청 소속으로 후보자 등록을 했다. 『朝鮮日報』 1948년 4월 20일자.

41) 이원익은 나중에 사퇴했다.

42) 『歷代國會議員選擧狀況』, 中央選擧管理委員會, 1971, 29~63쪽.

때문에, 족청의 국회 진출은 결코 작은 규모가 아니었다. 미군정은 족청의 이름을 내걸어 당선된 위의 6명 외에 다음의 사람들도 족청 인사로 보았다.[43]

서울 윤치영(중구, 한민당)

경기 김경배(金庚培, 연백군 갑구, 무소속), 김응권(파주군, 무소속), 곽상훈(郭尙勳, 인천시 갑구, 무소속), 이재형(李載瀅, 시흥군, 무소속), 이유선(부천군, 독촉국민회), 윤재근(尹在根, 강화군, 무소속)

강원 홍범희(洪範憙, 원주군, 무소속)

충북 박우경(朴愚京, 영동군, 무소속), 연병호(延秉昊, 괴산군, 무소속)

충남 최운교(崔雲敎, 논산군 을구, 무소속), 김명동(金明東, 공주군 갑구, 무소속), 이종근(李鍾根, 청양군, 독촉국민회), 남궁현(南宮炫, 부여군 갑구, 독촉국민회), 신방현(申邦鉉, 공주군 을구, 무소속), 손재학(孫在學, 홍성군, 독촉국민회), 윤병구(尹炳求, 예산군, 무소속)

전북 배헌(裵憲, 이리시, 무소속), 윤석구(尹錫龜, 군산시, 무소속)

전남 조영규(曺泳珪, 영광군, 한민당), 이항발(李恒發, 나주군 갑구, 무소속), 이남규(李南圭, 목포시, 독촉국민회)

경남 강기문(姜己文, 산청군, 무소속), 김경도(金景道, 함양군, 독촉국민회), 김태수(金泰洙, 창원군 갑구, 독촉국민회), 이구수(李龜洙, 고성군, 무소속), 신상학(辛相學, 김해군 갑구, 무소속)

미군정은 독촉국민회, 한민당, 무소속 등으로 출마해 당선된 이 사람들을 포함해 족청에서 33명이 당선되었다고 보았으며, 이 선거를 통해 여러 청

---

43) National Economic Board, "South Korean Interim Government Activities No 32", pp. 138~142(『미군정활동보고서』VOL NO. 6, 361~365쪽).

년단 중에서 족청이 가장 강력하다는 것을 보여주었다고 평가했다.44) 이들 가운데 실제로 족청과 관련성이 확인되는 인물은 다음과 같다.

윤치영(전국위원), 김경배(전국위원 배영건과 함께 회사 운영),45) 김웅권(이사), 곽상훈 (인천시단부 명예단장), 이재형(서울시단부 이사),46) 이유선(인천시단부에서 추천), 윤재 근(강화군단부 단장), 홍범회(원주군단부 단장),47) 최운교(논산군단부 회장),48) 김명동 (중앙위원 겸 공주군단부 준비위원장),49) 이종근(청양군단부 단장),50) 남궁현(부여군단부 단장),51) 신방현(공주군 정안면단부 단장),52) 윤병구(예산군단부 단장),53) 윤석구(전북도 단의 원상남이 대변인),54) 조영규(영광군단부 단장),55) 신상학(경남도단부 부단장).56)

미군정이 파악하지 못한 족청 관계자로 보이는 국회의원은 몇 명 더 있 다. 확실하지 않지만 황호현(평창군, 독촉국민회, 평창군단 단장),57) 배중혁(봉

---

44) Ibid., p. 185(위의 책, 407쪽).

45) 『朝鮮銀行會社組合要錄』, 東亞經濟時報社, 1939, 464쪽.

46) 建國靑年運動協議會, 『大韓民國建國靑年運動史』, 建國靑年運動協議會總本部, 1989, 1118쪽.

47) 위의 책, 1124쪽.

48) 『朝鮮日報』 1948년 1월 31일자.

49) 『東亞日報』 1946년 11월 26일자.

50) 『檀紀四二八三年版 大韓民國人事錄』, 內外弘報社, 1949, 136쪽.

51) 『大韓民國建國十年誌』, 大韓民國建國十年誌刊行會, 1956, 1127쪽.

52) 建國靑年運動協議會, 앞의 책, 1127쪽.

53) 『檀紀四二八三年版 大韓民國人事錄』, 105쪽.

54) 『群山新聞』 1948년 4월 14일자.

55) 『大韓民國建國十年誌』, 1104쪽.

56) 『檀紀四二八三年版 大韓民國人事錄』, 86쪽.

57) 建國靑年運動協議會, 앞의 책, 1124쪽. 하지만 황호현이 족청 지단장이었다는 것은 다른 사료로는 확인되지 않는다.

화군, 대동청년단, 봉화군단 부단장)58)이 족청 지단장을 지냈다고 한다.

위 명단에는 윤치영이나 곽상훈처럼 족청 계열로 보기 힘든 사람까지 포함되어 있긴 하지만, 족청 출신임을 내걸지 않고 당선된 사람도 꽤 되는 것만은 확실하다.

그럼 이들의 정치 노선은 어땠을까? 앞서 보았듯이 족청 전체로서는 총선거에 임하는 입장을 밝히지 않았기 때문에 전체적인 노선을 확인할 수는 없지만, 족청 간판을 내걸고 출마한 홍희종의 정견을 통해 그 경향을 유추해볼 수는 있다. 홍희종이 당시 내세운 주장은 다음과 같다.59)

　一. 삼팔선을 철폐하고 남북통일을 촉진할 것
　二. 통화(通貨)를 정리하고 저물가 정책을 수립하야 국민 생활의 안정을 기할
　　　것
　三. 종합적 누진세제(累進稅制)를 창설하고 중소 국민의 부담을 경감할 것
　四. 토지의 소유를 극도로 제한하고 농민본위의 균등권을 확립할 것
　五. 국방군을 급속 편성할 것

한민당마저도 "토지를 농민에게 분여(分與)하야 소작농을 없게" 할 것을 내세웠던60) 당시 분위기를 생각하면 특기할 만한 것은 없지만, 통일 문제, 민생 문제와 더불어 국방군에 대해 언급한 것이 특징적이다.

그런데 선거에 당선된 족청 인사들은 국회에서 따로 교섭단체를 만들지

---

58) 위의 책, 1135쪽. 황호현과 마찬가지로 배중혁에 대해서도 다른 사료에서는 확인되지 않는다.

59) 『大東新聞』 1948년 5월 6일자.

60) 韓國民主黨, 「總選擧에 臨하여 滿天下 同胞에게 告함」, 『東亞日報』 1948년 5월 5일자. 이 성명서는 『조선일보』, 『경향신문』 등 다른 신문에도 게재되었다.

않았다. 이는 5·10 선거에 대한 족청 전체 방침이 없어서였던 면도 있을 것이다. 하지만 나중에 한민당 측에서 국회법을 개정해 원내교섭단체를 제도화하려 했을 때 문시환과 강욱중이 강경하게 반대한 데서 보이듯이, 이들은 '비종파'라는 족청의 이념을 간직하고 있었던 것 같다.[61] 그 결과 거의 대부분의 의원들이 무소속구락부에 속하게 되었다. 무소속구락부는 1948년 6월 10일에 배헌, 조봉암, 신성균(申性均), 윤석구, 이종근 등 60여 명이 모여서 "민주주의 민족자결국가의 건설과 남북통일 자주독립을 평화적 방법과 정치적 수단으로 전취할 것"을 목적으로 조직한 원내교섭단체이다.[62] 이들은 6월 13일에 다음과 같은 성명서를 발표했다.[63]

一. 우리는 조국의 남북통일 완전 자주독립을 전취할 것을 최대의 임무로한다.

二. 우리는 민주주의 민족자결의 국가를 건설하고 정치 경제 문화 인권의 균등사회를 구현할 것을 최대의 목적으로 한다.

三. 우리는 우리의 임무를 수행하고 목적을 관철함에 있어서는 정의에 입각한 모든 정치투쟁은 평화적 정치 수단으로서 이를 추진코저 한다.

四. 우리는 어느 기성 정당이나 파벌에 가담치 않고 독왕매진(獨往邁進) 초연한 지조(志操)를 변치 않고 견지하야 국민의 신임을 저버리지 않기로 한다.

위에서 본 족청 관련 인사들 가운데 이 성명서에 서명한 사람은 이재형,

---

61) 『第一回 國會速記錄』 第六十三號, 國會事務處, 1948, 30~33쪽. 결국 국회법 개정안의 이 부분은 50 대 84로 부결되었다.
62) 『朝鮮日報』 1948년 6월 12일자.
63) 『朝鮮日報』 1948년 6월 15일자.

김명동, 김웅권, 이종근, 윤병구, 배헌, 윤석구, 이구수, 강기문, 김경도, 문시환, 강욱중, 신상학 등 13명이다. 그런데 족청으로 출마해 당선된 의원들 중에 여기에 참여한 이도 있고 또 참여하지 않은 이도 있는 것을 보면, 족청으로 집단적으로 움직인 것이 아님은 분명하다. 그렇지만 큰 틀에서 보면 민족주의와 균등사회 건설을 내세우고 기성 정당, 파벌에서 초연할 것을 주장했다는 점에서 어느 정도 족청과의 연속성을 찾아볼 수 있다.

　조직적으로 움직이지는 않았지만 족청 출신 의원들 가운데 그 특성을 잘 보여준 이로 문시환을 들 수 있다. 무소속구락부에서 연락위원을 맡아[64] 적극적으로 활동하기도 했던 문시환은, 해방 전에는 모스크바 동방근로자공산대학(Коммунистический университет трудящихся Востока)을 나온 상해파 고려공산당원이었으며[65] 1923년에 상하이에서 개최된 국민대표회의에서 '개조파' 대의원으로 활동하기도 했다.[66] 그런데 그는 귀국하자마자 '의열단 사건'으로 검거되어 1924년부터 1926년까지 감옥에서 보내야 했으며,[67] 1930년 4월에는 '후계 공산당 사건'으로 또다시 검거되었다.[68] 이후 해방 시기까지 행적은 분명하지 않은데, 해방 이후에는 건준에 참여했다가 동래군수, 경남 상공국장 등을 역임했다.[69] 나이로 보아 족청에서는 이사를 맡았을 것으로 추정되는데, 사회주의운동의 경험을 가진 이가 족청 간판을 내걸고 출마 당선된 것이다.

---

64) 『朝鮮日報』 1948년 6월 16일자.
65) 『檀紀四二八三年版 大韓民國人事錄』, 51쪽; 임경석, 『한국 사회주의의 기원』, 역사비평사, 2003, 516쪽.
66) 윤대원, 『상해시기 대한민국임시정부 연구』, 서울대학교출판부, 2006, 221쪽.
67) 『東亞日報』 1926년 3월 3일자.
68) 『中外日報』 1930년 4월 11일자.
69) 『檀紀四二八三年版 大韓民國人事錄』, 51쪽.

국회에서 문시환은 적극적인 활동을 보였다. 특히 그가 중요시한 것은 노동 문제였다. 노동에 관한 조항인 헌법 제17조를 심의하는 과정에서 문시환은 수정안을 제출했다. 그 내용은 제1항을 "모든 국민은 근로의 권리와 의무가 있으며, 근로자는 노자 협조(勞資協助)와 생산 증가를 위하여 법률의 정하는 범위 내에서 기업의 운영에 참가할 권리가 있다"로, 제3항을 "기업주는 기업 이익의 일부를 법률의 정하는 바에 의하여 임금 이외의 적당한 명목으로 근로자에게 균점(均霑)시켜야 한다"로 수정하자는 것이었다.[70] 즉 노자 협조와 생산 증가가 그 목적이긴 했지만, 노동자의 기업 경영 참가와 이익 균점을 주장한 것이다. 사실 헌법기초위원회에서도 이 문제는 한 번 제기된 일이 있었다. 그때는 족청에서 밀어 당선된 윤석구 등 몇 명이 노자 합작을 전제로 이익 균점을 주장했는데, 서상일·조헌영·백관수 등 한민당계 의원들이 반대해 부결되었다.[71] 그런데 똑같은 문제가 다시 제기된 것이다. 문시환은 노동자의 기업 경영 참가의 필요성을 '경제적 민주주의'로 설명하기도 했지만,[72] 주목할 것은 이 조항이 공산주의나 사회주의를 본받은 것이 아니라면서 독일과 이탈리아에서 노동자의 경영 참가를 헌법으로 보장한 결과 산업 부흥과 공업력 향상을 성공시킬 수 있었다고 말한 점이다.[73] 독일의 경우는 원래 바이마르헌법 165조에 의해 규정된 것이었지만, 경영 단위를 노사를 포괄하는 하나의 공동체로 간주하는 입장은 나치 시기에도 유지되었으며,[74] 산업 부흥은 분명히 나치 시기를 가리

---

70) 『第一回 國會速記錄』 第二十四號, 407쪽.

71) 『朝鮮日報』 1948년 6월 19일자.

72) 『第一回 國會速記錄』 第二十四號, 408쪽.

73) 같은 자료, 409쪽.

74) 바이마르헌법에서 노사가 대등한 입장으로 참여한다고 설정된 '경영협의회(Betriebsrat)'는 1934년에 제정된 '국민노동질서법(Gezetz zur Ordnung der Nationalen Arbeit)'에 의해

킨다. 또 이탈리아에서 파시스트당이 내세웠던 것은 바로 국가코포라티즘 (state corporatism)이었다.[75] 즉 문시환은 파시즘 체제를 모델로 이러한 조항을 제안한 것이다. 이에 대해 윤재욱(尹在旭)은 절대적인 지지를 밝혔으며[76] 윤석구도 다시 이익 균점의 필요성을 호소했다.[77] 이재형 역시 국가는 국민의 생존권과 노동권을 보장해야 한다며, 그에 필요한 생산 증강을 위해서는 노동자의 경영 참가가 필요하다고 주장했다.[78] 기타 전진한, 신성균 등도 이에 찬성하는 연설을 했다. 노일환은 노동자의 경영 참가가 오히려 노자 협조라는 명목하에 생산 증가를 위해 노동력 상품화를 심화시킬 수 있다고 반대했다.[79] 이 논의는 하루 만에 끝나지 않고 다음 날에도 계속되었다. 먼저 발언한 이윤영은 공산주의 헌법을 만드는 것도 우리 자유이지만 국제 관계를 떠나서 살 수는 없기 때문에 충분히 논의해야 한다며 냉전적인 관점에서 압력을 넣었다.[80] 이유선은 8할 이상의 근로 대중의 생활을 보장하지 못한다면 완전한 국가를 형성하지 못한다며 문시환 안을 지지했다.[81] 하지

'신뢰협의회(Vertrauensrat)'로 개명되어 고용주에게 '지도자(Führer)'의 위상이 부여되는 큰 변화를 겪었지만, 노사가 하나의 공동체를 이룬다는 이념은 유지되었다.

75) 이때 문시환이 말하는 독일과 이탈리아의 '헌법'이라는 것이 무엇을 가리키는지 약간 불분명한 점이 있다. 당시 독일에서는 아직 새 헌법이 제정되지 않았기 때문에(독일연방공화국과 독일민주공화국의 헌법은 1949년에 제정되었다) 독일의 경우는 바이마르헌법을 가리킨다고 볼 수 있지만, 이탈리아의 경우 노동자의 경영 참여를 헌법으로 규정한 것은 1947년에 제정된 이탈리아공화국헌법 제46조가 처음이었기 때문이다. 하지만 산업 부흥과 공업력 향상을 성공시켰다는 인식과 결부되어 있는 것을 보면 1945년 이전 체제를 가리킨다고 볼 수 있을 것이다.

76) 『第一回 國會速記錄』 第二十四號, 410~411쪽.

77) 위의 자료, 411~412쪽.

78) 위의 자료, 424~425쪽.

79) 위의 자료, 415쪽.

80) 『第一回 國會速記錄』 第二十五號, 429쪽.

81) 위의 자료, 430쪽.

만 혼란스러운 논의 끝에 문시환이 제기한 노동자 경영 참가는 부결되고 이익 균점만 통과되었다.

문시환의 이런 입장은 정부조직법을 심의하는 과정에서도 드러났다. 사회부를 둘러싼 논의 과정에서 문시환은 노동부를 독립시키는 수정안을 제출했다. 노자 협조를 달성하고 노동자를 보호하기 위해서는 노동 문제에 특별히 주력할 필요가 있다는 것이었다.[82] 이에 대해서 윤재욱도 노동부 독립의 필요성을 역설했으며[83] 이구수도 노동부가 절대적으로 필요하다고 주장했지만,[84] 결국 41 대 100으로 부결되었다. 문시환은 그 뒤 이렇다 할 만한 활동을 하지 않다가 1948년 10월에 경상남도지사로 발령받아[85] 국회의원을 그만두게 되었다.

족청 출신 의원들 가운데 약간 다른 방향성을 보인 사람이 강욱중이다. 강욱중은 헌법안을 심의하는 과정에서 국회의 권한을 규정한 제42조에 국회가 정부 불신임안을 결의할 수 있는 권한을 넣어야 한다고 주장했다.[86] 또한 대법원장의 임명권이 대통령에게 있음을 규정한 제77조에 대해 전체주의를 막기 위한 삼권분립의 중요성을 역설하면서 대법원장 및 대법관은 법률에 의해 선정된 다음에 대통령이 임명하는 것으로 수정할 것을 주장했다.[87] 정부조직법을 심의하는 과정에서도 정부조직법에 사법 관련 조항을 넣는 것에 반대하는 등,[88] 삼권분립을 철저하게 지키려는 그의 열의는 남달랐다. 이런 경향은 국군조직법을 심의하는 과정에서도 드러났다. 원래

---

82) 『第一回 國會速記錄』 第三十號, 576~577쪽.
83) 위의 자료, 574~575쪽.
84) 위의 자료, 577쪽.
85) 『朝鮮日報』 1948년 10월 15일자.
86) 『第一回 國會速記錄』 第二十五號, 452쪽. 이 수정안은 65 대 98로 부결되었다.
87) 『第一回 國會速記錄』 第二十六號, 473쪽. 이 수정안 역시 23 대 102로 부결되었다.
88) 『第一回 國會速記錄』 第三十號, 583~584쪽. 이 수정안도 56 대 91로 부결되었다.

정부안은 국방부 장관이 군정과 군령을 통괄하게 하고 참모총장도 국방부 소속으로 되어 있었는데, 국회 외무국방위원회에서 이를 국방부 장관이 군비에 관한 예산 등 군정에 관한 것만 관장하게 하고 참모총장을 대통령에게 직속시키도록 수정했다. 이에 강욱중은 정부안을 지지해 통수권의 독립을 막으려 했다.[89] 반민법 심의 과정에서는 경찰을 옹호하는 듯한 애매한 입장을 보이기도 했지만,[90] 실제로 노덕술을 중심으로 경찰 등이 반민특위 방해 공작을 벌였을 때는 "국가의 근본을 파괴하는" 행위라며 준엄하게 처단할 것을 요구했다.[91] 또 이승만이 반민특위 특경대가 삼권분립에 위배된다면서 위헌이기에 폐지해야 한다는 담화를 발표했을 때, 반민특위 특경대는 헌법 규정에 따른 것이기 때문에 위헌이 아니며 삼권분립을 침해하는 것이 아니라고 맞선 것도 강욱중이었다.[92] 정부에서 반민법 개정안을 제출했을 때는 국무총리 이범석이 직접 국회에 나와서 정부의 고충을 누누이 호소하기까지 했지만, 강욱중은 이범석의 주장을 일축했다.[93] 뒤에서 다시 보듯이 강욱중은 이범석이 국무총리 지명을 받았을 때 적극적으로 지지했지만 그때 외에는 철저하게 민주주의를 지키려는 원칙적인 자세로 일관했

89) 『第一回 國會速記錄』 第一〇二號, 903~904쪽. 결국 이 수정안은 56 대 88로 부결되었다.
90) 『第一回 國會速記錄』 第五十九號, 1115~1116쪽. 강욱중은 반민법 제4조의 '당연범' 규정을 문제 삼아 반민족 행위자 처단은 그 행위를 처단하자는 것이지 지위를 처단하자는 것이 아니라며 경찰들의 동요를 언급하며 신중히 논의할 것을 주장했다. 서중석은 강욱중이 노일환과 더불어 고등경찰을 엄벌에 처할 것을 주장했다고 썼지만(서중석, 『한국현대민족운동연구』 2, 역사비평사, 1996, 130쪽), 노일환이 고등계 경찰에 대한 엄벌을 주장한 것은 강욱중을 비판하는 맥락에서 나온 발언이었다.
91) 『第二回 國會定期會議速記錄』 第十九號, 國會事務處, 1949, 343~344쪽.
92) 『第二回 國會定期會議速記錄』 第三十一號, 566~568쪽. 그런데 반민법 실시와 관련해 국무총리, 총무처장, 공보처장, 상공부 장관을 출석시킨 이 자리에서 강욱중은 이범석에 대해서는 오히려 잘하고 있다고 평가했다.
93) 『第二回 國會定期會議速記錄』 第三十九號, 706~707쪽.

으며, 소위 '소장파' 의원으로서 활발한 의정 활동을 보였다. 하지만 그 결과 그는 국회 프락치 사건으로 검거되어 국회의원 활동을 중단하게 되었다.

문시환이 국회에서 없어지고 강욱중이 독자적인 방향으로 나아가는 가운데, 족청 관련 의원들은 대체로 원내교섭단체인 청구회(靑丘會)에 모이게 되었다.[94] 그 중심인물은 이재형과 김수선(金壽善)이다.

김수선은 해방 이후 주식회사 문화당 상무취체역, 조선교육연구회 총무 등을 지내다가[95] 울산 을구에서 무소속으로 출마해 당선되었다. 그런데 그가 총무를 지낸 조선교육연구회는 안호상을 회장으로 1946년에 조직된 민주교육연구회가 '민주주의'라는 용어의 문제가 지적되면서 1947년에 개칭한 조직이었으며, 그 자금은 문화당 사장인 김기오(金琪午)가 지원했다고 한다.[96] 제2부에서 다룬 안호상의 『유물론비판』과 『우리의 부르짖음』을 펴낸 출판사가 바로 이 문화당이다. 김수선은 이런 인연으로 청구회에 참여하게 되었을 것이다. 그렇지만 김수선이 청구회에서 족청 출신들과 함께 움직이게 된 것이 단순한 인맥 때문이었다고 보기는 어렵다.

김수선은 헌법 논의 과정에서 민족자결권, 민족 통일, 민족의 균등 생활, 강력한 국방군을 헌법을 통해 획득해야 한다며, 그것을 위해서는 "무엇보다도 화폐의 특권계급을 제재(制裁)하지" 않으면 안 되기 때문에 "강력한 행정력이 필요하다"고 주장했다.[97] 이런 입장은 족청의 이념과도 유사한 것이었다. 민족주의를 내세우면서도 강력한 국방군이나 행정력을 강조하는

---

94) 청구회가 정확히 언제 생겼는지 분명하지 않은데, 1948년 11월이나 12월경에 생긴 것으로 보인다.

95) 『檀紀四二八三年版 大韓民國人事錄』, 47쪽.

96) 홍웅선, 『광복 후의 신교육운동』, 大韓敎科書株式會社, 1991, 45~49쪽.

97) 『第一回 國會速記錄』 第二十一號, 314쪽.

김수선의 입장은 소장파 의원들이 제출한 '남북 화평 통일에 관한 결의안'을 심의하는 과정에서도 드러났다. 미소 양군의 철수를 포함한 이 결의안에 대해 김수선은 "우리의 국방력이 확실할 때까지" 보류할 것을 제안했다.98) 이런 데서도 국방력을 우선시하는 그의 입장을 확인할 수 있다.

김수선을 비롯한 청구회 소속 의원들은 대체로 민족주의적이었으며, 한민당으로 대표되는 지주·자본가 집단에 대해 비판적인 입장을 보였다. 때로는 소장파와 공동 보조를 취하기도 했지만,99) 그들 인식의 바탕에는 강한 국가의 필요성이 있었다. 그렇기 때문에 이들의 입장은 여순 사건을 거쳐 국가보안법이 제정되는 과정에서 국가보안법을 지지하는 것으로 나타났다.100) 청구회와 소장파가 갈린 것은 바로 이런 점에서였다. 그런데 청구회와 족청의 관계를 생각할 때 주목할 것은, 그들이 지방자치에 대해 적극적이었다는 점이다. 지방자치법안을 심의하는 과정에서 김수선은 "옛날의 썩어빠진 규성 세력(規成勢力)"을 대신해 "민족적인 열렬한 청년이 청년다웁게 우리 정치면"에 나오게 하기 위해 피선거권 연령을 낮출 것을 주장했다.101) 도지사와 시장·읍장·면장 등의 선출 방법에 대해서도 민국당 측은 임명제를 주장한 반면 김수선, 김웅권 등은 도지사는 지방의회에서, 시장·읍장·면장 등은 직선제로 선출할 것을 주장했다.102) 중앙에 대한 지방의 자율성을 강조하고 그 핵심으로 청년을 상정한 것은 기본적으로 족청의 노선과 일치한다고 할 수 있다. 이렇게 제정된 지방자치법은 나중에 대통령

---

98) 『第二回 國會定期會議速記錄』 第二十四號, 456쪽.

99) 李貞恩, 「制憲國動期 靑丘會·新政會의 政治活動과 路線」, 연세대 사학과 석사논문, 2003, 25쪽.

100) 위의 글, 13~14쪽.

101) 『第二回 國會定期會議速記錄』 第四十二號, 747쪽.

102) 위의 책, 754~758쪽.

직선제 개헌을 둘러싸고 '민의'가 동원될 때 중요한 기반이 된다.

2. 족청의 정부 진출

족청 인사들은 뜻밖에도 한국 정부에서 큰 몫을 차지하게 된다. 이범석이
국무총리 겸 국방부 장관으로 임명되고 안호상이 문교부 장관으로 임명된
것이다.

이승만은 1948년 7월 24일, 대통령 취임사에서 국무위원에 대해 "개인의
사회상 명망이나 정당 단체의 세력이나 또 개인 사정상 관계로 나를 다
초월하고 오직 기능 있는 일꾼들"로 구성할 것임을 밝혔으며,[103] 1차로
지명한 이윤영이 부결당한 뒤에도 계속 정당이나 단체를 초월할 것을 강조
했다. 그 결과 지명된 사람이 이범석이었다. 국무총리 지명에 관해 이승만
은 7월 23일에 부통령 이시영과 장시간 논의를 했는데,[104] 이튿날인 7월
24일에『국제신문』이 호외로 이범석의 국무총리 내정을 보도한 것을 보
면[105] 이때부터 후보로 거론되었음이 틀림없다.[106] 7월 29일, 이화장 비서
실을 통해 국무총리 후보로 이범석이 내정되었다는 소식이 전해지자,[107]
긴급회의를 연 무소속구락부는 반대를 결의하고 윤재욱과 윤석구가 이를

---

103)『第一回 國會速記錄』, 第三十四號, 國會事務處, 1948, 636쪽.
104)『朝鮮日報』1948년 7월 24일자.
105)『朝鮮日報』1948년 7월 27일자.
106) 이인은 자신이 이범석을 국무총리로 추천했다고 회고했으며(李仁,『半世紀의 證言』,
　　　明知大學出版部, 1974, 186쪽) 당시 이화장에서 조각 과정에 관여해 '조각 비서'라는
　　　소리까지 들었던 윤석오 역시 이인과 장택상이 적극적으로 이범석을 지지했다고 회고했
　　　다.『남기고 싶은 이야기들』, 中央日報·東洋放送, 1977, 91쪽.
107)『朝鮮日報』1948년 7월 30일자.

이승만에게 건의했다. 한민당에서도 윤치영, 허정 등 이승만 무조건 지지파와 김준연 등 호남파 사이에서 격론이 벌어져 끝내 결론을 내리지 못했지만 반대가 다수인 것으로 전해졌다.[108] 한민당뿐만 아니라 족청 관련자들 역시 이범석의 국무총리 임명에 대해서는 부정적이었던 것이다.

이런 상황 속에서 이범석은 김성수를 만난다.[109] 다리 역할을 한 사람은 족청 출신이자 한민당 당원이었던 조영규 의원이었다. 이범석과 만난 자리에서 김성수는 각료 8석을 요구했고, 이범석은 이를 승낙했다.[110] 그 결과 김성수는 당 소속 의원들에게 "간곡한 지지 요청"을 했다.[111] 바로 다음 날 이승만이 민의에 따라서 이범석을 지명했다고 밝힌 것에 보조를 맞추듯 한민당이 민의 존중을 강조하는 담화를 발표한 것은 이범석 지지를 내비친 것으로 볼 수 있을 것이다.[112] 이렇게 한민당의 지지가 확보된 가운데, 대통령의 체면과 국회 전체 체면에도 영향이 있으니 이범석을 지지하자는 움직임이 국회에서 확산되었다. 지명 직전에는 강경 반대 세력은 무소속 일부와 대동청년단 계열뿐이어서, 지명하면 승인될 것이라는 관측이 나올 정도였다.[113] 그렇지만 이범석 국무총리 지명에 대해 한 언론은 사설을 통해 이범석 지명을 이승만의 측근인 백성욱이 남한에 최소한 30만의 군대를 양성하고 북한에 대한 정치 공작을 적극적으로 추진하자고 주장한 것과 연결시키면서, 정부가 "국방정부(國防政府)적 성격"을 가지게 되어서는 안

---

108) 『朝鮮日報』 1948년 7월 31일자.
109) 『東亞日報』 1948년 7월 31일자.
110) 『事實의 全部를 記述한다』, 希望出版社, 1966, 86~87쪽. 당시 한 기자는 김성수가 5명의 입각을 요망했다고 전했다. 文昌星, 「韓民黨은 어데로 가나?」, 『新天地』 第三卷 第七號, 서울신문社, 1948, 29쪽.
111) 『東亞日報』 1948년 8월 3일자. 이것은 백관수 의원이 밝힌 내용이다.
112) 『東亞日報』 1948년 8월 1일자.
113) 『서울신문』 1948년 8월 1일자.

된다고 경고하기도 했다.114)

1948년 8월 2일, 국무총리를 지명하는 자리에서 이승만은 조각을 서둘러
야 한다는 이야기만 길게 늘어놓고 이범석을 지명한 이유에 대해서는 그가
물망이 높다고만 설명했다.115) 이승만의 지명이 있자 먼저 발언한 사람은
강욱중이었다. 강욱중은 국무총리 1차 지명을 부결시킨 것이 국회의 위신
을 높였다고 하면서도 이번에 또다시 부결시키면 "굉장한 불행"을 가져올
것이라며, "대의(大義)를 위해서 소의(少義)를" 버리자고 국회 인준을 강력
히 주장했다.116) 이에 대해 일단 휴회하고 오후에 다시 논의하자는 의견이
나왔지만, 이유선이 즉석에서 결정할 것을 주장한 것이 받아들여져 바로
투표가 진행되었다. 그 결과, 가 110, 부 84, 무효 3으로 이범석이 국무총리
로 인준되었다.117) 하지만 바로 그날 오후 국회 논의에서 신성균 의원이
남북통일을 정치적 평화적인 수단으로 해결해야 할 마당에 군인이 총리가
된 것은 오해를 살 여지가 있다며 "군국주의(軍國主義)나 경찰국화(警察國化)
하는 조각(組閣)을 해서는 안 되겠다는 태도를 명료히" 할 것을 주장했으
며,118) 이문원(李文源) 의원 역시 이 "임명이 군국화의 전제(前提)가 아니기
를 바란다"라는 의견을 표명했다.119)

그런데 이범석의 국무총리 임명에 대해 불만을 느끼는 사람은 족청 내부
에도 있었다. 광복군 출신으로 족청 중앙총본부 총무부 사무과장을 지낸
이해평(李海平)은 이범석에게 국무총리는 왜 하냐며 따져 묻고, 국무총리

---

114) 「社說: 養兵論과 國務總理」, 『朝鮮日報』 1948년 8월 1일자.
115) 『第一回 國會速記錄』 第三十七號, 684쪽.
116) 위의 자료, 684~685쪽.
117) 위의 자료, 686~687쪽.
118) 위의 자료, 689쪽.
119) 『東亞日報』 1948년 8월 3일자.

지명이 또다시 부결되면 이승만이 대통령직을 내놓아야 하기 때문에 의리상 거절할 수 없었다는 이범석의 해명에 대해서도 "국민을 위한 대의와 이 박사 개인을 위한 소의가 있지 않습니까?" 하고 비판을 서슴지 않았다.[120] 또한 전국위원이었던 이우민 역시 국무총리 취임을 만류했다.[121] 족청은 이승만이나 김구를 지도자로 모셨던 여타 청년단들과 달리 어디까지나 이범석이 지도자였으며,[122] 1948년 8월 28일부터 사흘 동안 개최된 족청 제5차 임시확대전국위원회에서 총재로 추대된 사람 역시 이범석이었기 때문에[123] 이범석에 대한 충성심이 이승만에 대한 그것보다 컸던 것이다. 하지만 이범석은 청년단 수준에서는 충분히 지도자 노릇을 할 수 있어도 국가라는 수준에서는 이승만 같은 존재를 필요로 했다. 이범석이 모델로 삼은 사람이 장제스였기 때문이다. 정인보는 이범석이 "장개석 씨의 일상율신(日常律身)하는 것을 항상 전칙(典則) 삼아 번바더왓"을 뿐 아니라 "증국번(曾國藩)의 『구궐재일기(求闕齋日記)』"를 좋아한다고 쓴 바 있다.[124] 증국번, 즉 쩡궈펀 역시 장제스가 중요시했던 사람이었으니,[125] 이범석의 사상은 철저히 장제스의 영향을 받은 것이었다.

제1부에서 보았듯이 장제스는 중국국민당에서 절대적인 권력을 장악할

120) 이해평, 「철기 장군을 생각하며」, 鐵驥李範奭將軍紀念事業會 編, 『鐵驥李範奭評傳』, 한그루, 1992, 62쪽.
121) 李敬南, 앞의 글, 129쪽.
122) 宋晃秀, 「靑年의 自覺과 實踐」, 『民族靑年論說集』, 朝鮮民族靑年團, 1947, 26쪽.
123) 『京鄕新聞』 1948년 9월 2일자.
124) 鄭寅普, 「李將軍論說集우에」, 大韓民族靑年團中央訓鍊所敎務處 編, 앞의 책, 2~3쪽.
125) 鄧元忠, 『國民黨核心組織眞相: 力行社, 復興社暨所謂藍衣社的演變與成長』, 臺北: 聯經, 2000, 129쪽. 장제스는 자신의 친위 조직이라고 할 수 있는 삼민주의역행사 사원들에게 독서 목록까지 제시했는데, 숙독을 요하는 것으로 쑨원과 장제스 자신의 저서 외에 '사서', '사기', '노자' 등과 더불어 왕양밍과 쩡궈펀의 저서를 들었다.

때도 최고 지도자로서의 총리직은 공석으로 비워둔 채 그 권한을 대행하는 총재직에 취임했다. 쑨원의 권위를 이용해서 권력을 행사하려는 것이었다. 1940년에 정부 기관과 민간단체에서 쑨원을 '국부(國父)'라 칭하도록 결정한 것도 그 후계자로서 장제스의 권위를 높이기 위한 방책이었다고 할 수 있다.126) 장제스와 마찬가지로 군인 출신인 이범석에게도 쑨원과 같은 존재가 필요했다. 즉 이범석이 이승만에게 충성을 다하고 그 권위를 높이면 높일수록 나중에 자기에게 돌아올 몫이 커지는 것이었다. 이범석이 이승만에 대해 보인 절대적인 충성심은 이런 계산에서 나왔을 것이다.

그렇기 때문에 이범석은 국무총리로서 특별한 방침도 없었다. 설사 있었다 하더라도 헌법상 규정된 국무총리의 업무 자체가 "대통령을 보좌"하고 "대통령의 명을 승(承)하여 행정 각부 장관을 통리감독(統理監督)"하는 것에 지나지 않았기에127) 독자적으로 무언가 할 수 있는 자리도 아니었다. 하지만 국방부 장관으로서 이범석에게는 "최적임자"라는 평이 나올 정도로128) 분명한 방침이 있었다. '반공 군대' 건설이 그것이다.

국방부 장관으로서 이범석은 1948년 10월 4일 국회에서 시정 방침 연설을 했는데, 비밀회의로 진행되어서 그 내용은 공개되지 않았다.129) 하지만 1954년에 국방부가 펴낸 『국방부사』 제1집에 의하면, 국방부 장관 이범석의 방침은 '연합 국방'을 정책의 기본으로 삼아 미국을 중심으로 한 민주

---

126) 潘光哲, 『華盛頓在中國: 製作 '國父'』, 臺北: 三民書局, 2006, 170~171쪽.

127) 제헌헌법은 국무총리에 대해 70조에서 "국무총리는 대통령을 보좌하며 국무회의의 부의장이 된다"라고 규정했으며, 73조에서 "국무총리는 대통령의 명을 승(承)하여 행정 각부 장관을 통리감독하며 행정 각부에 분담되지 아니한 행정사무를 담임한다"라고 규정했다.

128) 나절로, 「初代 李範奭 內閣의 解剖: 閣僚들의 人物로 본 前途의 展望 ①」, 『京鄕新聞』 1948년 8월 8일자.

129) 『第一回 國會速記錄』 第八十一號, 國會事務處, 1948, 483쪽.

진영의 국방 역량 연합을 내세웠으며, "반공 민주 군대는 정신적으로 공고하게 무장한 사상 전사가 되지 않어서는 안 될 것이라는 소신에서 특히 '정훈 공작(政訓工作)'에 주력"하는 것이 건군의 지도 방침이었다고 한다.130) 여기서 주목할 것은 '사상 전사'를 만들기 위한 '정훈 공작'을 중요시했다는 점이다. 이범석은 국방부와 국군을 조직하는 과정에서 미 군사고문단장인 로버츠(W. L. Roberts)에게, 한국의 국시는 반공이기 때문에 국군은 민족주의 바탕 위에 민주적인 방식으로 건설되어야 하며 마지막 한 사람까지 공산주의에 맞서 싸울 수 있는 군대여야 함을 강조한 바 있었다.131)

그래서 이범석이 국방부에 설치한 것이 정치국이었다.132) 그런데 국방부

---

130) 『國防部史』第1輯, 大韓民國國防部, 1954, 161쪽.

131) "Notes from Conference between General Roberts and Lee Bum Suk"(10 August 1948), NARA, RG 338, Provisional Military Advisory Group, 1948~49 and Korean Military Advisory Group, 1949~53, Box 4(국사편찬위원회 소장).

132) 이 '정치국'에 대해 1954년에 육군본부 군사감실이 펴낸 『육군 역사일지: 1945~1950』에는 1948년 11월 29일에 국방부 제2국 내에 정치국이 설치되어 송면수가 국장으로 임명되었다고 쓰여 있으며(『陸軍歷史日誌: 1945~1950』, 陸軍本部軍史監室, 1954, 248쪽), 같은 해 국방부가 펴낸 『국방부사』제1집에는 정치국이 언제 생겼다는 정확한 말도 없이 김홍일이 초대 국장으로 임명되었지만 성적이 부진하여 1948년 11월 29일에 국방부 정치국이 육군본부 정훈감실로 흡수된 것으로 기록되어 있다(『國防部史』第1輯, 203쪽). 거의 동일한 시기에 동일한 날짜를 놓고 전혀 다른 서술이 이루어진 셈인데, 1956년에 국방부에서 펴낸 『정훈대계』I에는 1948년 12월 26일에 초대 정훈국장으로 송면수가 취임했으며, 1949년 5월에 육본 정훈감실로 통합된 것으로 서술되어 있다(『政訓大系』I, 大韓民國國防部, 1956, A26~27쪽). 이 명칭에 대해서는 당시 정훈국 지도과장이었던 박영준(朴英俊)이 정훈국이 "한때는 정치국(政治局)이라고 불리기도 했으나, 공산주의국가의 냄새가 풍기므로 정치훈련(政治訓練)의 약칭인 '정훈(政訓)'이 적합하다는 결론에" 이르러 정훈국이 되었다고 회고한 것으로 보아(朴英俊, 『한강물 다시 흐르고』, 박천민, 2005, 151쪽) 일단 정치국으로 설치되었다가 나중에 정훈국으로 개칭되었다고 보면 될 것이다. 날짜에 대해서는 대통령령으로 국방부직제가 공포된 날짜가 1948년 12월 7일이기 때문에(孫聖兼·崔大鎔 編, 『國防關係法令及例規集』, 國防關係法令集發行本部, 1950, 125쪽) 1948년 11월에 내정되고 12월에 실제로 취임했다고 볼 수 있을

편제에 대해서는 미 군사고문단과의 협의가 필요했으며, 군사고문단은 정치국 설치에 반대했다. 이범석이 국방부에 설치하려 한 제2국(정훈)과 제4국(대북 첩보)은 각각 육군과 해군의 G-3과 G-2에 해당하기 때문에 따로 둘 필요가 없다고 보고,133) 그 불필요성을 직접 이승만에게 호소하기까지 한 것이다.134) 군사고문단은 국방부 장관 직속의 정치장교단을 설치한다는 것은 나치 독일이나 '공산국가'에서나 있을 수 있는 일이며 민주국가의 군대에는 맞지 않는다는 이유를 들어 정치국 설치에 반대했다.135) 미 군사고문단의 이런 압력 때문에, 이범석이 국방부 장관직에서 물러난 뒤 국방부 정훈국은 육본 정훈감실로 흡수 통합되었다.

그런데 이범석이 미군의 뜻을 거슬러서라도 정치국을 설치하려 한 것은, 그가 생각한 반공 군대의 모델이 중국 국민혁명군이었기 때문이다. 제1부에서 간략히 언급한 것처럼, 중국국민당이 코민테른의 원조를 받아 조직된 것과 마찬가지로 국민혁명군 역시 적군을 모델로 1925년에 군 내에 당 대표를 두고 군을 정치적으로 지도했다.136) 이렇게 시작된 국민혁명군의 정치 공작 기구는 시기마다 조금씩 변동을 보이면서 유지되다가 1938년 2월에 군사위원회 정치부로 재편되었다.137) 정치부 부장을 맡은 이는 장제스

___

것이다.

133) "Memorandum from Roberts: Proposed Organization and Functions of the Dept. of National Defensee"(26 Nov. 48), NARA, RG 338, KMAG, Adjutant General, Decimal File, 1948~53, Box 4, Files: Brig. General W. L. Roberts (Personnel Correspondence); Brig. General W. L. Roberts (Recurring Reports, 1948)(국사편찬위원회 소장).

134) "Letter from Roberts to Syngman Rhee"(17 December 1948), NARA, RG 338, KMAG, Adjutant General, Decimal File, 1948~53, Box 4, Files: Brig. General W. L. Roberts (Personnel Correspondence); Brig. General W. L. Roberts (Recurring Reports, 1948)(국사편찬위원회 소장).

135) 高貞勳, 『秘錄 軍』 上卷, 東方書苑, 1967, 72~77쪽.

136) 國軍政工史編纂委員會, 『國軍政工史稿』(上), 臺北: 國防部總政治部, 1960, 187~193쪽.

가 본격적으로 훈련을 실시하기 시작한 1933년부터 계속 훈련을 담당해오던 천청(陳誠)이었다.[138] 그는 정치부가 "하나의 주의, 하나의 정부, 하나의 영수 아래서 일구(日寇)를 구축하고 민족을 부흥시키며 혁명을 완성"하기 위해 설치되었다고 설명했다.[139] 항일전을 위한 기구이긴 하지만 공산당의 활동을 봉쇄하기 위한 정치 교육을 실시한 것이다. 이 군사위원회 정치부는 항전 승리 이후 1946년 6월에 군사위원회가 국방부로 개편되면서 미군 군제를 따라 신문국(新聞局)으로 바뀌어 일단 위상이 저하되었다가,[140] 국공내전이 본격화되던 1948년 2월에 정공국(政工局)으로 개편되어 다시 위상이 격상되었다.[141] 이범석이 정치국을 만들고자 하면서 모델로 삼은 것은 자신이 중국에 있던 시절에 존재했던 군사위원회 정치부였을 것이다.

정치국 국장을 맡은 송면수는 중국 중앙육군군관학교(=황푸군관학교) 18기생으로,[142] 졸업하자마자 이범석이 대장을 맡은 광복군 제2지대에 들어가 정훈을 담당했으며,[143] 정훈 교재를 제작할 때도 중국 국민혁명군의 『정공전범(政工典範)』[144]을 한국의 실정에 맞게 고치는 식으로 최초의 정훈 교재라고 할 수 있는 『정공전범』을 작성했다.[145]

---

137) 위의 책, 689쪽.
138) 馮啟宏, 『抗戰時期中國國民黨的幹部訓練: 以中央訓練團爲中心的探討(1938~1945)』, 臺北: 國立政治大學歷史系研究部博士論文, 2004, 14쪽.
139) 何智霖 編輯, 『陳誠先生回憶錄: 抗日戰爭』(下), 臺北: 國史館, 2004, 436~437쪽.
140) 國軍政工史編纂委員會, 앞의 책 (下), 1050쪽.
141) 위의 책, 1200쪽.
142) 朴英俊, 앞의 책, 152쪽.
143) 韓詩俊, 『韓國光復軍研究』, 一潮閣, 1993, 205쪽.
144) 박영준은 『政工典範』이라고 회고했지만 정확하게는 『政工典範草案』이며, 이것은 국공 갈등이 다시 격화되던 1941년에 군사위원회 정치부에서 작성에 착수해 1942년 11월에 군사위원회에 의해 정식으로 공포되었다. 國軍政工史編纂委員會, 앞의 책 (上), 831쪽.
145) 朴英俊, 앞의 책, 153쪽.

또한 이범석은 인사 면에서도 국방부를 확실하게 장악하려 했다. 국무총리 비서실의 경우에도 비서실장을 맡은 목성표(睦聖杓)는146) 족청 서울시단부를 통해 1948년 1월에 전국위원이 된 인물이었으며,147) 비서로도 족청 중앙훈련소 1기생인 최상순(崔相峋),148) 7기생인 김길임(金吉任)149) 등이 채용되었다. 하지만 국방부에서는 훨씬 더 분명한 인사가 이루어졌다. 위에서 본 것처럼 이범석이 가장 중요하게 생각한 정치국 국장에는 송면수를 임명했으며, 제4국 국장에는 중앙훈련소 훈련대장이었던 김근찬을,150) 제4국 검찰과장에는 족청 경남훈련소 소장이었던 최원봉을 임명한 것이다.151) 하지만 제4국은 예산 책정이 되지 않아 어렵게 운영되다가 국방부 장관이 신성모로 바뀌면서 정보국에서 병무국으로 개편되고 말았다.152)

결국 이범석이 국방부에서 추진하려 한 '반공 군대' 건설은 그의 사임과 함께 실패로 돌아간 셈인데, 그가 국방부 장관을 사임하게 된 배경에는 족청 해체를 둘러싼 이승만과의 갈등도 있었지만153) 미국과의 관계 역시 작용했을 것이다.

이범석이 국방부 장관을 사임하고 신성모가 새로 임명된 것은 1949년 3월 21일이다.154) 당시는 철수할 미군을 대신하기 위해 한국 정부가 국군

---

146) 「大韓民國政府職員要錄」, 『檀紀四二八三年版 大韓民國人事錄』, 1쪽.

147) 『朝鮮日報』 1948년 1월 31일자.

148) 서영훈, 『평화의 계단』, 백산서당, 2002, 36쪽.

149) 金正禮, 「民主化와 正義의 旗手」, 『夫琓爀과 나』, 행림출판, 1994, 26쪽. 그런데 김정례는 같은 이에 대해 김길림(金吉林)이라고 쓰기도 했다. 김정례, 「한국 의정의 거목, 여당 내 야당 수령」, 『雲耕 李載瀅 先生 評傳』, 삼신각, 1997, 64쪽.

150) 『6·25 전쟁 참전자 증언록』 1, 國防部軍史編纂研究所, 2003, 14쪽.

151) 『歷代國會議員選擧狀況』, 152쪽.

152) 『6·25 전쟁 참전자 증언록』 1, 14~15쪽.

153) 『서울신문』 1949년 3월 22일자.

154) 『官報』 第六十八號, 大韓民國政府公報處, 1949, 3쪽.

증원과 그에 상응한 군사 원조를 강력히 요청하던 시기였다. 미군 철군이 가시화되기 시작하던 1949년 2월 8일, 이승만은 로열(Kenneth C. Royall) 미 육군부 장관 및 무쵸(John J. Muccio)와 가진 회담에서 철군을 받아들이는 대신 고문단의 강화와 무기 지원을 추가할 것을 주장했다.[155] 같은 달 25일에는 워싱턴에서 로열과 드레이퍼(William H. Draper) 육군부 차관, 그리고 무쵸가 참석한 회의에서 한국군에 관한 문제가 논의되었는데, 그 자리에서 강조된 것 중 하나가 군 내부에 존재하는 파벌성의 문제였다.[156] 이 자리에서 직접 이범석이 거론되지는 않았지만, 국방부 장관이 교체된 직후에 드럼라이트(Everett F. Drumright)가 전문을 보내 이 교체로 인해 국군에 대한 효과적인 통제가 이루어지리라고 보고한 것은 시사적이다.[157] 즉, 국방부 장관 교체가 미국 측에 좋은 인상을 준 것은 틀림없으며, 그것은 군사 원조를 받아내는 데 작용했을 것이다. 다시 말해, 이승만은 불편한 관계에 있던 이범석 해임을 군사 원조를 끌어내기 위한 카드로 활용한 셈이다. 이러한 정치적 계산 속에서 이범석은 중요한 기반이었던 군을 잃게 되었다.

이범석과 더불어 족청 관계자 가운데 안호상도 내각에 들어갔다. 안호상은 1946년부터 당시 서울대 학생이었던 박용만(朴容萬)을 통해 이승만과 이미 안면이 있었다.[158] 본인의 회고에 의하면 이승만에게 안호상을 추천한 사람이 많아서 문교부 장관으로 발탁되었다지만,[159] 행정 경험이 없는

---

155) "Memorandum of Conversation, by the Secretary of the Army(Royall)"(Feburary 8, 1949) *Foreign Relations of the United States 1949 Vol. VII The Far East and Australasia Part 2*(Washington: United States Government Printing Office, 1976), pp. 956~958.

156) "Memorandum of Conversation, by the Special Representation in Korea(Muccio)"(Feburary 25, 1949) *Ibid.*, p. 959.

157) "The Chargé of the American Mission in Korea(Drumright) to the Secretary of State"(March 28, 1949) *Ibid.*, p. 979.

158) 朴容萬, 『景武臺秘話』, 韓國政經社, 1965, 54~57쪽.

학자가 문교부 장관으로 발탁된 데 대해 한 신문은 사설에서 불안감을 드러내기도 했다.[160] 하지만 일개 교수가 장관이 된 것을 긍정적으로 보는 견해도 있었으며,[161] 민족주의 계열에서는 '적임'이라고 평가하기도 했다.[162]

안호상이 문교부 장관으로서 내세운 방침은 '민주적 민족 교육'이었다. 국회 시정 방침 연설에서 밝혔듯이 '민주적 민족 교육'이란 기본적으로는 민족 교육이지만 "자본주의적도 아니고 제국주의적도 아니고 공산주의적도 아니고 팟쇼주의적도 아니고 민주주의적"인 것으로 설명되었다.[163] 교육이 민족주의적이어야 한다는 생각은 안호상이 정부 수립 이전부터 주장해온 것이었다.[164] 1948년 10월 15일에 그는 서울신문사가 주최한 교육좌담회 자리에서 민주적 민족 교육에 대해 설명하면서, 공산주의나 자본주의에서도 민주주의를 내세우기 때문에 민주주의 교육이 아니라 민족을 강조하는 것이며, 또 한편 민주주의민족전선처럼 공산주의에서도 민족주의를 주장할 수 있고 제국주의가 포함될 수도 있기 때문에, 민족주의 교육이 아니라 민주적 민족 교육이라는 식으로 설명했다.[165] 즉, 기본적으로 공산주의와의 차이를 분명히 하기 위해 이 이념이 제출된 것이다.

민주적 민족 교육에 대한 안호상의 생각은 1949년 3월 28, 29일에 문교부 주최로 개최된 '전한(全韓) 국민학교 민주적 민족 교육 연구대회'에서의 강연을 통해 좀 더 분명히 드러났다.

---

159) 안호상, 『한뫼 안호상 20세기 회고록—하나를 위하여 하나 되기 위하여』, 민족문화출판사, 1996, 234~235쪽.

160) 「社說: 閣僚의 一瞥」, 『朝鮮日報』 1948년 8월 6일자.

161) 『朝鮮日報』 1948년 8월 7일자. 이는 서울대 사범대 학장인 채관석의 견해이다.

162) 『朝鮮日報』 1948년 8월 7일자. 이는 건민회 부위원장인 이경석의 견해이다.

163) 『第一回 國會速記錄』 第八十二號, 國會事務處, 1948, 494쪽.

164) 安浩相, 「民主敎育哲學論」, 『朝鮮敎育』 第一輯, 朝鮮敎育硏究會, 1946 참조.

165) 『서울신문』 1948년 10월 19일자.

이 강연에서 안호상이 먼저 표적으로 삼은 것은 개인주의였다. 과거 유럽에서는 통일적 국가가 적었기 때문에 개인주의가 발달했으며, 그것이 자본주의 발전을 가져왔다고 역사를 정리한 다음, 개인주의가 극도에 달하면 "나중에는 인류 문화가 파괴되는 결과가 나타나게" 될 것이며, "특히 우리나라 같은 데에 있어서는 개인주의 교육이라고 하는 것은 우리 전체를 멸망시킬 것"이기 때문에 "개인주의적 교육은 절대로 배척"해야 한다고 주장했다.166) 개인주의 다음으로 공격 대상이 된 것은 세계주의 또는 국제주의였다. 중세의 로마 교황과 스탈린을 거론하며 세계주의, 국제주의를 내세워 세계를 지배하려는 그 성격을 논하면서 "세계주의, 국제주의라고 하는 것은 우리나라 우리 민족에 대해서 민족을 멸망시키는 모략인 까닭에 국제주의, 세계주의는 우리의 교육으로부터서 철저히 배격하지 않으면 안 될 것"이라고 결론을 내린다.167) 그 대안으로 안호상이 제시한 것이 민족 교육이었다. 민족 교육이란 "모든 것을 집어치고 개인주의, 국제주의도 집어치고 철저한 민족정신으로 나간다고 하는, 이래야만 개인이 향상하는 동시에 세계의 문화를 향상할 수 있다고 하는 이러한 의미"라고 안호상은 설명했다.168) 그런데 "자칫하면 배타적이고 독선적이며 제국주의적으로 되기" 쉬운 민족 교육을 고집하는 이유는 "민족을 초월할 수는 없"고 "민족을 부정할 수는 없"기 때문이었다. 1, 2부에서 이미 보았듯이 안호상은 예전부터 민족을 강조했지만, 이 시점에서 약간 차이가 나는 것은 "민족이라고 하는 것은 자연적 산물"이며 "핏줄이 같은 것이 민족"이라고 인종주의적인 민족

---

166) 安浩相, 「民主的 民族教育의 理念」, 『民主的 民族教育硏究』 第一輯, 文教部企劃課, 1949, 2~5쪽.
167) 위의 글, 5~10쪽.
168) 위의 글, 12~13쪽.

관을 분명히 했다는 점이다.[169] 이와 같이 민족을 '자연적 산물'이자 '핏줄의 공동체'로 제시하는 것은, 민족이라는 존재에 이념이나 사상을 떠난 부정할 수 없는 위상을 부여하려는 것이었으며 또한 널리 공유되어 있던 '단일 혈통'의식에 호소하는 것이기도 했다.[170] 하지만 핏줄이라는 것은 단순히 자연적으로 주어지는 것이기 때문에 그 자체가 어떤 가치나 이념성을 지닐 수는 없다. 그래서 바로 이 지점에서 안호상은 "민족은 자연적 산물인 동시에 또 다른 요소가 있는데 그것은 민족은 역사적 산물"이라는 점이라며 '자연'에 '역사'를 결합시킨다.[171] 안호상이 '역사'를 도입한 결과는 다음과 같이 나타난다.

우리가 말하는 민주적 민족 교육은 내가 늘 말합니다만 우리나라에서 가장 발전된 것입니다. "데모크라시" 민주주의라는 말은 "희랍"시대부터 내려오고 있지만 구미식 민주주의는 극단의 개인주의가 아니면 자본주의, 자본주의가 아니면 공산주의, 다시 말하면 문화의 파괴주의라고 나는 말합니다. 그러나 우리가 말하는 민주주의, 이 민주주의는 신라의 민주주의가 세계에 가장 발전하였으며 이 신라에서 말하는 의미에서 나는 민주주의 즉 민주적이라고 말하는

---

169) 위의 글, 13쪽.
170) 당시 이러한 혈통주의적 민족관이 결코 안호상만의 것은 아니었다는 점에 유의해야 한다. 한 예로 국회에서 국적법을 심의하는 과정에서 '국민의 처'에 대한 국적 부여가 논란이 되었을 때 '소장파' 의원 중 한 사람인 박윤원(朴允源)은 "우리 대한민국은 단일민족의 순결성을 보지하기 위해서 혼합 혼인을 우리는 방지하지 않으면 안 되리라고 생각"한다며 '국민의 처'에게도 국적을 부여하자는 안에 반대했다. 같은 '소장파'인 김옥주(金沃周) 역시 "우리 혈통주의를 자랑하는 민족으로서 그 혈통에 어그러지는 말은 대단히 섭섭히 생각하는 바"라고 "동지적 입장"에 있는 강욱중이 "진보적 세계사조"를 거론하며 원안에 찬성한 것을 비판했다. 『第一回 國會速記錄』第一一九號, 國會事務處, 1948, 1160~1162쪽.
171) 安浩相, 「民主的 民族教育의 理念」, 13쪽.

것입니다.[172)

역사적으로 민주주의를 볼 때, 민주주의는 우리 한국민족으로부터 아세아
대륙을 들러서 구라파를 거쳐 대서양을 건너 아메리카에 머물렀다가 태평양을
건너서 다시 이 나라에 왔읍니다. 변증법적으로 볼 적에 우리나라에서 기초해가
지고 다른 나라를 지내가지고 오늘날 우리나라로 되돌아온 것입니다. 그러므로서
세계의 참된 민주주의는 우리나라에서 시초했으며 세계에서 최고 발전, 극단의
발전은 우리나라에서 한 것입니다.[173)

이러한 역사 인식을 바탕으로 안호상은 "우리 민주주의는 개인주의적,
자본주의적, 공산주의적, 세계주의적 민주주의가 아니라 민족적 민주주의"
라고 규정하고 있다.[174) 이는 결국 '민주주의'와 같은 규범을 '민족'에 종
속시킴으로써 "구미식 민주주의"를 배척하기 위한 것이었다. 안호상은 '구
미식 민주주의'를 "자유와 평등과 박애"라 규정하고 이 모두를 부정한다.
자유는 모두 민족으로 환원되고, 박애는 '적에 대한 여지없는 숙청'으로,
평등은 위계질서를 정당화하는 '공정'으로 대체된다.[175)
결국 이러한 '역사'의 도입은 안호상이 생각하는 민족주의의 성격 자체를
변화시키는 것이었다. 제2부에서 보았듯이 정부 수립 이전에 안호상은 미
국이나 소련과 같은 강대국들과의 역학 관계 속에서 '민족'을 사고했으며,
그렇기 때문에 '오랜 전통' 같은 것을 크게 부각시키지 않았다. 바꿔 말해
민족주의는 기존 질서를 바꾸기 위한 이념으로 인식되었고, 기존 질서를

---

172) 위의 글, 14쪽.
173) 위의 글, 15쪽.
174) 위의 글, 15쪽.
175) 위의 글, 16~19쪽.

정당화하는 것으로 보는 관점은 비교적 약했다. 하지만 정부가 수립되고 문교부 장관이 된 이후 안호상의 논리는 기존 질서를 옹호하고 정당화하는 것이 주가 된다.

안호상이 보인 이런 타협적인 자세는 동일한 시기에 문교부 차관 손진태(孫晉泰)가 '민주주의 민족 교육'에 대해 쓴 것과 비교해보면 더욱 뚜렷해진다. 손진태는 "쏘련적 민주주의", 즉 계급주의와 "미국적 민주주의", 즉 개인주의·자유주의를 대비시키면서 '민주주의 민족 교육'을 논했다. 그는 '쏘련적 민주주의'와 '미국적 민주주의'가 "강자의 철학"이며 "양자는 세계 지배라는 근본 의도에 있어 조금도 다름이 없는 것"이라고 보았다. '민주주의 민족 교육'은 그런 관점에서 "약소민족의 나아갈 유일 최선의 길"로 제시된다.176) 손진태가 말하듯이 민족주의를 내세운다면 그것은 당연히 '민족 자주적' 성격을 띨 수밖에 없으며, 여기서는 미국도 예외일 수 없다. 그런데 안호상은 민족주의에서 이런 성격을 탈각시키고 기존 질서를 마치 운명과 같이 받아들이게 하기 위한 논리로 민족과 역사를 활용했다.

이와 같이 안호상은 나름대로 타협적인 자세를 보이기 시작했지만, 그의 이러한 교육 방침은 이범석과 로버츠 사이의 충돌과 마찬가지로 미국과의 갈등을 야기했다. 교육 이념 문제 등 여러 문제를 놓고 미국 문교 고문들과 안호상 사이의 분위기가 냉각되어 문교부 차관 문장욱(文章郁)177)이 1948년 10월 중순에 사임하게 되었으며, 미 고문들이 완전 철수한다는 소문이 나돌기까지 했다.178) 그 뒤에도 미 대사관 측은 안호상에 대해 경계심을

---

176) 孫晉泰, 「民主主義 民族敎育의 理念」, 『새교육』 제4호, 大韓敎育聯合會, 1949.

177) 문장욱은 미국에서 박사학위를 받은 사람으로 미군정 시기에는 과도정부 외무처장을 지내면서 교육 원조에 관한 업무 등을 맡았다.

178) 鄭建永, 「文化一年의 回顧」 ②, 『서울신문』 1948년 12월 24일자. 안호상과 미 문교 고문들 사이의 불화는 무쵸가 국무부 동북아실로 보낸 글에서도 확인된다. "From

가졌던 것으로 보인다. 예를 들어 무쵸는 1949년 4월에 안호상의 민족주의 개념이 1930년대 독일에서 유행했던 '지배민족(Herrenvolk)'179) 이념과 관련이 있는 것으로 보인다고 국무부에 보고했다.180) 이런 식으로 나치즘과의 친화성을 보인 사람은 안호상만이 아니었다. 1949년 1월에 문교부 고등교육국 사범교육과장에 임명된181) 사공환(司空桓)은 조선교육연구회 시절부터 안호상과 함께했던 사람인데,182) 사범교육과장에 임명되기 직전인 1948년 12월에 간행된 조선교육연구회 기관지『조선교육』의 권두언에서 "시기상조인 민주주의와 파괴적인 공산주의 바람에 미친놈(美親派)과 쏘경놈(蘇敬派) 급성 환자가 많이 발생"했기 때문에 "전체주의 약방(藥房)이나 민주주의 약방에서 가장 필요한 당재(唐材)를" 모으기 위해 "나치스 독일의 교육상 지도정신과 사범 교육의 혁신운동"을 살펴보면서 "나치스가 국가민족을 위하여 분투하던 희생적 정신과 실천적 기백은 우리들이 꼭 본받아야 할 것"이라고 주장했다.183) 그런데 무쵸는 한국에 오기 전인 1945년 5월부터 1947년 4월까지 독일의 미군정에서 일했으며,184) 하트션(Edward

---

Muccio(American Mission in Korea) to Niles W. Bond(Assistant Chief, Division of Northeast Asian Affairs, Department of State)"(October 7, 1948), NARA, RG 59, Records of the U.S. Department of State relating to internal affairs of Korea, 1945~1949, File 895(국회도서관 소장).

179) 무쵸는 'Herrnfolk'라고 썼지만 'Herrenvolk'의 오기일 것이다.

180) "Political Summary for March, 1949"(April 18, 1949), p.8, NARA, RG 59, Records of the U.S. Department of State relating to internal affairs of Korea, 1945~1949, File 895(국회도서관 소장).

181)『官報』第二十八號, 大韓民國政府公報處, 1949.

182) 홍웅선, 앞의 책, 48쪽.

183) 司空桓,「更生의 길」,『조선교육』2권 7호, 朝鮮教育研究會, 1948, 1~2쪽. 밑줄은 원문.

184) "Oral History Interview with John J. Muccio" Harry S. Truman Library & Museum(http://www.trumanlibrary.org/oralhist/muccio1.htm, 2012년 11월 16일 확인).

Y. Hartshone)과 같은 나치 고등 교육 전문가와 더불어 독일 대학의 탈나치화(denazification) 작업에 종사했던 사람이었다.[185] 그런 무쵸에게 안호상을 비롯한 이들의 사고방식은 위험한 것으로 비칠 수밖에 없었을 것이다. 세계 질서의 안정화를 위해 파시즘의 청산을 중요하게 생각한 미 국무부를 중심으로 한 이들의 인식과, 거기서 배울 것이 있다고 생각한 이범석·안호상 등의 인식 차이는 그 뒤에도 갈등의 불씨로 남게 된다.

185) Steven P. Remy, *The Heidelberg Myth: the Nazification and Denazification of a German University*, Cambridge: Harvard University Press, 2003, p. 130.

제3장
족청의 해산

대통령이 선출되고 국무총리 인선으로 세간의 이목이 집중되던 시기에, 이범석은 족청의 극소수만 군에 입대할 것이며 족청은 그대로 존속할 것임을 밝혔다.[186] 실제로 족청은 활동을 계속했으며, 앞서 본 것처럼 1948년 8월에 이르기까지 단원 수는 늘어갔다. 미군 CIC가 1948년 7월에도 충북에서는 족청이 지역의 공산주의자들을 받아들이고 있다고 보고했듯이[187] 그 성격도 여전했다. 하지만 이범석의 국무총리 취임을 비롯한 족청의 제도권 진출이라는 상황 속에서 임시확대전국위원회를 개최한 족청은 선언을 발표해 대한민국 정부 수립을 환영하면서 국방군 건설, 친일파 처단, 경찰의 민주적 개혁, 계획경제 실시, 토지 제도의 평민적 변혁, 무역의 국가 관리, 민족적 교육 이념 확립, 노동자의 권리와 남녀 평등의 법적 보장 등을 당면 과업으로 제시하고, 앞으로도 "우리의 본연의 운동을 계속 강력히 전개시킬 것"임을 밝혔다.[188] 남북통일 방안에 대한 구체적인 언급 없이 국방군의 건설을 내세우는 등 남북 관계에 관해서는 약간 경직된 자세를 보이

---

186) 『東亞日報』 1948년 7월 24일자.

187) "XXIV G–2 Periodic Report" No. 883(13 July 1948), p. 1(『HQ, USAFIK G–2 PERIODIC REPORT(1948. 3. 18~1948. 12. 12)—駐韓美軍情報日誌』 6, 315쪽).

188) 『朝鮮日報』 1948년 9월 11일자. 선언 전문은 [부록 3] 참조.

는 한편, 내정에 대해서는 구체적인 개혁 과제를 열거했는데, 그들이 제시한 과제는 대체로 근대적 민족국가 건설이라는 상황에 걸맞은 것이며 헌법 이념에도 합치된 것이었다.

하지만 족청이 독자적인 존재로 남기 어렵게 만드는 사태가 벌어졌다. 여순 사건을 계기로 또다시 청년단을 통합하려는 움직임이 활발해진 것이다. 해방 직후에 좌익에 대항하기 위해 우익 청년단이 필요했던 것처럼, 여순 사건을 계기로 다시 좌익에 맞설 수 있는 물리력의 필요성이 제기되었기 때문이었다. 이승만은 여순 사건 직후부터 "모든 청년단체를 합쳐 민족운동을 전개시키는 한편 우수한 청년을 선출하여 민병(民兵)을 조직할 계획"임을 밝혔다.[189] 국회에서도 여순 사건으로 인해 야기된 '시국'을 수습하기 위해 조직된 '시국대책위원회'가 "국내 모든 청년단체를 해체하고 애국청년으로 향위단(鄕衛團)을 조직하여 군사 훈련을 실시할 것"을 제안했다.[190] 이 제안에 대해서는 몇 번의 논의를 거쳐 청년들을 호국군으로 편성할 것과 청년단체를 통합해서 호국청년동맹을 조직해 훈련받게 할 것이 결의되었다.[191] 1948년 11월 17일에는 족청, 대동청년단(대청), 서북청년회(서청) 등 10개 청년단체 대표들과 이승만이 회담을 가지고, 각 단체 대표로 '민병단조직준비위원회'를 구성하기로 했다.[192] 하지만 결국 이 청년단들 가운데 대청, 서청, 청년조선총동맹, 대한독립청년단, 국민회청년단 등 5개 단체가 중심이 되어 '전국청년통합준비위원회'를 구성하고, 이들을 주체로 하여 대한청년의용단을 조직하게 되었다.[193] 11월 30일에는 그 명칭

---

189) 『朝鮮日報』 1948년 10월 30일자.
190) 『第一回 國會速記錄』 第九十六號, 787쪽.
191) 『第一回 國會速記錄』 第一○二號, 889~898쪽.
192) 『서울신문』 1948년 11월 19일자.
193) 『서울신문』 1948년 11월 25일자.

을 '대한청년단'으로 하고 족청도 무조건 합류하게 되었다는 발표가 있었는데,[194] 12월 1일에 부단장인 노태준이 이를 부인하고 통일회의에 대표는 파견하되 기정 방침은 고수할 것임을 밝혔다.[195] 지방에서는 이런 경향이 더욱 강하게 나타났다. 전남도단부는 기성 조직과 합류하는 것이 "신선한 본단의 내장에 독균을 주입함과 같다"며, "민족과 국가의 자유와 건설을 위하여 혈투한 역사의 소유자인 우리는 민족지상 국가지상의 이념 밑에 불변한 전진이 있을 뿐"이라고 독자 노선을 유지할 것임을 분명히 했다.[196] 결국 12월 19일에 대한청년단은 결단대회를 개최했다. 총재로 이승만, 단장으로 신성모를 선출하고 부총재는 보류되었다.[197] 이는 족청이 합류하면 부총재로 이범석을 추대할 수 있다는 가능성을 내비친 것으로 보인다. 실제로 족청에서는 1월 2일에 대통령에게 건의서를 제출해 단계적인 통합과 부총재에 국무총리, 즉 이범석의 취임을 제안하기도 했다.[198] 하지만 이에 대해 이승만은 담화를 발표해 "이범석 장군이 정권을 탐내서 세력을 부식하려는 의도가 없는 인도자임을 누구나 다 믿는 바이요, 만일 이런 의도가 있다면 나로서는 아무리 친애하는 지우 간이라도 결코 포용치 않을 터인 것은 이범석 장군이 또한 잘 알고 있는 바이므로, 민족청년단을 자기 개인의 파당으로 만들려는 것은 물론 아닐 것"이라며, 그런 움직임을 이범석이 정권을 탐내는 의미로 간주하겠다고 협박했다.[199] 하지만 이에 대해서도

---

194) 『東亞日報』 1948년 12월 1일자.
195) 『국제신문』 1948년 12월 2일자, 『資料大韓民國史』 9, 國史編纂委員會, 1998, 372~373쪽.
196) 『동광신문』 1948년 12월 21일자, 『資料大韓民國史』 9, 619~620쪽.
197) 『東亞日報』 1948년 12월 21일자.
198) 『한성일보』 1948년 1월 8일자, 『資料大韓民國史』 10, 국사편찬위원회, 1999, 32쪽.
199) 『京鄕新聞』 1949년 1월 6일자.

족청은 바로 자세를 굽히지 않았고, 통합은 하겠지만 시간을 두고 단계적으로 할 것을 주장하는 성명을 발표했다.[200] 이런 상황 속에서 이승만과 이범석의 불화설까지 나돌기에 이르렀으며, 이승만은 불화설을 부인하면서도 족청에 대해서는 대통령령이나 총리 명령으로 해체시키겠다고 강경한 태도를 보였다.[201] 이 강경 대응의 배경에는 다른 청년단에서 족청이 '빨갱이 소굴'이라며 이승만에게 직소한 것도 어느 정도는 작용했을 것이다.[202]

갈등이 계속되던 1949년 1월 7일, 용산에 주둔하는 제7여단[203]이 발족해 여단장으로 족청 출신의 이준식이 임명되자,[204] 이를 이범석이 쿠데타를 준비하는 것으로 해석하는 사람까지 있었다.[205] 결국 1월 12일에 이범석이 다음과 같은 라디오 연설을 함으로써 족청 해산은 이제 불가피한 상황을 맞이하게 되었다.[206]

200) 『朝鮮日報』 1949년 1월 8일자.
201) 『朝鮮日報』 1949년 1월 8일자.
202) 李敬南, 『분단시대의 靑年運動』 下, 삼성문화개발, 1989, 278~279쪽.
203) 제7여단은 1949년 2월 1일부로 수도여단으로 명칭이 변경되었다.
204) 佐々木春隆, 『朝鮮戰爭/韓國篇』 上, 東京: 原書房, 1976, 213쪽.
205) 『事實의 全部를 記述한다』, 希望出版社, 1966, 92쪽.
206) 『朝鮮日報』 1949년 1월 14일자. 이 연설의 내용은 신문마다 조금씩 다른데, 참고로 같은 날 『자유신문』에 게재된 내용은 다음과 같다. "경애하는 민족청년단 동지 여러분. 나는 먼저 조국의 독립 후 첫 설을 마지하야 여러분 동지에게 축복을 드린다. 지난해 12월 12일에 세계 민주 우방 48개국이 우리의 독립을 승인하엿슬 뿐 아니라 정월 원조에 북미합중국과 중화민국이 대한민국을 정식으로 승인하야 우리의 독립국임과 자주민임을 다 가티 인정하고 저마다 찬하하게 되엿다. 남북을 통일하야써 국토를 회복하여야 할 것이오 민족을 단결하야써 국가의 력량을 발휘하여야 할 것이다. 이와 가티 중대한 임무를 질머진 우리로써 당면한 실천과제의 하나로 등장한 것이 청년의 통합이다. 이 대통령은 일즉이 이 점에 착안하여 국가의 중추 역량인 청년의 단결을 위하여 모-든 청년의 개별적 조직을 해채하고 오즉 이 나라의 유일한 청년운동의 조직체로 대한청년단을 발족시켜 모-든 청년을 하나로 뭉치라고 권고하엿다.
전국의 백오십만 민족청년단 남녀 동지 여러분 뭉처서 하나로 사느냐 나뉘어 삼천만이 모다 죽

세계 민주 우방 48개국이 우리의 독립을 승인하였을 뿐 아니라 정월 원조(元朝)에 북미합중국과 중화민국이 대한민국을 정식으로 승인하야 우리의 독립국임과 자주민임을 다 같이 인정하였읍니다.

전국의 백오십만 민족청년단 남녀 동지 여러분, '뭉쳐서 하나로 사느냐 나뉘어 삼천만이 모다 죽느냐'는 문제는 본단이 발족할 때부터 이미 인식하였든 것이 아닙니까.

나는 작년 12월 초순 각 지방 대표 동지들이 모힌 자리에서 대통령이[의] 청년운동 통합 방침은 동단(同團)의 방침과 동일한 것이니 여러분은 속히 합류하도록 하라고 권고한 일이 있지 않었읍니가. 여러분도 또한 이 뜻을 양해하고

느냐는 문제는 본단이 발족할 때부터 이미 인식하엿던 것이 아닌가.

동지들은 무엇을 요구하엿든가. 부유한 생활을 요구하엿는가? 엇떠한 특권을 요구하엿든가? 결코 그렇치 안을 줄 믿는다. 우리는 본래부터 쭉 선수자처하여 독립을 자척하려는 자가 안이엿음은 물론이요 청년운동의 순화와 대동단결을 목표로 출발한 것도 사실이니 과거 4년 동안 우리 동지들은 물과 가치 담담한 심경으로 소와 갓치 묵묵한 실천을 거듭하여오는 동안에 어느 때나 남을 도아 일하엿고 남을 위하여 일하엿고 민중의 벗이 되고 민족의 힘이 될 것을 사기하고 잇는 것이다.

이 나라의 장래는 오즉 청년의 순진한 단결로만 건전한 발전을 기하리라는 생각으로 몸소 청년의 선두에 나서 청년의 단결을 위하여 잇는 힘 잇는 정성을 다하여 바치어 여러분과 함께 노력한 결과 오늘에 이만 한 대조직의 민족청년단을 이루엇거늘 이제 이 나라의 원수요 최고 지도자이신 이승만 대통령께서 국가의 새로운 역량으로 청년의 대동단결을 요청하시는 이때의 무엇이 아까워서 이 단체만이 합류를 거부할 것이며 어데다가 쓰겟다고 이 단체만을 보류하겟습니까. 더욱이 민족청년단은 이범석이라는 나 일개인의 전유물이 안이요 실로 백오십만 동지의 공동체입니다.

우리의 첫 거름인 이날의 민심 통일은 무슨 방법으로 가능할 것인가. 한 가정이 중심이요 이 나라의 중견인 청년을 통합하는 것이 무엇보다도 시급히 요청하는 문제. 이런 일은 본단의 발족 당시부터 4년간 주장하여온 일이요 또 실천해온 일이요 또 소원해오는 일이다.

사랑하는 동포 여러분. 나는 이제 엄숙하게 권고합니다. 대통령 이승만 박사의 주장하시는 대로 대한청년단의 산하에 들어가기 위하여 민족청년단을 시급히 해산하자고. 그리하여 대한청년단으로 하여금 명실상부한 대한청년단이 되도록 이 큰 그릇에 민족정신과 국가 이념을 가즉 차도록 부어너허서 새 나라를 건설하는 데 큰 힘이 되도록 합시다. 사랑하는 민국청년단 여러분! 나는 최후로 과거 4년 동안 여러분이[의] 정신적 육체적 모든 희생에 대하야 깁히 사의를 표합니다. 또 이 기회에 단을 위하여 민족을 위하여 국가를 위하여 말업시 목숨까지 바친 수만혼 청년 동지의 영혼 압에 삼가 조의를 표하여 명복을 빕니다." 『自由新聞』 1949년 1월 14일자.

혼연 합류할 것을 찬동하지 않이 하였읍니다[까].

이승만 대통령께서 국가의 새로운 역량으로 청년의 대동단결을 요청하시는 이때의 무엇이 아까워서 이 단체만이 합류를 거부할 것이며 어데다가 쓰겠다고 이 단체만을 보류하겠읍니까. 사랑하는 동지 여러분! 조국 재건을 위하여 대한청년단 산하로 모힙시다. 그리하여 여러분의 두 억게에 지워진 짐을 벗어놓을 때까지 자성(自省) 자각(自覺) 자동(自動)으로 원대한 곳에 착안하고 비근(卑近)한 일을 실천하여 민족지상 국가지상이[의] 큰 발원을 달성합시다.

이 방송을 들었을 때의 상황에 대해 중앙훈련소 출신 단원들은 "땅이 꺼지는 듯한 현기증을 느꼈다", "부산 시내는 단원들의 울음바다가 되었다. 20대, 30대의 청장년들이 눈물을 펑펑 쏟으며 온종일 거리를 헤매었다"라고 회고했다.[207] 하지만 이범석이 해산하라고 한 이상 해산하지 않을 수 없었다. 이에 족청에서는 1월 20일에 전국 이사 및 도단장 연석회의를 열어 다음과 같이 결의하고 해산을 선언하게 되었다.[208]

　一. 결의문

우리는 총재 이범석 장군의 지시를 받들어 대한청년단에 통합할 것을 전제로 단을 해산하고 대표 5인을 구성하여 통합에 관한 일체를 교섭케 할 것을 결의한다.

　二. 해산선언

오늘 우리 민족청년단은 친애하는 삼천만 동포 앞에 엄숙히 해산을 선언한다. 창립 이래의 우리 단 활동의 시비(是非)에 대하여서는 후일 부흥 민족의 정당한

---

207) 李敬南, 앞의 글, 129쪽. 이 증언은 각각 중앙훈련소 1기생인 김일수(金一秀)와 김용완(金龍完)에 의한 것이다.

208) 大韓民族靑年團 全國理事及道團長連席會議, 「告함」, 『朝鮮日報』 1949년 1월 23일자.

역사적 심판이 자임(自任)하리라. 오즉 우리는 민족지상 국가지상의 숭고한 이념 밑에 이 단으로써 건설 과정의 민족적 혁명 주류의 역량을 집결하여 민족 전체의 정치적 자유 활동과 경제적 균등 번영을 아울러 보장하는 민족의 정상적 발전을 성취하려던 소기의 과업을 완수치 못하고 해산하게 됨을 슬퍼할 뿐이다. 이제 곧 우리 단은 대한청년단에 통합할 것이다. 갑자기 해산을 실시하게 되는 이 마당에 있어서 어찌 더 할 말이 없으랴마는, 분명히 지금 우리에게는 참을 수 없게 쏟아지는 피눈물밖에 많은 말이 필요치 않다. 끝으로 과거에 우리 단을 애호하여주신 모-든 동포 밑 인사에게 뜨거운 감사를 드린다.

단기 4282년 1월 20일

대한민족청년단 전국 이사 및 도단장 연석회의

족청이 끝까지 맞서지 못한 것은 무엇보다도 이범석이 이승만의 뜻을 거스르지 못했기 때문이지만, 간부들이 계속 정부에 들어갔기 때문이기도 했다. 이범석 대신 단장에 취임했던 이준식은 1948년 12월 중순에 국군에 들어가[209] 위에서 보았듯이 1949년 1월부터 제7여단 여단장을 맡게 되었으며, 부단장인 노태준은 국무총리 비서실에 들어갔기 때문에,[210] 족청이 정부와의 관계를 무시할 수 없었던 것이다.

그래도 족청이 해산당한 다음 단원들은 조직의 존속을 위해 여러 움직임을 보였다. 먼저 부단장인 노태준 등은 태양신문사라는 신문사를 차렸는데, 태양신문사는 원래 족청 본부인 을지로 5가 77번지 건물을 그대로 사옥으로 사용했으며, 사장은 노태준, 부사장은 중앙본부 총무차장 등을 지낸 강인봉이 맡았다. 총무국장은 이창재(李彰宰), 편집부국장은 최진태(崔軫台),

---

209) 『東亞日報』 1948년 12월 25일자.
210) 李敬南, 앞의 글, 128쪽.

편집고문은 송지영(宋志英)이 각각 맡았다.211) 창립에 맞추어 태양신문사에서는 지사(支社), 지분국(支分局) 및 업무소 모집 광고를 냈다.212) 그 광고에서 "엄정중립의 필봉(筆峰)"213)이라 표현했듯이 『태양신문』은 특별한 정치적 색채를 드러내지는 않았지만, 농지 개혁을 필두로 농촌 문제를 적극적으로 다루는 자세를 보였다.214) 이것은 원래 족청이 '토지 제도의 평민적 변혁'을 내세웠기 때문이기도 하겠지만, 조봉암 농림부 장관 밑에서 비서실장을 지낸 이영근(李榮根)이 고문을 맡았기 때문이기도 할 것이다.215) 이영근은 농림부 장관 비서실장 시절에 당시 추진되려던 농업협동조합의 기간적 담당 세력으로 족청을 활용할 것을 조봉암에게 건의하고 노태준과 조봉암을 만나게 한 사람이었는데,216) 이런 인연으로 조봉암과 함께 농림부를 떠난 뒤 태양신문사에 들어간 것으로 보인다.

그런데 족청의 독자성을 지키려는 움직임은 오히려 중앙훈련소 출신들을 중심으로 나타났다. 중앙훈련소 1기생인 서영훈, 김철 등이 주동이 되어 '보라매동창회'라는 조직을 만든 것이다.217) 이들은 다음과 같은 광고를 내 중앙훈련소 출신들의 규합을 꾀했다.218)

---

211) 『聯合新聞』 1949년 2월 24일자.
212) 1949년 2월 20일자 주요 중앙일간지에 모집 광고가 실렸다.
213) '筆鋒'의 오자일 것이다.
214) 직접 확인할 수 있었던 것은 국사편찬위원회에 소장되어 있는 1949년 3, 4월분밖에 없는데, 사설 등을 통해서는 특별한 정치색을 드러내지 않았지만 농촌 상황이나 농지 개혁에 관한 기사들이 눈에 띈다.
215) 崔虎鎭, 「실천적 민족운동가요 정치철학자인 蒼丁」, 『蒼丁 李榮根 先生 著作集 (1) 祖國統一로의 이 한길』, 統一日報社, 1992, 13쪽.
216) 이영근, 「진보당 조직에 이르기까지」, 鄭太榮, 『曺奉岩과 進步黨』, 한길사, 1991, 621~622쪽.
217) 서영훈, 앞의 책, 32~33쪽.
218) 『朝鮮日報』 1949년 2월 24일자; 『서울신문』 1949년 2월 25일자.

전(前) 대한민족청년단 중앙훈련소 동창생에게 고(告)함

영명하신 혁명 영수 이범석 장군이 친히 지도하신 청년 훈련을 통하여 체득한 바 독립불기(獨立不羈)의 혁명적 인생관을 견지하고 조국 재건 민족 부흥의 거창한 사업 완수를 위하여 최후까지 헌신 노력할 것을 견결히 지향하는 민족청년단 중앙훈련소 필업생(畢業生) 호상 간의 친목과 협조와 □□을 도모함을 목적으로 지난 2월 7일 동창생 대표자(중앙단부 대표 7명, 서울시단부 대표 2명, 각도단부 대표 1명씩)회를 열어 선언문과 규약을 통과하여 '보라매동창회'를 결성하고 방금 각도, 군, 직장지부를 조직 중에 있는 바 연락 불충분으로 아직 각급 지부에 참가치 못한 동창생은 시급히 좌(左)의 사항을 서울시 을지로 5가 77 보라매동창회 본부에 보고 등록하고 본부의 지시를 받아 해당 지부에 참가하라.

추가. 선언과 규약은 청구하는 대로 □□ 동지에게 송부하겠음.

一. 성명 一. 성별 一. 기별(期別)

一. 연령 一. 신분 一. 직위

一. 주소

단기 4282년 2월 20일

보라매동창회장 김동욱(경진)

보라매동창회 역시 족청 본부 건물에 사무실을 두고 족청 노선을 견지하려 했다. 주한 미대사 무쵸는 1949년 4월에 국무부로 보낸 3월 정세 보고에서 이 보라매동창회를 언급하며, 이 조직이 국방부 장관직 상실을 상쇄시키기 위해 이범석이 강력한 정치적 지지 기반을 만들려는 것임이 확실하다고 보고했다.[219] 그런데 그 서술에 바로 이어서 무쵸는 조봉암이 이범석을

---

219) "Political Summary for March, 1949"(April 18, 1949), p. 12, NARA, RG 59, Records of the U.S. Department of State relating to internal affairs of Korea, 1945~1949, File

지원하기 위한 조직 작업을 진행하고 있다는 소문에도 어떤 진실성이 있다고 썼는데, 실제로 이것은 소문만은 아니었다. 보라매동창회는 곧 조봉암이 추진하는 정당 조직 움직임과 결합하게 된 것이다.

조봉암은 한민당에 맞서면서 정부를 견제할 수 있는 '반(反)보수적 국민정당'을 조직하기 위해, 전국적인 조직을 갖춘 족청을 그 중핵으로 삼기로 하고 청구회 사무실에서 회합을 가졌다. 이 자리에는 노태준, 정일명, 원상남(元尙南),[220] 주기형(朱基瑩)[221]과 더불어 김동욱과 김철이 참여했다.[222] 논의는 순조롭게 진행되어 청구회의 이재형, 홍범희 등과 더불어 농민, 노조 대표 등도 포함시킨 확대위원회 설치로까지 나아갔지만, 신당 결성 발기인회를 코앞에 두고 청구회 측에서 조봉암을 제외시켜야 한다는 의견이 나와 결국 혁신계를 제외시키게 되었다.[223] 이영근은 다른 글에서 신당준비위원회가 결성된 시기를 1949년 3월이라고 썼는데,[224] 1949년 3월 18일 국무회의에서 이승만이 "국회에서 이색(異色) 정당(政黨)을 수립할 계획이 있다고 하니 국회 출신 국무위원들은 특별히 주의하여주기 바란

895(국회도서관 소장).

220) 이영근은 원상남이 '전남단장'이라고 썼고 정태영, 박태균, 서중석 등이 모두 그대로 따랐지만 원상남은 전북도단부 선전부장이었다. 『群山新聞』 1948년 1월 30일자.

221) 이영근은 이 사람을 '주기영(朱基榮)'이라고 표기하면서 '진보당 상임위원'이라고 썼는데, 이는 충남도단부 단장을 지낸 주기형일 것이며(建國靑年運動協議會, 앞의 책, 1125쪽), 그는 초기에 진보당에서 조직부에 속했다가(『東亞日報』 1956년 1월 27일자) 서상일을 중심으로 조직된 민주혁신당에서 조직국장을 맡은 사람이다. 『東亞日報』 1957년 10월 19일자.

222) 이영근, 앞의 글, 623쪽; 「민족주의를 떠난 사회주의 용납 못함: 최일남이 만난 사람」, 당산김철전집 간행위원회 엮음, 『堂山金哲全集 4 한국 사회민주주의의 정초』, 해냄, 2000, 203쪽.

223) 이영근, 앞의 글, 624쪽.

224) 『蒼丁 李榮根 先生 著作集 (1) 祖國統一로의 이 한길』, 79쪽.

다"[225]라는 '유시'를 내린 것이 신당 조직운동에서 조봉암 등이 제외된 것과 연관이 있을 수도 있다. 정확한 경위는 알 수 없지만 결과적으로 이 신당 조직은 신정회(新政會)[226]라는 원내외를 아우르는 조직으로 나타나게 되었다.

'대중적 정치 훈련단체'인 신정회는 1949년 5월 8일 국회의원 40여 명을 포함한 각계 대표 80여 명이 모인 가운데 발기인회를 가졌다. 이평림(李平林)이 사회를 본 발기인회에서[227] 다음과 같이 부서가 결정되었다.[228]

총무위원 강욱중 외 85명, **정무위원** 이재형 외 57명, **재무위원** 김익동(金益東) 외 10명, **감찰위원** 강관오(康寬五) 외 10명, **사무국장 서리** 이재학(李在鶴), **선전부 장 서리** 송지영

사회를 본 이평림은 대한농총 부위원장이었으며,[229] 감찰위원을 맡은 강 관오 역시 대한농총에서 총무국 차장 겸 훈교(訓敎)부장을 맡고 있었다.[230] 재무위원을 맡은 김익동은 해방 후 한독당 재정부장,[231] 과도입법의원 의 원 등을 지낸 사업가였다.[232] 이평림과 강관오가 참여한 사실이 이영근이

225) 『第三十二回 國務會議錄』, 1949년 3월 18일.
226) 이 명칭이 어떻게 지어졌는지 알 수 없지만 1948년에 중국에서 구성된 입법원(立法院=국 회)에서 삼민주의청년단계 입법위원(立法委員=국회의원)들이 조직한 단체 명칭이 신정 구락부(新政俱樂部)였던 것과 어떠한 영향관계가 있을지도 모른다. 王良卿, 『三民主義靑 年團與中國國民黨關係研究(一九三八~一九四九)』, 臺北: 近代中國, 1998, 378쪽.
227) 『京鄉新聞』 1949년 5월 10일자.
228) 『朝鮮日報』 1949년 5월 10일자.
229) 『檀紀四二八三年版 大韓民國人事錄』, 118쪽.
230) 「大韓獨立農民總聯盟 部署陣營」, 『勞農運動의 文獻』, 새글사, 1947, 91쪽.
231) 『서울신문』 1946년 8월 25일자.
232) "Composition of the Korean Interim Legislative Assembly", p. 23(鄭容郁 編, 『解放直後政

증언한 것처럼 신정회가 농민 대표 등도 포함시킨 단체였음을 보여준다. 또한 이미 '소장파'로 이름을 날리던 강욱중이 참여했다는 사실은 신정회가 족청 출신들을 다시 결집시키려 했음을 보여주는데, 이것이 1949년 중반까지 신정회가 '소장파'와 거의 노선을 같이하게 된 하나의 배경이었을 것이다.[233] 이때 같이 보도되지는 않았지만 조직부장은 김동욱이 맡았는데,[234] 이 역시 신정회의 원외 기반이 족청 출신들임을 보여준다.

원외를 기반으로 한 신정회의 특징은 『신정(新政)』이라는 기관지를 발행했다는 사실에도 나타난다. 이는 단순한 원내교섭단체가 아니라 '대중적 정치 훈련단체'를 지향한 신정회 성격의 한 측면을 보여준다고 할 수 있다. 하지만 『신정』은 2호까지만 나오다 말았으며,[235] 그 원외 기반이었던 보라매동창회가 경찰 조사를 받으면서 기능을 잃어버리자[236] 김철, 서영훈 등이 1949년 가을에 유학을 위해 일본으로 밀항하면서 빠져버린 사실은[237] 대중단체로서의 성격이 약해졌음을 말해준다.[238] 결국 족청을 기반으로 독자적인 세력을 형성하려는 시도는 성공하지 못한 것이다.

　　治·社會史資料集』 第三卷, 다락방, 1994, 444쪽).
233) 李貞恩, 앞의 글, 31쪽.
234) 金鐘範 編著, 『第三代民議院人物考』, 中央政經硏究所, 1958, 272쪽.
235) 李貞恩, 앞의 글, 27쪽.
236) 서영훈, 앞의 책, 33쪽.
237) 위의 책, 36쪽. 밀항의 결과 서영훈은 일본에 상륙하자마자 검거되어 송환되었지만 김철은 도쿄에 가서 공부를 하게 되었다.
238) 서영훈이 "신정회는 오래 가지 못하였"다고 회고한 것은 대중단체로서의 신정회가 오래 가지 못했다는 말일 것이다. 서영훈, 「경륜과 이론이 뛰어났던 정치 지도자」, 『雲耕 李載灐 先生 評傳』, 131쪽.

제4장
일민주의와 족청계의 태동

1. 일민주의와 반공 체제 구축

일민주의는 족청계를 결집시킨 이념이었지만 사실 '일민주의'라는 말이 언제 만들어졌는지는 정확히 알 수 없다. 다만 나중에 이승만 스스로가 일민주의는 배은희(裵恩希)의 청에 의해 자신의 주장을 그렇게 칭한 것이라고 설명했듯이,[239] 일민주의가 이승만의 여당 조직 공작에서 비롯된 것임은 분명하다. 배은희를 중심으로 하는 목요회는 1948년 8월부터 독촉국민회를 토대로 이승만을 영도자로 하는 여당을 조직하기 위해 준비한 끝에,[240] 10월 2일에 대한국민당 발족을 결정했다.[241] 이승만이 1948년 9월 7일에 올리버(Robert T. Oliver)와 임병직에게 보낸 편지에서 국민회를 정당으로 만들고 신익희, 이청천 등을 포섭할 계획임을 밝혔듯이,[242] 대한국민당의 결성은 이승만의 뜻을 따른 것이었다. 1948년 10월 9일에 발기된 대한국민

---

239) 『聯合新聞』 1949년 1월 29일자.
240) 『京鄕新聞』 1948년 8월 25일자.
241) 『東亞日報』 1948년 10월 5일자.
242) "Letter from Syngman Rhee to Ben Limb and Robert Oliver"(September 7, 1948), 『大韓民國 史資料集』 28, 國史編纂委員會, 1996, 472쪽.

당은 "하나 아닌 둘 이상의 상대적 존재가 있을 수 없다는 일민주의"를 당시로 내세웠다. 이때 대한국민당이 채택한 정강을 보면 당시 일민주의가 어떤 것이었는지 짐작할 수 있다.[243]

  一. 우리는 계급과 지역과 성별을 초월하여 민족 완전 통일로 자주독립의
      국권신장을 기함
  一. 우리는 정치 경제 교육 등 각 방면에 있어 국민 균등의 복리 증진을 기함
  一. 우리는 민족의 정기와 문화를 계승 발휘함으로써 세계 평화와 세계 문화에
      공헌함을 기함

민족은 하나여야 한다는 이념하에 민족 내부의 분열을 없애야 함을 강조한 내용인데, 정강의 두 번째 조항에서는 서중석이 지적한 것처럼 삼균주의의 영향을 엿볼 수 있다.[244]

그런데 거의 이름만 떠돌던 일민주의가 좀 더 구체적으로 모습을 드러낸 것은 1949년 4월의 일이었다. 먼저 4월 7일에 이승만은 대한청년단에 다음과 같은 지시를 내렸다.[245]

내가 기왕에도 발포(發布)한 바 일민주의의 4대 정강(政綱)은 우리 민족의 민주주의의 토대가 될 것임으로 국민 전체가 이것을 절실히 흡수해야만 될 것이니, 정당 조직 여부는 막론하고 이 주의만으로 철저히 믿는 남녀들로 굳게 결속하야 이를 일반 동포에게 널리 선전 공작하야 이 주의를 모르는 사람이

243) 『서울신문』 1948년 10월 10일자.
244) 서중석, 『이승만의 정치이데올로기』, 역사비평사, 2005, 22쪽.
245) 『東亞日報』 1949년 4월 12일자; 『朝鮮日報』 1949년 4월 12일자.

없도록 목표를 삼고, 국민회와 대한청년단이 이를 전적으로 담당하야 그 임무를 수행하므로써 이 주의가 우리 국민의 기초 위에 주축돌이 되도록 노력하기를 부탁하는 바이다. 지금 내무부에서 각 도지사와 부윤 군수 경찰 관리들에게 국민회와 대한청년단을 모아서 관민 합작으로 반공운동을 전적으로 추진하라는 지시를 발송케 할 터이니, 금후 더욱 국법을 존중히 여기며 겸손한 행동으로 관공리와 협조해서 이 긴급한 대사업을 조직적으로 수행하고 보고하기를 부탁하는 바이다.

"정당 조직 여부는 막론하고"라는 표현에서 알 수 있듯이 여당 조직을 위한 이념으로 제시되었던 일민주의가 정당을 떠나 "국민 전체"가 "절실히 흡수해야만 될" 이념으로 제시된 것이다. 일민주의의 위상은 공보처에서 발행하는『주보』4월 20일호에 실린 이승만의「일민주의란 무엇?─헤치면 죽고, 뭉치면 산다」를 통해 분명해졌다. 1948년 가을에도 일반 잡지에 글이 발표된 일이 있기는 했다.[246] 하지만 정부가 발행하는 매체에 실렸다는 사실은, 이승만이 이 글에서 "나는 일민주의를 제창하여 이로서 신흥 국가의 국시(國是)를 만들고저 한다"라고 했듯이 이제 일민주의가 당시(黨是) 수준을 넘어 국시로 등장하게 되었음을 말해준다.[247] 하지만 원래 1948년 10월경에 쓰인 것으로 보이는 이 글에서, 일민주의는 아직 막연한 수준

---

246)『민족공론』11월호에「일민주의를 제창하노라」라는 이승만의 글이 실렸고(『東亞日報』 1948년 10월 31일자 광고. 서중석은『이승만의 정치이데올로기』22~23쪽에서 이 잡지 제목을『민족정론』이라고 썼지만, 이는『민족공론』의 오기일 것이다),『삼천리』 11월호에도「이박사 제창의 일민주의론」이라는 글이 실렸다(『東亞日報』1948년 11월 2일자 광고). 이 잡지들이 아직 발견되지 않아 직접 내용을 확인할 수 없지만 아마도 『주보』에 실린 글과 동일할 것이다.

247)「一民主義란 무엇?─헤치면 죽고, 뭉치면 산다」,『週報』四月二十日號, 大韓民國公報處, 1949, 2~5쪽.

에 머물고 있다. 글 말미에 실린 강령을 보면 다음과 같다.

(一) 경제상으로는 빈곤한 인민의 생활 정도를 높여 부요하게 하여 누구나
　　동일한 복리를 누리게 할 것.
(一) 정치상으로는 다대수 민중의 지위를 높여 누구나 상등계급의 대우를 받게
　　되도록 할 것.
(一) 지역의 도별(道別)을 타파해서 동서남북을 물론하고 대한국민은 다― 한
　　민족임을 표명할 것.
(一) 남녀동등의 주의를 실천해서 우리의 화복안위(禍福安危)의 책임을 삼천만이
　　동일히 분담케 할 것.

이와 같이 『주보』에 발표된 일민주의는 위에서 본 대한국민당 정강과
대동소이한 수준으로 설명되었다. 하지만 바로 같은 날에 일민주의는 좀
더 구체적인 모습을 드러내게 된다.

4월 20일, 이승만은 서울중앙방송국을 통해 '일민주의정신과 민족운동'
이라는 제목의 강연을 했다.[248] 이 강연을 통해 일민주의는 뚜렷한 방향성
을 드러낸다. 이승만은 이 방송에서 시종일관 공산당과의 싸움에 대해 이야
기하면서 "이 싸움이 아직은 사상적 싸움이므로 이 정도가 변해서 군사적
싸움이 될 때까지는 사상으로 사상을 대항하는 싸움이 되고 있으니, 민주주
의로 공산주의를 대항하는 것은 사상이 너무 평범해서 이론상 치밀한 조리
(條理)에 들어서는 공산주의에 선전을 대항하기 어려울 것이므로 일민주의
하에서 4대 정강을 정하여 한 정당을 세워 일변(一邊)으로 공산화(共産禍)를
배격하며 일변으로는 민주주의의 영구한 토대를 삼기로"[249] 했다고 일민

248) 『京鄕新聞』 1949년 4월 22일자.

주의의 의미를 설명했다. 여기서 또다시 정당을 세운다고 밝힌 것으로도 원래 일민주의가 여당 조직과 관련된 것이었음을 알 수 있다. 하지만 더 중요한 것은 이승만이 공산당과의 싸움이 '아직은 사상적 싸움'이라고 규정하면서, 그 '사상적 싸움'의 수단으로 민주주의는 역부족이기 때문에 일민주의를 만들었다고 설명한 점이다.

1949년 4월 중순에 이와 같이 '사상적 싸움'을 부각시키면서 일민주의의 '국시'화가 이루어진 것은, 주한미군 철수로 인해 생길 수 있는 '안보의 공백'을 메우기 위해 반공 체제를 본격적으로 형성해가는 과정의 일환으로서였다. 원래 주한미군은 1948년 연말에 전면 철수가 예정되어 있었는데, 여순 사건 발발로 인해 일단 철수가 연기되었다. 하지만 1949년 3월 22일에 미 국가안전보장회의에서 채택된 NSC8/2는 주한미군이 늦어도 1949년 6월 30일까지 철수할 것을 확정했다.[250] 이 NSC8/2의 개요는 무쵸를 통해 4월 11일에 전달되어 이승만의 동의를 얻었다.[251] 무쵸는 이 자리에서 정확한 날짜를 밝히지는 않았지만 이제 본격적으로 철군이 추진된다는 것은 충분히 전달되었을 것이다. 이승만은 철군에 대해 바로 공개할 생각이 없었지만 주한미군이 7월까지 주둔한다는 정보는 바로 언론을 통해 알려졌다.[252] 4월 18일에 이승만은 주한미군이 철수한다고 공식 발표했는데,[253] 그 바로 며칠 뒤에 본격적인 일민주의의 '국시'화가 이루어진 것이다. 미

---

249) 『京鄕新聞』 1949년 4월 23일자. 이 방송 내용은 『주보』 4월 27일호에 게재되었다.
250) "NSC8/2 A Report to the President by the National Security Council on the Position of the United States with Respect to Korea"(March 22, 1949), 『韓國戰爭資料叢書 1 美 國家安全保障會議文書 KOREA(1948~1950)』, 國防軍史硏究所, 1996, 54쪽.
251) "The Special Representative in Korea(Muccio) to the Secretary of State"(April 12, 1949), *FRUS 1949 Volume VII The Far East and Australia Part 2*, p. 986.
252) 4월 12일자 각 신문의 1면은 이 기사로 장식되었다.
253) 『朝鮮日報』 1949년 4월 19일자.

대사관의 드럼라이트 참사관도 4월 정세 보고에서 이승만에 의한 일민주의 부각이 미군 철수가 임박함에 따라 통합 강화를 위해 행해진 것으로 해석했다.[254]

그런데 '통합'을 말하기 위해서는 억압이나 배제와는 다른 장치가 필요했다. 『주보』를 통해 일민주의를 설명하고 또 라디오 방송까지 한 4월 20일에 결성된 좌익 전향자단체 국민보도연맹(國民保導聯盟)이 바로 그 장치였다.[255] 사실 이와 같은 포섭의 필요성은 제주도와 지리산 일대에서 대대적인 '토벌'이 성과를 거두면서 이미 제기된 바 있었다. 이범석은 3월 중순에 제주도와 전남 일대를 시찰하던 중, 3월 13일에 목포에서 가진 기자회견에서 "정부 수립 이전에는 무력만으로 해결코자 하였는데 앞으로는 오분정치 오분군사라는 병용으로 나아가겠다"는 의사를 밝혔다.[256] 이어 서울에서 가진 기자회견에서는 "귀순자들의 계몽운동에 힘쓰는" 것과 "민중 조직의 강화와 귀순자에 대한 감시를 게을리 하지 않는 길만이 공산당의 모략을 분쇄하는 유일한 방도"라는 생각을 밝혔다.[257] 이렇게 '귀순자'가 부각된 것은 당시 지리산지구를 중심으로 '토벌'과 동시에 유격대에 협력했던 주변 주민들에 대한 대대적인 '민중 자수운동'이 전개되었기 때문이었다.[258] 즉, 유격대원들만을 '귀순' 대상으로 보는 것이 아니라, 주변 주민들까지

---

254) "From American Embassy(Drumright) to the Secretary of State: Polotical Summary for April, 1949"(May 17, 1949), p. 4, NARA, RG 59, Records of the U.S. Department of State relating to internal affairs of Korea, 1945~1949, File 895(국회도서관 소장).

255) 「聯盟日誌」, 『週刊 愛國者』 創刊號, 國民保導聯盟中央本部, 1949, 10쪽. 기존 연구에서는 보도연맹 결성 날짜를 4월 21일로 보았으나 이 일지에 의하면 4월 20일에 경찰국 회의실에서 창립식을 가졌으며 4월 21일에는 기자회견을 가진 것으로 되어 있다.

256) 『서울신문』 1949년 3월 15일자.

257) 『서울신문』 1949년 3월 17일자.

258) 『第二回 國會定期會議速記錄』 第五十六號, 國會事務處, 1949, 19쪽.

'자수'시키는 것으로 범위가 확대되는 가운데 '정치'와 '계몽'이 강조된 것이다. '오분정치 오분군사'는 제1부에서 보았듯이 1930년대부터 장제스가 내세운 '칠분정치, 삼분군사' 노선을 좀 더 군사적으로 변용시킨 것이라고 할 수 있다. 아직 군사적인 함의가 강하기는 했지만 '귀순자'를 어떻게 다룰 것인가 하는 문제는 이때부터 부각되기 시작했다.

또한 같은 시기에 민국당계에서도 '좌익' 포섭에 관한 제안이 있었다는 사실은 주목할 만하다. 민국당계 신문인『동아일보』는 3월 9일자 사설을 통해 '좌익' 규정에 대해 문제제기했다. 이 사설은, 공산주의자는 당을 떠나서는 존재할 수 없기 때문에 "남로당이나 북로당이야말로 진짜 좌익"이라고 좌익을 좁게 규정한 다음, "민족적 대의에 입각한 진보적 민주주의자, 혹은 온건 좌익이라고 칭할 수 있는 사람들과는 남북통일의 민족 대업을 완수하기 위하여 통일전선을 베풀 시기가 왔다고 보는 것이 타당할 것이다. 환언하면, 그들이 진짜 좌익의 피리에 춤추지 않도록 견제하고 경계하면서 민족 진영의 바른 노선으로 견인하고 포용하는 것"을 주장했다.[259]『동아일보』답지 않은 내용을 담은 이 사설의 필자는 김삼규(金三奎)였다.[260] 해방 이전에 일본에서 공산주의운동에 관여했으며[261] 해방 직후『동아일보』조사부장을 지낸 그는, 정부 수립 이전에 좌우합작이 진행되던 시기에도 "조선의 현실에 있어서 좌우가 합작한다는 것은 곧 계급의식을 포섭한 민족의식 우에 선다는 원칙을 승인한 것을 의미"한다고 계급의식의 존재를 인정하면서 그것을 민족의식 속으로 포섭하려는 입장을 보였다.[262] 또 그

---

259)「社說: 左翼規定에 愼重하라」,『東亞日報』1949년 3월 9일자.

260) 사설 자체는 당연히 무기명으로 발표되었지만 이 글이 金三奎,『民族의 黎明』, 三八社, 1950, 210~212쪽에 수록되어 있어 김삼규가 집필한 것임을 알 수 있다.

261) 金三奎,「わたしの半生(一九〇八~一九四五年)」,『言論人 金三奎』, 24~25쪽(東京:『言論人 金三奎』, 刊行委員會, 1989).

는 1947년 3월에 『동아일보』에 5회에 걸쳐 연재한 「민족사회주의 서곡」을 통해 "고루한 우익과 소아병적 좌익을 민족적 인류적 전체적 입장으로 지양시키는 길"로서 민족사회주의를 주창하기도 했다.263) 이 시기에 『동아일보』가 또다시 이런 주장을 피력한 것은, 유엔한국위원단이 한국에서 활동하기 시작해 남북통일 논의가 본격적으로 재개된 상황에 대한 위기의식의 발로였을 것으로 보인다.264) 또한 3월 초부터 서울시 경찰국 사찰과가 '좌익 계열'에 대한 본격적인 검거 공세를 취하기 시작한 것과도 관련이 있을 터이다.265) 이 사설이 발표되었을 당시 내무부 차관이 민국당의 김효석(金孝錫)이었는데, 그가 내무부 장관으로 임명된 직후인 1949년 4월 1일에 민국당 선전부는 담화를 발표해 공산당과의 투쟁은 무력전만이 아니라 사상전이 중요하다고 지적했다.266) 당시 국가보안법 위반 등으로 수감된 좌익수들이 많았는데, 유치장에서도 같은 감방 사람들을 '적화'하는 공작이 극심하다고 국무회의에서 보고될 정도로267) 단순한 처벌만으로는 공산주의에 맞서기 어렵다는 것이 분명히 드러난 상태였다. 당시 좌익에 대한 대대적 공세를 펼치던 경찰도 '전향 공작'의 유효성을 인식하고 있었다. 3월 29일에 발생한 박일원(朴馹遠)268) 암살 사건에 대해 김태선 서울시 경

262) 金三奎, 「民族統一論 (下) 階級意識을 包攝한 民族意識의 昂揚」, 『東亞日報』 1946년 7월 19일자.

263) 金三奎, 「民族社會主義序曲 (5)」, 『東亞日報』 1947년 3월 18일자.

264) 유엔한국위원단의 활동에 대해서는 『國際聯合韓國委員團報告書(1949·1950)』, 大韓民國 國會圖書館, 1965 참조.

265) 『東亞日報』 1949년 3월 12일자. 서울시 경찰국에서는 이것을 남로당계의 '3월 공세'에 대한 대응으로 설명했다. 『朝鮮日報』 1949년 3월 17일자.

266) 『自由新聞』 1949년 4월 2일자.

267) 『第四〇回 國務會議錄』, 1949년 4월 12일. 이에 이승만 대통령은 내무부에서 부책 단속할 것을 지시했다.

268) 박일원은 민주주의민족전선 중앙위원, 남로당 경기도 위원 등을 지내다가 1947년 10월에

찰국장은 더 이상의 전향을 방지하려는 남로당의 위기의식의 발로라고 설명했다.[269] 4월 15일의 국무회의에서는 이범석이 당면 정책으로서 '반도(叛徒) 소탕전(掃蕩戰)'을 언급하면서 그 중점을 제주도에서 전남 이북으로 옮겨 "단시일 내에 완전한 소탕 대비가 절망(切望)된다"고 밝혔다. 동시에 이범석은 미군 철수 문제를 거론하면서, 미군이 7월경에 철퇴할 우려가 있으므로 "정치적으로 군사적으로 금후가 제일 위기일 것"이라는 생각을 개진했다.[270] 미군이 철수하게 될 위기적 상황에 대비하기 위해 '반도 소탕'이 무엇보다 중요한 상황에서 부각된 것이 '사상'을 통한 전향 공작이었다.

이런 맥락 속에서 탄생한 보도연맹은 "사상이란 정의감에서 출발되는 것이오, 일체 신념화되는 것이기 때문에 폭력이나 억압으로 근절하기는 절대 불가능한 것"이라는 인식을 바탕으로 "사상은 사상으로 투쟁하여 상대방을 극복"시킬 것을 목적으로 조직된 단체였다.[271] 보도연맹은 직접 일민주의를 내세우지는 않았지만, '사상으로 투쟁'하기 위해서는 어떤 특별한 사상이 필요한 것은 분명했다. 보도연맹에서는 1949년 9월 20일에 보도연맹 간사장 박우천(朴友千), 서울지검 검사 오제도(吳制道), 서울시경 사찰과의 최운하(崔雲霞) 등이 참석한 좌담회를 가졌는데, 그 자리에서 화제가 된 것 중 하나가 지도이념 문제였다. 최운하는 지도이념의 필요성을 거론하면서 일민주의보급회와 연락할 것을 제의했고, 이에 오제도도 동의하면서 이론

전향 성명을 발표했다. 「民戰南勞를 脫退하면서: 前中央委員 朴駒遠氏의 手記」, 『朝鮮日報』 1947년 10월 16일자. 그는 전향 이후 1948년 10월까지 수도경찰청 사찰과에서 근무하면서(『東亞日報』 1948년 10월 19일자) 『南勞黨總批判』, 『總選擧에 對한 南勞黨의 動向批判』과 같은 저작을 발표해 남로당에 대한 공세에 적극적으로 앞장섰다.
269) 『朝鮮日報』 1949년 3월 31일자.
270) 『第四一回 國務會議錄』, 1949년 4월 15일.
271) 『東亞日報』 1949년 4월 23일자.

은 이론으로 싸워야 한다며 민족의 지도이념을 일민주의와 결합시켜 창안해보려 연구 중이라고 밝혔다.[272]

이 지도이념 문제에 대한 오제도의 생각은 보도연맹 기관지인 『주간 애국자』 5호에 실린 글을 통해 잘 드러난다.[273]

전향의 진정한 의미가 사상의 고차적 비약이며, 따라서 세계관의 일대 혁신이며 인간 생활의 양심적 혁명인 까닭으로, 이것을 완성함에는 피눈물 섞인 속죄와 참회와 고민의 과정이 응당 필요할 것이며, 그것은 반드시 확고부동한 새로운 사상에 대한 신념과 이념의 육체적 감정화가 있어야 할 것은 물론이다.

이 사상은 한마디로 말하면 진정한 민주주의적 민족 사상으로써, 대한민국의 자주성과 직결한 세계 평화와 인류 문화에 공헌할 수 있는 세계관이다. 그리고 이것을 구체적으로 말하면 대한민국의 엄정숭고한 헌법정신에 입각해서 기만적인 소위 무산계급독재나 자본가독재나가 아닌 만민의 자유와 행복을 공향(共享)할 수 있는 진정한 민주주의—특히 우리 민족적 도의와 전통에 적응한 국체 관념에 입각해야 할 것이다. 그리고 이것의 이념 내지 실천 방법으로는 공산주의 독재 사상의 모순과 자본주의 독재의 모순을 모두 지양우위(止揚優位)한 위대한 영도자 이 대통령 각하의 일민주의의 건국 이념의 정의성(正義性)과 필연성을 철저히 체득하는 데 있다.

즉 전향자에게는 새로운 사상에 대한 신념이 필요한데, 그 신념을 가지기

---

272) 「思想對策座談會」, 『週刊 愛國者』 創刊號, 6~7쪽. 최운하는 한술 더 떠서 "독일 선전상 겟벨스 같은 자가 남한에도 등장해야겠는데" 하는 말까지 서슴지 않았다. 공산주의에 맞서기 위한 모델이 여전히 나치즘이었음을 보여주는 대목이다.

273) 吳制道, 「思想轉向者의 保導方針」, 『思想檢事의 手記』, 昌信文化社, 1957, 144~145쪽. 이 글은 원래 『주간 애국자』 5호(1949년 12월 15일자)에 실린 글을 재록한 것이다.

위해서는 공산주의와 자본주의를 지양한 일민주의를 체득해야 한다는 것이다. 일본에서 공산주의자들을 전향시킬 때 사상검사들은 천황제를 인정한다면 자본주의 비판은 허용할 수 있다는 식으로, 말하자면 '천황제사회주의'의 가능성을 내비침으로써 전향을 유도하기도 했다.274) 이와 같이 좌익들을 포섭하기 위해 자본주의를 비판할 수 있는 사상이 필요했던 것이며, 일민주의가 그 역할을 하게 된 것이다. 제1부에서 보았듯이 사회주의운동 경험이 있고 보도연맹 최고지도위원이기도 했던275) 양우정이 일민주의에 대해 "이 대통령의 이 위대한 사상 체계를 기록해보려고 한 것은 금년 봄부터였다"라고 밝힌 것도,276) 일민주의의 등장이 좌익 포섭이라는 과제와 연결되어 있었음을 말해준다. 일민주의 보급을 위한 조직인 일민주의보급회가 1949년 10월 22일에 실질적으로 발족한 것도, 보도연맹에서 11월 1일부터 1주일을 '남로당 근절 주간'으로 설정하고 그에 앞선 10월 25일부터 30일까지 6일 동안을 자수 주간으로 설정한 것과 연결되어 있었다고 보아야 할 것이다.277) 이승만의 여당 조직을 위해 국민회 측에서 나왔던 일민주의는 좌익 포섭이라는 과제와 맞물리면서 그 성격을 변화시켜갔다.

일민주의가 지닌 이런 성격을 가장 잘 보여주는 것이, 양우정이 쓴 『이대통령 건국 정치 이념』이다. 당시 연합신문사 사장이었던 양우정은 해방 직후 혁명자구원회278)에 참여했다가 모스크바 3상회의 결정 지지에 반발

---

274) 伊藤晃, 『転向と天皇制』, 東京: 勁草書房, 1995, 21~51쪽. 1930년대 대량 전향의 계기가 된 일본공산당 간부 사노(佐野)·나베야마(鍋山)의 전향 성명도 코민테른을 비판하고 천황제 아래서 '일국 사회주의'를 건설할 것을 주장하고 있었다.

275) 三千里社編輯局 編, 『總選擧政見集』 上卷, 三千里社, 1950, 99쪽.

276) 梁又正, 『李大統領建國政治理念: 一民主義의 理論的 展開』, 聯合新聞社, 1949, 4쪽.

277) 『京鄕新聞』 1949년 10월 26일자. 일민주의보급회 발족과 남로당 근절 주간 설정은 동시에 보도되었다.

278) 이 '혁명자구원회'는 1945년 10월 1일에 조선적색구원회, 조선혁명구원회, 조선인민구원

해 반공주의적인 입장을 취하게 되었는데,[279] 그런 점에서 그의 반공주의
는 공산주의 자체에 대한 비판이라기보다는 민족주의적인 관점에서 이루어
지는 반공주의가 될 수밖에 없었다. 그 뒤 양우정은 언론과 독촉국민회 선
전부 등을 통해 반공과 이승만 지지를 호소하는 운동을 펼쳤다. 제2부에서
보았듯이 그의 특징은 민족주의로 공산주의에 맞서면서 좌익 일부까지 포
섭하려는 데 있었다. 1948년 10월에 간행된 『이승만 대통령 독립 노선의
승리』에서도 양우정은 이승만의 노선이 민족주의임을 강조하면서 "민족주
의의 원칙은 민족 전체의 복리와 행복을 목표하는 사회민주주의적 이념을
기초로 하고 있다. 진정한 민족주의는 계급 차별의 제도와 자본주의적 동족
착취 제도를 용인할 수 없게 되는 것이다"라는 식으로 자본주의를 비판하
는 민족주의를 내세웠다.[280] 『이 대통령 건국 정치 이념』은 이러한 양우정
의 사상이 전면적으로 드러난 것이라고 할 수 있다.

　제1부에서 보았듯이 양우정은 1930년대 초반에 농민운동을 하면서 공산
당 재건운동을 벌이다가 검거되어 감옥에서 전향했다. 그때 그는 루소의
말을 인용하면서 공산주의보다 가족을 택할 것을 선언했는데, 이 책에서도
양우정은 같은 구절을 언급하면서 민족주의를 논한다.[281]

　　회 등 세 단체가 합동해서 조직한 '조선혁명자구원회'를 말하는 듯하다(『每日新報』
　　1945년 10월 3일자). 이 조선혁명자구원회 위원장을 맡은 사람이 과거 양우정을 당
　　재건운동에 연루시킨 서중석이었기 때문에(『每日新報』 1945년 10월 10일자) 그 관계로
　　들어간 것으로 보인다.
279) 「南勞党서울市党部幹部들에게 党內秘密과 轉向心境을 듣는 座談會」, 『週刊 愛國者』
　　　第2號, 國民保導聯盟中央本部, 1949, 7쪽. 이는 홍민표 등 남로당 전향자들과의 좌담회에
　　　서 양우정이 밝힌 내용이다.
280) 梁又正, 『李承晩 大統領 獨立路線의 勝利』, 獨立精神普及會, 1948, 63쪽.
281) 『李大統領建國政治理念: 一民主義의 理論的 展開』, 2~3쪽.

"자기의 주위에 있어서는 실행하기를 원하지 않는 본무(本務)를 일부러 서적 속에서 찾으려고 하는 그러한 코스모포릿트를 신용하지 말아라. 이와 같은 철학자는 그 인인(隣人)을 사랑하는 것을 피하기 위하여 달단인(韃靼人)을 사랑하는 것이다." 룻소-가 말한 이 경고는 오늘날 정히 공산주의자에게 대한 경고가 되지 않으면 아니 될 것이다.

공산주의자는 민족을 사랑하는 대신에 세계를 사랑한다고 한다. 세계를 사랑하기 위하여서 민족을 망각하는 것이다.

그러나 이승만 대통령은 세계를 사랑하기 전에 민족을 사랑하라 하였다. 인인을 사랑하는 것은 민족을 사랑하는 것이오, 민족을 사랑하는 것은 세계를 사랑하는 것이라 하였다.

이 대통령은 민족을 사랑할 수 있는 공산주의는 용인할 수 있다고 하였다.
조국을 사랑할 수 있는 공산주의자는 포용하고 같이 일할 수 있다고 하였다.

여기서 양우정은 스스로의 전향 경험을 떠올리면서 공산주의를 비판하는데, 1930년대에 전향을 선언했을 때와 다른 것은, 가족의 연장선상에 있는 민족을 국가와 일치시킬 수 있는 상징이 존재한다는 점이다. 과거에 전향했을 때 찾지 못한 '지도자'가 드디어 주어진 것이다. 양우정의 전향은 '지도자' 이승만을 매개로 완성되었으며, 1930년대에 천황제를 매개로 고바야시 모리토가 전향자운동을 추진했듯이, 양우정 역시 이승만을 앞세우면서 전향 공작에 앞장서게 된다.

물론 이승만이 반공주의자라는 것은 누구나 아는 사실이었지만, 이승만은 대통령 취임사에서 "우리는 공산당을 반대하는 것이 아니라 공산당의 매국주의를 반대하는 것"[282]이라고 한 것처럼 공산주의자도 포섭하겠다는

---

282) 『第一回 國會速記錄』 第三十四號, 國會事務處, 1948, 637쪽.

포즈를 취하는 것 또한 잊지는 않았다. '좌우를 초월한 민족의 지도자'라는 이미지는 이승만이 귀국 이후 줄곧 연출해온 것이었는데, 양우정은 그러한 연출을 위해 필요한 '좌'측 인물이었으며, 이 책은 그런 역할을 유감없이 수행했다. 『이 대통령 건국 정치 이념』은 다음과 같이 시작된다.[283]

> 자본주의에 병들고 공산주의에 독(毒)된 세계와 인류가 세계와 인류를 구원할 새로운 이상을 추구하고 새 세계를 건설하려고 하는 의욕이 날로 높아져가는 1945년 8월 제2차 세계대전이 종결을 고한 이후에 있어서 동방의 하늘에는 여태 구름 속에 파묻혀 있던 한낱의 거대한 샛별이 구름을 헤치고 요요히 빛나고 있다.
>
> 그의 이름은 이승만 대통령! 그는 한민족 삼천만을 인도하는 별일 뿐만 아니라 전 세계의 십칠억 오천만의 인류에게 새로운 희망을 지시하는 거대한 태양이다.
>
> 그는 병들고 독된 전 인류가 새 광명을 추구하고 지향하는 신세계 건설의 이념을 주창하면서 그 이상을 한국 삼천리 강토에서 실천의 거보를 내어디디고 그것을 세계에 범시하려고 한다.
>
> 이승만 대통령은 민족주의자다.

그 다음에 이어지는 것이 바로 위에서 본 루소의 말이다. 일민주의는 이렇게 거창하게 제시되었다. 양우정은 "그의 일민주의 정책을 단적으로 말한 그의 정치사상의 요체"로서 이승만이 1947년 4월에 도미외교를 갔다가 돌아왔을 때의 말을 인용한다.[284]

---

283) 『李大統領建國政治理念: 一民主義의 理論的 展開』, 1~2쪽.
284) 위의 책, 8~9쪽.

내가 중국 상해를 거쳐 다녀왔는데 상해에서 보니 중국 사람이 인력거를 끌고 가는데 그 인력거에 중국 사람이 타고 가는 것을 보았다. 우리나라에 정부가 서면 동포가 동포를 타고 가는 제도를 만들지 않아야 할 것이다.

양우정은 다른 책에서도 이승만의 이 말을 언급하면서 이승만의 이념이 '사회민주주의'적인 것임을 주장했는데,[285] 억지로라도 이승만의 사상을 사회민주주의적 성격을 띤 민족주의로 만들려는 자세가 엿보인다.

그런데 양우정은 이 책을 통해서 좀 더 구체적으로 일민주의의 이론화를 시도하고 있다. 그는 일민주의의 이론적 기초가 "정신적 일치 원리와 물질적 공동 원리를 결합시키는 곳에서 출발하게 된다"고 하면서,[286] "역사상의 제 사조를 통하여 언제든지 집단적 관심이 상극(相剋)되는 것은 이 정신적 일치 원리와 물질적 공동 원리를 결부시키지 않고 조정하지 않는 곳에서 상극이 야기되는 것을 발견"하게 된다고 한다.[287] 이 '정신적 일치 원리'와 '물질적 공동 원리'가 현대에 구현된 것이 "전자의 대표적 정치 체제는 독일의 나치즘, 이태리의 팟시즘, 일본의 군국주의, 그리고 남어 있는 소련의 독재주의이며 후자의 대표적 정치 체제는 영미의 자본주의"이다.[288] 양우정은 이 두 체제를 각각 '지배와 굴종', '자유와 착취'로 표현하며,[289] 이 양자를 극복하는 것으로 일민주의를 제시한다.[290]

---

285) 『李承晩大統領 獨立路線의 勝利』, 63쪽.
286) 『李大統領建國政治理念: 一民主義의 理論的 展開』, 9쪽.
287) 위의 책, 11쪽.
288) 위의 책, 31쪽.
289) 위의 책, 32쪽.
290) 위의 책, 37쪽.

그의 새로운 정치 체제에 있어서 두 가지의 반동하는 기존 체제, 즉 '지배와 굴종' 체제와 '자유와 착취' 체제를 지양 극복하고 정신적 일치 원리와 물질적 공동 원리를 결부하며 조정한 '하나'의 정치 체제가 새로이 제창되는 것이다.

양우정은 국가에 관한 다양한 학설들을 소개하면서 일민주의가 그것들과 어떻게 다른지 설명하려고 한다. 대부분은 그가 책 말미에 참고서로 제시한 아마카와 노부오(天川信雄)의 『국가 체제의 신원리』에서 베낀 것이지만,[291] 양우정의 개인적 생각으로 보이는 부분도 있다. 국가를 가정 모델로 설명하는 부분이 그것이다. 양우정은 "국가는 가정을 확대한 것이오, 가정은 국가의 유치한 형태로 된 축소판"이라고 보았다.[292] 가정이 국가의 모델이 될 수 있는 까닭은 그가 다음과 같이 역사를 인식하고 있었기 때문이다.[293]

이 두 개의 반동 체제('지배와 굴종' 체제와 '자유와 착취' 체제—인용자)는 태고에 인간 생활과 함께 출발하여 자연적으로 성립된 가정이라는 인간의 공동생활 체제가 광범위하게 발전하면서부터 가정이 내포하고 있는 공동생활 체제의 원칙이 변질되면서부터 그 원칙에 반동하는 '지배와 굴종', '자유와 착취' 이 두 개의 반동 체제가 상호 계기(繼起)하여 금일에 지(至)한 것이다.

---

291) 天川信雄, 『增補 國家體制の新原理』, 東京: 明善社, 1943. 이 책은 원래 1940년에 출판되었다가 1943년에 '포르투갈의 조합국가 원리'에 관한 장을 새로 추가해 증보판으로 나온 것인데, 『이 대통령 건국 정치 이념』에 포르투갈의 조합국가 원리에 관한 서술이 나오는 것으로 보아 양우정이 참고한 것은 이 증보판일 것이다. 파시즘이나 전체주의에 관한 양우정의 서술은 거의 다 이 책에서 베낀 것이다.
292) 『李大統領建國政治理念: 一民主義의 理論的 展開』, 46쪽.
293) 위의 책, 32쪽.

말하자면 양우정은 인류 공동체의 기원에 가정을 놓고 거기서부터의 일탈로 현재 두 개의 체제가 있다고 보는 것이다. 제1부에서 보았듯이 양우정이 전향할 때 그 논리의 핵심에는 '가족'이 있었는데, 민족의 알레고리이기도 했던 '가족'을 국가의 알레고리인 '가정'으로 슬쩍 바꿔놓으면서, 그는 "국가를 부정하는 공산주의가 가정을 부정하는 것은 당연한 것"[294]이라며 "국가를 부정하고 가정을 무시하는 공산주의는 결국 개인주의적 무정부주의에로 결탁된다"[295]는 논리로 공산주의를 비판한다. 공산주의의 독재성을 비판하고 자유를 논하면서도 그의 공산주의 비판의 핵심에 자리 잡고 있는 것이 사실은 개인주의 비판인 셈이다. 이런 점에서 보면 자본주의가 비판 대상이 되는 것은 너무나 당연했다.

양우정의 자본주의 비판은 결론 부분에서 전면적으로 전개되는데, 이 책의 결론은 이렇게 시작된다.[296]

자유의 미명하에서 인간이 인간을 착취하는 자본주의의 모든 사회 제도와 경제 조직을 우리는 전복하지 않으면 아니 된다. 그것은, 일민주의가 지표하는 '하나인 민족으로써 무엇에고 또 어느 때이고 둘이 있을 수 없다'는 원칙은 착취하는 지주와 착취당하는 소작인의 존재를 인정할 수 없으며 착취하는 자본가와 착취당하는 노동자의 제도를 인정할 수 없는 것이다.

우리는 현대 물질 문명의 기초를 구축하고 있는 자유주의적 경제 이론을 근본적으로 비판하고 파괴하지 않으면 아니 될 것이다.

잉여노동의 수탈과 착취 위에서 자본의 축적 이윤의 추구, 그도 부족하여서

---

294) 위의 책, 49쪽.
295) 위의 책, 51쪽.
296) 위의 책, 128~129쪽.

기업의 합동 독점자본 해외 상품시장의 쟁탈로서 이루워지는 현대 자본주의국가의 제국주의적 반동은 국내의 모순을 무마하기 위하여 해외 약소민족의 착취를 하기 위한 경제적 식민지 개척에 혈안이 되어서 세계의 화평을 교란하기까지 이르는 것이다.

자본주의 제도는 국내적으로나 대외적으로나 이승만 대통령의 일민주의와는 상용할 수 없는 제도인 것이다.

강한 톤으로 자본주의를 비판한 양우정은 이에 머무르지 않고 다음과 같이 주장하기에 이른다.[297]

우리는 자본주의 제 국가가 자체의 모순으로 파탄될 것을 기다릴 것이 아니라, 그들이 최후의 활로를 찾아 해외 식민지 상품시장의 재분할 재편성을 기도하는 야망을 분쇄하지 않으면 아니 될 것이다. 세계의 전 약소민족은 이승만 대통령의 일민주의가 지표하는 새로운 민족 이론을[으로] 무장하고 단합하여서 새로운 경제적 침략자의 아성에 향하여 육박하지 않으면 아니 될 것이다.

자본주의를 양기(揚棄)하고 진정국가(眞正國家)를 건설하는 의의는 국내적인 문제일 뿐만 아니라 자본주의의 세계적 만연과 자본주의의 세계적 정복에 대한 대비가 되지 않으면 아니 된다.

보라, 선진 자본주의 강대 제국의 영토적 제국주의가 아닌 눈부신 경제적 제국주의 활동을. 눈뜨는 세계 약소민족은 '새로운 민족', '현대 민족'으로서 자기를 방어하는 모든 방안을 강구하는 노력을 가져야 할 것은 세계 제2차 대전의 종결 후에 있어서 더욱이 강조되고 구체화되여지고 있으며 외래 자본주의의 방어는 국내 자본주의의 청산과 함께 동일한 보조로 수행되어져야 할 것이다.

---

297) 위의 책, 130~131쪽.

단순한 자본주의 비판이나 제국주의 비판의 수준을 넘어서 '약소민족'의 입장에서 '영토적 제국주의'와 다른 '경제적 제국주의'라는 이름으로 신식민주의에 대한 비판까지 하고 있는 것이다. 여기서 양우정의 주장은 분명히 제3세계주의적인 경향을 보인다.

이 글 뒤에 공산주의 체제에 대한 비판이 이어지고,[298] 그런 다음에 양우정은 자본주의 및 공산주의와는 전혀 다른 것으로 일민주의 국가관을 설명하고서 다시 다음과 같이 말한다.[299]

> 치근치근한 자본주의의 잔재는 의식적 또는 무의식적으로 자본주의의 재건을 꿈꾸고 또는 기도(企圖)하고 있는 것이다.
>
> 공산주의의 치열한 반동을 분쇄함과 동시에 우리는 꿈틀거리고 일어나려고 하는 이 자본주의의 잔재를 제초(除草)하고 일민주의 진정국가를 건설하려는 이 강토(疆土) 위에 조금도 싹틀지 말게 하여야 할 것이다.

이 구절은 양우정이 공산주의 못지않게 자본주의에 반대한다는 것을 잘 보여준다. 물론 자본주의의 대안으로 제시할 수 있는 것이 대한민국과 그 헌법이기 때문에, 그의 자본주의 비판은 구체적인 부분에서는 어정쩡해질 수밖에 없었다. 하지만 오히려 그렇기 때문에 그의 자본주의 비판은 제국주의 비판이라는 방향으로 나아간다. 그는 "최후로 자본주의가 상품적 제국주의로, 공산주의가 권력적 제국주의로 화하여 세계를 휩쓰는"[300] 가능성을 제기하는데, 국내적인 갈등을 뒤로 미루고 민족의 단결을 강조하기 위해

---

298) 위의 책, 131~134쪽.

299) 위의 책, 139쪽.

300) 위의 책, 140쪽.

서는 제국주의 비판만한 것이 없었다.

일민주의의 이러한 성격은 보도연맹과도 공통적이었다. 보도연맹 간사장인 박우천은 4월 21일에 보도연맹 결성을 발표하면서 기자와 다음과 같은 문답을 했다.[301]

> **문** 쏘련을 적색 제국주의국가로 보는가?
> **답** 그렇다.
> **문** 미국은?
> **답** 제국주의로 본다.
> **문** 당신 주의는 뭔가?
> **답** 민족주의를 기초로 한 사회주의적인 경향이다.
> **문** 모(毛)택동 씨를 어떻게 보나?
> **답** 가장 애국자다.
> **문** 북한 괴뢰 정권은 '크레무링'의 지배만으로 움직긴다 보는가?
> **답** 그렇다.

이 내용에 대해 4월 22일에 바로 '본의가 아니었다'는 내용의 담화를 발표했지만,[302] 다음 날에 곧바로 부정되었다는 사실은 오히려 이 발언이 박우천의 본심이었음을 시사한다. 실제로 박우천은 보도연맹 기관지인 『주간 애국자』 창간호 1면에 실린 글에서도 "거룩한 삼일정신을 계승하여서 반제(反帝) 반봉건(反封建) 반계급독재(反階級獨裁) 등을 표방하고 민족자결을 전취하는 애국애족 지상의 이론과 실천에서 우리 연맹을 운영해나갈 방침"

---

301) 『京鄕新聞』 1949년 4월 22일자.
302) 『京鄕新聞』 1949년 4월 23일자.

임을 밝혔다.303) 보도연맹 내부에는 분명히 이와 같이 민족주의를 내세워 제국주의를 반대하는 경향이 존재했다. 박우천은 1949년 10월 28일에 발표한 담화에서 한국의 현 단계가 "푸로레타리야혁명 단계가 아니라 민주주의 민족혁명 단계"임을 과학적으로 분석 설명해서 좌익 출신들이 귀의할 노선을 뚜렷이 했다고 설명했으며,304) 보도연맹 사무국장인 정민(丁民) 역시 보도연맹의 교육 방법에 대해 설명하면서 "대한민국의 현 노선이 민족혁명 단계라는 것을 설명하는 동시에 금일의 한국은 결코 계급투쟁으로 정권을 잡으랴고 하는 공산주의독재 단계가 아니라는 것을 강조"해야 한다고 주장했다.305) 이것은 단계론적으로 계급혁명에 민족혁명을 앞세운 논리이다. 또한 『주간 애국자』 2호에는 훈련생의 수업(修業) 시험 답안이 실렸는데, '현 단계에 있어서 우리는 어떠한 애국운동이 필요한가'라는 문제에 대한 답은 "구국구족정신(救國救族精神)을 고도로 앙양하고 반(反)제국주의 및 민주주의로 완전 자주독립을 전취하여야 한다"라는 것이었다.306) 물론 여기서 '반제국주의'를 말할 때 주된 대상은 '적색 제국주의'가 되겠지만, 당연히 그 화살은 미국을 향할 수도 있는 것이었다.

보도연맹의 이런 성격은 족청과도 유사한 것이었다. 보도연맹은 1949년 6월 10일에 발표한 글에서 "민족 발전을 위하여 국가지상 민족지상의 철저한 이념하에 신중한 태도가 필요"하다고 주장했는데,307) 이 표현은 매우 시사적이다. 제2부에서 보았듯이 족청은 좌익 출신들을 적극적으로 받아들이고 훈련을 통해서 포섭해갔는데, 이는 단순한 감시가 아니라 전향자들을

303) 朴友千,「나의 抱負」,『週刊 愛國者』創刊號, 1쪽.
304)『自由新聞』1949년 10월 29일자.
305) 丁民,「思想保導의 可能性과 方法論」,『週刊 愛國者』創刊號, 2쪽.
306) 池昌錄,「民族은 同族間의 公同性體: 修業試驗答案」,『週刊 愛國者』第2號, 4쪽.
307)『朝鮮中央日報』1949년 6월 11일자.

훈련시키는 것을 목적으로 한 보도연맹과 유사했다. 여기에 보도연맹과 일민주의, 그리고 족청이 만나게 되는 지점, 즉 민족주의를 기축으로 한 반공주의가 자리 잡고 있으며, 이것이 족청계의 기본 노선이라고 할 수 있다.

그런데 이 시기에는 민족주의로 공산주의를 막으려는 노선이 결코 특이한 것이 아니었다. '쐐기 전략(wedge strategy)'이라고 불리는, 민족주의를 이용해 공산주의 진영의 단결을 깨려는 전략이 바로 이 시기에 있었던 것이다. 쐐기 전략은 봉쇄 전략(containment strategy)의 입안자 케난(George F. Kennan)을 비롯한 소련 전문가들이, 소련은 자신의 권위를 인정하지 않는 공산주의 정권을 결코 원하지 않는다고 본 데서 비롯되었다.[308] 케난은 1947년 가을의 코민포름 설립을 모스크바가 각국의 공산당이 자신의 통제에서 벗어나는 것을 두려워했던 결과라고 해석하면서 이 상황을 활용할 것을 제안했다.[309] 케난의 제안은 1948년에 소련과 유고슬라비아의 티토(Josip Broz Tito) 사이의 갈등이 표면화되고 미국이 이를 적극적으로 이용하려 하면서 현실화되었다. 특히 1949년 초에는 주유고슬라비아 미국 대사가 국무부에 "미국 정책의 첫째 표적은 어떤 특정한 경제 시스템 자체가 아니라 소비에트 제국주의"임을 강조하는 전문을 보내고, 국무부 역시 티토의 행동은 '소비에트 제국주의'를 공격한다는 점에서 미국의 이해에 부합하는 것이라고 평가하기에 이르렀다.[310] '티토이즘'을 매개로 정식화된 쐐기 전략은 동유럽이라는 국지적인 맥락을 떠나 중국에 대해서도 적용되었다. 소련의 별 지원 없이 독자적인 빨치산 전쟁을 통해 민족해방을 이룩했다는

---

308) John Lewis Gaddis, *The Long Peace: Inquiries into the History of the Cold War,* New York: Oxford University Press, 1987, pp. 149~152.

309) *Ibid.,* p. 156.

310) Lorraine M. Lees, *Keeping Tito Afloat: the United States, Yugoslavia, and the Cold War,* University Park: The Pennsylvania State University Press, 1997, pp. 63~64.

점에서 티토와 마오쩌둥(毛澤東) 사이에 공통점이 있었기 때문이다. 실제로 항일전쟁 승리 직후에 마오쩌둥은 얄타 체제 테두리 안에서 중국 국민정부와의 관계를 유지하려는 소련 정책에 대해 불만을 가졌으며,[311] 1947년에는 유고슬라비아에 중국공산당 중앙선전부장인 루딩이(陸定一)와 당 중앙노동운동위원회 서기인 류닝이(劉甯一)를 파견해 그 노선에 대한 관심을 보이기도 했다.[312] 국공내전이 진행되는 가운데 중국국민당 내부에서 장즈중(張治中)이 평화 회담을 추진하려 한 것 역시, 마오쩌둥이 '중국의 티토'가 될 수 있을 것으로 보고 국공합작으로 미국에도 소련에도 의지하지 않는 연합정부를 만들려는 구상에서 나온 것이었다.[313]

미국 역시 이런 상황을 탐지하고 있었다. 1948년에 미국은 소련이 국공내전을 중재하려 한 배경에는 마오쩌둥이 아시아의 티토가 될 것에 대한 두려움이 있다고 파악하고 있었으며,[314] 1949년에 들어서 국공내전이 공산당 우세로 기울어지자, 국무부 정책기획실의 데이비스(John Paton Davies)와 같은 중국통(China hands)을 중심으로 공산당 정부를 승인하고 적극적인 관계를 가짐으로써 마오쩌둥의 티토화를 촉진해야 한다는 주장이 제기되었다.[315] 이런 인식은 결코 국무부 일각에서만 나타난 것이 아니라, 1949년 상반기 내내 미국의 언론에서도 거론되었다.[316] 하지만 중국공산당은

---

311) 沈志华, 『毛泽东, 斯大林与朝鲜战争』, 广州: 广东人民出版社, 2003, 62쪽.

312) Sergei N. Goncharov, John W. Lewis, and Xue Litai, *Uncertain Partners: Stalin, Mao, and the Korean War,* Stanford: Stanford University Press, 1993, p. 33.

313) 朱宗震·陶文钊, 『中华民国史』 第三编 第六卷, 北京: 中华书局, 2000, 430쪽.

314) Brian Murray, "Stalin, the Cold War, and the Division of China: A Multi-Archival Mystery", Cold War International History Project Working Paper No. 12, Washington, D.C: Cold War International History Project, 1995, p. 7.

315) Nancy Bernkopf Tucker, *Patterns in the Dust: Chinese-American Relations and the Recognition Controversy, 1949~1950,* New York: Columbia University Press, 1983, p. 31.

1948년 6월에 코민포름에서 유고슬라비아공산당이 제명되자 즉각 이를 지지하는 결의를 채택해 프롤레타리아 국제주의를 강조했으며,[317] 11월에는 류사오치(劉少奇)가 「국제주의와 민족주의를 논함」이라는 글을 발표하여 소련과 제국주의라는 양대 세력 사이에 중립이란 없다는 입장을 피력했다.[318] 이어 1949년 6월에는 마오쩌둥이 「인민민주독재를 논함」이라는 글을 통해 '소련 일변도'의 외교 노선을 밝혀,[319] 국무부 관리들을 사로잡았던 '마오쩌둥의 티토화'라는 공상은 깨진 듯했다. 하지만 국무부 장관 애치슨(Dean G. Acheson)은 중국의 반제국주의 정서를 모스크바로 향하게 만들려는 구상을 견지했다.[320] 그는 1949년 9월에 영국 외상과 회담을 가졌을 때도 아시아에서는 민족주의가 공산주의 팽창을 방지하는 가장 강력한 힘이라는 데 합의를 보았으며,[321] 1950년 1월에도 상원 외교위원회에서 마오쩌둥의 티토화의 가능성이 충분하다고 발언했다.[322]

중국에 대한 이런 시각은 남한에서도 나타났다. 김구가 1949년 초까지도 여전히 남북 협상에 대한 희망을 가질 수 있었던 근거 중 하나는, 마오쩌둥이 티토화될 것으로 내다보면서 한국 좌익 속에서도 그 영향으로 새로운 노선이 대두되리라는 기대였다.[323] 마오쩌둥에 대한 이런 기대는 점차 약해졌지만, 티토에 대한 관심은 계속되었다. 당시 정부 대변지였던 『서울신

316) *Ibid.,* p. 149.

317) 朱宗震·陶文钊, 앞의 책, 660쪽.

318) 위의 책, 661쪽.

319) 위의 책, 670쪽.

320) Bruce Cumings, *The Origins of the Korean War: The Roaring of the Cataract 1947~1950,* Princeton: Princeton University Press, 1990, pp. 416~417.

321) 『自由新聞』 1949년 9월 16일자.

322) 『서울신문』 1950년 1월 15일자.

323) 『東亞日報』 1949년 1월 23일자.

문』은 1949년 11월 4일자 사설에서 '티토이즘'이 더 확산될 것으로 전망했으며,[324] 또 같은 날에 이승만이 기자단과 가진 회견에서는 전향자들에게 "앞으로 정치 활동을 시켜서 소련과의 관계를 끊고 '유-고'의 '티토'와 같은 방향으로 한국 독립에 이바지하도록 할 의사"를 묻는 질문이 나오기도 했다.[325] 또한 당시 "전향 좌익들에게 '티토이즘'의 구상 밑에 정치 결사를 허여(許與)하자는 일부의 의견"이 있었고, 내무부 장관 김효석이 그 의견을 "무조건 부인하지는 아니하였다"고 한다.[326] 1949년 9월 29일에 김효석이 치안 문제와 관련해 "국제 '보르세비키'로부터 이탈하여 참된 대한국민으로서 민국을 육성하려는 근본 입장에서 틀리는 이론을 갖고 애국운동을 전개하는 자 등은 앞으로 신분 보장도 하고 그들의 운동을 촉진시킬 방도도 있을 줄 안다"[327]라고 말한 것은, 쐐기 전략으로서 보도연맹과 같은 세력을 적극 활용할 의향을 내비친 것으로 볼 수 있다. 이러한 구상이 일민주의와 보도연맹의 성격을 규정하는 배경으로 작용했던 것이다.

그런데 동시에 유의해야 할 것은 쐐기 전략이 민족주의로 유도하는 것과 더불어 폭력적인 강압을 동반한다는 점이다. 미 국무부에서도 중국공산당 내부의 티토주의를 부추기기 위해 필요한 수단은 관용이 아니라는 지적이 있었던 것처럼,[328] 한국에서도 전향 유도는 압도적인 폭력의 과시를 동반

324) 「社說: 「티토이즘」의 擴大」, 『서울신문』 1949년 11월 4일자.
325) 『自由新聞』 1949년 11월 5일자. 이 질문에 대해 이승만은 '포용하겠다', '용서하겠다'는 추상적인 답변만 하고 구체적인 언급은 피했다.
326) 崔伯樂, 「退任長官 金孝錫君의 心境」, 『民族公論』 第三卷 第三號, 三八社, 1950, 8쪽.
327) 『自由新聞』 1949년 9월 30일자.
328) "Memorandum by Mr. Gerald Stryker of the Office of Chinese Affairs"(November 2, 1949), *Foreign Relations of the United States 1949 Vol. IX The Far East: China*, Washington: United States Government Printing Office, 1974, p. 158.

했다. 군사적으로는 1949년 9월 22일에 내무부 장관실에서 내무부 장관, 차관, 치안국장 및 국방부 장관, 총참모장, 참모부장 등 군경 수뇌가 회합을 가지고 '지리산지구 토벌 작전'을 단행하기로 결정했다. 그리하여 지리산을 중심으로 한 지역에서 대대적인 '토벌 작전'이 시행되었으며,329) 같은 달 28일에는 태백산지구 전투사령부가 설치되어 태백산 지역에서도 전면적인 '토벌'이 진행되었다.330) 이 '토벌' 기획을 주도한 것은 내무부였는데, 위에서 본 9월 29일 김효석의 발언은 전면적 '토벌'을 전제로 나왔던 셈이다. 또한 '남로당 자수 주간'이 진행 중이던 11월 초에는 법무부에서 최고형을 사형으로 하고 단심제를 골자로 하는 국가보안법 개정안을 제출하여331) 국회에서 수정안이 작성되는 등 논란 끝에 거의 원안 그대로 통과되었다. 이 국가보안법 개정에 대해 이태희(李太熙) 서울지검 검사장은 "좌익 문제 처리에 있어서는 엄하게 할 것과 보도연맹 같은 것을 만들어 방위투쟁을 한다는 두 가지가 필요"하다고 밝혔다. 이처럼 강압과 유도는 한 세트로 구상되었으며, 일민주의는 그 '유도' 부분을 담당했던 것이다.

2. 일민주의보급회와 족청계의 태동

족청계의 결집은 '파시즘적인 민족주의를 통한 반공주의 노선'이라고 할 수 있는 일민주의를 매개로 이루어졌는데, 그 결과는 일민주의보급회의 장악이라는 형태로 나타났다. 1949년 여름, 일민주의가 '국시'화됨과 동시에

---

329) 陸軍本部 編纂,『共匪討伐史』, 陸軍本部, 1954, 30쪽.
330) 위의 책, 25쪽.
331)『自由新聞』1949년 11월 11일자.

이를 보급하기 위해 결성된 일민주의보급회는 1949년 8월 25일에 단체 등록을 하고[332] 9월 초에 이사회를 열어 임원을 결정했다.[333] 이때 이범석은 일민주의보급회 명예회장이 되었다. 국무총리로서 당연직으로 들어갔다고 볼 수도 있지만, 일민주의보급회가 확대되면서 이범석의 비중은 점점 더 높아졌다. 1949년 12월에 일민주의보급회는 명예회장·부이사장·전무이사·상무이사 제도를 폐지하고 회장에 이범석, 부회장에 안호상을 선출했으며, 신임 이사로 박종화와 더불어 노태준을 선임했다.[334] 물론 국민회의 이활(李活)이 주관이사로, 또 이승만의 비서인 김광섭이 상임이사로 선출되기는 했지만, 일민주의보급회를 족청 출신들이 주도하게 된 것은 분명했다. 이범석은 1950년 영년사(迎年辭)에서 새해 과제로 국방 건설과 경제 건설을 이야기하면서 그 전제로 '심리 건설'을 강조하는 맥락에서 "대통령 각하께서 유일한 세계적 민족 지도이념으로 하시는 일민주의로서 거족적인 단결과 결속을 굳게 하므로 전 민족국가적 사상 체계를 확립해야만 될 것"이라고 말했다.[335] 이 역시 그가 일민주의를 중요시했음을 보여준다. 이와 같이 이범석이 일민주의를 중요시한 배경에는 일민주의가 족청의 이념과 유사하다는 점도 있었겠지만, 족청 해체를 둘러싼 갈등 이후 실세에서 밀려나기 시작한 사실 역시 작용했을 것이다.

앞에서 보았듯이 족청이 한청으로의 합류를 받아들이려 하지 않자 이승

---

332) 李承晚, 『一民主義槪述』, 一民主義普及會, 1949, 판권지.
333) 『朝鮮日報』 1949년 9월 12일자. 이때 선출된 임원은 다음과 같다. 명예회장 이범석, 고문 김효석·윤보선·안호상·윤치영·정인보·배은희·이철원·이기붕, 이사장 윤석오, 부이사장 김철수(金鐵洙), 전무이사 현봉운(玄鳳雲).
334) 『京郷新聞』 1949년 12월 10일자.
335) 『聯合新聞』 1950년 1월 1일자. 같이 실린 대통령, 부통령, 국회의장 중 일민주의를 언급한 사람은 아무도 없다.

만은 이범석을 협박해서 끝내 족청을 해체하도록 했으며, 이범석은 대통령에게 국무총리직 사의를 표명하기에 이르렀다.336) 하지만 이범석이 국무총리로 선출되는 과정에서 그랬듯이 국회 인준을 받아야 할 국무총리 교체는 이승만에게 부담스러운 일이었으며, 더욱이 여당으로 만들려고 한 대한국민당이 당시 한민당과의 합동 움직임을 보이고 있었기 때문에337) 국무총리 교체는 피해야만 할 상황이었다. 1949년 3월 초에 국무회의에서 이승만이 "국회 대 정부 간 융화와 정책 수행상 여당 조직이 필요하니 국회의원 출신 국무위원이 중심이 되어 국회의원 포섭에 노력하여주기 바란다"338)라고 말한 것도 국무총리 교체를 염두에 둔 발언이었을 것이다. 하지만 여당 조직이 잘 되지 않자, 이승만은 이범석을 무력화시키는 일을 차선책으로 선택했다. 귀국한 지 얼마 되지 않았는데도 바로 내무부 장관과 대한청년단 단장이라는 감투를 쓰게 된 신성모는 "누구보다도 대통령의 총애를 받았"던 인물인데,339) 그가 국방부 장관으로 기용된 것은 이범석을 견제하기 위한 조치였다.340) 3월 21일부로 이범석은 국무총리를 전담하게 되었고, 이승만은 바로 이어서 국무회의를 무력화시켰다. 3월 30일 국무회의에서 "국무회의 결의 사항은 대통령의 양해와 재결이 있은 후 시행하여주기 바란다"341)

---

336) 『서울신문』 1949년 3월 22일자. 이 기사는 이범석이 대통령에게 사의를 표명했다는 것을 "주지의 사실"이라고 표현했다.

337) 김수자, 『이승만의 집권 초기 권력 기반 연구』, 景仁文化社, 2005, 146쪽.

338) 『第二十三回 國務會議錄』, 1949년 3월 2일.

339) 朴容萬, 앞의 책, 77쪽.

340) 신성모는 무쵸에게 이승만이 자신에게 바라는 것은 이범석을 가까이서 감시하는 일이라고 밝혔다. "Political Summary for December 1948"(January 10, 1949), NARA, RG 59, Records of the U.S. Department of State relating to internal affairs of Korea, 1945~1949, File 895(국회도서관 소장).

341) 『第三十六回 國務會議錄』, 1949년 3월 30일.

라고 한 데 이어, 이튿날에는 "헌법 및 정부조직법의 정한 바에 의하야 정부의 시정(施政)은 대통령 책임하에 있는 것임으로 국무회의 시 대통령의 참석 결석을 막론하고 의결사항일지라도 전부 대통령의 재결(서명)이 유(有)한 후 시행하여야 효력이 발생하는 것임을 엄정히 인식할 것이오. 기타 일체 정무(政務)는 대통령 의도와 동일함을 요(要)함"이라고 강한 톤으로 명령했다.[342] 그런데 이승만의 이러한 헌법 해석은 자의적인 것이다. 헌법 제68조는 "국무원은 대통령과 국무총리 기타의 국무위원으로 조직되는 합의체로서 대통령의 권한에 속하는 중요 국책을 의결한다"라고 규정했다. 또한 헌법의 기초자인 유진오는 국무원이 "행정에 관한 최고 의결 기관"이라고 하면서 국무원에서의 대통령의 지위에 대해서는 "그는 국무원의 의결이 가부 동수인 경우에 결정권을 가지는 외에는(헌법 제71조 참조) 국무총리나 국무위원과 권한의 차이가 없"다고 설명했다.[343] 즉 이승만의 이러한 발언이야말로 헌법에 위배되는 것이었으며, 그 목적은 국무회의를 완전히 통제하는 데 있었다.

자신의 중요한 기반이었던 군에 대한 통제권을 잃고 국무총리로서도 허수아비가 된 데다, 앞서 보았듯이 족청을 기반으로 한 독자 세력 구축 시도마저 실패한 이범석에게 마지막 수단으로 남은 것은, 일민주의와 같은 이념을 통해서 대중적인 기반을 확보하는 일이었다. 제2대 국회의원 선거가 다가오는 상황에서 전국적인 조직을 확보한다는 것 자체가 중요한 일이었지만, 장제스가 삼민주의를 통해 쑨원의 후계자 노릇을 했듯이 이범석은 일민주의를 통해서 이승만의 후계자 자리를 노린 것으로 보인다.

이범석의 이런 의도는 일민주의의 전유를 통해 나타났다. 1950년 1월

---

342) 『第三十七回 國務會議錄』, 1949년 3월 31일.
343) 兪鎭午, 『憲法解義』, 明世堂, 1949, 150쪽.

19일에 연합신문사에서 마련한 '일민주의란 무엇?: 새로운 철학을 말하는 좌담회'에서 안호상의 다음과 같은 발언은 이범석과 안호상의 의도가 어디에 있었는지 잘 보여준다.344)

> 자타가 공인하는 위대한 우리 대통령은 이 민족과 영원히 계셔야 할 것이다. 이로 그의 목소리로서 민족을 지도하지 못한다. 우리가 그 어른의 간접적 지도를 받어가지고 나가야 될 것이다. 그러나 그 어른은 이미 연로하셨고 다망하신 까닭게 그 어른의 목소리로서 그만큼 지도를 직접 받기는 역시 시간의 제한을 받는 것이다.

즉, 이승만은 민족과 영원히 함께해야 하지만, 이승만도 인간이기에 물리적 제한이 있고, 실제 노령이기도 하므로 이승만이라는 개인과 구별되는 '이념으로서의 이승만'을 만들어야 한다는 것이다. 이를 뒤집어 말하면 일민주의는 이승만 개인의 차원을 떠나서 존재해야 한다는 의미가 된다. 여기서 일민주의를 활용해 기반을 확보하려는 족청계의 의도를 엿볼 수 있다.345)

한편 이 좌담회는 일민주의의 과도기적인 성격을 보여준다는 의미에서도 흥미로운 자료이다. 이 좌담회에는 국무총리 이범석, 내무부 장관 김효석, 문교부 장관 안호상, 국민회 사무국장 이활, 연합신문사 사장 양우정이 참석했는데, 이 좌담회를 통해 일민주의의 방향 수정이 이루어졌음을 확인할

---

344) 「一民主義란 무엇?: 새로운 哲學을 말하는 座談會 ①」, 『聯合新聞』 1950년 1월 21일자.
345) 이승만이 없는 일민주의의 가능성에 대해 필자는 예전에 1953년 초반에 그러한 경향이 나타나는 것으로 해석했지만, 사실은 1950년 초부터 이런 경향이 존재했던 것이다. 후지이 다케시, 「'이승만'이라는 표상: 이승만 이미지를 통해 본 1950년대 지배 권력의 상징정치」, 『역사문제연구』 19호, 역사문제연구소, 2008, 20~21쪽.

수 있다. 이 자리에서 일민주의에 '좌파적' 성격을 부여한 장본인인 양우정은 티토이즘을 언급하면서 "티토주의라는 것은 어데까지라도 유물론에 근거해가지고 공산주의적으로 나오는 것을 조금 더 수정한 것을 민족주의적으로 개장(改裝)한, 그러한 주의라고 생각이 되고, 일민주의는 어데까지라도 총리께서 말씀한 바와 같이 민족적 민주주의로서 민주주의에서 출발해서 민족적으로 성립된 것"이라며 티토이즘과 일민주의는 근본적으로 다른 것이라고 설명했다. 그리고 자본주의 비판은 하면서도 제국주의에 대해서는 전혀 언급하지 않았다.346) 여기서 주목할 것은 일민주의의 정의로 '민족적 민주주의'라는 개념을 받아들였다는 점이다. 1948년 9월에 국회에서 이루어진 대통령 시정 방침 연설에서는 거듭 '민족적 민주주의국가'라는 말이 사용되었으며,347) 이범석도 1948년 9월에 국방부 단위지휘관회의에서 한 훈시를 통해 "민족적 민주주의 이념에 투철"할 것을 요구했다.348) 1949년 4월에 국회에서 한 정부 시정 방침 연설에서도 "민족적 민주주의국가", "민족적 민주주의 이념"이 언급되었다.349) 즉 일민주의가 이범석에 의해 전유되는 데 대해 양우정도 동의한 것이다.

동시에 양우정과 국민회의 관계도 주목할 필요가 있다. 양우정은 과거 독촉국민회에서 선전부장을 맡았으며 정부가 수립되어 국민회로 개칭된 이후에도 중앙상무위원을 지낸 바 있었다.350) 그런데 이 좌담회에서 이활이

---

346) 「一民主義란 무엇?: 새로운 哲學을 말하는 座談會 ①」, 『聯合新聞』 1950년 1월 21일자. 또한 양우정이 "티토주의와 일민주의의 관계는 어떻게 되느냐 하는 것을 묻는 사람이 있"다고 발언한 것은 일민주의와 티토이즘을 연관시켜서 인식하는 분위기가 있었음을 방증한다.

347) 『第一回 國會速記錄』 第七十八號, 391~392쪽.

348) 『施政月報』 創刊號, 大韓民國政府, 1949, 76쪽.

349) 『第二回 國會定期會議速記錄』 第七十號, 國會事務處, 1949, 366, 368쪽.

350) 洪定完, 「정부 수립기 大韓獨立促成國民會의 국민운동 연구」, 연세대 사학과 석사논문,

일민주의 보급을 국민회가 주도적으로 맡을 것을 주장한 반면, 양우정은 국민회에서 막연하게 맡는 것보다 일민주의보급회를 더 강화시켜야 한다고 주장했다.[351] '국시'의 자리에 놓인 일민주의는 그 내용과 무관하게 각 세력들의 쟁탈전이 벌어지는 각축장 같은 위상을 지니고 있었는데, 그 속에서 이미 전국 조직을 가지고 있던 국민회와 새로이 전국 조직으로 성장하려는 일민주의보급회 사이에 갈등이 생긴 셈이다.[352] 그리고 양우정은 그 대립 관계 속에서 일민주의보급회를, 즉 이범석과의 결합을 선택했다. 양우정의 선택은 국민회 내부에서 밀려나기 시작한 본인의 사정과 관련이 있었을 것이다. 정부 수립을 전후한 시기에 선전부장을 지낸 양우정은 (독촉)국민회의 이데올로그로 볼 수 있는 위치에 있었다. 하지만 1949년에 들어서면서 선전부장이 바뀌어, 해방 직후부터 우익 문인단체인 중앙문화협회에서 활동하고 초대 사회부 차관을 지내기도 한 언론인[353] 오종식(吳宗植)이 그 자리를 맡게 되었다.[354] 또한 1949년 말에 전국적으로 설치된 국민훈련원을 주도하여 국민회의 주요한 이데올로그로 떠오른 사람은, 민족이 아니라 국가를 중심으로 사고하는 최태용(崔泰瑢)이었다.[355] 1949년 12월에 출판된

2005, 79, 81~82쪽.

351) 「一民主義란 무엇?: 새로운 哲學을 말하는 座談會 ④」,『聯合新聞』1950년 1월 24일자.

352) 일민주의보급회와 국민회 사이의 갈등은 나중에 국민회의 이활이 일민주의보급회에 대해 국민회에서 할 수 있는 일을 하는 "불필요한 복제품"이라고 미 대사관원에게 말한 것을 통해서도 확인된다. "Society for the Diffusion of the Ilmin Principle"(March 25, 1950, from Drumright to Department of State),『韓國戰爭資料叢書 39 美 國務部 韓國國內狀況關聯 文書 I(1950. 1. 7~6. 27)』, 國防軍史硏究所, 1999, 130~131쪽.

353) 吳宗植,「나의 記者 來歷」, 昔泉先生追慕文集刊行會 編,『昔泉吳宗植先生追慕文集』, 昔泉先生追慕文集刊行會, 1977, 269~298쪽.

354) 洪定完, 앞의 글, 23쪽.

355) 최태용의 사상에 대해서는 최태용,「신 국가관」,『최태용 전집』6, 꿈꾸는터, 2009; 홍정완,「해방 이후 남한 '國民運動'의 국가·국민론과 교토학파의 철학」,『역사문제연구』

『대한 국민운동의 기초 이론』은 국민회 사무국장 이활이 추천하고 회장 오세창과 최고위원 명제세의 제자(題字)가 실린 것으로 보아 국민회의 입장을 크게 반영한 책으로 보이는데, 자유주의, 개인주의 등을 비판하고 "진정한 국가주의"를 주장하는 이 책이 일민주의에 대해 한마디도 언급하지 않은 것은[356] 당시 국민회에서 일민주의를 적극적으로 내세우려 하지 않았음을 보여준다. 일민주의 이데올로그로 거듭난 양우정에게, 일민주의를 국민운동의 일개 요소로 편입시키는 국민회보다는 일민주의 자체를 내세우는 일민주의보급회가 훨씬 매력적이었을 것이다. 또한 (독촉)국민회 자체가 동회(洞會)를 조직적 기반으로 한 반관반민적 성격이 강한 조직이었기 때문에[357] 사회주의운동 경력이 있는 양우정은 거기서 이질적인 존재일 수밖에 없었다. 하지만 좌익 포섭에 적극적이었던 이범석이 장악한 일민주의보급회에서는 그런 이질감이 크지 않았을 것이다. 제2부에서 보았듯이 양우정은 해방3년기에도 족청과 유사한 사상적 경향을 보였는데, 양우정은 자신의 최대 자산이라 할 수 있는 일민주의를 최대한 활용하기 위해 이범석과 결합하는 길을 선택하게 되었다.

연합신문사가 마련한 이 좌담회에는 한 가지 더 주목할 점이 있다. 바로 일민주의 이데올로그로서 안호상의 등장이다. 기존 연구에서는 안호상의 사상이 처음부터 일민주의였던 것처럼 서술되는 경향이 있는데,[358] 사실 안호상이 일민주의를 내세우게 된 것은 일민주의보급회를 족청 출신들이 장악해가면서부터였다. 1949년 4월에 막 결성된 학도호국단과 관련된 기

23호, 역사문제연구소, 2010 참조.

356) 徐芝悅 編著, 『大韓國民運動의 基礎理論』, 協啓社, 1949.

357) 洪定完, 앞의 글, 73~74쪽.

358) 연정은, 「안호상의 일민주의와 정치·교육 활동」, 『역사연구』 제12호, 역사학연구소, 2003 참조.

자와의 문답에서, 안호상은 학도호국단의 목적이 학생들의 사상 선도에 있음을 밝히면서도, 그 사상 선도가 일민주의에 의한 것이냐는 질문에 "그렇지 아니하고 민족적인 민주주의인 것"이라고 대답했다.[359] 그런데 일민주의보급회 부회장이 된 직후인 1949년 12월 20일에 안호상은 기자단과의 회견에서 "종래 민족주의 이념으로 교육을 지도하여왔었는데 이것은 일민주의 교육 이념에의 과도적인 것이었다. 앞으로의 교육 이념은 일민주의에 의하여 나갈 것"임을 밝혔다.[360] 1950년 1월에는 "민주적 민족 교육이 곧 일민 교육"이라고 설명했으며,[361] 새해를 맞이해 문교부 장관으로서 "금년부터는 국민 전부가 이 일민주의를 철저히 실천해주기를 바란다"는 뜻을 밝혔다.[362] 즉 안호상이 일민주의를 내세우기 시작한 것은 일민주의보급회 부회장 취임과 연관되어 있는 것이다. 이 좌담회는 일민주의보급회 부회장에 취임한 이후 안호상이 처음으로 일민주의에 대해 본격적으로 언급한 자리였는데, 안호상은 일민주의를 신라 화랑주의와 연결시키며, 도의심이 없다는 점에서 자본주의와 공산주의를 비판했다.[363] 앞에서 보았듯이 안호상은 민주적 민족 교육에 대해 이야기하면서 '신라의 민주주의'를 높이 평가했지만, 여기서 신라는 민주주의가 아니라 화랑주의로 부각되었다는 점에 주목할 필요가 있다. 물론 그 이전부터 안호상은 종종 화랑도를 언급하곤 했지만, 1950년 초에 화랑도가 특히 강조된 배경에는 1949년부터 고조된 군사적 긴장 속에서 부각된 군사주의, 그리고 무엇보다도 그것을 뒷받침

359) 『朝鮮日報』 1949년 4월 22일자.

360) 『自由新聞』 1949년 12월 21일자.

361) 『京鄕新聞』 1950년 1월 18일자.

362) 文敎部長官 安浩相, 「民間에 對한 政府의 要望」, 『新天地』 2月號, 서울신문社, 1950, 117쪽.

363) 「一民主義란 무엇?: 새로운 哲學을 말하는 座談會 ①」, 『聯合新聞』 1950년 1월 21일자.

할 '희생정신'이 있을 것이다. 1949년 4월에 안호상이 단장을 맡아 대한학도호국단을 조직했을 때도 학도들에게는 "숭고한 삼일정신"과 더불어 "화랑도의 기백"을 계승 발휘할 것이 요구되었다.[364] 결단식에서 안호상은 취임사를 통해 "화랑 소년 소녀들"의 "신라통일 사업"을 언급하는 한편 을지문덕과 연개소문, 이순신 등에 대해서도 언급했다.[365] 그런데 1950년 1월 19일에 열린 이 좌담회에서는 화랑주의만이 부각되었다. 이는 안호상이 용맹성보다 희생정신을 강조하려고 했음을 보여준다.

안호상에 의한 일민주의의 성격 변화는, 이제 통치의 목표가 달라졌음을 말해주는 것이었다. 앞에서 보았듯이 양우정이 일민주의를 체계화했을 때 가장 중요한 과제는 좌익 포섭이었다. 때문에 최대한 '좌익적인' 분위기를 풍기는 것으로 일민주의를 만들 필요가 있었다. 하지만 '남로당 자수 주간'과 동시에 진행된 '동계 토벌'의 결과, 당 지도부 및 유격대가 거의 와해된 상태였기에,[366] 1950년 이후에는 군이 포섭을 위한 유인책을 쓸 필요가 없었다. 또한 국민회에 맞설 수 있는 전국 조직으로 확대되어가던 일민주의 보급회 지부들은 도지사·시장 등을 중심으로 관(官) 주도로 조직되고 있었기 때문에[367] 일민주의를 다르게 재정의할 필요가 있었던 것이다.

안호상에 의해 전유된 일민주의는 1950년 2월에 출판된 『일민주의의 본

---

364) 「宣誓」, 『週報』 四月二十七日號, 大韓民國公報處, 1949, 18쪽.
365) 「國家의 干城 學徒護國團 結成」, 위의 책, 17~18쪽.
366) 金南植, 『實錄 南勞黨』, 韓國勝共硏究院, 1979, 499~502쪽.
367) 1949년 11월에 결성된 일민주의보급회 충남지부의 경우 위원장에 국민회 충남도 위원장이 취임했지만(『東邦新聞』 1949년 11월 9일자), 족청계가 일민주의보급회를 장악한 뒤인 1950년 1월에 결성된 전남지부에서는 회장을 도지사가 맡았으며(『聯合新聞』 1950년 1월 14일자) 2월에 결성된 진주지부의 경우에도 위원장은 시장이 맡았다(『聯合新聞』 1950년 2월 1일자). 즉 국무총리와 문교부 장관이라는 지위를 활용해 관 주도로 세력 확장을 꾀한 것이다.

바탕』을 통해 구체적인 모습을 드러냈다. 양우정의 『이 대통령 건국 정치 이념』과 마찬가지로 이 책에도 국무총리 이범석의 서문이 수록되었다. 그 글에서 이범석은 다음과 같이 말한다.[368]

현하 국내외 정세는 아직도 질서 없는 혼란 속에 잠겨 있다 할 수 있으며, 이 혼란은 새로운 질서와 새 시대를 창조하기 위한 진통이 아닌가 한다. 이 혼란은 오로지 사상의 그것으로부터 된 것이다. 곧 근대 자본주의는 개인의 이익을 지상(至上)으로 하고 있음에 대하여, 공산주의는 이를 타도해서 그 개인을 계급으로 바꾸려는 데서 이해와 이해가 싸움을 전개하고 있다. 이 같은 이해, 곧 물질적 이해관계를 사회 존립의 기초로 삼기 때문에, 자본주의와 공산주의는 극단의 대립 속에서 심한 갈등과 마찰을 빚어내고 있는 것이 사실이다. 이십세기 는 이 알륵과 싸움에 몹시 시달리고 있어서, 새로운 세계관과 새로운 철학을 요망하고 있다.

그러면 이러한 세계사적 요망을 달성할 수 있는 자는 누구냐? 그것은 오직 신생 대한민국임을 자부할 수 있는 것이다. 그 이유는 삼팔선을 경계로 하고 공산주의와 자본주의의 치열한 투쟁이 계속되는 사이에 우리는 이것을 직접으로 체험하고 있으며 여기에 필연적 귀결로서 새 세계의 이념이 우리로부터 생긴 까닭이다. 그러므로 우리나라는 새 역사의 싹인 것이며 새 세계의 길표(道標)인 것이다. 우리가 일찍부터 세계만방에 알으켜준 바와 같이, 우리는 정치, 교육, 경제, 문화, 윤리 등 모든 부문의 생각과 행동에 대한 평가의 기준을 오로지 민족에게 두고 있다. 우리가 세계에 기여하려는 숭고한 이상과 모든 노력도 먼저 민족의 통일, 민족의 자유, 민족의 명예를 위함으로서 출발점을 삼는다.

---

368) 李範奭, 「序文」, 安浩相, 『일민주의의 본바탕』, 一民主義研究院, 1950, 3~4쪽.

여기서 이범석은 자본주의와 공산주의의 대립을 '사상'의 문제로 보고 있다. 양우정의 『이 대통령 건국 정치 이념』 서문에서는 이범석도 그 책의 내용을 반영해서 그런지 자본주의나 공산주의의 문제를 '정치 체제'의 문제로 인식하는 듯한 입장을 보였지만, 여기서는 '체제'가 아니라 '사상'의 문제를 중요시하는, 보다 관념론적인 입장을 보인다. 그렇기 때문에 그 대립을 극복하는 것은 '새로운 세계관'인 일민주의이며, 그 근간을 이루는 것은 민족주의가 된다.

이범석의 서문과 마찬가지로 안호상이 쓴 본문을 통해서도 그러한 경향은 분명히 확인된다. 안호상은 족청 시절과 마찬가지로 "사상적 무장으로써 모든 반(反)민족 사상을 여지없이 격파시켜야만 한다"369)고 외치며, "한 민족으로부터 악질적 사상을 배격하고 훌륭한 민족을 만들려면, 무엇보다 먼저 우리는 위대한 사상과 주의를 넣어주어야만"370) 한다면서 공산주의에 맞서기 위한 사상의 중요성을 강조한다. 그런데 그 사상은 꼭 전통적인 것이어야만 하는 것으로 제시된다.371)

만일 우리가 그러한 사상 체계를 세워 우리의 지도원리를 삼으려면 우리는 반드시 과거의 빛나는 전통 사상과 또 현대의 새로운 사상을 조화 통일할 것, 곧 없애 가진(止揚한) 전체라야만 한다. 사상의 뿌리가 빛나는 전통에 깊이 박지 않고는 영구하지 못하고, 사상의 줄기가 현재에서 자라나지 않고는 발전할 수 없다. 과거란 뿌리와 현재란 줄기를 갖춘 그러한 사상 체계라야만 비로소 미래란 가지와 꽃이 영구히 발전할 것이다.

---

369) 『일민주의의 본바탕』, 13쪽.
370) 위의 책, 14쪽.
371) 위의 책, 16쪽.

안호상이 이렇게 '전통'을 강조하는 것은 '외래 사상'인 공산주의를 배격하기 위함이며, 그 전통의 중요성을 담보해주는 것은 다름 아닌 '핏줄'이다. "한 겨레인 일민(一民)은 반드시 한 핏줄(同一血統)이다. 이 한 핏줄이라는 것이 일민에는 절대적 요소"372)라고 규정한 것에서 알 수 있듯이, 안호상은 핏줄을 가장 중요시했다. 이는 앞서 본 '민주적 민족 교육'에 대한 설명에서 민족을 "핏줄이 같은 것"이라고 정의한 것의 연장선상에 있는 인식이다. 또한 민족을 자연의 산물임과 동시에 역사의 산물이라고 설명하는 것도 '민주적 민족 교육'을 주장했던 시기와 공통적인 부분이다. 하지만 과거에는 '민주주의'가 외래 사상이 아님을 보여주기 위해 역사가 강조되었던 반면, 여기서는 어떤 당위성을 끌어내는 기능을 한다는 점에서 차이가 있다. 즉 안호상은 다음과 같이 민족과 역사를 결부시킨다.373)

> 민족은 한 해 두 해가 아니라 벌써 수백 년 수천 년을 두고 길러진 것이며, 또 이 길러짐은 단지 자연의 움직임만으로써가 아니라 오히려 의식적으로 일하며 용감히 싸우는 데서 된 것이다. 역사는 일과 싸움으로 만들어지며 일과 싸움은 문화를 창조하는 까닭에, 민족은 역사적 산물이요 또 문화적 산물이다.

'역사'라는 것을 통해서, 주어진 '자연'만이 아니라 '의식'의 중요성을 부각시키고 있다. 이렇게 해서 '민족'은 주어진 대상에서 당위적인 주체로 전환된다. "핏줄이 같고 운명이 같은 이 일민(一民)은 생각도 같고 행동도 같아야만 한다"374)는 당위적인 명제는 위의 역사 인식에서 도출되는 것이

---

372) 위의 책, 26쪽.
373) 위의 책, 28쪽.
374) 위의 책, 30쪽.

다. 또한 그 역사를 구성하는 요소로 '일과 싸움'이 부각된 것은, 앞서 본 이범석의 1950년 '영년사'에서 경제 건설과 국방 건설을 위한 심리 건설로 서 일민주의가 요청된 맥락과 정확히 일치한다.

그런데 여기서 이 당위가 어디까지나 '핏줄'에 묶여 있음에 유의해야 한 다. 안호상은 핏줄과 주의의 관계를 다음과 같이 설명한다.[375]

> 한 핏줄 한 운명을 가진 일민을 일민주의에로 끌어주며 일민주의로써 모든
> 겨레들을 일민에로 끌어줌이 일민주의의 본뜻이며 과제이다. 저 앞의 일민과
> 이 뒤의 일민이 다 같은 것이 아니라, 앞의 것은 일민주의가 그로부터 되는
> 일민이요 또 이 뒤의 것은 일민주의로부터 된 일민이다. 일민주의가 되는 그
> 일민에는 핏줄과 운명이요 일민주의로 된 일민에는 주의와 운명이 같다. 그러나
> 만일 앞의 일민에 일민주의가 철저할 때에는, 그것은 뒤의 일민보다 더욱 훌륭하
> 며 세계를 일민의 세계로 쉽사리 만들 것이다.

즉, 아무리 일민주의를 열성적으로 신봉한다 하더라도 한 핏줄을 가진 사람들만큼은 못한다는 것이다.[376] 이것은 일민주의가 지닐 수도 있었던 현실 비판적 성격을 약화시켜 기존 질서를 하나의 운명으로 받아들이게 하려는 의도를 보여준다. 양우정의 일민주의가 좌익 포섭이라는 과제를 위 해 현실 비판적 자세를 보인 것과 달리, 안호상의 일민주의는 지배 질서를 받아들이게 하기 위한 이념임을 유감없이 드러낸다.

---

375) 위의 책, 31쪽.
376) 임종명은 안호상의 일민주의가 "피를 넘어선 이데올로기의 공동체"를 구성하려는 것이었 다고 해석했지만, 이는 안호상의 이와 같은 서술을 무시한 해석이다. 임종명, 「一民主義와 대한민국의 근대 민족국가화」, 『한국민족운동사연구』 44, 한국민족운동사학회, 2005, 272~282쪽.

이런 변화는 양우정 일민주의의 최대 특징이었던 자본주의 비판의 측면에서도 엿볼 수 있다. 안호상도 "자본주의를 말할찌라도 그것은 단지 그 경제 정책에 있어서 공산주의의 그것과 방향과 중점만이 다를 뿐이지, 하나의 계급주의임에는 조곰도 틀림이 없다"[377]라고 비판하기는 하지만, 양우정이 자본주의를 자본주의 자체로 비판했던 것과 달리, 공산주의 비판의 연장선상에 있는 비판에 지나지 않았다. 심지어 뒤에서는 "정치적으로나 경제적으로나 또는 도덕적으로 보아 자본주의와 공산주의가 다 틀렸지만, 이 둘을 비교해본다면 앞의 것이 뒤의 것보다 차라리 나은 편이라 할 수 있다. 왜 그러냐 하면 자본주의는 일부의 사람만을 가난뱅이와 거지로 만들지만, 공산주의는 전체의 사람들을 다 같이 가난뱅이와 거지로 만들며, 또 자본주의는 일부의 사람만을 무식쟁이로 만들지만, 공산주의는 전부의 사람들을 다 같이 무식쟁이로 만드는 까닭"[378]이라며, 공산주의보다 낫다고 자본주의를 옹호하는 자세조차 보인다.

현실 옹호적 입장에서 안호상은 일민주의의 핵심이라고 할 수 있는 평등주의적인 요소에 대해서도 수정을 가한다. 일민주의의 특징 중 하나는 민족 내부의 평등인데, 이에 대해 안호상은 다음과 같이 말한다.[379]

남녀 상하는 마땅히 차별이 없어야 한다. 이 '마땅히 없어야 함'이라는 것은 하나의 규범이며 과제요, 결코 사실은 아니다. 사실은 그러한 차별이 있으며 또 있어야 한다. 남자는 언제나 남자며 녀자는 언제나 녀자요, 또 윗사람은 윗사람이요, 아랫사람은 아랫사람이다.

---

377) 『일민주의의 본바탕』, 36쪽.
378) 위의 책, 75쪽.
379) 위의 책, 39쪽.

또 뒤에서는 "남녀 상하의 구별은 할찌언정 차별은 아니 한다는 데서 일민주의의 정신과 목적이 있는 것"[380]이라고도 한다. 기존 질서 내에 존재하는 위계질서를 비판하게 될 수도 있는 평등주의적 요소를 희석시키려는 것이다. 안호상에 의한 일민주의의 방향 수정은 계급 문제를 다룬 다음 구절에 전형적으로 나타난다.[381]

일민주의의 도덕은 모든 백성은 빈부귀천의 차별 없이 다 같은 사람으로서 다 같이 인격적으로 대우하라는 것이다. 만일 도덕적으로 꼭 같이 대우한다면, 비록 물질적으로 얼만큼 다르게 가졌다 할찌나, 일민(一民)의 사이에는 아무런 큰 불평이 없지만, 그와 반대로 만일 도덕적 대우가 다를 적엔, 아무리 물질적 소유가 같다 할찌나, 백성들 사이에 일어나는 불평과 불만은 쉬지 않고 있을 것이다.

즉, 계급의 문제는 물질적인 문제가 아니라 어디까지나 도덕적인 차별의 문제, 바꿔 말해 관념상의 문제가 된다. 안호상이 '핏줄'을 강조할 수밖에 없었던 이유는 바로 여기에 있다. 양우정은 일민주의의 핵심인 동질성을 자본주의 비판, 즉 자본주의의 산물로서의 계급 분열에 대한 비판과 그 변혁에서 찾으려고 한 데 반해, 안호상은 그 동질성을 변혁을 통해서 창출하는 것이 아니라 '핏줄'이라는 이미 주어진 것에서 찾는 것이다. 일민주의가 내포할 수 있었던 변혁적 요소는 안호상에 의해 거의 제거되고 말았다.

하지만 이렇게 일민주의의 내용이 달라졌는데도 양우정은 일민주의 전도사의 역할을 계속했다. 1950년 3월에 양우정은 일민주의보급회, 국민보도

---

380) 위의 책, 40쪽.
381) 위의 책, 66쪽.

연맹, 연합신문사의 공동 주최로 마련된 지방 순회 강연에 나섰다.[382] 4월에도 대구에서 일민주의 강연을 하는 등[383] 정력적으로 활동했다. 이때 양우정이 일민주의를 어떤 식으로 설명했는지는 알 수 없지만, 1950년 5·30 선거 당시 함안에서 무소속으로 출마한 양우정은 "공산주의를 쳐부시는 것과 마찬가지로 사랑하는 조국을 자본주의에 굴레 속에 재건시키려고 준동하는 무리들을 쳐부시는 논진(論陣)을 포설(布設)하므로서 자본주의의 잡초와 공산주의의 형극(荊棘)을 뽑아 던지고 사랑하는 조국의 새로운 터전에 존비(尊卑)의 계급이 없고 빈부의 차등이 없고 파벌을 없이 하는 일민주의의 씨를 뿌리는 투쟁을 전개할 것"을 내세웠다.[384] 안호상에 의해 일민주의가 재정의되는 속에서도 양우정은 여전히 자본주의 비판으로서의 일민주의를 견지했던 것이다.

하지만 일민주의보급회를 통한 세력 확대 시도는 1950년 4월에 이범석이 국무총리를 사임한 데 이어 5월에 안호상도 문교부 장관을 사임하게 되면서 흐지부지되고 말았다.

이범석과 안호상의 잇따른 사임에는 미국과의 갈등이라는 측면이 존재했다. 이범석은 공식적으로는 국무총리 사임에 대해 정부 공무원 30% 삭감을 단행해야 하기 때문에 본인도 물러나는 것이라고 설명했지만,[385] 당시 한 언론이 사설에서 "행정의 수반인 국무총리가 공무원 감원으로 사임한다 또 하였다는 말은 우리의 기억에서는 찾아볼 수 없는 한 개의 웃지 못할 사실"이라고 표현한 것처럼[386] 설득력이 있는 설명은 아니었다. 애매모호

---

382) 『聯合新聞』 1950년 3월 14일자.

383) 『聯合新聞』 1950년 4월 26일자.

384) 三千里社編輯局 編, 앞의 책, 97쪽.

385) 『京鄕新聞』 1950년 4월 4일자.

386) 위와 같음.

하게 설명된 사임 배경에 있었던 것은 미국의 경제 원조와 관련된 압박이
다.

당시 한국 내정과 관련하여 미국이 가장 신경을 곤두세우던 문제는 인플
레이션이었다. 국무부는 인플레이션으로 원조의 효과가 상쇄되어 중국 국
민정부처럼 한국 정부가 붕괴될 가능성까지 고려하고 있었는데, 미국의 압
력의 결과 1950년 3월 4일에는 인플레이션 억제를 핵심으로 하는 '경제
안정 15원칙'이 대통령의 결재를 거쳐 발표되었다.387) 그런데 바로 그날
문제가 생겼다. 국무총리 이범석이 주한경제협조처(Economic Cooperation
Administration Mission in the Republic of Korea) 대표인 번스(Arthur C. Bunce)
에게 서한을 보내, 한국을 위협하고 있는 문제는 인플레이션이라기보다 디
플레이션이라고 주장한 것이다.388) 당시 이범석이 어떤 경제적 비전을 가
지고 있어서 그런 편지를 보냈는지는 분명하지 않지만, 과거 족청 중앙훈련
소에서 경제를 강의했던 고승제의 경제 인식이 영향을 미쳤을 가능성이
있다. 2부에서 보았듯이 고승제는 케인즈파의 영향을 받은 경제학자였는
데, 1949년 여름에 발표한 '자주경제'에 관한 글에서 인플레이션 문제를
언급했다. 그는 자주경제 건설을 위해 생산 부흥과 인플레이션 수속(收束)이
중요하다는 것을 제시하면서도 "세상에는 너무나 신경과민한 인푸레 공포
증이 떠돌고 있다"고 지적하며 생산 부흥을 위해서는 "그것이 정당한 경제
적인 이유에 입각하는 한 인푸레숀은 불가피한 것일 뿐만 아니라 그 현실적
으로 노리는 역할은 모름지기 큰 것"이라고 인플레이션을 용인하는 입장을

---

387) 이현진, 『미국의 대한경제원조정책 1948~1960』, 혜안, 2009, 95~98쪽.

388) "From Seoul(Drumright) to Department of State: Summary of Political Affairs of Korea
    for the Month of March, 1950"(April 17, 1950), 『南北韓關係史料集』 16, 國史編纂委員會,
    1995, 49쪽.

보였다.389) 사실 이런 입장은 케인즈의 영향을 받은 경제학자로서는 당연한 것이라고 할 수 있지만, 당시 미국의 경제 건설 방향은 케인즈의 그것과 거의 상반되는 것이었다.

번스를 통해 이 편지를 보게 된 경제협조처장 호프만(Paul G. Hoffman)은 3월 23일에 직접 답신을 보내, 문제의 본질은 전혀 그런 것이 아니며 이러한 이범석의 인식은 한국에 대한 신뢰를 훼손하는 것이라고 강한 톤으로 반박했다.390) 이 편지가 전달된 지 일주일도 채 되지 않은 3월 29일부터 이범석 국무총리 사임설이 공개적으로 전해지기 시작해서391) 4월 3일에는 공식적으로 사임을 표명하기에 이른다. 물론 거기에는 내각책임제 개헌안을 일단 부결시킨 뒤 정국 수습을 위한 카드로 국무총리 자리를 활용하려는 이승만의 의도도 작용했겠지만, 당시 한국의 생명줄이나 다름없는 경제 원조와 관련된 갈등은 이범석에게 치명적으로 작용했을 것이다.

경제 원조라는 무기를 가지고 미국이 한국 정부에 강한 압력을 행사할 때 인플레이션과 더불어 거론된 것이 정부의 비민주적인 성격이었는데, 그러한 내용을 담은 국무부 비망록을 가지고 이승만을 방문한 무쵸는 비민주적인 성격을 보여주는 사례의 하나로 권위주의적인 문교부 장관을 들었다.392) 앞에서도 보았듯이 무쵸는 처음부터 안호상에 대해 강한 경계심을 가지고 있었는데, 미국의 압력이 강해지는 가운데 다시 안호상이 도마에

389) 高承濟, 「自主經濟의 方途」, 『民聲』 第5卷 第8號, 高麗文化社, 1949, 33쪽.
390) "The Deputy Administrator of the Economic Cooperation Administration(Foster) to the Embassy in Korea"(March 27, 1950), FRUS 1950 vol. Ⅶ Korea, Washington: United States Government Printing Office, 1976, pp. 36~37.
391) 『東亞日報』 1950년 3월 29일자.
392) "The Ambassador in Korea(Muccio) to the Secretary of State"(April 4, 1950), FRUS 1950 vol. Ⅶ Korea, Washington: United States Government Printing Office, 1976, p. 45.

오른 셈이다. 무효의 이러한 압력의 성과인지 5월 4일부로 안호상이 문교부 장관을 사임하고 후임으로는 미군정 시기부터 미국과는 두터운 관계를 가지고 있는 백낙준이 임명되었다.393) 안호상은 곧바로 한청 단장 서리에 취임했지만,394) 한청은 1950년 1월 7일에 개최된 제1회 전국대회에서 대통령의 지시에 따라 최고지도위원제를 폐지하여395) 기존 세력들을 배제시키고, 이승만(총재)-신성모(단장)-김윤근(부단장)-윤익헌(사무국장)으로 이어지는 체계가 확립된 상태였다. 신성모는 국무총리 서리로 임명되면서 단장직에서 물러났지만 당시 한청의 실권자는 윤익헌 사무국장이었으며 간부진 역시 대청계가 중심이었기 때문에396) 실제로 안호상이 할 수 있는 일은 거의 없었다. 그것도 모자라 한청 수뇌들은 이승만을 통해 안호상을 일본으로 내보내고 말았다.397)

그러나 족청계의 활동은 권력 중앙에서 물러난 뒤에도 끝나지 않았다. 원내교섭단체인 신정회는 내각책임제 개헌을 둘러싸고 민국당과 정부의 대결 구도가 뚜렷해지는 가운데398) 1950년 1월에 이미 대한국민당으로 통합된 상태였지만,399) 1950년 5·30 선거 때 원래 원외에서 신정회 조직에 참여했던 족청 출신들은 독자적인 움직임을 보였다. 신정회의 중심이었던 이재형이 대한국민당으로 출마한 것과 달리 신정회 원외 조직에 관여했던 김동욱은 부산시 정구에서 무소속으로 출마했으며,400) 주기형은 대전에

---

393) 『東亞日報』 1950년 5월 5일자.

394) 『自由新聞』 1950년 5월 9일자.

395) 『聯合新聞』 1950년 1월 9일자.

396) 鮮于基聖, 앞의 책, 750~752쪽.

397) 위의 책, 752~753쪽.

398) 1950년의 내각책임제 개헌을 둘러싼 상황에 대해서는 金倫永, 「1950년의 '內閣責任制 改憲' 論議에 대한 研究」, 성균관대 사학과 석사논문, 1996 참조.

399) 『聯合新聞』 1950년 1월 28일자.

서,401) 신정회 경북 조직 담당자였던 백홍기(白弘基)는 포항에서402) 각각
무소속으로 출마했다. 또 족청 경남도단부 훈련소 소장이었던 최원봉도 부
산시 무구에서 무소속으로 출마했으며,403) 중앙훈련소 1기생인 홍익선은
목포에서,404) 양산군단부 단장을 지낸 서장주(徐璋珠)는 양산에서 각각 무
소속으로 출마했다.405) 이들 가운데 최원봉과 서장주가 당선되었는데, 특
히 아직 20대였던 최원봉은 김효석을 누르고 당선되었다.406) 국회의원이
된 최원봉은 개회 직후에는 양우정, 김범부(金凡父), 서상호(徐相灝) 등과 더
불어 자유구락부를 형성해 독자적인 움직임을 보였다.407) 이들은 결국 주
로 국민회계 인사들을 포섭해 국민구락부라는 명칭으로 원내교섭단체를 구
성했는데 여기에 서장주도 포함되었다.408) 족청계는 일단 정부와 거리를
둔 채 한국전쟁을 맞이하게 된다.

400)『歷代國會議員選擧狀況』, 中央選擧管理委員會, 1971, 152쪽.
401) 위의 책, 114쪽.
402) 위의 책, 140쪽.
403) 위의 책, 152쪽.
404) 위의 책, 131쪽.
405) 위의 책, 156쪽.
406) 위의 책, 152쪽.
407)『京鄉新聞』1950년 6월 24일자.
408)『서울신문』1950년 6월 26일자.

제4부
족청계의 활동
: 자유당 창당과 당국 체제의 형성

제1장
한국전쟁 발발과 족청계의 재기

1950년 6월 25일에 발발한 한국전쟁은 족청계, 특히 전투 경험이 풍부한 이범석에게 부활의 기회가 될 수도 있었다. 6월 25일 심야에 무쵸 대사가 이승만의 호출을 받고 경무대에 갔을 때 국무총리 서리 겸 국방부 장관 신성모와 더불어 이범석도 그 자리에 있었으며,[1] 26일에도 이승만은 이범석을 불러 협력을 요청했다.[2] 실제 전쟁이라는 상황에서는 선장 출신의 신성모보다 이범석이 훨씬 믿음직스러웠을 것이다. 이승만의 지시로 그날 오전 10시에 국방부에서 소집된 군사 경험자 간부회의에 김홍일, 유동열, 이청천, 김석원 등과 더불어 참석한 이범석은 김홍일, 김석원과 함께 한강선 방어를 주장했지만 받아들여지지 않았다.[3] 또한 이범석은 6월 26일 심야(정확히는 27일 새벽)에 개최된 비상국무회의에도 참석했다.[4] 이승만이 잠

---

1) "The Ambassador in Korea(Muccio) to the Secretary of State"(June 26, 1950), *Foreign Relations of the United States*(이하 *FRUS*로 줄임) *1950* vol. VII Korea, Washington: United States Government Printing Office, 1976, pp. 141~143.

2) 『事實의 全部를 記述한다』, 希望出版社, 1966, 93쪽; 「景武臺四季」, 『남기고 싶은 이야기들』, 中央日報·東洋放送, 1977, 172~173쪽. 이는 당시 대통령 비서실장이던 고재봉의 회고이다.

3) 戰史編纂委員會 編纂, 『韓國戰爭史』第1卷(改訂版), 國防部, 1977, 587쪽; 中央日報社 編, 『民族의 證言』1, 中央日報社, 1983, 127~129쪽.

들어 없는 상태로 부통령실에서 개최된 비상국무회의에서, 이범석은 서울을 사수할 것인지, 서울 주변에서 저항하며 시간을 벌 것인지, 그도 안 되면 철수할 것인지 당장 결정해야 한다고 역설하며, 만약 철수한다면 한강철교를 폭파할 것을 제의했다.[5] 하지만 결국 이 회의에서는 수원으로 천도하는 것만 결정되고 서울에서 철수할 때 시민들을 어떻게 할 것인지에 대해서는 흐지부지되고 말았다.[6]

이런 상황에서 다시 국방에 관여하기 시작한 이범석을 국방부 장관으로 임명하자는 제의가 나오게 된 것은 어쩌면 당연한 일이었다. 개전 직후에 이승만과 줄곧 함께한 프란체스카의 회고에 의하면, 6월 28일에 충남도지사실에서 열린 임시국무회의에서 전규홍 총무처장이 신성모를 경질하고 이범석을 후임으로 임명할 것을 제의했으며, 29일에 이승만을 찾아온 장택상과 신익회 역시 국방부 장관을 이범석으로 바꿀 것을 주장하고 이승만도 그에 동의하는 뜻을 내비쳤다. 하지만 무쵸가 극구 반대했기 때문에 이 안은 무산되고 말았다. 그날 밤 이승만은 프란체스카 앞에서 "우리는 지금 철기(鐵驥) 같은 파이터가 필요한데 사사건건 '무초·펠로(Muccio fellow)'가 저 모양이란 말이야" 하며 못마땅해 했다고 한다.[7] 즉 이범석이 재기할 기회는 무쵸에 의해 봉쇄된 것이다.

이범석은 7월 초반에 부산으로 내려갔다.[8] 8월 초에 이승만은 이범석에

---

4) 『民族의 證言』 1, 15~17쪽. 이 책에서는 이승만이 이범석을 부른 것으로 되어 있지만, 당시 사회부 장관이었던 이윤영은 이승만이 없는 자리에서 자신이 이범석을 부를 것을 건의해 그 자리에 있던 임병직, 이철원, 고재봉 등이 동의해서 부른 것으로 회고했다. 『白史 李允榮 回顧錄』, 史草, 1984, 168~169쪽.

5) 『民族의 證言』 1, 16쪽.

6) 위의 책, 17쪽.

7) 「6·25와 李承晚 대통령 1」, 『中央日報』 1983년 6월 24일자.

8) 『釜山日報』 1950년 7월 11일자.

게 전라도 지역에서 유격대를 조직해 지휘해줄 것을 요망했으며, 무쵸 역시 설득을 시도했지만 이범석은 이를 거절했다.[9] 그는 일개 유격대 지휘관보다 더 높은 자리를 원했던 것이다. 이범석은 9월 하순경 부산에서 중국 시절부터 알고 지내던 주한 중국 대사 사오위린(邵毓麟)를 만나, 신성모 내각에는 들어가고 싶지 않다는 마음을 토로했다. 이에 사오위린은 해외에 나가서 신성모가 마각을 드러내기를 기다리라며 타이베이(臺北)에 대사로 나갈 것을 제의했다.[10] 인천 상륙 작전 직후에 이루어진 이 제안은, 장제스를 비롯한 국민정부 고위 간부들과 친교가 있는 이범석에게도 괜찮은 제안이었겠지만, 한국전쟁 발발 직후부터 국민혁명군을 직접 파병해 한국전쟁을 '반공대륙(反攻大陸)'의 계기로 삼으려 했던 국민정부 입장에서는 이범석을 매개로 한국 정부를 끌어들이려는 계산이 있었을 것이다.

한국전쟁이 발발하자 미국 정부는 제7함대를 대만해협으로 파견해 그 지역의 중립화를 진행했다. 중국인민해방군의 대만 침공을 막음과 동시에 대만에 있는 국민혁명군의 대륙 공격을 막기 위해서였다.[11] 하지만 트루먼 대통령과 애치슨 국무부 장관 등의 의도와 달리, 미 국방부 장관 존슨(Louis Johnson)은 6월 말에 주미 중국 대사 구웨이쥔(顧維鈞)을 만나 한국전쟁을

---

9) Harold Joyce Noble, *Embassy at War*, Seattle: University of Washington Press, 1975, pp. 164~165. 노블은 그 시기를 밝히지 않았지만 8월 4일에 이범석이 부산의 미군 사령관과 회견을 가진 것이 확인되기 때문에 8월 초로 판단했다.

10) 邵毓麟, 『使韓回憶錄』, 臺北: 傳記文學出版社, 1980, 196~197쪽. 사오위린은 이승만이 의심이 많은 사람이기 때문에 이범석이 바로 주중대사로 가겠다고 하면 괜히 의심을 산다며, 먼저 주미대사로 가겠다고 한 다음 한발 물러서는 형태로 주중대사로 가겠다고 하면 될 것이라고 조언했다고 회고했지만, 영어를 잘하지도 못하는 이범석이 주미대사로 가겠다고 하면 오히려 의심을 사게 되기 때문에 이범석이 이 말대로 하지는 않았을 것이다.

11) "Statement Issued by the President"(June 27, 1950), *FRUS 1950* vol. VII Korea, p. 203; Douglas MacArthur, *Reminiscences*, Seoul: Moonhak Publishing Co., 1964, p. 331.

계기로 대만 정책이 변할 것이라고 시사했다.12) 이 약속대로 존슨은 애치슨에게 서한을 보내 대만에 대한 군사 원조를 제안했으며,13) 국방부 내부에서는 중국 대륙에 대한 선제공격이 이미 검토되고 있었다.14) 이 단계에서도 아직 완전히 끝나지 않은 국공내전에 직접 개입해 일을 크게 만드는 것을 회피하려는 국무부와, 적극적인 공세를 모색하는 국방부의 입장이 달랐던 것이다. 또한 유엔군 사령관으로 임명된 맥아더 역시 한국전쟁 이전부터 대만을 '불침항모(unsinkable aircraft carrier)'라고 표현하면서 그 군사적 중요성을 강조했으며,15) 미국 정부의 소극적인 중국 정책을 바꾸어 적극적으로 대만을 활용할 것을 구상하고 있었다.16) 대만의 국민정부는 전쟁 발발 직후부터 육군 병력 33,000명을 파병할 것을 결정하고 미국에 제안했지만,17) 전쟁의 확대를 바라지 않는 대통령과 국무부에 의해 거절당했다. 미국 정부의 이런 입장은 이미 중화인민공화국을 승인하고 국민정부에 대해

---

12) Michael Schaller, *Douglas MacArthur: The Far Eastern General*, New York: Oxford University Press, 1989, p. 190; 中国社会科学院近代史研究所译, 『顾维钧回忆录』 8, 北京: 中华书局, 1989, 18쪽.

13) "Letter: From the Secretary of Defence to the Secretary of State"(July 19, 1950), 『韓國戰爭資料叢書 28 美 國務部 政策研究課 文書 KOREA PROJECT FILE VOL. III(JUL.-AUG. 1950)』, 國防軍史研究所, 1998, 390쪽.

14) "Memorandum of Conversation: Defense of Formosa"(July 24, 1950), 『韓國戰爭資料叢書 29 美 國務部 政策研究課 文書 KOREA PROJECT FILE VOL. IV(JUL. 1950)』, 國防軍史研究所, 1998, 89쪽.

15) Douglas MacArthur, "Memorandum on Formosa"(14 June 1950), 『韓國戰爭資料叢書 26 美 國務部 政策研究課 文書 KOREA PROJECT FILE VOL. I(JUL. 1950)』, 國防軍史研究所, 1998, 35쪽.

16) Schaller, *op. cit.*, p. 192.

17) "Memorandum of Conversation: Problems Relating to Formosa Arising out of the President's Statement of June 27"(June 29, 1950), 『韓國戰爭資料叢書 26』, 383쪽; 中国社会科学院近代史研究所译, 앞의 책, 11쪽.

부정적인 입장을 취하고 있던 영국 정부와의 관계를 고려한 것이기도 했다.[18] 정부의 이런 입장을 잘 아는 맥아더는 공식 외교 라인을 통하지 않고 독자적으로 장제스와의 관계를 강화하려 했다. 1950년 7월 31일에 맥아더는 대만을 방문했다. 정부의 반대에도 불구하고 이루어진 이 방문은 타이베이의 미 대사관에서도 전혀 모르는 일이었으며,[19] 방문 직전까지 주미 중국 대사에게도 알려지지 않았다.[20] 8월에 트루먼은 대통령 고문인 해리먼(Averell Harriman)을 맥아더에게 보내, 세계대전을 일으킬 수 있기 때문에 대만의 국민혁명군이 중국 대륙을 공격하게 하면 안 된다는 뜻을 전했다. 맥아더는 이에 자신은 군인으로서 대통령의 어떤 명령이든 따를 것이라고 답변했다. 하지만 해리먼이 보기에 맥아더는 그게 누구든 공산주의와 싸우려는 의지가 있으면 후원해야 한다는 기묘한 관념을 가진 인물이었다.[21] 맥아더의 독주를 막기 위해 9월에는 국방부 장관 존슨이 경질되고 마샬(George C. Marshall)이 국방부 장관을 맡게 되었지만, 맥아더를 제어하기에는 역부족이었다.[22]

극동을 둘러싼 상황은 1950년 10월에 유엔군이 38선을 넘어 북한으로 진격하고, 이에 맞서 중국인민지원군(中國人民志願軍)이 참전하면서 요동치기 시작했다. 10월 15일에 트루먼과 가진 회담에서 맥아더는 중국이나 소

18) William Stueck, *The Korean War: An International History*, Princeton: Princeton University Press, 1995, pp. 66~67.
19) "Memorandum: Meeting with the President"(August 3, 1950), 『韓國戰爭資料叢書 29』, 499쪽.
20) 中国社会科学院近代史研究所译, 앞의 책, 76쪽.
21) "Memorandum: Notes Dictated by Mr. Harriman on August 20, 1950 Concerning His Conversations with General MacArthur"(August 20, 1950), 『韓國戰爭資料叢書 29』, 630~631쪽.
22) Schaller, *op. cit.*, p. 198.

련이 대규모로 개입할 가능성은 희박하다는 견해를 밝혔지만,[23] 그 회담과 거의 동시에 중국인민지원군이 압록강을 건너기 시작했다.[24] 중국인민지원군과 유엔군 및 국군의 첫 전투는 10월 25일에 벌어졌으며, 이때부터 11월 4일까지 이어진 '제1차 전역'에서 중국인민지원군은 추수감사절까지 한반도 전역을 점령하겠다던 유엔군의 공세를 막고 후퇴시키는 데 성공했다.[25]

이 패배를 거치면서 미8군은 11월 4일에 공식적으로 '중공군'의 참전을 확인·발표했다.[26] 이어 11월 7일에는 중국 측도 인민지원군의 참전을 공식적으로 보도했다.[27] 이제 중국이라는 요소는 한국전쟁을 둘러싼 국제정세 속에서 중요한 축으로 부각되었다. 이범석과 사오위린의 구상을 실현시킬 기회가 온 것이다.

이런 상황 속에서 국회에서도 족청계가 움직이기 시작했다. 11월 4일에 족청계의 최원봉을 중심으로 85명[28]의 국회의원이 서명한 '전(全) 국무위원 인책 사직 권고안'이 제출된 것이다.[29] 정부와 국회의 관계는 1950년 8월에 일어난 김준태(金灣泰) 의원 구속 사건[30]을 계기로 이미 악화되어

---

23) *Ibid.*, pp. 205~206.

24) 中国军事博物馆编写, 『抗美援朝战争纪事』, 北京: 解放军出版社, 2000, 14쪽.

25) 军事科学院军事历史研究部, 『抗美援朝战争史』 第二卷, 北京: 军事科学出版社, 2000, 21~40쪽.

26) 『東亞日報』 1950년 11월 6일자.

27) 중화인민공화국에서는 1950년 11월 7일에 처음으로 신화통신사(新華通訊社)의 보도를 통해 인민지원군의 참전 사실이 공개되었다. 中国军事博物馆编写, 앞의 책, 28쪽.

28) 이 결의안이 공식 제출되기 전에 원내에서 서명 공작이 진행되었는데 11월 3일 단계에서는 86명이 서명했으며 최원봉은 더 규합하고 나서 제출할 생각이었다. 『京鄕新聞』 1950년 11월 4일자.

29) 『東亞日報』 1950년 11월 5일자에 그 명단이 나와 있다.

30) 김준태는 북한에서 밀파된 사람들이 벌인 공작에 관여했다는 혐의로 1950년 8월 3일에

278

있었으며,31) 1950년 11월 3일에는 백낙준의 국무총리 임명에 대한 승인 요청을 논의도 없이 21 대 100이라는 압도적인 표차로 부결시킬 정도로32) 갈등이 극에 달한 상태였다. 이런 분위기를 이용해 족청계도 신성모를 밀어 내기 위해 움직인 것이다.

이 결의안은 11월 7일 국회 본회의에서 다루어졌다. 먼저 제안자를 대표 해 최원봉이 수도 포기 등 개전 직후에 정부가 보인 무책임과 무능을 규탄 하고 국무위원 전원의 사직을 주장했다. 그 발언에 바로 이어서 국회의장 신익희가 나섰다. 그는 결의안 내용에는 동의한다고 하면서도 그 시기가 적당한 것인지 고려할 것을 요청해 제동을 걸었다. 이어서 여러 의원들이 발언했지만 이종형 의원만이 찬성 발언을 했고, 나머지 대부분이 보류시킬 것을 주장해 결국 결의안을 보류시키자는 동의안이 71 대 13으로 가결되고 말았다.33) 9월 초에 김준태 사건 때문에 정부와 국회 사이의 갈등이 고조되 어 신성모 국방부 장관 및 조병옥 내무부 장관의 파면과 조속한 국무총리 임명을 대통령에게 요청하는 결의안이 국회에서 통과되자34) 미 대사관이

체포되었다. 『釜山日報』 1950년 8월 28일자.

31) 1950년 7월 25일에 신성모 국방부 장관이 정일권 계엄사령관에게 내린 지시에서 "말단 기관에 있어서는 정부 요인 또는 국회의원의 신분 증명에 의하여 능히 그 신분을 확인할 수 있음에도 불구하고 일개의 필부와 같이 취급하거나 혹 극단한 경우에는 피의자에 대한 것과 같이 불온불순한 언사 또는 구타를 감행하는 등 불미한 사례가 불선(不尠)하"다고 지적했듯이(「國防軍內發(邱) 第四十五號 政府要人 및 國會議員 處遇에 關한 件」, 孫聖兼·崔大鎔 編, 『國防關係法令及例規集』, 國防關係法令集發行本部, 1950, 456쪽) 계엄 상태 에서 김준태와 같은 사례는 결코 예외적인 것이 아니었기 때문에 국회의원들은 계엄을 둘러싸고 정부에 강하게 맞섰다.

32) 『第八回 國會臨時會議速記錄』 第四十二號, 8~9쪽.

33) 『第八回 國會臨時會議速記錄』 第四十五號. 그 며칠 뒤 최원봉은 교통사고로 사망했다.

34) 『國會史: 制憲國會 第2代國會 第3代國會』, 大韓民國國會事務處委員局資料編纂課, 1971, 383~384쪽.

신익회와 장택상을 통해 개입해서 긴장을 완화시킨 일이 있었는데,[35] 이번에도 국회의장이 직접 다시 고려할 것을 종용하는 발언을 하고 장택상 역시 "심심한 고려"를 요청한 것을 보면, 또다시 미 대사관을 매개로 정부와 국회 사이에서 모종의 합의가 미리 이루어졌을 가능성이 있다. 이 결의안을 심의한 제84차 국회는 오전 11시에 개회되고 12시 37분에 산회했는데, 그날 오전 11시에 신성모 국방부 장관이 기자에게 계엄 해제는 시기상조라는 생각을 밝혔는데도,[36] 바로 몇 시간 뒤인 오후 2시에 열린 국무회의에서는 11월 10일 오전 0시를 기해 비상계엄을 해제하고 경비계엄을 선포할 것이 의결되었다.[37] 국회가 이 결의안을 유보시키는 대신 정부 측은 계엄을 해제하는 것으로 이야기가 되었던 것으로 보인다. 9월 초에 미 대사관이 국회에 개입했을 때도 무쵸 대사는 그 결의안의 배경에 이범석, 윤치영, 임영신, 김석원 등이 권력을 잡으려는 의도가 있다고 보았는데,[38] 국회에서 시도된 족청계의 공세 역시 미 대사관에 의해 봉쇄된 것이다.

하지만 국제정세의 변화는 이승만에게 영향을 미쳤다. 1950년 11월 10일 국무회의에서 이승만은 타이베이에 있는 영사관을 대사관으로 승격시킬 것을 지시했다.[39] 원래 중국 대사는 신석우(申錫雨)였는데, 1949년 8월에 중국 광저우(廣州)로 부임한[40] 신석우는 국민정부와 더불어 타이베이로 옮겼으나[41] 깔끔하지 않은 금전 관계로 이승만의 노여움을 사서[42] 1950년

---

35) "The Ambassador in Korea(Muccio) to the Secretary of State"(September 15, 1950), *FRUS 1950* vol. VII Korea, pp. 729~730.

36) 『京鄕新聞』 1950년 11월 8일자.

37) 『第一一九回 國務會議錄』, 1950년 11월 7일.

38) "The Ambassador in Korea(Muccio) to the Secretary of State"(September 8, 1950), *FRUS 1950* vol. VII Korea, pp. 711~712.

39) 『第一二二回 國務會議錄』, 1950년 11월 10일.

40) 『京鄕新聞』 1949년 8월 30일자.

4월에 귀국한 상태였다.[43] 이승만은 전세 변화에 따라 중화민국과의 관계가 중요해질 것으로 보고 다시 대사를 보낼 생각을 한 것이다. 하지만 그 자리에서 이승만이 밝힌 대사 후보는 이범석이 아니라 민석린(閔石麟), 즉 민필호(閔弼鎬)였다.[44] 과거 임시정부 외무차장 등을 지낸 민필호는 해방 이후에도 임정 주화 대표단의 일원으로 중국에 남았으며, 정부 수립 이후에는 주중 영사로서 중국 국민정부와 함께 난징을 거쳐 타이베이로 가 있었다.[45] 하지만 무슨 까닭인지 결국 민필호의 대사 임명은 실현되지 않았다.

대사 파견이 결정되지 않은 한편 11월 중순에는 대만을 매개로 한 어떤 움직임이 그 모습을 드러내기 시작했다. 캘리포니아 선출의 공화당 상원 의원 놀랜드(William F. Knowland)가 맥아더를 만나기 위해 11월 11일 도쿄로 떠났다가[46] 맥아더를 만난 뒤 한국에 와서 이승만을 만난 것이다. 민주당 정권의 아시아 정책을 강하게 비판하던 공화당은 11월 7일의 선거에서 의석 수를 늘리는 데 성공했는데,[47] 그 공화당 의원 중에서도 놀랜드는 '대만 선출 상원 의원(Senator from Formosa)'이라 불릴 정도로 장제스와 가까웠다.[48] 더 눈길을 끄는 것은 놀랜드가 도쿄로 출발하기 직전에 애치슨 국무부 장관에게 7월에 장제스가 제안한 파병안을 이제 받아들여야 한다는

41) 薛化元 主編,『台灣歷史年表: 終戰篇 I (1945~1965)』, 臺北: 業強出版社, 1993, 100쪽. 신석우는 1949년 12월 20일에 대만에 도착했다.
42) 邵毓麟, 앞의 책, 175쪽.
43) 『自由新聞』1950년 4월 13일자.
44) 『第一二二回 國務會議錄』, 1950년 11월 10일.
45) 金俊燁 編,『石麟 閔弼鎬 傳』, 나남출판, 1995, 43쪽.
46) 『朝鮮日報』1950년 11월 14일자.
47) Stueck, op. cit., p. 115.
48) Matthew J. Flynn, "Reconsidering the China Lobby: Senator William F. Knowland and US-China Policy, 1945~1958", Ph. D. dissertation of Ohio University, 2004, pp. 60~61.

전문을 보냈다는 사실이다.[49] 이런 제안을 한 다음에 맥아더를 만나고, 또 이승만을 만나러 온 것이다. 서울에 도착한 다음 날인 11월 14일에 놀랜드는 비공식적으로 이승만과 이야기를 나누었다.[50] 그리고 전선을 시찰한 다음 서울에서 다시 도쿄를 거쳐 타이베이로 갔다.[51] 또한 같은 시기에 이승만은 맥아더에게 "아주 긴급한 사항" 때문에 국무총리 서리 겸 국방부 장관 신성모를 도쿄로 보낼 테니 만나달라는 편지를 보냈고, 신성모는 11월 17일에 도쿄에서 맥아더를 만났다.[52] 이때 신성모와 맥아더 사이에서 어떤 이야기가 오갔는지 알 수 없지만 11월 25일에 임병직에게 보낸 편지에서 이승만이 국무부의 일부 인사들을 비난하면서 맥아더와 트루먼은 자기편이라고 쓴 것을 보면,[53] 당시 맥아더가 국무부의 반대를 무릅쓰고 추진하려 했던 계획에 대해 논의했을 가능성은 있다. 대만에서는 11월 11일에 장제스가 직접 주재한 '전군사수뇌부회의(全軍事首腦部會議)'가 열렸는데,[54] 이 역시 놀랜드의 동향과 관련이 있을 수 있다.

놀랜드를 매개로 맥아더, 이승만, 장제스라는 3자가 논의를 진행한 직후인 11월 20일 맥아더는 장제스에게 파병을 요청했고, 이에 장제스는 곧바로 군사회의를 소집해 파병 준비에 착수했다.[55] 미 대사관 측에서도 바로

49) I. F. Stone, *The Hidden History of the Korean War*(second paperback edition), New York: Monthly Review Press, 1971, p. 175.

50) "From Seoul(Drumright) to Secretary of State"(November 15, 1950), 『韓國戰爭資料叢書 33 美 國務部 政策研究課 文書 KOREA PROJECT FILE VOL. VIII(NOV. 1950)』, 國防軍史研究所, 1998, 157쪽.

51) 『朝鮮日報』 1950년 11월 19일자.

52) "Letter: From Syngman Rhee to General MacArthur"(November 12, 1950), 『大韓民國史資料集』 29, 國史編纂委員會, 1996, 369쪽. 이승만은 11월 16일에 또다시 맥아더에게 신성모를 만나 달라는 편지를 보냈다. 위의 책, 370쪽.

53) "Letter: From Syngman Rhee to Ben Limb"(November 25, 1950), 위의 책, 373쪽.

54) 『東亞日報』 1950년 11월 14일자.

이 움직임이 감지되어, 타이베이에서 국민혁명군이 조기 대륙 공격을 계획하는 조짐이 관찰된다는 보고가 국무부에 올라왔다.[56]

이러한 준비를 거쳐 맥아더는 11월 24일, 성탄절 귀국을 약속하며 총공세를 명령했다.[57] 하지만 이튿날인 25일부터 반격에 나선 중국인민지원군에 의해 유엔군은 또다시 밀리기 시작했다.[58] 중국인민지원군의 공세로 전세가 완전히 역전된 상황 속에서, 맥아더는 한국의 분쟁을 국지화시키려는 모든 희망을 이제 완전히 포기할 때가 됐다면서 미국이 완전히 새로운 전쟁에 직면하고 있음을 선언했다.[59] 한국전쟁 발발 이후 미국 정부의 기본적인 정책은 이 전쟁을 한반도에 국한시키는 것이었는데, 이제 맥아더는 전면전을 각오해야 한다는 상황 인식을 밝힌 것이다.

이에 미 합동참모본부에서도 국민혁명군을 대륙에서 사용하는 방안이 논의되었다.[60] 11월 29일에는 장제스의 브레인 중 한 사람이자 중국국민당 고위 간부인 타오시성(陶希聖)이 UP통신 기자에게 미국이 극동 전략에 대해 다시 생각해야 한다며 승리를 위해서는 국민혁명군이 대륙을 공격할 필요가 있다는 견해를 밝혔다.[61] 장면 주미 대사 역시 12월 4일에 미 국무부 극동과의 러스크(Dean Rusk) 등을 만난 자리에서 제7함대를 철수시키고

55) 李庆山, 『志愿军援朝纪实: 1950~1958』, 北京: 中共党史出版社, 2008, 36쪽.
56) "From Taipei(Rankin) to Secretary of State"(November 20, 1950), 『韓國戰爭資料叢書 33』, 629쪽.
57) Schaller, op. cit., p. 212.
58) 军事科学院军事历史研究部, 앞의 책, 114~127쪽.
59) "From CINCFE Tokyo Japan SGD MacArthur to JCS WASH DC."(November 28, 1950), 『韓國戰爭資料叢書 32 美 國務部 政策研究課 文書 KOREA PROJECT FILE VOL. VII(OCT.~NOV. 1950)』, 國防軍史研究所, 1998, 686~687쪽.
60) 中国社会科学院近代史研究所译, 앞의 책, 171쪽.
61) "From Taipei(Rankin) to Secretary of State"(November 30, 1950), 위의 책, 631쪽.

국민혁명군의 대륙 공격을 허용할 것을 제기했으며,[62] 이튿날인 12월 5일에는 주미 중국 대사 구웨이쥔을 만나 국민정부가 대륙으로 진공할 필요성을 주장했다.[63] 11월 중순에 모의된 계획은 이제 실천으로 옮겨지기만을 기다리게 되었다.

1950년 12월 5일, 주한 중국 대사 사오위린은 적과 타협하지 말고 공동 목적을 위해 분투해서 마지막 승리를 쟁취하자는 장제스의 말을 전하기 위해 경무대를 방문했다. 이승만은 중국 국민혁명군이 기회를 봐서 대륙을 공격해 전국(戰局)과 미국의 생각을 바꾸기 바란다고 말하고, 이범석이 대사로 부임할 것임을 전했다.[64] 이범석이 언제 이승만에게 주중 대사로 부임하고 싶다는 생각을 전했는지 알 수 없지만, 12월 3일에 유엔군이 전면적인 후퇴를 시작한 상황에서[65] 이승만도 대만과의 군사적인 유대를 강화시킬 때가 왔다고 판단한 것이다. 이승만은 1950년 12월 8일 국무회의에서 "금차 중대 시국에 감(鑑)하여" 주중 대사로 이범석을 임명할 것을 밝혔으며,[66] 12월 14일 국무회의에서 정식 '특명전권대사'로 파견하는 것이 의결되었다.[67] 이런 절차를 거쳐 이범석은 12월 22일에 타이베이로 부임했다.[68] 이범석은 대만으로 떠날 때 7, 8개월이면 돌아올 것이며, 또 "별 특별한 일이 전개가 안 되면" 오래 있을 필요가 없다는 생각을 가지고 있었다.[69]

---

62) "Memorandum of Conversation"(December 4, 1950), 『韓國戰爭資料叢書 52 美 國務部 韓國國內狀況關聯 文書 XIV(1950. 12. 2~12. 13)』, 國防軍史硏究所, 1999, 151쪽.
63) 中国社会科学院近代史研究所译, 앞의 책, 259~260쪽.
64) 邵毓麟, 앞의 책, 236쪽.
65) 军事科学院军事历史研究部, 앞의 책, 128쪽.
66) 『第一二九回 國務會議錄』, 1950년 12월 8일.
67) 『第一三〇回 國務會議錄』, 1950년 12월 14일. 이때 민필호의 직위도 '영사'에서 '총영사'로 격상되었다.
68) 『朝鮮日報』 1950년 12월 27일자.

그는 바로 그 '특별한 일'을 통해 재기를 꾀하려 한 것이다.

이범석의 주중 대사 임명이 결정된 바로 그날, 장제스는 미국 기자와의 인터뷰에서 유엔군의 해군 및 공군과 더불어 대만의 육군이 대륙을 공격한다면, 베이핑(北平)70)의 가짜 정권(僞政權)은 동요하고 한국의 전세는 근본적으로 달라질 것이라는 생각을 밝혔다.71) 1951년 1월 초에는 총통부 전략고문위원회 주임인 허잉친(何應欽)이 도쿄로 파견되어, 장제스와 맥아더 사이에서 어떤 연락이 있는 것으로 보도되었다.72) 그는 1월 19일 도쿄에서 한국·중국(대만)·일본·필리핀 등 4개국의 통합군을 맥아더 휘하에 창설할 것을 주장했다.73) 한국전쟁 발발 이전에 논의되었던 태평양동맹이, 일본까지 포함한 상호방위군이라는 형식으로 또다시 제안된 것이다. 대륙 공격을 위한 준비는 계속 진행되었다. 장제스는 국공내전 과정에서 구 일본군 장교들을 영입해 비밀군사고문단인 '바이단(白團)'을 조직한 바 있었는데,74) 이 위안산(圓山) 군관훈련단에서 개설한 보통반75)의 수강 인원이 1950년 11월 중순 이후 급격히 늘어났다. 개설 당시에는 150여 명이던 인원수가 1951년에 들어서면서 500명을 웃돌게 되었다.76) 일본군이 중국 대륙에서 쌓은

---

69) 李範奭, 『鐵驥李範奭自傳』, 외길사, 1991, 292쪽; 『事實의 全部를 記述한다』, 希望出版社, 1966, 94쪽.

70) '베이핑'은 당시 베이징을 가리키던 지명이다.

71) 蔣介石, 「自由中國與韓戰之關係」, 秦孝儀 主編, 『先總統蔣公思想言論總集』 38, 臺北: 中國國民黨中央委員會黨史委員會, 1984, 269쪽.

72) 『東亞日報』 1951년 1월 17일자.

73) 『東亞日報』 1951년 1월 21일자.

74) 楊碧川, 『蔣介石的影子兵團: 白團物語』, 臺北: 前衛出版社, 2000 참조. '바이단'이라는 명칭은 그 중심인물인 도미타 나오스케(富田直亮, 패전 당시 소장, 일본 육군 지나 파견군 제23군 참모장)가 대만에서 바이홍량(白鴻亮)이라는 가명을 쓴 것에서 비롯되었다.

75) 보통반에서는 보병조전(步兵操典)을 중심으로 한 교련과 사단급 전술을 위주로 한 전술 교육을 실시했다.

전투 경험에서 배우려고까지 한 것이다. 한국에서도 또다시 서울을 내놓게 된 직후인 1월 5일, 이승만은 무쵸의 동의를 얻어 5만 명 이상의 국민혁명군 파견을 요청하는 편지를 맥아더에게 보냈다.[77) 유엔군이 다시 38선까지 북상한 3월 중순에는 장제스가 충분한 원조만 있다면 2개월 이내로 대륙을 공격할 수 있다는 견해를 밝혔다.[78) 이범석도 4월 초에 만주를 폭격해도 3차 대전이 일어나지 않을 것이라며 전선의 확대를 주장했다.[79) 맥아더 역시 국민혁명군이 대륙을 공격하게 할 것을 거듭 주장했지만 '공산 진영' 과의 전면전을 바라는 맥아더의 주장은 끝내 받아들여지지 않았으며,[80) 1951년 4월, 미 하원에서 제2전선 구축을 주장하는 편지가 공개된 것을 계기로 맥아더는 유엔군 사령관직에서 해임되고 말았다.[81)

맥아더의 주장이 받아들여지지 않은 배경에는 국무부, 특히 애치슨의 중국관이 크게 작용한 것으로 보인다. 제3부에서 보았듯이 애치슨은 중국에 대한 쐐기 전략의 유효성을 믿었다. 1951년 2월에 애치슨이 부산 미 대사관에 보낸 전문의 심리전에 관한 지시를 보면, 그 기조는 오직 소련의 이익을 위해 중국인이 희생당하고 있다는 내용이었다.[82) 미국의 고위 관료들 사이에서는 중국인민지원군의 본격적인 참전을 보고서도 마오쩌둥의 티토

---

76) 楊碧川, 앞의 책, 59쪽. 이 보통반은 맥아더가 해임된 1951년 4월부터 7월까지 훈련이 이루어지지 않았으며 인원 수 역시 400명대로 줄어들었다.

77) "Francesca's Diary"(January 5, 1951), 『大韓民國史資料集』 29, 416쪽; "Letter from Syngman Rhee to Douglas MacArthur"(January 5, 1951), 『大韓民國史資料集』 30, 國史編纂委員會, 1996, 2쪽.

78) 『東亞日報』 1951년 3월 17일자.

79) 『釜山日報』 1951년 4월 8일자.

80) Schaller, op. cit., pp. 225~228.

81) Ibid., pp. 234~240.

82) "From Acheson to Ambassy Pusan"(February 2, 1951), 『韓國戰爭資料叢書 55』, 62~64쪽.

화 가능성을 믿는 경향이 있었는데,[83] 이 단계에서도 여전히 국무부의 기본적인 전략은 쐐기 전략이었던 셈이다. 애치슨이 이런 생각을 한 배경에는 그와 친밀했던 영국 측에서 베이핑과 모스크바 사이의 불화가 논의되었던 것도 있겠지만,[84] 무엇보다도 아시아보다 유럽의 안전을 우선시하는 세계 전략의 기본 구상이 작용했을 것이다.[85] 이와 같은 미국의 아시아 전략 앞에서 이범석이 구상한 계획은 불발로 그치고 말았다.

하지만 이범석의 타이베이 부임은 뜻밖의 부산물을 낳았다. 중국국민당의 개조와 그것을 통한 장제스 정권의 공고화를 목도하게 된 것이다. 1950년부터 추진된 중국국민당 개조의 계기가 된 것은 장제스와 입법원(立法院), 즉 국회 사이의 갈등이었다. 대만으로 옮겨간 입법원에서 다수는 당연히 중국국민당원이었지만, 그중에서도 중국국민당의 중심적 계파 중 하나인 CC계가[86] 입법의원의 40% 정도를 차지하는 세력을 과시하고 있었다.[87] 그런데 1950년 5월에 입법원을 기반으로 한 CC계가 행정원(行政院), 즉 정부의 권한을 강화하려는 정부 제안 통과를 저지하는 사건이 일어났다.[88] 이에 분노한 장제스가 결정한 것이 CC계 제거였으며,[89] 그것을 대체할 중심 세력으로 떠오른 것이 삼민주의청년단계 세력이었다.[90] 즉, 국회를 누

---

83) 中国社会科学院近代史研究所译, 앞의 책, 159쪽.

83) 中国社会科学院近代史研究所译, 앞의 책, 159쪽.

84) 中国社会科学院近代史研究所译, 앞의 책, 286쪽.

85) Robert L. Beisner, *Dean Acheson: A Life in the Cold War*, New York: Oxford University Press, 2006, p. 394.

86) 'CC'라는 명칭의 유래는 그 계파의 중심인물이 천궈푸(陳果夫), 천리푸(陳立夫) 형제였기 때문에 그 성인 천(Chen)에서 따온 것이라고도 하고, 그들이 조직한 '중앙구락부', 즉 central club의 준말이라고도 한다.

87) 王良卿, 『改造的誕生』, 臺北: 國立政治大學歷史學系, 2010, 423쪽.

88) 위의 책, 424~425쪽.

89) 위의 책, 432~433쪽.

90) 陳曉慧, 『由上而下的革命: 中國國民黨改造之研究(1950~1952)』, 臺北: 國立政治大學歷

르기 위해 청년단을 기반으로 당을 개조하게 된 셈이다. 1951년 6월에 대만을 방문한 김동성(金東成)도 중국국민당 개조에 젊은이들이 많이 참여했다고 국회에서 보고했는데,[91] 이 당 개조를 통해 자신의 권력을 공고화하는 데 성공한 장제스의 모습은 이범석에게 재기를 위한 또 다른 구상을 안겨주었을 것이다.

한편, 제3부에서 보았듯이 재일대한청년단을 조직하기 위해 일본으로 건너간 안호상은 그곳에서 전쟁을 맞이했다.[92] 안호상의 지도 아래 8월 28일에 일민주의를 내세운 재일대한청년단이 결성되어 단장에 조영주(曺寧柱)가 선출되었다.[93] 이 작업을 끝낸 다음 안호상은 1950년 10월경에 귀국한 것으로 보이는데,[94] 11월에는 이승만의 지시로 평양에 가서 강연을 하는 등 다시 적극적인 활동을 벌이기 시작했다.[95] 하지만 안호상이 단장 서리를 맡았던 한청은 1950년 10월 25일에 상무집행위원회를 열고 대통령의 내시를 받아 만장일치로 김윤근(金潤根)을 새 단장으로 선출했다.[96] 김윤근은 청년방위대 사령관이자 육군 준장이었으며, 신성모를 아버지라 부를 정도로 신성모와 가까운 사람이었다.[97] 한편 한청 경남도단부의 경우 1950년 11월에 단장이 족청 출신의 박욱언(朴郁彦)으로 바뀌었으며, 새로 부단장 서리로 임명된 김현대(金賢大) 역시 족청 출신이었다.[98] 이처럼 안호상의

史硏究所博士論文, 2000, 38쪽.

91) 『第十一回 國會臨時會議速記錄』 第十號, 國會事務處, 1951, 9쪽.
92) 안호상, 『한뫼 안호상 20세기 회고록: 하나를 위하여 하나 되기 위하여』, 민족문화출판사, 1996, 255~256쪽.
93) 坪井豊吉, 『在日同胞の動き』, 東京: 自由生活社, 1975, 328쪽.
94) 『釜山日報』 1950년 10월 26일자.
95) 안호상, 앞의 책, 261~262쪽.
96) 『東亞日報』 1950년 10월 28일자.
97) 許政, 『내일을 위한 證言』, 샘터, 1979, 178쪽.

귀국과 더불어 부분적으로는 한청 내부의 족청계가 세력을 확장하기 시작했지만 중앙은 여전히 신성모의 영향력 아래에 있었다.

그렇지만 사태는 안호상에게 유리하게 돌아갔다. 1951년 1월의 '1·4 후퇴' 이후 또다시 이데올로기적 통제를 강화하려는 움직임이 나타나기 시작한 것이다. 1951년 2월에 문교부 산하에 설치하도록 결정된 국민사상지도원이 가장 좋은 사례이지만,[99] '1·4 후퇴' 바로 직후인 1월 6일부터 『부산일보』 1면에 안호상의 「일민주의로 정신무장」이라는 글이 연재된 것으로도 사상의 중요성이 다시 부각되었음을 알 수 있다.[100] 안호상은 국민사상지도원의 전문위원이기도 했는데,[101] 사상의 필요성이 절실해지면서 안호상이 다시 두각을 나타내기 시작한 것이다. 『부산일보』에 연재된 글에서 안호상은 자본주의, 공산주의, 민주주의를 각각 비판적으로 살핀 다음 그 대안으로 일민주의를 설명한다. 기본적인 논리는 예전의 일민주의와 별 차이가 없지만, 자본주의에 대해서는 "만일 국가가 그것에 대한 보호의 의무를 다 못하거나 또는 민족이 그들의 돈버리에 이용가치가 없을 때는 그들은 제 조국과 제 민족을 헌신짝 같이 버리는 수가" 있다는 식으로 "조국에 충성할 마음과 성의가 적"다는 것을 주로 문제 삼았다.[102] 즉, 자본주의의 문제는 국가에 충성을 다하느냐 마느냐에 있는 것이다. 하지만 한 가지 홍

---

98) 『釜山日報』 1950년 11월 12일자; 建國青年運動協議會, 『大韓民國建國青年運動史』, 建國青年運動協議會總本部, 1989, 1135쪽.

99) 후지이 다케시, 「제1공화국의 지배이데올로기: 반공주의와 그 변용들」, 『역사비평』 83호, 역사비평사, 2008, 131~133쪽 참조.

100) 安浩相, 「一民主義로 精神武裝 (上)」, 『釜山日報』 1951년 1월 6일자. 첫 날에는 (상)으로 되어 있어서 몇 번만 연재할 계획이었던 것으로 보이는데, 두 번째부터 바로 (2)로 바뀌어 결국 1월 18일까지 12번에 걸쳐 연재되었다.

101) 安浩相, 『民主主義의 歷史와 種類』, 一民出版社, 1953, 60쪽.

102) 안호상, 「一民主義로 精神武裝 (二)」, 『釜山日報』 1951년 1월 7일자.

미로운 점은 "여러 나라 사이의 싸움과 분쟁이 역시 주로 그 자본주의자들의 돈버리 때문에 일어나는 수가 많다"고 지적한 부분이다.103) 뒤에서 "돈 없는 이를 차별하는 이론에 서 있는 자본주의가 제국주의와 세계지배주의로 된 것은 논리적으로나 사실적으로나 필연한 결과"라고 말한 것처럼,104) 여기서 제국주의 비판의 논리가 약간이나마 다시 나타났음을 확인할 수 있다. 하지만 이 논리로 나아가게 되면 유엔군의 일원으로 한국이 전쟁을 하고 있는 상황을 잘 설명할 수 없다. 그래서 마지막 부분에서 안호상은 유엔 문제를 거론한다. "U·N의 본뜻과 목적이 또한 통일한 민족들, 일치하고 단결한 민족들, 곧 민족들의 통일, 민족들의 단결 일치"이기 때문에 "대한민국 노선인 일민주의는 UN 노선"이라고 설명한다.105) 제3부에서 보았듯이 원래 안호상은 '주의'보다 '핏줄'을 우선시했다. 일민주의는 강한 인종주의적 성격 때문에 결과적으로 반외세적일 수밖에 없는 사상이었지만, 안호상은 일민주의를 유엔이 주도하는 전쟁이라는 현실과 부합시키기 위해 핏줄에 관한 언급을 피하면서 이념적인 수준에서 유엔 노선과 일민주의를 동일시한 것이다. 이러한 이념적인 타협을 하면서 안호상도 부활하기 시작한다.

103) 위와 같음.
104) 안호상, 「一民主義로 精神武裝 (完)」, 『釜山日報』 1951년 1월 18일자.
105) 위와 같음.

1. 신당 구상의 부상

1951년 봄에 또다시 이범석에게 정계에 복귀할 수 있는 기회가 찾아왔다. 그의 최대 경쟁자였던 신성모가 몰락한 것이다. 그 계기는 1951년 초부터 문제화되기 시작한 국민방위군 사건과 1951년 2월에 일어난 거창 사건이었다.[106] 특히 국군에 의한 민간인 학살 사건인 거창 사건이 외신을 타고 워싱턴포스트지 등에 보도되어 국제적으로 알려지게 된 것이, 계속 신성모를 옹호하던 이승만의 마음을 바꾸어놓았다.[107] 1951년 4월 24일 국무회의에서 이승만은 "국방부 장관은 파면식히고 내무, 법무 양 장관은 사면하라"고 지시해[108] 신성모와 더불어 조병옥과 김준연이 국무원에서 사라지게 되었다. 5월 7일에는 공보처를 통해 내무, 법무, 국방, 농림 각 장관과 총무처장의 경질이 발표되었다.[109] 이들 가운데 3명은 당시 국무총리 비서

---

106) 국민방위군 사건과 거창 사건을 계기로 하여 공화구락부를 중심으로 한 국회의원들이 강하게 정부를 압박한 과정에 대해서는 延定恩, 「제2대 국회내 공화구락부—원내자유당의 활동에 관한 연구」, 성균관대 사학과 석사논문, 1997, 31~40쪽 참조.

107) 『臨時首都千日』, 釜山日報社, 1985, 96쪽.

108) 『第五十四回 國務會議錄』, 1951년 4월 24일.

실장이었던 선우종원의 추천을 받아 장면이 천거한 사람이었다.[110] 장면에게 과반수의 인사를 맡기는 등 이승만으로서는 나름대로 사태 수습을 위한 파격적인 조치를 했다고 할 수 있겠지만, 이러한 인사 다음에 온 것은 이시영 부통령의 사임이었다.

5월 9일자로 이시영 부통령이 사임을 표명하자 이승만은 5월 10일 오후에 국회 각파 대표들과 이야기를 나누는 시간을 가졌지만 별 성과는 없었다.[111] 오히려 국회에서는 공화구락부 의원들을 중심으로 새로 내무부 장관으로 임명된 이순용의 국적이 한국이 아니라 미국임을 문제 삼는 등[112] 정부에 대한 비판적 자세가 계속되었다.[113] 정부에 대한 국회의 태도는 5월 16일 국회에서 치러진 부통령 선거를 통해 분명히 드러났다. 1차 투표 결과는 이갑성(李甲成) 53, 함태영(咸台永) 17, 김성수 66, 장택상 11, 김창숙 1, 이청천 1표로 2/3 미달이었다. 곧바로 2차 투표로 들어가려고 하자 신정동지회에서 30분 휴회할 것을 요청했지만 부결되었다. 바로 치러진 2차 투표 결과, 김성수 68, 이갑성 65, 함태영 10, 김창숙 1, 장택상 5, 이청천 2표로 다시 2/3 미달이었기 때문에 김성수와 이갑성의 결선 투표를 실시했다. 그리하여 김성수 78, 이갑성 73표로 민국당의 김성수가 부통령으로 선출되었다.[114] 이 표수를 보면 대체로 민국당과 공화구락부에서 김성수를

---

109) 내무에 이순용, 법무에 조진만, 국방에 이기붕, 농림에 임문환, 총무처장에 한동석이 각각 임명되었다. 『東亞日報』 1951년 5월 8일자.

110) 조진만, 임문환, 한동석이 장면이 천거한 이들이다. 鮮于宗源, 「信仰의 政治家」, 『한 알의 밀이 죽지 않고는: 張勉博士回顧錄』, 350쪽.

111) 『東亞日報』 1951년 5월 8일자; 『第十回 國會定期會議速記錄』 七十九號, 1~2쪽.

112) 이 문제에 대해서 공화구락부 측은 임명 자체가 무효라고 주장했지만 이종형, 조봉암 등이 불문에 부치자고 맞섰고 결국 보류시키게 되었다.

113) 『第十回 國會定期會議速記錄』 八十一號, 14~22쪽.

114) 『第十回 國會定期會議速記錄』 八十三號, 1~3쪽.

밀었던 것으로 보인다.115) 휴회를 신청한 데서 알 수 있듯이 신정동지회는 이갑성과 함태영으로 갈렸던 것 같다. 아마도 민정동지회계가 함태영을 밀었고 국민구락부계가 이갑성을 민 것으로 생각되는데, 이런 파벌성이 김성수 부통령 탄생을 도운 셈이다.

부통령 선거에 앞서 이승만은 민주국가에서는 다소간의 혼란이 있는 법이라고 하면서도 "누구든지 개인상 사욕이나 파당적 사심을 가지고 세력을 다투거나 지위를 꾀해서 국가의 안위와 민족의 화복(禍福)을 불계(不計)하고 분규 상태를 일으키려는 사람들이 잇다면 이는 실패하고 말 것이오 만일 고치지 안흐면 필경은 민중 아ㅂ헤 나설 만한 여지가 업시될 것"이라고 경고한 바 있었다.116) 그런데도 이런 결과가 나온 것이 당시 국회 분위기를 잘 보여준다. 이에 이승만은 담화를 통해 김성수의 당선을 환영한다고 하면서도 "피선(被選) 이전에는 일 야인(野人)으로서 정부를 자유로 비판도 하고 비난도 할 수 있으나 피선된 이후에는 정당이나 또는 개인적 정견을 떠나서 정부를 일심으로 육성하기에 일치 협력하는 것이 정치상 도의이요 또 그러케 되기를 밋는 바"라고 경계심을 드러냈다.117)

이렇게 김성수가 부통령으로 선출되자, 이승만은 또다시 민국당을 자신의 적대 세력으로 간주하기 시작했다. 이승만은 원래 신성모를 둘러싸고 생긴 문제도 파벌싸움에 의한 것으로 인식했으며, 거창 사건이 터졌을 때도 그것을 신성모를 몰아내려는 획책으로 이해했다.118) 그런 점에서 보면 조

---

115) 이재학은 '우리 측', 즉 신정동지회(국민구락부계)에서는 이갑성을 밀었고 '오위영 씨 측', 즉 공화구락부에서는 김성수를 밀었다고 회고했다. 『激浪 半世紀』1, 江原日報社, 1988, 39쪽.
116) 『東亞日報』1951년 5월 16일자.
117) 『東亞日報』1951년 5월 18일자.
118) 趙炳玉, 『나의 回顧錄』, 해동, 1986, 289~290쪽.

병옥과 김준연의 해임은 민국당과의 결별을 의미하는 셈이었는데, 이에 즈음해서 이승만이 자신의 기반이 부유층이 아닌 노동자 농민임을 말하기 시작했다는 사실은 주목할 만하다.[119] 즉 이승만은 민국당과 적대적인 관계에 들어가면서 민국당과의 차별화를 시도하기 시작한 것이다. 이승만의 신당 구상도 이때부터 구체화되기 시작한 것으로 보이는데,[120] 이는 국회 원내 동향에 바로 영향을 미치게 된다.

이승만의 신당 구상과 연동해서 국회에서 일어난 변화는 신정동지회와 공화구락부의 합동이다. 이 합동은 제1당을 형성하려고 신정동지회가 공화구락부에 제의한 것이었다.[121] 국민방위군 의옥(疑獄) 사건 등으로 민정동지회계가 몰락한 결과 주도권을 잡게 된 국민구락부계가, 김성수 부통령 당선으로 세력이 강화된 민국당을 견제하기 위해 과거에 민국당과 갈등을 겪기도 했던[122] 공화구락부를 유인한 것으로 보인다. 위에서 보았듯이 이

---

119) "Memorandum by Francesca Rhee"(May 11, 1951), 『大韓民國史資料集』 30, 國史編纂委員會, 1996, 260쪽.

120) 기존 연구에서는 『임시수도천일』의 서술을 근거로 1951년 1~2월경부터 이승만의 신당 조직을 위한 움직임이 있었던 것으로 서술했는데(『臨時首都千日』, 208~210쪽; 延定悳, 앞의 글, 48쪽; 서중석, 『이승만의 정치이데올로기』, 124쪽), 이 시기에 대해서는 다시 생각해볼 필요가 있다. 먼저 신당 조직을 위한 자금을 확보하기 위해 이승만이 2월 중순에 이활을 사업가이자 국회의원인 김지태에게 보냈더니 김지태는 그것을 거절해 결국 조방 낙면 사건에 연루되어 군법회의로 넘겨졌다는 대목인데, 당사자인 김지태이 사건은 그가 불하받기로 되어 있던 조선방직을 노린 장경근, 강일매 등이 모함한 결과라고만 회고하고 정치자금 문제는 전혀 언급하지 않은 것을 보면(『財界回顧』 6, 한국일보사, 1981, 116쪽) 얼마나 신뢰할 수 있는 것인지 의문이다. 이승만이 안호상을 불러 신당 조직을 지시한 시기 역시 안호상 본인이 한청을 재건하라는 지시 다음으로 신당에 관한 내용을 회고한 것을 보면(안호상, 앞의 책, 263~264쪽) 이 시기는 최소한 한청 단장이었던 김윤근이 몰락한 이후, 즉 김윤근이 구속된 1951년 5월(『東亞日報』 1951년 5월 18일자) 이후여야 할 것이다.

121) 『東亞日報』 1951년 5월 21일자.

122) 延定悳, 앞의 글, 28~31쪽. 1951년 2월에 국회법 개정을 둘러싸고 공화구락부와 민국당은

승만도 이 시기에는 민국당을 주된 공격 대상으로 생각하고 있었기 때문에, 반민국당적인 성향이 있는 공화구락부는 충분히 이용할 만했을 것이다. 이 제의에 대해 공화구락부 측은 공화구락부의 명칭 아래 합동할 것과 간부 및 기타 모든 조건에서 비율은 1:1로 할 것 등 신정동지회 측이 받아들이기 쉽지 않은 조건을 내세웠지만,[123] 결국 5월 29일에는 공화민정회(共和民政會)라는 절충적인 명칭으로 108명의 의석을 차지한 최대 원내교섭단체가 탄생하게 되었다. 대표간사로는 신정동지회(국민구락부계)의 이종욱, 대표간사 대리로는 홍익표(공화구락부)와 박승하(신정동지회/민정동지회계), 이사회 의장으로는 김동성(공화구락부), 이사로는 정일형(공화구락부) 외 29명, 정책위원회 간사장으로는 김정실(신정동지회/민정동지회계), 운영위원회 간사장으로는 오위영(공화구락부)이 각각 선출되었다.[124] 이종욱은 원래 승려이며 독촉국민회 총무부장 등을 지낸 사람인데, 1884년생의 고령자로 표면적인 대표로 잘 나오는 사람이었기 때문에[125] 대표간사로서의 실권은 공화구락부와 신정동지회가 나누어 가졌다고 보면 될 것이다. 또 이사회 의장과 운영위원회 간사장을 공화구락부가 차지했기 때문에 실질적으로 공화민정회를 이끌어갈 힘은 공화구락부계에 있었던 것으로 보인다. 특히 운영위원회 간사장이 된 오위영은 이 합동을 추진한 중심인물이었으므로[126] 공화민정회는 공화구락부의 작품이었다고 볼 수 있을 것이다. 공화구락부 측에서 이러한 합동 제의에 응한 목적은 "공화민정회를 기반으로 하여 108명의

심한 갈등을 겪었다.
123) 『東亞日報』 1951년 5월 21일자.
124) 『釜山日報』 1951년 5월 31일자.
125) 金鐘範 編著, 『第二代 民議院 業績과 人物考』, 中央政經研究所, 1954, 187쪽.
126) 이재학은 이 합동을 신정동지회의 자신과 공화구락부의 오위영이 주도한 것으로 회고했다. 『激浪 半世紀』 1, 39~40쪽.

의석을 가지고 신당을 결성하려 하였던 것이며 그 주요 목표는 원내의 안정 세력으로써 의회정치를 구현해 보려는 데 있었"다.[127] 그래서 그 '안정 세력'을 확보하기 위해 신정동지회와의 합동이라는 위험할 수도 있는 선택을 한 것이다.[128] 이 지점에서 한 가지 확인해두어야 할 것은 공화구락부의 이승만 인식이다. 연정은은 국민방위군 사건, 거창 사건 등을 계기로 공화구락부가 반이승만 세력으로 부상하게 되었다고 보았는데,[129] 이는 '이승만 정권'과 '이승만'을 등치시킨 결과 도출된 견해이다. 공화구락부는 정부를 줄곧 강하게 비판했지만 그것은 어디까지나 정부에 대한 비판이며 굳이 말하자면 신성모에 대한 비판이었지, 이승만이라는 인물을 공격했다고 보기는 어렵다. 나중에 내각책임제 개헌을 본격적으로 추진할 때도 엄상섭 등이 "당시의 우리 진심은 내각책임제만 실현되면 이 대통령을 재선시켜야 한다"는 것이었다고 회고했듯이,[130] 이들은 기본적으로 이승만을 통제할 필요성은 인식했어도 이승만을 물러나게 해야 한다고까지 생각하지는 않았다. 이들의 의도는 정계 재편과 동시에 나타나기 시작한 내각책임제 개헌 문제를 통해 잘 나타난다.

정부와 국회가 대립을 거듭하던 1951년 1월에 서민호 의원 외 59명에 의해 행정 각부에 국회의원인 정무 차관을 두자는 '정부조직법중개정법률안'이 제출되었다. 윤길중 법사위 위원장이 설명했듯이, 법사위 심의를 거쳐 1월 31일 본회의에 상정된 이 법안의 '정무 차관제'는 기본적으로 의원 내각제를 전제로 하는 것이었으며, 일단 국회의 의사를 행정에 반영시키기

---

127) 嚴詳燮, 「解放十年政治史」, 『思想界』 第三卷 第九號, 思想界社, 1955, 208쪽.

128) 『第二代 國會를 움직였든 人物: 議政生活 四十年의 實錄』, 國會타임스社, 1954, 23~24쪽.

129) 延定恩, 앞의 글, 31~40쪽.

130) 嚴詳燮, 『權力과 自由』, 耕久出版社, 1959, 239쪽.

위한 과도적 방안으로 제기된 것이었다. 이 법안에 대한 취지 설명이 끝나자마자 민정동지회의 김종회 의원은 전면적인 정부조직법 개정법률안이 나올 때까지 보류시키자고 동의(動議)했으나 이 동의는 두 번의 미결로 폐기되었다. 토론 과정에서는 대체로 찬성하는 분위기였지만 표결에서 미결이 된 결과 이 법안은 다시 법사위에 회부되었다.[131] 내각책임제를 염두에 둔 이러한 공세가 가시화되면서 이승만 역시 개헌 의사를 또다시 밝히기 시작했다. 1951년 2월 9일 이승만이 기자회견에서 대통령 직선제 개헌을 언급한 것이다.[132] 사실 이승만의 이 발언은 미리 준비된 것이었다. 1950년 11월에 국회에 밀려 비상계엄 해제를 결의한 국무회의에서, 이승만은 법제처에 헌법 개정안을 입안할 것을 지시했다.[133] 그 내용이 직접 언급되지는 않았지만 예전부터 이승만이 구상했던 대통령 직선제 개헌은 그때부터 구체적으로 추진되기 시작한 것으로 보인다.

개각을 계기로 이승만과 민국당이 또다시 대립하기 시작하는 시기에, 개헌 문제도 본격적으로 논의되기 시작한다. 새로운 국무위원들이 임명된 직후인 5월 14일, 국무위원 임명에 대해 국회가 거부권을 갖는 개헌안이 국회에 상정되었다는 소식이 뉴욕 경유로 보도되었다.[134] 개헌안이 상정되었다는 이 기사 내용 자체는 사실이 아니었지만, 5월 19일에는 원내 각파 대표들이 모임을 가져 국무총리를 국회에서 임명해서 조각케 하고 대통령에게는 국회해산권을 부여한다는 내각책임제 개헌안에 대해 합의를 보았다. 계속 이승만이 주장해오던 대통령 직선제에 대해서는 전혀 언급이 없었으며, 상하 양원제 역시 제도는 채택하되 실시는 당분간 어렵다는 것으로 합의가

---

131) 『第十回 國會定期會議速記錄』 十八號, 2~19쪽.
132) 『東亞日報』 1951년 2월 10일자.
133) 『第一一九回 國務會議錄』, 1950년 11월 7일.
134) 『朝鮮日報』 1951년 5월 14일자.

이루어졌다.

이 개헌 움직임의 결과로 나타난 것이 앞서 본 신정동지회와 공화구락부의 합동이었던 것이다. 공화구락부 측은 논의되기 시작한 내각책임제 개헌을 염두에 두고 국회에서 다수파를 형성하기 위해 합동에 응했다고 할 수 있을 것이며, 신정동지회 측에서 합동을 주도한 송방용 의원[135] 역시 내각책임제 개헌을 주장하게 되는 사람이었다는 사실도 이를 뒷받침해준다.

그런데 1951년 5월 31일에 소집된 제11회 임시국회에서 본격적으로 출범한 공화민정회는 출범하자마자 공화구락부계의 윤길중, 서민호, 김영선, 박순천, 신정동지회계의 신중목, 김정두 등 14명의 의원들이 탈퇴하는 사태를 겪기도 했다.[136] 그런데 흥미로운 것은 그 바로 직후에 이승만이 담화를 발표해 정권을 빼앗자는 목적이 아닌 정당에 대해서는 긍정적인 입장을 보이면서 파당을 배제하고 단결을 호소했다는 사실이다.[137] 이는 이승만이 공화민정회를 통한 여당 조직을 적극적으로 생각하고 있었음을 보여준다. 이승만이 오위영에게 직접 정당 조직을 권유했다는 것도[138] 이 맥락에서 이해할 수 있다.

공화민정회가 중심이 된 이 신당 구상은 "재정난, 지도층 인재 부족 등으로 인하여 좌절된 감이 없지 않았으나"[139] 원내 재편과 동시에 원외에서도 신당을 위한 움직임은 이미 시작되고 있었다. 1951년 6월경 이승만이 양우정, 이활, 채규항을 불러 "민주주의 정치는 정당 정치에서 기초 세워야 하는 것이며 민주주의 정당은 인민 대중을 토대로 하지 않으면 아니 된다"며

---

135) 『第二代 國會를 움직였든 人物: 議政生活 四十年의 實錄』, 97쪽.
136) 『東亞日報』 1951년 6월 8일자.
137) 『東亞日報』 1951년 6월 9일자.
138) 權五琦, 『現代史 주역들이 말하는 정치증언』, 東亞日報社, 1986, 230쪽.
139) 『朝鮮日報』 1951년 8월 28일자.

'인민 대중을 토대로 한' 정당을 만들라고 지시한 것이다.[140] 원외에서의 신당 조직은 8월부터 본격적으로 추진되었다. 먼저 국민회는 8월 8일 개최된 각도대표자회의에서 개인 자격으로 신당에 참여할 것을 결의했으며, 8월 13일에는 이승만과 회견을 가지고 신당에 대한 의견을 교환했다.[141] 이렇게 원외에서 신당 조직을 위한 준비를 거친 다음에 발표된 것이 이승만의 광복절 기념사였다. 8월 15일 광복절 기념사에서 이승만은 정당에 대해 다음과 같이 언급했다.[142]

한 가지 역설할 것은 일반 국민이 정당의 의미를 철저히 알기 전에는 정당 제도를 실시하는 것이 이르다고 생각되엿던 것입니다. 정당의 제도는 각각 국가의 복리를 위해서 주장하는 정견으로 되는 것이오, 정권을 잡기 위해서 사당(私黨)을 만드는 것은 아닙니다. 그러나 지금은 시기가 와서 전국에 큰 정당을 조직해서 농민과 노동자들을 토태로 삼어 일반 국민이 나라의 복리와 자기들의 공동 복리를 보호하기 위하여 정당(正當)한 정당(政黨)을 만들 째가 왔다는 것입니다.

이승만이 "농민과 노동자를 토대로" 하는 정당에 대해 언급한 것은 이것이 처음은 아니었다. 1950년 5·30 선거에서 민국당과 대한국민당이 참패했을 때부터 "앞으로 민국당과 같이 일부 특권계급과 자본가로 구성된 정당은 성공하기 곤란할 것이며 농민과 노동자를 포섭하는 정당이래야 발전할 것"이라는 견해를 밝힌 일이 있었다.[143] 또 앞에서 보았듯이 김성수가

---

140) 梁又正,「自由黨의 自己批判」,『新天地』第八卷 第一號, 서울신문社, 1953, 16쪽.
141)『釜山日報』1951년 8월 14일자.
142)「第六週年 光復節 大統領記念辭」(국가기록원 소장), 22~23쪽.
143)『聯合新聞』1950년 6월 3일자.

부통령으로 취임한 직후에도 노동자 농민을 스스로의 기반으로 할 것을 이야기했다. 하지만 공화민정회를 중심으로 한 정당 조직이 흐지부지된 상황에서 이승만이 한 이 발언은, 이제 이승만이 주도적으로 신당 조직을 추진하겠다는 의사를 밝히는 것이었다. 그런데 그 배경에는 이범석의 영향이 엿보인다.

주중 대사로 타이베이에 있던 이범석은 1951년 8월 31일에 귀국했다고 회고했으며[144] 기존 연구들은 그 서술을 그대로 따르고 있다.[145] 하지만 이범석이 대통령의 소환 명령에 의해 귀국한 것은 8월 4일이었다.[146] 귀국한 이범석은 8월 10일에 국회에서 대만 상황에 대해 보고했다. 그는 어려운 처지에 빠진 국민정부가 "인류의 공적(公敵)인 공산당을 소멸하지 않으면 안 되겠다는 단호한 결의를 가지고 장개석 총통이 복직을 하고 국민당의 개조를 착수하고 정당 정치에 착수"했으며, 그 결과 "뿌리가 대단히 깊은 두 개의 파벌이 전연 소멸됨과 다름없이" 되었다고 했다.[147] 이어 8월 14일에는 국무회의에 참석해 "대만중국(台湾中國)은 정치, 경제, 사회적으로 쇄신 안정되고 있다"는 내용의 보고를 했다.[148] 아마 이 자리에서도 국회에서와 마찬가지로 중국국민당 개조를 통한 대만의 안정화에 관한 보고가 이루어졌을 것이다. 그런데 여기서 특히 주목할 것은, 중국국민당 개조에서도 "청년 지식분자 및 농·공 생산자 등 광대한 노동 민중"을 당의 사회적 기초로 삼을 것을 내세웠다는 점이다.[149] 그 결과 1951년 8월 말에는 당원

144) 『事實의 全部를 記述한다』, 94쪽.
145) 김수자, 『이승만의 집권 초기 권력 기반 연구』, 景仁文化社, 2005, 176쪽; 서중석, 『이승만의 정치이데올로기』, 135쪽.
146) 『東亞日報』 1951년 8월 6일자.
147) 『第十一回 國會臨時會議速記錄』 第四十二號, 1~2쪽.
148) 『第九十一回 國務會議錄』, 1951년 8월 14일.

가운데 노동자 농민이 차지하는 비율이 49.31%로 올라가 당원의 성분 구성이 크게 변화했다.150) 중국국민당이 타지나 다름없는 대만에서 안정될 수 있었던 까닭은 바로 이러한 개조에 있었던 것이다. 또한 1949년 초에 중화민국 총통 자리에서 물러난 장제스가 중국국민당을 기반으로 다시 복귀한 것 역시, 국회 동향에 따라서는 대통령으로 선출되지 않을 수도 있던 이승만에게 참고할 만한 사례였을 것이다.151) 이승만의 광복절 기념사는 바로 이러한 맥락에서 나오게 되었다.

이승만이 개조된 중국국민당을 신당의 모델로 생각했다는 것은 다른 데서도 확인할 수 있다. 신당 조직을 위한 각계의 움직임이 활발했던 1951년 10월, 이승만은 그의 '그림자손'인 장석윤을 대만으로 보내 "자유중국이 대만으로 온 후의 동향과 정치, 경제, 사회, 문화 등 각 분야에 걸친 상황을" 조사케 했다.152) 장석윤은 자신을 대사로 임명하려는 것이 아닌가 생각했다고 회고했지만, 이는 이범석이 보고한 내용을 이승만이 직접 확인하기 위한 조치였을 것이다.

광복절 기념사에서 정당 조직 외에도 이승만은 몇 가지 흥미로운 발언을 했다. 그 하나는 공산주의에 대한 인식이고, 또 하나는 개헌에 관한 발언이다. 먼저 공산주의에 대해서는, 현재 세계가 민주와 공산으로 갈라져 싸우고 있다고 하면서도, "공산주의도 쏘한 혁명적 사상"이라면서 "이론상으로

---

149) 「本黨改造要綱(修正案)」, 李雲漢 主編, 『中國國民黨宣言彙編』, 臺北: 中國國民黨中央委員會黨史委員會, 1994, 536쪽.

150) 張其昀, 「中央改造委員會工作總述」, 劉維開 編輯, 『中國國民黨黨務發展史料: 黨務工作報告』, 臺北: 中國國民黨中央委員會黨史委員會, 1997, 8쪽.

151) 장제스가 하야했다가 다시 복귀하게 되는 과정에 대해서는 劉維開, 『蔣中正的一九四九: 從下野到復行視事』, 臺北: 時英出版社, 2009 참조.

152) 『激浪 半世紀』 1, 323쪽.

말하면 나도 이 주의를 옳다고 인정하는 바"라고 밝혔다.153) 물론 실제로
는 그렇지 않다는 것을 뒤에서 말하긴 하지만, 이론상으로 공산주의가 옳다
는 발언은 유사사회주의적인 성격을 지닌 일민주의의 부활을 예고하는 것
이었다. 또 개헌에 대해서는 "하나는 대통령을 국민이 직접 투표 선거하자
는 것이고, 둘재는 국회의 단원제를 상하 양원제로 변경하므로써 민주정부
를 더욱 공고히 하자"고 주장했다.154) 그에 이어 이승만은 "이 헌법 개정
여부에 나 개인으로는 조곰도 관계가 업는 것을 언명"한다면서 "나는 대통
령의 지위를 보유하고 있자는 의도는 추호도 업고 오직 민국의 장래를 위해
서 민주주의를 확고히 보장하자는 것만이 내 주장하는 바"라고 너무나 속
보이는 말을 덧붙였다.155) 즉, 대통령의 지위를 유지하기 위해서 정당을
만들고 헌법을 개정하자는 것이 이 기념사의 취지인 셈이다.

이승만의 광복절 기념사가 발표되자 신당 조직을 위한 움직임이 본격화
되었다. 1951년 8월 17일에 광복장(光復莊)에서 조경규(趙瓊奎),156) 양우정,
김정실, 오위영, 태완선, 홍창섭, 지연해, 이재학, 김용우 등 국회의원 9명과
국민회의 이활, 대한국민당의 이유선, 한청의 유화청,157) 농총의 채규항,
제헌동지회158)의 정현모 등이 모여 제1차 준비 회합을 가졌다. 이 자리에

153) 「第六週年 光復節 大統領記念辭」, 7~8쪽.
154) 위의 글, 25~26쪽.
155) 위의 글, 27~28쪽.
156) 기사에는 "趙위奎"라고 나오지만 이는 조경규일 것이다.
157) 유화청은 한청 소속이긴 했지만 1946년부터 주로 (독촉)국민회에서 활동한 인물이기
    때문에 실질적으로는 국민회계로 보아야 할 것이다. 洪定完, 「정부 수립기 大韓獨立促成
    國民會의 국민운동 연구」, 연세대 사학과 석사논문, 2005, 82~83쪽.
158) 제헌동지회는 이인과 이훈구를 중심으로 1950년에 조직되었는데 특별한 목적도 정책도
    없는 조직이었다. "Political Parties and Organization in South Korea" enclosed copy
    in "From Pusan(Lightner) to Department of State: Transmittal of Memorandum regarding
    Political Parties and Organizations in South Korea"(October 10, 1951), 『南北韓關係史料集』

서 "노동자 농민과 소시민을 토대로 한 대중정당으로써 발족"한다는 원칙적인 문제에 대해서는 완전한 합의가 이루어졌으며, 원내외에서 각 15명의 준비위원을 선정해 결당준비위원회를 구성하는 것 등에 대해 의견 교환이 있었다고 전해졌다.159) 이날 모인 면면을 보면, 원래 신당 조직을 추진하려던 공화구락부계에서는 오위영, 김용우, 태완선 등 3명만 참석해 이제 신당의 주도권이 이승만으로 넘어갔음을 보여주었다.

이어 이승만은 8월 25일에도 신당에 관한 담화를 발표했다.160) 이 담화에서는 "일민주의가 민간에서 다소 전파되어 우리 의도를 알만치 되었으므로 이것을 거구(去口)로 삼아 정당(正當)한 정당(政黨)을" 세우겠다고 하여 신당의 이념적 성격을 밝혔으며, 또 "소위 정객들은 이 정당 조직에 참가를 허락"치 않을 것, "정당을 대부분 노동자와 농민들과 기타 근로 대중으로 구성"할 것, "오직 개인 자격의 가입을 허락할 것" 등 신당의 방향성을 구체적으로 언급했다. 뒤에서 "본당 조직은 국회의원 동지와 민간 지도자들이 내게 요청한 바 있어 그 필요를 느껴 내가 후원해주기로 허락한 것"이라고 사정을 설명했지만, 담화 내용으로 보면 이승만의 위치는 이미 '후원자'라기보다는 '지도자'였다.161)

이 이승만의 담화를 이어 9월 5일에는 신당발기준비위원구성협의회가 조직되어 '신당발기취지서(초안)'가 발표되었다[부록 4] 참조). 문체나 내용으로 보아 양우정이 쓴 것으로 보이는 이 취지서는, 민국당을 겨냥해 "군정(軍政) 이래로 부패한 독선적인 관료주의 군상은 자유경제의 미명하에 모리

16, 國史編纂委員會, 1995, 778쪽.
159) 『朝鮮日報』 1951년 8월 28일자.
160) 『東亞日報』 1951년 8월 26일자.
161) 「新黨組織에 關하여」, 『大統領李承晩博士談話集』, 公報處, 1953, 61~62쪽. 이 책에서는 날짜가 "四二八四, 八, 五"로 되어 있는데 '五' 앞의 '二'가 누락된 것으로 보인다.

간상(奸利奸商)을 일삼는 도배들과 더부러 소위 신흥 특권계급을 조성하고 다수 국민 대중을 농락하고 있"다고 질타한 뒤, "그들은 우리 헌법을 반역하고 시대의 흐름에 역류하여 노동자 농민의 예속과 착취 위에서 자본주의의 새로운 번영을 획책하고 있는 것"이라고 강하게 자본주의를 비판했다. 취지서는 또한 신당이 이런 세력에 맞서기 위한 "전위당(前衛黨)"임을 강조하면서 "부패한 기성 정계의 □□을 타파하고 계획경제의 확립에 의한 민중 생활의 보장을 기하는 것이 신정당의 구체적인 투쟁 목표"임을 밝히고, "만인의 전적 취업 보장, 결핍과 □□ 병질(病疾)에 대한 안전 보장, 항시 승진(昇進)하는 생활 정도, 그리고 풍부하고 더욱 건전한 생활을 성취하기 위하야 계획과 생산과 분배와 관련한 모-든 경제적 결정을 지음에 노동자 농민 근로 대중 조직의 전적인 참획(參劃)을 □구하며 정치적 민주주의와 함께 경제적 민주주의의 실현을 전취하기 위하여" 단결할 것을 호소했다. 뒤에서 "상하귀천의 계급을 타파하고 빈부 차등의 원인과 그 □□을 거부하고 파벌과 모략을 분쇄하고 남녀 동등 만민 공생의 모범적인 국가의 실현을 목적한다"라고 밝혔듯이, 이 취지서는 양우정이 과거에 정식화했던 일민주의로 일관되었다. 10월 11일에는 안호상이 기자와의 문답을 통해 한청에서 "앞으로는 일민주의를 지도정신으로 하여 이 주의를 철저히 실천시킬 것"이라고 언명했으며,[162] 그 뒤 한청에서는 "일체의 한청 사업 행동은 일민주의 논리적이며 철학적인 기초 밑에서 전개되어야 하며 운영되어야 할 것"이라며 일민주의를 기초로 한 철저한 사상 훈련이 시행되었다.[163] 일민주의를 통해 족청계는 다시 본격적으로 정치 무대에 올라오기 시작한

---

162) 『朝鮮日報』 1951년 10월 14일자.

163) 「政黨社會團體의 基本과 將來: 大韓青年團編」, 『政經』 12월호, 大韓政經學會, 1951, 58쪽.

것이다.

또한 이때 결정된 잠정 부서를 보면, 총무부에 이활, 정현모, 김영기 외 5명, 조직선전부에 채규항, 주종필, 문봉제, 조용기로 되어 있다.[164] 먼저 총무부의 면면을 살펴보자. 이활은 국민회 사무국장이다. 정현모는 『시대일보』, 『조선일보』의 주필을 지낸 인물로서 제헌국회에 무소속으로 당선되었다가 1948년 10월에 경북도지사로 임명되었다.[165] 김영기 역시 제헌국회의원이지만, 소위 '소장파'의 일원으로 국회 프락치 사건 때 체포영장이 발부되기까지 했다.[166] 실제로 체포되지는 않았지만 1949년 10월 28일에는 국민보도연맹에 자진 가입했으며,[167] 1950년에 들어서면서 원내에서도 대한국민당에 들어가게 되는 등 우여곡절이 많았다.[168] 조직선전부의 채규항은 대한농총 위원장이며 주종필은 대한노총 부위원장,[169] 문봉제는 대한청년단 부단장, 조용기는 주종필과 마찬가지로 대한노총 부위원장이었다.[170] 즉 총무부에는 국민회와 국회의원 출신을, 조직선전부에는 노총, 농총과 한청을 배치한 것이다.

그런데 노동자 농민을 기반으로 한다고 하면서도 특히 농민 조직이 약한 것이 문제였다. 대한농총은 채규항을 위원장으로 1947년 9월에 결성되었는데,[171] 1949년 12월에 이승만이 대한농총과 대한농회의 통합을 지시한 결과[172] 형식적으로는 통합단체인 '대한농민회'가 대한농회의 최태용을

---

164) 『東亞日報』 1951년 9월 16일자.
165) 『東亞日報』 1948년 10월 19일자.
166) 『서울신문』 1949년 8월 17일자.
167) 『서울신문』 1949년 10월 30일자.
168) 『서울신문』 1950년 1월 27일자.
169) 『東亞日報』 1950년 11월 1일자.
170) 『東亞日報』 1950년 11월 1일자.
171) 『東亞日報』 1947년 9월 6일자.

중심으로 발족되었다.[173] 그러나 농총은 합동을 지지하는 이평림·황문성 등을 중심으로 한 중앙상무집행위원회와, 채규항·최상석 등을 중심으로 한 반대 세력으로 분열되고 말았다.[174] 이렇게 농총은 한 번 해체되었지만, 한국전쟁 와중에 최태용이 행방불명되는 등[175] 다른 요인들이 겹치면서 통합 자체가 흐지부지되고 말았다. 채규항은 또다시 농총의 지도자로 부활하기는 했지만 충분한 기반을 지녔다고 보기는 어려웠다. 그런 가운데 농촌의 조직적 기반을 구축하기 위해 구상된 것이 농업협동조합이었다. 1951년 6월부터 대한농회는 해산 절차가 진행 중이었는데,[176] 유일한 농민단체가 된 농총은 농업협동조합조직법안을 기초해 국회에 건의했으며,[177] 이는 신당 조직과 맞물리면서 본격화되었다. 농총이 주도해서 대한농업협동조합조직추진위원회가 결성된 것이다.[178]

하지만 농민을 조직화하는 기획은 이번에도 갈등을 겪지 않을 수 없었다. 이 단체와 별개로 농민회의를 결성하려는 움직임이 나타난 것이다. 1951년 10월 3, 4일에 동래에서 강진국·최병협과 함께 농민 출신 국회의원인 육홍균, 송방용 등이 중심이 되어 농민회의준비위원회가 개최되었다.[179] 한국농민회의준비위원회는 10월 3일자로 농민회의의 취지와 준비위원 명단을 발표하면서 10월 22, 23일에 한국중앙농민회의 결성대회를 개최한다고 공

172) 『京鄕新聞』 1949년 12월 3일자.
173) 『東亞日報』 1949년 12월 28일자.
174) 『聯合新聞』 1950년 1월 29일자; 2월 5일자.
175) 全炳昊, 『崔泰瑢의 生涯와 思想』, 聖書敎材刊行社, 1983, 172쪽.
176) 『東亞日報』 1951년 6월 1일자.
177) 『東亞日報』 1951년 6월 5일자.
178) 『韓國農業金融史』, 農業協同組合中央會, 1963, 227쪽.
179) 『東亞日報』 1951년 10월 7일자. 이 기사에서는 '농민회의주비위원회'로 되어 있지만 '준비위원회'가 맞을 것이다.

표했다. 그 준비위원 명단에는 농협조직추진위 간부인 신현대·최병협·김병순 등이 포함되었으며, 또 연병호·홍창섭·육홍균·송방용 등 국회의원들도 포함되었다.[180] 농협조직촉진위 측은 미리 이 움직임을 알고 9월 20일자로 '대한농업협동조합 조직선전요강'을 발표해 과거의 농회 간부들이 "근간 또 농민회의라는 것을 획책하야 농민을 현혹하는 동시에 민족 진영의 농민 운동을 분열"시킨다고 강하게 비난했다.[181] 그래도 농민회의는 결성대회 를 열어 회의장에 조봉암, 부회의장에 윤태중·육홍균·최병협, 위원으로 김 경태·강진국·김병순·신현대를 선출했다.[182] 이들 가운데 윤태중·최병협· 김경태·김병순은 실제로 농회 간부 출신들이었지만,[183] 이를 단순히 농회 계 인사들의 분파 활동으로 치부할 수는 없다. 사실 이 단체는 회의장으로 선출된 조봉암이 신당을 조직하기 위한 기반으로 결성한 것이었으며,[184] 과거 농림부 장관을 지낸 인맥을 활용한 결과였다. 농민회의 자체는 그 뒤 조봉암의 신당 공작이 탄압을 받으면서 흐지부지된 것으로 보이지만,[185] 이승만에 의한 신당 조직 공작 역시 농촌에서 순조롭게 진행되지는 못하게 되었다. 하지만 농협을 통한 농민 조직화라는 노선이 협동조합운동 경험자

---

180)『釜山日報』1951년 10월 17일자.

181)『釜山日報』1951년 10월 13일자.

182)『東亞日報』1951년 10월 24일자.

183)「大韓民國政府職員要錄」,『檀紀四二八三年版 大韓民國人事錄』, 30~31쪽.

184) 이영근,「진보당 조직에 이르기까지」, 鄭太榮,『曺奉岩과 進步黨』, 한길사, 1991, 631쪽. 이영근은 1951년 6월에 신당 준비사무국을 설치했다고 회고했는데, 실제로 1951년 7월에는 신문 기사에서 "曺奉岩氏 中心의 新黨組織"이 언급되어 있어 원내 재편성 과정에서 조봉암의 신당 구상도 나타나게 된 것으로 보인다.『釜山日報』1951년 7월 13일자. 또한 서울시경 사찰과는 1951년 7월 14일에 주비위원회를 결성한 것으로 파악했 다.『査察要覽: 左翼, 中間, 第三勢力, 其他』, 서울특별시 경찰국 사찰과, 1955, 103쪽.

185) 나중에 강진국이 원내자유당 농민부장으로 선출된 것으로 보아 일부는 원내자유당과 결합되었을 가능성도 있다.『釜山日報』1951년 12월 26일자.

들을 끌어들이고 '협동'이라는 이념을 부각시키게 되었다는 점에서는 적지 않은 의의가 있다.

신당발기준비위원구성협의회는 이런 움직임을 바탕으로 10월 하순에 전국 각지에 조직원을 파견해 조직을 완료하고, 30일에 부산에서 발기대회를 열 계획임을 밝히면서, 가칭이지만 당명을 통일노농당으로 발표했다.[186] 노동자, 농민을 중심으로 하겠다는 것과 통일 없는 휴전에 반대한다는 뜻이 담긴 당명이라고 할 수 있다.

2. 원내외 갈등

원외에서 신당 조직이 진행되는 것과 동시에 원내에서도 조직이 진행되었다. 공화민정회는 10월 2일에 '신당준비25인회'를 소집해 7일까지 원내 타파 소속 의원들과 최종적으로 절충할 것, 원외 협의회의 실태와 진행 경과를 조사할 것, 당헌 강령 당책 등 재료를 수집 정리할 것 등을 결정했다.[187] 즉, 원내에서는 원외와 무관하게 신당 준비가 진행되었던 것이다. 그런데 10월 12일에 서상호, 이시목, 김범부가 신당 발족에 반대해서 공화민정회를 탈퇴했다.[188] 이시목은 공화구락부계 의원이지만, 제3부에서 보았듯이 서상호와 김범부는 2대 국회 개원 직후에 양우정과 더불어 자유구락부-국민구락부를 주도했던 인물이었다. 국민구락부계 내부에서도 갈등이 생긴 셈이다. 당시 원외의 신당발기준비위원구성협의회 측에서는 양우

---

186) 『朝鮮日報』 1951년 10월 25일자.

187) 『釜山日報』 1951년 10월 4일자.

188) 『朝鮮日報』 1951년 10월 19일자. 이 기사에서는 이시목이 "李時稷"이라고 표기되었지만 이 의원은 李時穆이다.

정과 임영신이 원내 공작을 추진하고 있었는데,[189] 그리 성공적이지 않았던 것으로 보인다. 이런 갈등을 겪으면서도 10월 23일에는 원내에서 신당 발기회 결성식이 발기인으로 서명한 89명 의원 중 74명이 참석한 가운데 거행되었다. 이 자리에서 상무위원 30명이 선출되었는데 그 명단은 다음과 같다.[190]

신중목 이재형 김판석 조대연 안용대 김태희 박정근 강경옥 이재학 오위영
정문흠 박철웅 김형덕 홍창섭 조정훈 김정실 박만원 엄상섭 양우정 조경규
이종형 김용우 송방용 이도영 태완선 김영선 정헌주 오성환 서장주 김종순

이들은 모두 공화민정회 소속 의원이지만, 계파별로 보면 공화구락부계가 9명(김용우, 조대연, 오위영, 엄상섭, 정헌주, 이도영, 김영선, 김종순, 태완선)이고 나머지는 신정동지회계이다. 이를 더 세분화해보면, 국민구락부계가 5명(신중목, 양우정, 송방용, 서장주, 박정근), 민정동지회계가 6명(김판석, 김정실, 홍창섭, 김태희, 정문흠, 조정훈), 대한국민당계가 6명(이재형, 이재학, 안용대, 박철웅, 박만원, 오성환)이다. 조경규는 앞서 보았듯이 국민회계라고 할 수 있고, 이종형은 양우정과 가까운 인물이었다. 김형덕과 강경옥은 불분명하지만 두 사람 다 기업인 출신이다. 이렇게 보면 원래 신당을 주도하려던 공화구락부계는 1/3도 되지 않았으며, 국민방위군 사건에 직접 연루된 김종회 등은 나서지 않았지만 여전히 민정동지회계가 많이 참여하고 있음을 알 수 있다. 민정동지회계가 이 정도 참여할 수 있었던 것은 신당 조직에 한청을 적극 활용하려 했던 이승만의 의도와도 무관하지 않을 것이다. 더욱

189) 『민주신보』 1951년 10월 17일자, 『資料大韓民國史』 23, 國史編纂委員會, 2006, 148쪽.
190) 『東亞日報』 1951년 10월 25일자.

이 상무위원으로 선출된 의원 가운데 서장주, 김판석, 조정훈, 홍창섭 등은 원래 오위영 중심의 25인회에 대해 불평을 표시하고 있었으며, 이재형, 박정근, 송방용, 박철웅 등은 윤길중과 함께 조봉암을 끌어들여 신당의 주도권을 장악하려 했었다.[191] 이렇게 구성된 원내 신당준비위원회 책임자는 공화구락부계의 오위영이었지만, 준비위원회 각부 책임자는 총무부에 김정실, 조직부에 조경규, 조사공보부에 신용욱, 재정부에 박정근 등으로 공화구락부계는 아무도 없었다.[192]

이렇게 원내에서도 신당 조직을 위한 움직임이 진행되었지만, 신당발기준비위원구성협의회가 30일에 열기로 했던 발기대회가 "원내와의 협조 관계를 고려하여" 연기된 데서 알 수 있듯이,[193] 원내와 원외의 보조는 잘 맞지 않았다. 결국 원내외의 합동 공작은 세 번의 공식 회합을 거쳐 신당발기준비위원회 비율 문제에 대해 원내가 양보함으로써 결실을 보게 된 것으로 전해졌다.[194] 11월 3일에 1:1 비율로 무조건 합동하기로 결정되어 11월 6일에 신당발기준비위원회를 구성하게 되었다는 것이다. 그런데 이런 상황 속에서도 11월 6일에 이순용 내무부 장관 인책 사직에 관한 결의안이 공화구락부계 주도로 95:35로 가결되는 등, 원내에서는 정부에 대한 비판적인 분위기가 거세졌고,[195] 원외에서는 11월 7일에 일방적으로 다음과 같은 성명서를 발표했다.[196]

---

191) 『釜山日報』 1951년 10월 26일자.
192) 『민주일보』 1951년 11월 1일자, 『資料大韓民國史』 23, 263~264쪽.
193) 『東亞日報』 1951년 10월 29일자.
194) 『釜山日報』 1951년 11월 5일자.
195) 『第十一回 國會臨時速記錄』 第八十八號, 3~12쪽.
196) 『東亞日報』 1951년 11월 8일자.

우리나라의 정치 노선은 공산당 정치 노선을 제외하고는 이 박사 정치 노선을 지지하느냐 반대하느냐는 것뿐이다. 공산당 정치 노선은 더 말할 것도 없이 반민족 반국가적인 것임으로 우리가 배격하는 것이요, 그 외 이 박사 정치 노선은[을] 반대하는 다른 부류는 정권 야욕에서 민족을 분열하고 신흥 자본가의 이익만을 도모하는 파벌심에서 대외적으로 국가 민족의 위신을 떨어터리는 악선전(惡宣傳)을 하고 대내적으로 민중을 역방향으로 선동하는 것이니 그 과오는 공산당과 동일한 것이다. 그러므로 우리는 민족의 정기를 살리고 국가의 위신을 회복하기 위하여 대다수 노동 대중의 결집과 양심적인 정치인의 결합으로써 새로운 통일노농당을 조직하는 것이니, 이 노선을 □□서 결속할 동지는 단합할 것이오 반대되는 자는 물러갈 것이다.

이승만을 지지하지 않으면 공산당과 동일하다는 이 성명서는 하필이면 원내 공작을 담당하던 양우정이 발표한 것이었다. 원내의 신당준비위 상임 위원회는 11월 8일 오전에 긴급회의를 열어 이 문제에 대해 논의했다. 그 자리에서 "신당 노선과 전연 배치되는" "독자적 발표"를 한 양우정을 제명 처분하자는 제안까지 나왔지만, 결국 일소에 부치기로 하고, 공보 책임자인 신용욱이 "가칭 통일노농당 운운은 들어보지도 못한 당명"이라며 이를 강하게 비판하는 성명을 발표했다.[197] 양우정이 발표한 이 성명에 대해 조선 민주당도 "신당이 '쓰딸란당'이나 '힛트러당'의 재판(再版)"이 아니냐는 위구심을 불러일으킬 수 있다고 비판했다.[198] 이제 신당이 조금씩 파시즘적인 냄새를 풍기기 시작한 것이다. 하지만 양우정의 사상은 그가 그해 7월에 역사학자 신석호·김도태, 시인 김광섭과 더불어 고등고시위원으로 위촉된

197) 『東亞日報』 1951년 11월 9일자.
198) 『東亞日報』 1951년 11월 10일자.

것으로도 알 수 있듯이 정부에 의해 공인된 것이었다.199)

계속되는 우여곡절 속에서도 신당 준비는 착착 진행되었다. 11월 8일에는 밤늦게까지 연석회의가 열려 11월 10일에 결당준비위원회를 구성할 것과 그 준비위원은 원내 93명, 원외 108명으로 할 것에 합의하고 "원내외는 무조건으로 뭉친다"는 성명서를 발표했다.200) 앞서 본 양우정의 성명서가 문제가 되어 10일에 예정된 회합이 일단 연기되기는 했지만,201) 11월 13일에 발기위원 190명 중 149명이 참석한 가운데 원내외가 합동한 신당발기준비위원회가 구성되었다. 이날 모임에서는 임시의장으로 원내 이종욱, 원외 정현모를 각각 선출하고, 임원 선출을 위한 전형위원으로 원내의 우문·이재형·오성환·이상철·엄상섭을, 원외의 유화청·이활·채규항·황호현·조용기를 선출했다.202) 원내에서 선출된 사람들 가운데 공화구락부 출신은 우문·이상철·엄상섭 등 3명밖에 되지 않아 갈수록 신당이 공화구락부의 원래 의도와는 멀어졌음을 알 수 있다. 신당발기준비위원회는 그 뒤에 상임위원의 부서 배정을 발표했는데 그 명단은 다음과 같았다.203)

총무부 이활, 오위영 외 6명, **재정부** 정현모, 임영신 외 18명, **심의부** 채규항, 엄상섭, **조직부** 조경규, 김종회 외 18명(오성환, 원상남), **선전부** 김동성, 양우정 외 6명(박순석), **조사부** 김정두 외 7명(육홍균, 김철수), **자격심사부** 김정실 외 7명, **연락부** 황성수 외 19명(홍창섭, 황호현), **의원부** 남송학 외 43명, **감찰부** 신태악, 강일매 외 43명(김근찬).

199) 『官報』 第四百九十五號, 大韓民國政府公報處, 1951.
200) 『釜山日報』 1951년 11월 10일자.
201) 『釜山日報』 1951년 11월 11일자.
202) 『釜山日報』 1951년 11월 15일자.
203) 『東亞日報』 1951년 11월 15일자. 괄호를 친 부분은 『京鄕新聞』 1951년 11월 19일자.

명단을 보면, 이 단계에서는 원내와 원외 합동으로 신당이 추진되고 있었던 것 같다. 그런데 여기서 눈에 띄는 것은 먼저 족청계의 등장이다. 조직부의 원상남은 족청 전북도단부 선전부장을 지낸 인물이며, 연락부의 황호현은 평창군단장을 지냈고, 감찰부의 김근찬 역시 족청 중앙단부 감찰부장을 지낸 사람이다. 신당 조직이 원외 중심으로 기울어지면서 족청계가 떠오르게 된 것이다. 또 하나 주목할 것은 감찰부에 들어간 강일매의 존재이다. 강일매는 국회의원도 아니며 국민회나 노총, 농총과도 무관한 인물인데, 어떤 의미에서 이 신당의 한 측면을 잘 보여준다. 강일매는 중동학교를 졸업하고 『산업시보』 주간, 『조선일보』 평양특파원, 북지경제평론사(北支經濟評論社) 기자 등 주로 경제 관련 언론 활동을 했다.204) 해방 이후에는 국민문화영화사 대표를 지냈는데, 이 국민영화사를 통해 이승만과 인연을 맺은 듯하다.205) 그 뒤에도 이승만과 금전 거래가 있었으며,206) 1949년 5월에는 당시 상공부 장관이었던 임영신의 힘으로 적산인 동화백화점 관리인으로 임명되었다.207) 대체로 감찰부는 청년단 출신을 비롯해 힘깨나 쓸줄 아는 사람이 들어가는 부서였는데, 강일매가 감찰부로 들어간 것은 대한역도연맹 부회장을 지낸 것과 관련이 있을 수도 있다.208) 그러나 무엇보다도 강일매가 신당 조직에 참여한 것은 조선방직과 관련된 것이었다.

적산인 조선방직주식회사(조방)는 한국전쟁으로 인해 대부분의 방직회사

---

204) 『大韓民國建國十年誌』, 958쪽.
205) 1947년 5월 돈암장 비서국장이 강일매에게서 받은 영수증에서 그것을 확인할 수 있다. 雩南李承晚文書編纂委員會 編, 『梨花莊所藏 雩南李承晚文書 東文篇』 第十五卷, 中央日報社, 1998, 161쪽.
206) 위의 책, 207, 265쪽.
207) 『東亞日報』 1950년 5월 9일자.
208) 『自由新聞』 1949년 10월 1일자. 강일매가 부회장으로 선출되었을 때 회장을 맡게 된 사람은 아이러니하게도 서민호였다.

들이 피해를 입은 가운데 거의 유일하게 아무 피해 없이 가동되고 있는
회사였다.209) 1951년부터 다시 귀속재산 불하가 시작되어, 1951년 2월에
조방 입찰공고가 났다.210) 하지만 조방 불하는 순조롭게 진행되지 않았다.
원래 조방은 부산상공회의소 회두이자 민우회 소속 국회의원인 김지태가
불하받기로 내정되어 있었는데,211) 여기에 외부의 간섭이 생긴 것이다. 이
에 대한노총 부산지구연맹 조선방직특별지부는 "조방(朝紡)을 탐내는 정상
배, 모리배, 외래 기업주는 한사코 배격할 것"이라는 성명서를 발표했다.
이들이 노자 협조를 강조하면서 이런 성명을 발표하게 된 까닭은, 불하에
앞서 이미 "주권(株券) 배정 문제에 있어서 노동조합의 요구인 오, 오할(五,
五割)을 전적으로 인정하였"기 때문이었다.212) 그러나 3월 19일, 갑자기
조방 간부들이 '이적죄' 혐의로 합동수사본부에 의해 구속되는 사태가 벌
어졌다.213) 소위 '조방 낙면 사건'으로 인해 조방 입찰은 무기 연기되고
말았으며,214) 아직 재판이 진행 중이던 1951년 5월 말에 조방은 국영업체
로 지정되었다.215) 조방의 국유화는 이승만의 지시에 의한 것이었으며,216)
그 뒤 조방 사장으로 임명된 사람이 다름 아닌 강일매였다.217) 하지만 노조
는 이 인사에 대해 강력하게 반발했다. 대한노총 조방특별지부는 1951년

---

209) 배석만, 「'朝紡사건'의 정치적 고찰」, 『港都釜山』 제25호, 부산광역시사편찬위원회,
    2009, 188~189쪽.
210) 『東亞日報』 1951년 2월 21일자.
211) 『財界回顧』 6, 114쪽.
212) 『釜山日報』 1951년 3월 2일자.
213) 『財界回顧』 6, 114쪽.
214) 『釜山日報』 1951년 3월 27일자.
215) 『東亞日報』 1951년 5월 31일자.
216) 배석만, 앞의 글, 184~185쪽.
217) 『東亞日報』 1951년 7월 31일자.

8월 27일자로 성명서를 발표해 새로운 관리인으로 임명될 강일매가 동화백화점 관리인 시절에도 "악질 귀재(歸財)관리인"으로 지목되던 사람인 데다, 조방의 관리인이 될 만한 아무런 근거도 없는 사람이라며 "우리 오천여 종업원은 반대투쟁에 총궐기"했음을 알렸다.[218] 또 다음 날에도 성명을 발표해 강한 반대 의사를 표명했다.[219] 하지만 9월에 들어서면서 대한노총 부산지구연맹의 결의에 따라 조방특별지부 위원장 안종우가 사임하게 되었으며,[220] 강일매는 공식적으로 사장에 취임했다. 강일매는 취임하자마자 대폭적인 인사 이동을 실시하고, '나를 반대하는 사람은 절대로 용서치 않는다'면서 권총을 찬 비서를 두는 등 공포 지배를 실시했다.[221] 이렇게 하면서 강일매는 조방에 신당 직장분회를 조직했는데,[222] 이런 인물이 참여하면서 만들어지는 신당의 모습은 노동자 농민을 위한다는 이념이 구호에 지나지 않다는 것을 상징적으로 보여주는 것이었다.

하지만 신당 측은 겉으로는 '계급적' 입장을 견지했다. 민국당 측은 11월 15일자로 성명을 발표해, 민국당은 자본가 지주의 이익만을 위한 정당이 아니며, 한국의 현재 상황에서는 그런 정당이 있을 수도 없고, 또 신당운동을 하는 진영을 보면 노동자 농민의 이익을 대변할 수 없으며 민국당을 비난할 자격이 없다고 강하게 비판했다.[223] 그러나 신당 측은 이에 반박하면서, 과거 한민당이 노동자의 이익 균점에 반대하고 또 농지개혁법을 제정

---

218)『東亞日報』1951년 8월 28일자.

219)『東亞日報』1951년 8월 29일자.

220)『東亞日報』1951년 9월 4일자.

221) 大韓勞總朝紡特別支部爭議對策委員會,「朝鮮紡織爭議의 眞相」,『한국노동조합운동사』, 한국노동조합총연맹, 1979, 382쪽.

222)『第十二回 國會定期會議速記錄』第二十四號, 22쪽.

223) 民主國民黨,「聲明書」,『釜山日報』1951년 11월 23일자.

할 때도 지주의 이익을 도모했다며 민국당의 계급적 성격을 공격했다.[224] 강일매와 같은 인물을 영입하면서도 여전히 계급적인 관점에서 민국당을 비판한 것이다. 이 대조적인 사례를 통해 신당의 '계급적' 입장이 어떤 목적에 봉사하기 위한 것이었는지 알 수 있다.

11월 21일에 신당발기준비위원회 선전부는, 12월 17일 신당 발기인대회를 열고 18일에 결당식을 거행하기로 결정했다고 발표했다.[225] 이제 신당 창당의 구체적인 일정이 나온 셈이다. 그런데 신당 발족이 코앞으로 다가온 12월 2일, 당명, 당헌 등을 결정하기로 했던 신당준비위원회 제3차 대회에서 원내와 원외는 끝내 결렬되고 말았다.[226] 원내 측에서 원외와의 타협을 완전히 포기한 것이다. 이때 원내 측이 제시한 당명이 자유당이었으며,[227] 원외에서 절충안으로 '자유노농당'을 제시했지만 이 역시 받아들여지지 않았다.[228] 원내에서는 12월 3일에 총회를 열어 '자유당준비위원회'를 새로 발족시킬 것, 조직·강령 등은 원내 안을 기준으로 검토할 것, 의원 중심으로 지방 조직에 착수할 것 등을 결정하고,[229] 12월 7일에는 성명서를 발표해 원외 세력과의 결별을 선언했다.[230] 이렇게 되자 원외 측도 타협을 포기하고 12월 17, 18일에 발기인대회와 발당식을 거행하겠다고 발표했으며, 원내 측은 23일에 발당식을 거행한다고 발표했다.[231]

---

224) 『釜山日報』 1951년 11월 29일자. 성명서 전문은 『釜山日報』 1951년 12월 3일자 참조.
225) 『釜山日報』 1951년 11월 23일자.
226) 『釜山日報』 1951년 12월 4일자.
227) 『釜山日報』 1951년 12월 6일자.
228) 『京鄕新聞』 1951년 12월 5일자.
229) 『東亞日報』 1951년 12월 5일자.
230) 『釜山日報』 1951년 12월 9일자. 『東亞日報』 1951년 12월 18일자에 게재된 것이 이 성명서일 것이다.
231) 『釜山日報』 1951년 12월 16일자.

그런데 12월 17일에 개최된 원외 측 발기인대회는 당수로 이승만을 추대하면서도 당명을 원내에서 주장하는 자유당으로 결정하고 합작을 위한 교섭위원을 구성함과 동시에 발당대회를 원내 일정에 맞추어 23일로 연기할 것을 결정했다.232) 원외에서 막판에 타협을 하게 된 데는 이유가 있었다. 당시 이미 공고되어 있던 개헌을 성사시키기 위해서는 국회의 협력이 필요했기 때문이다.

신당 조직이 본격화되던 10월 9일, 이승만은 국무회의에서 "대통령 직접선거제와 양원제 및 국회의원 연고지 입후보제 실시에 관한 헌법 개정과 국회의원선거법 개정 수속을 법제처와 법무부 합의하여 입안, 속히 제출하라"라는 지시를 내렸다.233) 이 개헌안은 일주일 뒤인 10월 16일 국무회의에 제출되어 의결되었다.234) 이승만은 11월 6일 국무회의에서도 헌법 개정안 등을 속히 추진하라고 지시했으며235) 11월 27일에 헌법 개정안이 국무회의를 통과했다.236) 그리고 11월 30일자로 상하 양원제와 대통령 직선제를 골자로 하는 개헌안이 공고되었다.237)

이런 사정 때문에 원외에서는 원내와의 타협을 모색할 수밖에 없었다. 교섭을 맡은 이활, 양우정 등은 12월 20일에 원내의 오위영, 엄상섭, 김정실, 정헌주 등과 회동하여, 이승만을 당수로 추대한다는 원외의 결의사항만 수락한다면 개헌안을 지지하는 정책이나 지방 대의원의 권한 보장 등을

---

232) 『釜山日報』 1951년 12월 20일자.
233) 『第百八回 國務會議錄』, 1951년 10월 9일. 이 회의에서 주중 대사를 이범석으로부터 김홍일로 교체하는 것도 의결되었다.
234) 『第百十回 國務會議錄』, 1951년 10월 16일.
235) 『第百十五回 國務會議錄』, 1951년 11월 6일.
236) 『第百二十一回 國務會議錄』, 1951년 11월 27일.
237) 『釜山日報』 1951년 12월 4일자.

고집하지 않고 합동할 생각임을 전했다. 이에 원내 측은 21일에 회의를 열어 당수 결정은 전당대회까지 보류할 것과 대표자를 선정해서 원외와의 합동 교섭을 일임할 것 등을 결의했다.[238] 원내외 양측 대표는 그날 바로 모임을 가졌지만 합의에 이르지 못했으며, 22일에 원내 측은 전체회의를 열어 의장은 당분간 공석으로 두고 부의장 3명을 선출할 것을 결의했다.[239] 그리하여 두 개의 자유당이 탄생하게 되었다.

12월 23일에 원외 측은 동아극장에서 발기인대회와 발당대회를 열어 이미 선출되어 있던 당수에 이어 부당수로 이범석을 만장일치로 추대했다. 한편 원내 발당대회에서는 임시의장으로 이갑성, 김동성, 김승환을 선출하고, 당명 '자유당'을 비롯해 선언문, 당강, 당헌 등을 초안대로 통과시켰다. 의장과 부의장 3명 중 1명에 대해서는 이듬해 2, 3월경에 예정된 전당대회에서 선출키로 하고 일단 이갑성과 김동성을 부의장으로 선출했다.[240] 이어 12월 26일에 원내자유당 선전부장 정헌주는 담화를 발표해 원외자유당에 대해 "우리는 당명이 같다는 그 이외에 아무런 공통성도 발견하지 못했다"고 밝혀, 원외자유당과 분명히 선을 그었다. 하지만 원외에서는 "우리들이 합류를 위하였던 양보와 희생은 현재에도 미래에도 변함이 없을 것"이라는 담화를 발표해 합당에 대한 희망을 표명했다.[241]

원외자유당은 12월 25일에 임시부서를 발표했는데 그 명단은 아래와 같다.[242]

238) 『釜山日報』 1951년 12월 23일자.
239) 『釜山日報』 1951년 12월 24일자.
240) 『釜山日報』 1951년 12월 25일자.
241) 『東亞日報』 1951년 12월 31일자.
242) 『민주신보』 1951년 12월 27일자(『資料大韓民國史』 23, 國史編纂委員會, 2006, 726쪽);
    "ORGANIZATION OF THE ("OUTSIDE") LIBERAL PARTY"(January 2, 1952), RG

임시상집 소위원장 정현모, **부위원장** 채규항, 양우정

총무부 책임위원 이활, **부책** 원상남, 위원 6명

재정부 책임위원 정현모, **부책** 황호현, 위원 4명

조직부 책임위원 채규항, **부책** 주종필, 위원 23명

연락부 책임위원 목성표, **부책** 김용완, 위원 2명

감찰부 책임위원 신태악, **부책** 박순석

정책부 책임위원 양우정, **부책** 유화청, 위원 4명

선전부 책임위원 문봉제, **부책** 조용기, 위원 4명

부녀부 책임위원 박영복, **부책** 장옥분, 위원 2명

대체로 조직 과정에서 이미 참여했던 사람들이다. 총무부에 국민회를, 조직부에 노총과 농총을 배치한 것을 보면 무엇을 기반으로 원외자유당을 조직하려 했는지 잘 알 수 있다. 그런데 주목할 것은 연락부이다. 책임위원인 목성표는 족청 전국위원 출신으로 이범석이 국무총리로 재직했을 때 비서실장을 지냈으며, 부책인 김용완은 족청 중앙훈련소로 1기생으로[243] 경남도단부 재정부장을 지낸 바 있었다.[244] 즉 연락부는 족청계가 독차지

84, Korea, Seoul Embassy, Classified General Records, 1953~55, Entry Seoul, Korea, 1950~55, Box 13, 350.1: Liberal Party, 1951~52(국사편찬위원회 소장). 앞의 신문 기사에서는 연락부 책임위원이 '육홍균'으로 되어 있지만 『東亞日報』 1951년 12월 27일자에도 있듯이 목성표가 맞을 것이며, 부녀부 부책이 '장오분'으로 되어 있지만 장옥분이 맞을 것이다. 이 영문 자료는 미 대사관 이등서기관인 케펠(John Keppel)이 1952년 4월 8일자로 국무부로 보낸 자유당에 관한 보고서에 첨부된 자료로 보인다. "From Keppel to Department of State: President Rhee's New Liberal Party"(April 8, 1952), 『南北韓關係史料集』 17, 國史編纂委員會, 1995, 70~89쪽.

243) 李敬南, 「族青系의 榮光과 沒落」, 『新東亞』 8월호, 東亞日報社, 1982, 118쪽.

244) 建國青年運動協議會, 앞의 책, 1135쪽.

한 셈이다. 또 부녀부의 박영복은 대한부인회 출신이며245) 장옥분은 족청 출신이다.246) 대한부인회 간부들의 이름이 보이지 않는다는 사실이 대한부인회가 신당 조직에 적극적으로 관여하지 않았음을 보여준다. 이렇듯 결성 직후 원외자유당에서 족청계는 아직 중심 세력이라고 할 수 있을 정도는 아니었지만 갈수록 그 세력이 확장되어갔음을 확인할 수 있다.

그런데 위에서 보았듯이 신당 결성의 움직임 속에서 이범석의 모습은 별로 눈에 띄지 않는다. 그런데도 미 대사관의 라이트너(E. Allan Lightner Jr.) 참사관은 8월 25일에 국무부로 보낸 전문에서 8월 17일의 신당 모임에 대해 언급하면서 이범석이 지도적인 역할을 하고 있는 것으로 전해지고 있다고 지적했다.247) 이범석은 9월 19일에 주중 대사를 사임했고248) 9월 말에는 자신이 신당과는 아무런 관계가 없고 관심은 많이 가졌으나 앞으로 관계를 맺을 생각은 없다고 시치미를 뗐다.249) 그렇지만 원외자유당 부당수로 추대된 것을 보면 어떤 형태로든 이범석이 크게 관여했을 것임은 분명하다.

---

245) 『한성일보』 1949년 9월 14일자, 『資料大韓民國史』 13, 國史編纂委員會, 2000, 642쪽.

246) 建國靑年運動協議會, 앞의 책, 1117쪽.

247) "From Pusan(Lightner) to Department of State: Political Review for Week Ending August 23, 1951"(August 25, 1951), 『韓國戰爭資料叢書 35 美國 國務部 政策研究課 文書 KOREA PROJECT FILE VOL. X(JUL.~SEP. 1951)』, 國防軍史研究所, 1998, 233~234쪽. 이 문서는 번역되어 『資料大韓民國史』 22권에 수록되었지만 'RPPA', 즉 공화민정회가 '자유당'으로 번역되어 있어 사료로서는 훼손되어 있다. 다른 문서에서도 일관되게 RPPA는 자유당으로 번역되었기 때문에 『資料大韓民國史』를 믿는 경우 1951년 8월부터 이미 원내에는 자유당이 존재하게 된다. 그 외에도 'George Paik', 즉 백낙준을 '백두진'으로, 'Tiger Kim', 즉 김종원을 '김석원'으로 옮기는 등 1950년대 부분에서는 치명적인 오역이 눈에 띈다.

248) 『釜山日報』 1951년 9월 21일자.

249) 『민주신보』 1951년 9월 30일자, 『資料大韓民國史』 22, 國史編纂委員會, 2006, 752쪽.

여기서 한 가지 주목할 것은 족청계와 조봉암의 관계이다. 앞에서 간략하게 언급했듯이 신당 조직이 진행되는 시기에 조봉암 역시 신당 조직을 추진하고 있었는데, 1951년 12월 중순에 실무를 맡고 있던 이영근이 간첩단 사건 혐의로 육군 특무대에 의해 검거되면서 신당은 흐지부지되고 말았다.250) 그런데 이때 이영근과 함께 검거된 사람 중에는 김용, 양한모, 이봉혁, 송지영 등이 포함되어 있었다. 김용은 광복군 출신으로 족청 이사를 지냈으며,251) 나머지 이들은 모두 족청계의 기반 중 하나였던 태양신문사 간부들이었다. 『태양신문』은 1951년 11월 20일부로 속간되어, 사장이었던 노태준이 회장이 되고 사장 이봉혁, 부사장 양한모, 주필 송지영이라는 진영으로 재출발한 상태였다.252) 제3부에서 보았듯이 이영근은 원래 태양신문사 고문으로 족청계와 관계를 가졌으며 양한모는 조봉암 신당의 브레인 역할을 했다고 한다.253) '전향'이라는 것을 매개로 족청계와 조봉암이 공유했던 어떤 정치적 공간이 여전히 존재했던 것이다.254) 하지만 신정회 결성 과정에서 그랬듯이 이 정치적 탄압255)으로 인해 족청계와 조봉암은 또다시 다른 길을 걷게 된다.

---

250) 『자유신문』 1952년 1월 5일자, 『資料大韓民國史』 24, 國史編纂委員會, 2007, 27쪽; 이영근, 앞의 글, 632~633쪽.

251) 『東亞日報』 1952년 3월 18일자.

252) 『東亞日報』 1951년 11월 20일자.

253) 이영근, 앞의 글, 633쪽.

254) 조봉암이 준비했던 신당의 선언서는 보련 출신의 김종원(金鍾源)이 이영근과 함께 집필한 것이었다고 조봉암이 이영근 등이 기소된 소위 '대남 간첩단 사건' 공판에서 증언했다. 『京鄉新聞』 1952년 5월 14일자.

255) 이들은 모두 부산정치파동이 발생한 직후에 무죄선고를 받았다. 『朝鮮日報』 1952년 5월 28일자.

제3장
원외자유당의 조직과 이념

　이 장에서는 원외자유당의 조직과 이념을 살펴보기로 한다. 먼저 원외자유당의 기구 편성에 나타난 특징을 살펴보자.

　원외자유당이 창당되었을 때 당헌([부록 6] 참조)에서는 몇 가지 흥미로운 점을 발견할 수 있다. 먼저 눈에 띄는 것은 제3조와 제46조에서 "본당의 토대"로 9인조 세포를 두고, 제7조에서 "당원은 본당 말단 조직인 세포체(細胞體)에 가맹하여야 한다"고 규정한 점이다. 잘 알려져 있듯이 당의 말단 조직으로 세포를 두는 것은 기본적으로 공산당의 조직 방식이라고 할 수 있다. 1920년에 코민테른에서 정한 가입 조건에도 '노동자 대중 조직 안에 공산당 세포를 만들 것이 필요하다'고 명시되어 있다.[256] 독일의 나치당도 노동자를 조직하기 위해 경영세포(Betriebszellen)를 두었지만,[257] 그것을 당의 기본 단위로 삼지는 않았다. 이런 조직 형태를 선택한 데는 원외자유당 간부 중 양우정, 채규항 등 직접 공산주의운동을 경험한 사람들의 영향이 있었을 것이다. 그런데 세포를 둔 배경에는 이범석의 영향도 있었던 것으로

---

256) 「共産主義インターナショナルへの加入条件」, 村田陽一 編譯, 『コミンテルン資料集』 1, 東京: 大月書店, 1978, 217쪽.

257) 나치당의 경영세포에 대해서는 中村幹雄, 『ナチ党の思想と運動』, 名古屋: 名古屋大学出版会, 1990, 151~210쪽 참조.

보인다. 앞에서 보았듯이 원외자유당 조직에는 이범석이 보고한 중국국민당 개조가 큰 영향을 미쳤는데, 개조한 중국국민당 역시 '소조(小組)'라는 세포와 같은 조직을 중요시했기 때문이다.

중국국민당의 개조는 아직 대륙에 있던 1949년 9월에 장제스가 개조를 선언하면서 본격적으로 진행되었다. 그때 장제스는 반공전쟁이란 민족민주 전쟁이지만 그 성패를 결정짓는 것은 군사와 정치가 아니라 사회와 문화라며, 당의 사회적 기초로서 사회 기층에서 당을 조직할 필요성을 강조했다.[258] 그 결과 1950년 7월에 중국국민당 중앙상무위원회에서 수정 통과된 '본당개조강요'에서 소조의 설치가 결정되었다.[259] 엄밀하게 말하면 장제스가 중국국민당을 완전히 장악해 실질적인 개조를 시도하던 1939년에도 구분부(區分部) 밑에 소조를 두고 훈련 단위로 삼을 것이 강조된 일이 있었다.[260] 하지만 이번 개조에서는 소조에 대한 조직 규정 등을 통해 소조를 제도화하고, 소조 활동을 강화하기 위한 방안 등이 마련되었으며,[261] 소조를 당의 기본 조직으로 해서 모든 당원이 소조에 참가해야만 당적이 유효한 것으로 엄격히 규정했다. 소조는 3∼11명(나중에 5∼11명으로 변경)으로 구성되고, 2주에 한 번씩 소조회의를 여는 것으로 규정되었다.[262] 물론 소조 활동이 계획대로 진행되지는 않았지만,[263] 소조에 대한 착안은

---

258) 蔣介石,「為本黨改造告全黨同志書」, 秦孝儀 主編,『先總統蔣公思想言論總集』32, 227쪽.

259)「本黨改造綱要(修正案)」, 李雲漢 主編,『中國國民黨宣言彙編』, 537쪽.

260)「六中全會中央組織部工作報告(民國二十八年一月∼二十八年十一月)」, 李雲漢 主編, 『中國國民黨黨務發展史料: 組織工作 (下)』,臺北: 中國國民黨中央委員會黨史委員會, 1993, 173쪽.

261)「七全大會第一組工作報告(民國三十九年八月∼四十一年十月)」, 陳鵬仁 主編,『中國國民黨黨務發展史料: 組訓工作』,臺北: 中國國民黨中央委員會黨史委員會, 1998, 2쪽.

262) 위의 글, 9쪽.

공산당과 대결하기 위해 공산당에서 배워야 한다는 장제스의 자세에서 비롯되었을 것이다. 이 개조 과정에서 당 핵심 인사의 한 사람으로 떠오르게 된 사람이 장제스의 아들 장징궈(蔣經國)였다.[264] 장징궈는 1925년부터 1937년까지 소련에 체류하면서 모스크바의 중국노동자손일선공산주의대學(中國勞動者孫逸仙共産主義大學, Коммунистический университет трудящихся Китая имени Сунь Ятсена)과 레닌그라드의 적군군정학교를 다녀 공산당의 조직 방식 등을 익히 알고 있었다.[265] 또 장제스도 1951년 초 중국국민당 중앙개조위원회에서 중국공산당의 '변증법', '중공 간부 교육', '중공 공작 영도 및 당 건립', '중공 정풍운동'에 대해 연구할 필요성을 지적했다.[266] 즉, 중국국민당은 공산당 방식을 모방해서 소조를 둔 것이며, 원외자유당은 이 중국국민당 방식과 공산주의운동 경험이 결합되면서 9명으로 구성되는 세포를 두게 된 것이다.

또 하나 특징은 중앙정치훈련원이라는 "정치에 대한 훈련 및 교육에 대한 사업"을 관장하는 기관을 설치했다는 점이다. 중앙정치훈련원은 1952년 3월 26일에 제1기 졸업식을 거행했다는 기록으로 보아[267] 1952년 초반부터 가동되었던 것 같다. 자유당 내부에서 족청계가 공세에 나선 시기에

---

263) 「綜述—第八次全國代表大會前之組訓工作(民國四十一年十月~四十六年十月)」, 위의 책, 62쪽.

264) 王良卿, 앞의 책, 320~324쪽.

265) 江南, 『蔣經國傳』, California: 美國論壇報社, 1984, 31~75쪽.

266) 蔣介石, 「本年度黨的中心工作」, 秦孝儀 主編, 『先總統蔣公思想言論總集』 24, 38~39 쪽.

267) 철기이범석장군기념사업회, 『우등불은 꺼지지 않는다』, 백산서당, 2001, 145쪽. 이 책은 사진집인데 145쪽에는 "자유당 중앙정치훈련원 제1기 졸업기념(1952. 3. 26)"이라는 설명과 더불어 중앙훈련원으로 보이는 건물 앞에서 졸업장을 손에 든 사람들과 이범석을 비롯한 자유당 간부 또는 강사들이 함께 찍은 사진이 실려 있다. 이 졸업식 날짜는 이승만 생일에 맞춘 것으로 보인다.

개설되었다는 점을 통해서도 중앙훈련원 설치를 주도한 사람이 누구였는지 짐작할 수 있다. 이것 역시 중국국민당의 영향으로 생긴 듯하다. 장제스는 중국국민당 개조를 선언한 직후인 1949년 10월에 대만에 혁명실천연구원을 설립하고 스스로 원장에 취임했다.[268] 이 기관은 초기에는 주로 군인을 대상으로 훈련을 실시했지만, 중국국민당 개조가 시작된 1950년 11월의 제9기부터는 당 간부의 훈련을 맡게 되었다.[269] 1951년에도 3,000명의 중급 간부를 혁명실천연구원에서 훈련시킬 예정이었으며,[270] 실현되지는 않았지만 기층 간부 훈련을 위해 대만분원을 따로 설치하는 것도 계획되었다.[271] 1, 2부에서 보았듯이 이범석은 장제스의 영향으로 훈련을 중요시했기 때문에, 중국국민당을 따라 원외자유당에도 이런 기관이 설치된 것으로 보인다.

당헌을 통해 나타난 원외자유당의 성격 중에서 또 한 가지 흥미로운 점은 국회의원에 관한 규정이다. 국회의원총회에 대한 규정은 "가. 당의 정강, 정책을 국회에 제출 및 실현할 것. 나. 행동을 통일할 것. 다. 국회에 제출된 안건은 본당 각 분과위원회에 제출할 것"이라는 식으로 권한은 없고 의무사항만 나열되어 있다. 이것은 국회 등을 중심으로 생각하는 의회정당과 다른 원외자유당의 성격을 보여주는 것이라고 할 수 있다. 실제로 원외자유

---

268) 國軍政工史編纂委員會,『國軍政工史稿 (下)』, 臺北: 國防部總政治部, 1960, 1561쪽; 薛化元 主編, 앞의 책, 94쪽.

269) 蔣介石,「說明革命實踐研究院敎育的精神和方法以及造成革命新精神新風氣的起點」, 秦孝儀 主編,『先總統蔣公思想言論總集』23, 448~453쪽;「七全大會幹部訓練委員會工作報告(民國三十九年八月~四十一年十月)」,『中國國民黨黨務發展史料: 組訓工作』, 31~34쪽.

270) 蔣介石,「本年度黨的中心工作」, 秦孝儀 主編,『先總統蔣公思想言論總集』24, 37쪽.

271)「七全大會幹部訓練委員會工作報告(民國三十九年八月~四十一年十月)」,『中國國民黨黨務發展史料: 組訓工作』, 34~35쪽.

당이 의회정당으로 거듭난 뒤 1954년에 개정된 당헌에서는 "국회를 통한 당책의 구현에 관한 사항 / 의원부(議員部)의 민의원총회(民議員總會)와 참의원총회(參議員總會)는 각기 또는 합동총회의 결의로 입법 또는 예산 정책에 관하여 중앙위원회에 제의할 수 있다"로 수정되었다.[272] 원외정당이라는 창당 배경도 작용했겠지만, 이 역시 의회정당이 아니었던 중국국민당을 모델로 삼은 결과라고 볼 수 있을 것이다.

이상 당헌을 통해 나타난 원외자유당이라는 정당 기구의 특성과 그 유래를 살펴보았다. 신당발기취지서(초안)에서 양우정의 표현처럼 원외자유당은 '전위당(前衛黨)'에 가까운 성격을 지녔으며, 그것은 양우정·채규항 등 창당을 주도한 인물들의 공산주의운동 경험과, 이범석 경유로 들어온 중국국민당의 '이당치국(以黨治國)'을 전제로 한 정당 모델이 결합됨으로써 생겨난 것이었다. 이러한 정당이 국회와 갈등을 빚게 되는 것은 어쩌면 당연한 일이었는지도 모른다.

다음으로 원외자유당을 이념적인 측면에서 검토해보기로 하자. 원외자유당이 아직 준비 과정에 있을 때 민국당계에서는, 신당 대변인이 신당에 대해 "반(反)공산 반(反)자본 반(反)봉건적 통일적 국민노농당"이라고 설명한 것을 거론하면서 신당의 이념을 공격하고 나섰다. 즉 "반공산주의, 반자본주의, 반봉건주의가 사회주의일 것은 틀림없다"면서 "신당이 목표하는 것이 자유주의를 버리고 통제주의(統制主義)를 택하며 통제주의를 쓰되 국민적이오 노동자 농민 본위로 한다고 하니 히틀러의 독일국민사회주의노동당과 같지 않으냐"고 한 것이다.[273] 그 다음 날에도 『동아일보』 사설을 통해 신당의 정책 골자로 보이는 사유재산의 제한 및 산업의 국유·국영이 사회

---

272) 『黨憲』, 45쪽.
273) 초石生, 「眞正한 民主政黨」, 『東亞日報』 1951년 10월 30일자.

민주주의정당의 것이라며, "자본주의가 고도로 발달한 선진 제국"과 달리 "아직도 자본주의 전야의 어둠 속에서 헤매고 있는 한국"에는 맞지 않는다고 비판했다.274) 민국당은 9월에 발표된 '취지서'를 근거로 이런 비판을 했는데, 신당이 원외자유당으로 창당되면서 민국당 측에서 지적했던 성격은 변화하게 된다.

그 변화를 1951년 9월에 발표된 '신당발기취지서(초안)'([부록 3])과 '자유당선언'([부록 4])의 비교를 통해 확인해보자. '취지서'와 마찬가지로 '선언' 역시 공산주의와 자본가, 관료를 비판하고 있지만 그 톤이 분명히 달라졌다. '취지서'에서는 "노동자 농민의 예속과 착취 위에서 자본주의의 새로운 번영을 획책"이라고 표현되었던 것이 "배물 사상(拜物思想)을 토대로 한 이기주의적 자본 만능의 사회를 획책"으로 바뀌어 자본주의에 대한 비판적인 톤이 약화되었다. 또한 "계획경제의 확립에 의한 민중 생활의 보장을 기하는 것이 신정당의 구체적인 투쟁 목표"라며 "계획과 생산과 분배와 관련한 모-든 경제적 결정을 지음에 노동자 농민 근로 대중 조직의 전적인 참획(參劃)"이라고 구체적인 대안을 제시했던 부분 역시 없어지고, "특권과 착취와 불평과 부자유가 없고 인간의 존엄성이 보장되며 사회의 정의를 실현하는 협동생활경제 체제"와 "국민 전체의 경제생활의 균형과 생산 분배 소비에 있어서 계획적이요 합리적인 협동경제 체제"라는 더욱 추상적인 구호로 대체되었다. 또한 "자원을 적극 개발하여 산업을 극력 장려하고 양심적 기업가를 보호 육성"한다는 친자본가적인 주장이 새로 들어가면서 노동자, 농민의 당이라는 주장은 담론 차원에서만 보더라도 창당될 때부터 벌써 희석되기 시작했다. 또 하나 지적할 것은, '취지서'는 "상하귀천의 계급을 타파하고 빈부 차등의 원인과 그 □□을 거부하고 파벌과 모략을 분쇄하고

---

274) 「社說: 勞動者 農民을 위한 政治」, 『東亞日報』 1951년 10월 31일자.

남녀 동등 만민 공생의 모범적인 국가의 실현을 목적한다"라고 분명하게 일민주의 노선을 천명했지만, '선언'에서는 일민주의를 상기시키는 표현들이 없어지고 대신 '협동'이라는 낱말이 핵심어로 등장하고 있다. 이 변화를 주도한 이는 채규항일 것이다. 채규항은 1946년부터 "상부상조적 협동경제 체제", "만민이 공생 공영할 수 있는 민족 공생 협동사회" 등을 주장했으며,275) "다 같이 잘 사는 나라, 다 같이 사랑하고 서로 존경하는 사회, 다 같이 응분의 일을 하는 나라, 나는 남을 위하여 일하고 남은 나를 위하여 일하여 서로 협조하고 서로 협동하는 협동사회, 즉 각계각층이 민족과 사회를 위하여 모든 문물 제도를 공생 공영의 협동사회국가를 목표로" 할 것을 주장하곤 했다고 한다.276) 하지만 대한농총에서도 과거에는 '협동'이 결코 중심적인 개념이 아니었다는 사실에 주목해야 한다. 즉, 이 시기에 '협동'이 부각된 데는 채규항의 헤게모니라는 식으로는 설명할 수 없는 사정이 있었다는 것이다.

일민주의에서 협동주의로의 변화는, 양우정식 일민주의가 지니는 계급성과 안호상식 일민주의의 배타적인 민족주의적 성격을 희석시키기 위한 것으로 보인다. 즉, 계급과 민족을 통해 나타날 수 있는 적대성을 융화시키기 위해 협동이라는 개념이 등장했다는 것이다. 앞서 보았듯이 '취지서'가 발표되기 직전인 1951년 8월에는 조선방직노조가 강한 단결력을 보였으며, 또 발표 직후에는 부산부두노조에서 부두 작업에 기생하여 노동자를 착취하는 중간기업체를 배제하고 유엔군과 대한노총이 직접 협약을 맺을 것을 주장하는 일이 있었다.277) 특히 조방노조는 강일매 사장의 탄압에도 굴하

---

275) 「民族共生主義宣言」, 『勞農運動의 文獻』, 새글사, 1947, 47, 50쪽.
276) 허인성, 「序文」, 蔡奎恒, 『農村과 靑年』, 大韓農民總聯盟, 1952, 3~4쪽.
277) 『釜山日報』 1951년 9월 25일자.

지 않고 계속 싸워나갔으며, 12월 중순에 사태 해결을 위해 조방을 방문한 대한노총 위원장 전진한이 강일매에 의해 폭행당하는 일까지 벌어졌다.278) 이에 대해 대한노총 중앙본부 부위원장인 주종필, 조용기 등은 이 문제가 개인의 문제이지 노동 문제가 아니라고 조방 사태를 왜곡하는 성명서를 발표했다.279) 앞서 보았듯이 주종필과 조용기는 신당 조직 과정에서 중심적으로 움직인 사람이었으며, 특히 조용기는 철도연맹 산하 노조 위원장들을 소집해 신당 조직에 대한 찬동을 요청하는 등 적극적으로 움직였지만,280) 이들은 결코 노동자들의 주체적인 행동을 용인하지 않았다.281) 조방 쟁의로 상징되는 노동자들의 독자적인 주체화를 막으면서도 노동자, 농민을 위한 당임을 내세우기 위해서는 양우정식의 논리가 오히려 위험할 수가 있었던 것이다. 또한 제3부에서 보았듯이 미 대사관 측은 안호상의 사상에 대해 경계하고 있었으며, 일민주의를 한국 '인종(race)'에 관한 것으로 인식했기 때문에282) 원외자유당이 이런 요소를 내세우는 것은 대미 관계상 문제가 생길 수 있는 일이었다.

그런데 이런 목적을 위해 '협동'이라는 말이 부각된 것은 처음이 아니었다. 1930년대 초반 일본에서 고노에 후미마로(近衞文麿)의 브레인 집단으로 조직된 쇼와연구회(昭和硏究會) 내의 철학자 미키 기요시(三木淸)를 중심으로 한 지식인들이 같은 문제의식에서 주창한 것이 다름 아닌 '협동주의'였

---

278) 大韓勞總朝紡特別支部爭議對策委員會, 앞의 글, 383쪽.
279) 『釜山日報』 1951년 12월 23일자.
280) 임송자, 『대한민국 노동운동의 보수적 기원』, 선인, 2007, 210쪽.
281) 이러한 조용기의 태도에 분개한 대한노총 경남도연맹과 대구지구연맹은 조용기의 제명 처분을 발표했다. 『民主新報』 1952년 1월 21일자.
282) "From Keppel to Department of State: President Rhee's New Liberal Party"(April 8, 1952), 『南北韓關係史料集』 17, 國史編纂委員會, 1995, 85쪽.

다.283) 미키가 집필해 1939년에 쇼와연구회 명의로 발표된 「신일본의 사상 원리」는, 단순한 민족주의의 입장을 넘어서면서도 민족의 독자성을 존중하는 것으로 민족 협동을 말하며, 또 계급투쟁주의에 의하지 않고 계급 문제를 해결하는 방안으로 협동주의를 주장했다.284) 1941년 10월에 제3차 고노에 내각이 총사임하고 도조(東條) 내각이 구성되면서 이들의 구상은 힘을 잃어갔지만, 일부 좌파 지식인들도 참여하여 '신체제'를 위해 만들어냈던 협동주의는285) 원외자유당을 주축으로 하는 신체제를 위해 되살아나게 되었다. 노동자, 농민을 중심에 두면서도 계급적인 적대가 드러나지 않게 하고, 민족주의를 내세우면서도 미국을 따라야 하는 상황을 받아들이게 하기 위해서 협동이라는 말보다 쓸모 있는 개념은 없었을 것이다.

이러한 협동주의가 자유당에서 나타나게 되는 데 매개 역할을 한 것으로 보이는 인물이 백종덕(白鍾德)이다. 백종덕은 독촉국민회 중앙상무집행위원을 지냈으며286) 1950년 10월 말경에 부서를 개편한 대한노총에서 문교부장을 맡기도 했다.287) 직접 확인되지는 않지만, 국민회 간부 출신으로 대한노총에서 일한 경력으로 보아 원외자유당 창당에 직간접적으로 관여했을 것으로 보이는데, 백종덕이 강하게 주장했던 것이 바로 협동주의였다. 그의 사상은 1956년에 국민회에서 '국민독본'의 하나로 간행된 『세계관의 변혁과 신노동운동』에 잘 나타나 있다.288) 그 내용은 "6·25 동란 전 필자가

---

283) 쇼와연구회에 대해서는 酒井三郎, 『昭和硏究会: ある知識人集団の軌跡』, 東京: 講談社, 1985 참조.

284) 「新日本の思想原理」, 위의 책, 317~329쪽.

285) '전시변혁(戰時變革)'이라는 구호 밑에서 좌우가 얽히면서 생겨난 이 시기의 사상 공간에 대해서는 米谷匡史, 「戰時期日本の社会思想」, 『思想』 第八八二號, 東京: 岩波書店, 1997 참조.

286) 『朝鮮日報』 1946년 9월 10일자.

287) 『東亞日報』 1950년 11월 1일자.

국민훈련원과 노동훈련소에서 강술(講述)한 것을 골자로 하여 붓을 든 것"이라고 하는데,[289] 나중에 본인이 주장한 바에 의하면 이 내용은 1938년에 일본 와세다대학에 제출한 박사논문이라고 한다.[290] 미키가 쇼와연구회에 관여하기 시작한 바로 그 시기에 백종덕은 이 박사논문을 썼다는 것이다. 시기가 약간 엇갈리긴 하지만 그 내용의 유사성으로 보아 백종덕이 미키의 영향을 받았음은 거의 틀림없다.

강일매의 참여로 상징되는 노동자에 대한 배반, 유엔군의 일원으로 동족과 싸우고 있다는 민족주의적으로 정당화할 수 없는 현실 등으로 인해 원외자유당은 이제 일민주의를 강하게 내세울 수 없었으며, 그 대체 이념으로 채용된 것이 30년대 일본 신체제운동의 이념이었던 협동주의였던 셈이다. 물론 원외자유당 지방당부 조직이 활발하게 진행되던 1952년 3월에 『일민주의 국민운동론』이라는 책이 간행되기도 하고,[291] 또 1952년 1월에 전북에서 일민주의보급회 기관지인 『일민보』가 강매되었다는 피해 보고가 있었던 것으로 알 수 있듯이[292] 일민주의가 부분적으로 나타나기는 했지만, 안호상을 제외하고는 일민주의를 직접적으로 논할 사람은 거의 사라지다시피 했다.

---

288) 白鍾德, 『世界觀의 變革과 新勞動運動』, 國民會中央總本部, 1956.
289) 위의 책, 1쪽.
290) 白鍾德, 『맑스主義分析』, 大學公論社, 1981, 3쪽. 하지만 와세다대 도서관에서는 그가
    말하는 「共産主義에 對한 哲學的 批判」이라는 논문은 확인되지 않는다.
291) 『聯合新聞』 1952년 3월 20일자 광고. 저자는 이미수(李美洙)이다.
292) 『東亞日報』 1952년 1월 16일자.

제5부
족청계의 몰락
: 부산정치파동과 냉전 체제의 국내적 완성

제1장
개헌을 둘러싼 갈등의 격화와 족청계의 부상

두 개의 자유당이 탄생한 1951년 연말부터 최대의 화두는 개헌 문제였다. 11월 30일에 공고된 개헌안은 30일 뒤인 12월 29일에 공고 기간이 만료되어 국회 심의에 들어갈 예정이었는데, 그와 동시에 또 다른 개헌안이 국회 내부에서 논의되고 있었다. 정부 개헌안에 맞서 내각책임제 개헌안에 찬성하는 의원을 규합하는 움직임이 시작된 것이다.[1] 연초부터 원내자유당에서는 대통령 직선제 개헌안에 찬성하는 의원이 소속 의원의 1/3인 30명 정도이며, 민국당과 민우회는 반대할 것으로 전해졌다.[2] 실제로 원내자유당은 1월 15일에 의원총회를 열어 소속의원 97명 중 66명이 참석한 가운데 정부에서 제출한 개헌안에 대한 표결을 진행했는데, 그 결과 반대 60, 찬성 3, 기권 3이라는 압도적 다수로 개헌 반대가 의결되었다.[3] 이에 앞서 이승만은 "내가 주장하는 자유당은 하나뿐이오 다른 것은 내가 모르는 것임으로 그 책임을 본 자유당에서 지지 않을 것"이라고 협박조의 담화를 발표했지만[4] 아무 효과도 없었던 셈이다.

---

1) 『東亞日報』 1951년 12월 8일자.
2) 『民主新報』 1952년 1월 1일자.
3) 『民主新報』 1952년 1월 17일자.
4) 『東亞日報』 1952년 1월 14일자.

국회에서는 1952년 1월 17일부터 개헌안 심의가 진행되었다. 그런데 첫 날부터 개헌안을 설명하기 위해 나온 허정 국무총리 서리5)의 국회를 무시한 태도가 논란을 불러일으켰으며,6) 그 다음 날에도 찬성 발언 하나 없이 심의가 진행되어, 결국 찬성 19, 반대 143, 기권 1이라는 압도적 다수로 이 개헌안은 부결되고 말았다.7) 창당 직후에 원외자유당에 가입한 의원은 20여 명으로 알려졌는데,8) 그들만 개헌안에 찬성한 셈이다. 이에 이승만은 결과를 인정한다고 하면서도 "국회의원이나 또 민중이 절실히 알아서 교정되어야 할 줄 믿는 바"라고 이 개헌 실현을 위한 강한 의지를 내비쳤다.9) 원외자유당도 1월 20일에 성명을 발표해 개헌안 부결이 "민주주의에 대한 배신이며 국민의 권리를 침해 박탈하는 망동(妄動)"이라며, "국회의원들의 사심으로 인한 반동에 대하여 본당은 만천하의 국민 대중과 더부러 국회의원 제공(諸公)의 반성을 촉구하는 동시에 과감히 항쟁할 것"을 선언했다.10)

원외자유당은 2월 중순의 전당대회까지 50만 당원을 확보할 것을 목표로 1월 8, 9일을 기해 서울(신태악 외 9명), 경기(목성표 외 9명), 강원(황호현 외 6명), 충북(박기운 외 7명), 충남(성낙서 외 8명), 경북(조용기 외 11명), 경남(박욱언 외 11명), 전북(원상남 외 9명), 전남(민병기 외 10명), 제주(박우상 외 3명) 등지에 사람을 파견해 본격적인 지방 조직에 착수한 상황이었다.11) 이들 가운데 목성표, 황호현, 박욱언, 원상남 등 4명이 족청계였다. 개헌안이 부

---

5) 당시 국무총리 장면은 파리에서 열리는 유엔총회에 한국 대표로 참석하게 되어 국내에 없었기 때문에 허정이 서리를 맡고 있었다.
6) 『第十二回 國會定期會議速記錄』 第八號, 國會事務處, 1952, 4~23쪽.
7) 『第十二回 國會定期會議速記錄』 第九號.
8) 『東亞日報』 1951년 12월 24일자. 이 숫자는 양우정이 말한 것이다.
9) 『民主新報』 1952년 1월 20일자.
10) 『民主新報』 1952년 1월 23일자.
11) 『聯合新聞』 1952년 1월 13일자.

결되기 직전인 1월 16일에 이범석은 원외자유당 소위원들과 간담회를 가지고 부당수로서의 결의를 표명하는 동시에 당 운영과 당세 발전에 대해 이야기를 나누었으며,[12] 그 결과인지 이범석은 지방 조직을 강화하기 위해 직접 나서서 보름 동안이나 지방유세를 가게 되었다.[13] 그 유세 일정은 아래와 같았다.

1월 25일 부산 출발 → 26일 서울 좌담회 → 27일 서울 강연회 → 28일 서울 출발 → 29일 인천 강연회, 하오 출발 → 30일 수원 강연회 → 31일 대전 도착 → 2월 1일 대전 보선지구 시찰 → 2일 대전 출발, 이리 도착 → 3일 이리 강연회 → 4일 이리 출발 → 5일 전주 강연회 → 6일 전주 출발, 광주 도착 → 7일 광주 강연회 → 8일 광주 출발, 목포 도착 → 9일 목포 강연회 → 10일 광주 출발, 부산 도착.

이범석이 나중에 "강연을 하며 전국을 순회하여 1주일 동안 1만 6천 킬로를 달렸고 하루에 강연을 평균 세 번 하는 강행군을 거쳐 자유당 창당의 기초를 만들었다"고 회고한 것은[14] 이 활동을 말하는 것으로 보인다. 원내 세력과의 대결이 가시화되면서 족청계의 위상은 높아져갔다.

이 개헌안 부결을 계기로 원내자유당 안에서도 당 분해를 위한 움직임이 나타나기 시작했다. 1월 23일 원외계 원내자유당 의원인 남송학, 박영출, 황성수, 이교선,[15] 조광섭 등이 원외의 이활, 정현모, 유화청 등과 회합을 가지고 원내 분해 공작으로서 양 자유당이 무조건 합당할 것을 표방하는

---

12) 『聯合新聞』 1952년 1월 20일자.
13) 『聯合新聞』 1952년 1월 28일자.
14) 『事實의 全部를 記述한다』, 希望出版社, 1966, 95쪽.
15) 기사에는 '李敬善'이라고 되어 있지만 李敎善일 것이다.

공동성명서를 발표하는 데 대해 숙의했다. 24일에도 원내외 20명가량이 모여 원내외합동추진회를 구성해 원내 세력 분해에 주력하는 한편, 새로운 교섭단체 구성이 논의되었다.[16] 1월 말경 양우정이 사장으로 있는 『연합신문』이 이 합동추진위원회가 결성되었다고 보도했고, 이에 원내자유당은 허위라는 성명을 발표했다.[17] 언론까지 동원해서 원내자유당을 쥐고 흔들기 시작한 것이다.

한편 원내자유당 측은 내각책임제 개헌을 준비하고 있었다. 2월 14일의 국회 재개를 앞두고 원내자유당은 내각책임제를 골자로 하는 개헌안을 기초해 논의했으며, 원내자유당 중앙상임위원장인 오위영은 당으로서는 아직 아무런 결정이 없었다고 하면서도 개인적으로 내각책임제가 좋겠다는 생각을 밝혔다.[18] 대통령 직선제 개헌안 부결에 이어 이제 내각책임제 개헌이 실현될 수 있는 상황이 된 것이다.

이러한 국회에 압력을 가하기 위해 취해진 방법이 '민의 동원'이었으며, 구체적으로는 국회의원 소환운동이라는 형태로 나타났다. 원외자유당은 원내외 합동이 결렬된 직후인 1951년 12월 10일에 경찰 무전을 통해 국회의원들이 개헌에 찬동하지 않을 경우 의원 소환운동을 전개할 것을 지시한 바 있었다.[19] 또한 이승만은 1952년 2월 8일 발표한 담화에서 유권자들이 국회의원을 잘 감시해 문제가 있으면 경고할 필요성을 지적한 다음 "이러케 해서도 어찌할 수 없는 경우에는 자기 구역 대표를 소환이라도 해서 나라에 위험한 일이 없도록 해야 될 것"이라고 국회의원 소환을 공공연하

---

16) 『東亞日報』 1952년 1월 26일자.
17) 『釜山日報』 1952년 2월 3일자. 성명서 전문은 『釜山日報』 1952년 2월 4일자.
18) 『釜山日報』 1952년 2월 14일자.
19) 『第十二回 國會定期會議速記錄』 第十六號, 7~8쪽. 민국당의 서범석 의원이 지적한 이 사항에 대해 장석윤 내무부 장관도 사실임을 시인했다.

게 지시했다.20) 그 결과 먼저 나타난 것은 국회의원 소환을 주장하는 벽보들이었다. 1월 하순경부터, 즉 개헌안 부결 직후부터 부산 시내 각지에 나붙기 시작한21) 이 벽보에 대해 원내자유당, 민국당, 민우회 등이 강하게 비판했지만, 원외자유당에서는 좀 지나친 일이라고 하면서도 그 출처를 알수 없다고 잡아뗐으며, 국민회 역시 출처를 알 수 없다고 하면서 "이는 국민들의 분격에서 나오는 말"이라고 긍정적으로 평가했다.22) 그런데 이사태는 원외자유당이 내린 지령에 의해 일어난 것이었다. 국회에서는 2월 16일에 이 문제를 다루었는데, 서민호 의원은 원외자유당이 보낸 '개헌안 부결한 배신 국회의원 규탄운동 전개의 건'이라는 공문의 존재를 폭로했다. 자유당 중앙당부 조직부 책임위원 채규항 명의로 각 지구당부 및 지구당부 준비위원회에 발송된 지령의 내용은 다음과 같았다.23)

> 표기의 건에 관하여 국민 총의를 무시하는 배신 국회의원 규탄운동을 좌기(左記)
> 에 의하여 전개하오니 적극 투쟁하시압기 요망함
> 一. 정부에서 제안한 개헌안을 부결한 배신 국회의원을 규탄하는 국민대회를
>   각지에서 개최하여 개헌 지지 결의문을 국회와 본당에 보낼 것
> 二. 각지 애국단체연합으로 행사케 할 것
> 三. 본당이 주동이 되어 강력 추진할 것

이와 같이 구체적인 지침이 지방으로 내려갔던 것이다. 한편, 움직인 것

---

20)『東亞日報』1952년 2월 9일자.
21)『東亞日報』1952년 2월 15일자.
22) 위와 같음.
23)『第十二回 國會定期會議速記錄』第十六號, 3쪽;『改憲案否決과 護憲決議까지의 眞相』,
   大韓民國國會, 1952, 17쪽.

은 원외자유당뿐만이 아니었다. 대한청년단 총본부도 1월 28일자로 단장 안호상 명의의 지시를 내렸다.[24]

한청총(韓靑總) 제20호
단기 4285년 1월 28일
대한청년단 총본부
단장 안호상
각도구군단부 단장 귀하

개헌안 부결에 관한 국민운동 전개의 건

수제(首題)의 건(件) 우리 팔백만 청년은 조국의 진정한 민주 발전을 위하여야 함으로 그 누구보다 더 선봉적 역할을 하며 직접 고귀한 생명까지 받쳐 투쟁을 계속하고 있는 차제, 국회가 우리의 기본 권리인 대통령 직접선거 제도 및 단원제의 폐단을 개정하려는 양원제를 지목한 정부의 개헌안을 부결한 데 관하여 전국 애국단체는 총궐기할 것을 결의하고 별지(別紙)와 여(如)한 취지 밑에서 좌기(左記)와 여(如)히 투쟁하게 되었아오니 우리 청년은 그 어느 애국단체보다 모범적 역할을 할 것을 지령함.
국민회, 한청, 노총, 부인회 등 각각 사회단체가 합력하여 운동을 전개하여 어디까지나 민중이 자기의 권리를 쟁취하려는 데 자발적으로 용약(勇躍)하여 각자가 선봉이 되어 성스러운 이 운동에 참가하는 영예를 가지게 한다(대외적으로 애국단체라는 명칭을 사용토록 할 것).

---

24) 『改憲案否決과 護憲決議까지의 眞相』, 17~18쪽.

一. 거사 목적

ㄱ. 민의를 무시하고 국민의 기본 권리를 박탈하고도 개의치 않는 국회의원은

이를 소환하자는 것이다(부결한 개헌안에 관하여 재상정을 단행하여 이를 기어이

통과시켜서 진정한 민의를 반영하게 하며, 불연不然이면 즉시 소환운동을 강행하겠다는

결의를 국회에 제출하여 그 구현을 기한다)(부본副本은 필히 본단에 제출할 것)

ㄴ. 특별 지령을 받은 지방은 국민대회를 개최하고 정식 소환운동을 전개한다.

二. 거사 방법

1. 각 단체 관계자가 상호 긴급한 협의 결정 밑에 이를 거사한다.

2. 시읍면 단위로 거사한다.

3. 민중회의와 벽보전을 감행한다.

ㄱ. 민중회의는 실내와 광장에서 성토 강연을 주로 하여 민중 결의를 행한다.

수시 가두성토회도 가하다.

ㄴ. 벽보전은 격문 및 표어를 작성하여 요소에 첨부한다. 원문을 신중히 작성하여

책임자가 결정한 것으로 한다.

구체적인 방법까지 제시된 이 지령에 따라서 벽보들이 작성되고 소환운
동이 벌어졌다. 한청은 2월 4일에도 또 읍면 단위로 소환장과 연판장을
작성할 것을 추가한 지령을 내렸으며,25) 날짜는 알 수 없지만 국민회에서
는 다음과 같은 소환운동 실시 요령을 작성해 각지에 보냈다.26)

국회의원 소환운동 실시 요령

국민회 중앙본부 지령

---

25) 위의 책, 18~19쪽.

26) 위의 책, 20~21쪽.

一. 본 운동 단위는 시군면으로 함

二. 본 운동은 개헌의 필요성과 정당성을 강조하며 국민 대중에게 개헌에
대한 인식을 철저히 함으로써 생명으로 하되 명실 공히 자연폭발적인
일대 민중운동으로서 지도할 것이며 각 운동 단위는 사전에 충분히 본안에
의거하여 계획을 수립 진행할 것.

三. 각 운동 단위는 본 기간 경과 후 5일 이내 기(其) 실천 사항을 본부에
보고할 것

四. 관하 언론 보도 기관의 협력을 얻어 본 운동 여론화에 만전을 기할 것

五. 본안 이외에 독창적인 운동 방법을 창안 실천함도 가함

六. 운동 종별

가. 개헌안 부결 반대 민중(시군면)대회

나. 개헌안 부결 반대 강연회 및 좌담회

다. 개헌안 부결 반대 연판 항의문운동

라. 개헌안 부결 반대 선전 보도 사업(벽보, 표어, 격문 등) 개헌안 부결에 대한
항의문(연판장 양식)

　지난 1월 18일 국회는 민의를 무시하고 대통령을 국민이 직접 선거하는
것과 상하 양원을 두어 좀 더 민의가 충분히 반영되는 진정한 민주 체제를
갖추려는 개헌안을 부결한 것은 전혀 국회의원들의 정파적 감정이 국민의
권리보다 자아의 그것에 치중한 결과라고 단언할 수 있읍니다. 입법부의 대의원
을 우리가 선출하는 것과 같이 행정부의 수반을 국민이 직접 선출 투표로써
개정한다는 것은 당연한 것입니다.

　주권은 국민에게 있다고 헌법에 명시되어 있읍니다. 이 엄연한 권리를 국민에
게 부여한 것은 정당한 사실임에도 불구하고 또 민주 선진국가에서는 물론
제국주의국가에서까지도 채택하고 있는 양원제를 유독 한국에서 이를 거부함은

국회 독재나 그렇지 않으면 의회 만능의 전제(專制)를 의도함인지 우리는 그 점에 석연치 못합니다. 우리 한국은 목하 치열한 전투로써 세계사적 임무를 수행하고 있읍니다. 따라서 세계 민주국가의 관심과 협조는 한국에 집중되고 있는 오늘 다른 민주국가에서 보지 못하는 단원제를 항구화하려는 것은 마치 한국을 세계 민주 열강 대오에서 낙오케 하는 것으로 이를 엄중 항의하는 동시 민의에 배반하는 국회의원의 그 비행을 규탄하여 그 책임을 추궁함으로써 그 직책에서 불러낼 것을 자에 통고하는 바이다.

운동의 전개 방식과 항의문의 내용까지 모두 지시한 이 지령에서 흥미로운 것은, 개헌안의 핵심인 대통령 직선제에 대해서는 간략하게 넘어가고 마치 양원제가 핵심 쟁점인 듯이 꾸며냄으로써 국회의 횡포라는 이미지를 연출하려 한 점이다. 민주주의의 이름으로 제도를 파괴하려는 의도를 잘 읽을 수 있는 대목이다. 부산의 소환운동의 경우 직접적으로 움직인 것은 국민회와 한청이었다고 국회에서 지적되었지만,27) 이런 문서를 통해 그것이 사실임이 뒷받침된다.

이에 국회에서는 특별위원회를 구성해 조사하자는 동의(動議)를 113:1이라는 압도적 다수로 가결시켰다.28) 그런데 이승만은 같은 날 담화를 발표해 "국회의원을 소환하는 조건이 헌법에 없다고 말하나, 소환하지 말라는 조건이 없으므로 민주국가의 주인 되는 투표자들이 자기 대표를 소환한다는 것은 이론적으로나 법리적으로나 누가 막을 사람이 없을 것"이라고 너무나 당당하게 이를 정당화하려 했다.29) 사실 이승만이 국회의원 소환을

---

27) 『第十二回 國會定期會議速記錄』 第十六號, 6쪽. 이것은 장석윤 내무부 장관에 의해 보고되었다.
28) 『第十二回 國會定期會議速記錄』 第十六號, 25쪽.

선동한 것은 이것이 처음이 아니었다. 국회의원 소환이라는 발상은 1950년 5·30 선거를 치르는 과정에서 이미 나왔다. 선거 직전 지방 유세를 다니던 이승만이 5월 24일 청주에서 한 연설에서 "만일 당선된 불순분자들이 국회에서 개헌이나 딴 운동을 이르킬 때는 투표한 국민들이 소환하기 바란다"라며 오히려 '개헌'을 주장하는 국회의원들이 있으면 소환할 것을 요구했다.[30]

벽보뿐만 아니라 연판장, 군민대회와 같은 여러 방식의 소환운동이 퍼져 나가자, 국회에서는 2월 18일에도 이 문제를 계속 다루어 대통령 출석 동의를 100:1로 가결시켰다. 민우회의 이충환 의원은 대통령이 출석해 문제가 해결될 때까지 국회 심의를 모두 정지시키고 휴회해야 한다는 강경한 태도를 보이기도 했다.[31] 바로 그때 국회 앞에서는 140명[32] 정도의 청년들이 데모를 벌이고 있었다. 이들은 '의회 독재를 모책하는 국회의원을 타도하자', '주권은 국회에 없고 국민에게 있다', '대통령 직선은 국민의 권리이다' 등의 문구가 적힌 플래카드를 들고 '배신의원을 소환하자', '배신의원들아, 나오라'는 등 소리를 질렀다. 또 '민의를 묻기 위하여 국회의원을 새로이 선거하자', '국민의 기본 권리를 박탈하는 국회의원을 추방하자', '민의를 무시하는 국회는 해산하라' 등의 문구를 나열한 '전국애국단체투쟁위원회' 명의의 유인물을 살포했다. 술에 취한 이들도 포함된[33] 군중은 국회의사당으로 육박하려 했지만 국회 특경대에 의해 저지되었으며, 40분

29) 『東亞日報』 1952년 2월 17일자.
30) 『自由新聞』 1950년 5월 26일자.
31) 『第十二回 國會定期會議速記錄』 第十七號, 3~4쪽.
32) 데모 참가 인원을 신문은 500명, 내무부 장관은 2,000명으로 추산하는 등 구구했지만, 국회 조사 결과는 140명으로 나왔다.
33) 『第十二回 國會定期會議速記錄』 第十八號, 3쪽.

정도 대치하고 있다가 김현대, 이달우(李達雨), 김창민(金昌珉) 등 3명의 대표가 신익희 국회의장에게 건의문을 전달함으로써 상황은 일단 종료되었다.[34] '전국애국단체투쟁위원회'는 물론 유령단체였지만 이 단체를 대표한 이들은 모두 원외자유당원이었으며, 김현대와 이달우는 족청 출신,[35] 김창민은 서청 출신으로[36] 한청 총무부장을 지낸 인물이었다.[37] 이것이 이승만의 사주에 의한 일임은 너무나도 명백했다. 이에 국회는 대통령에게 사태의 직접적인 원인이 된 2월 16일자 담화의 진의를 묻고 헌법을 부인하는 이 담화를 취소할 것을 요청하는 질의서를 전달하기로 했다.[38] 이제 국회는 정부가 아니라 이승만을 직접 비판하기 시작한 것이다.

국회는 2월 21일에 대법원장 김병로를 출석시켜 국회의원 소환에 관한 법적 견해를 청취했다. 이 자리에서 김병로는 분명한 언급을 피하기는 했지만, 국회의원 소환이라는 것이 이론상으로는 있을 수 있어도 실제로 소환이 이루어지려면 절차법을 비롯해 법적인 근거가 마련되어 있어야 한다는 견해를 밝혔다.[39] 이제 법적으로도 이승만의 담화에 문제가 있다는 것이 분명해진 셈이다. 그런데도 이승만은 2월 26일자로 국회 질의서에 대한 회답을 보내 "민주국가에서는 그 나라도 민중이 만든 것이고 헌법도 민중이 만든 것이니 민중이 원하기만 하면 헌법이나 정부나 국회나 무엇이든지 고칠 수 있는 것"이라는 식으로 현행 헌정 체제 자체를 완전히 부정하면서

---

34) 『東亞日報』 1952년 2월 19일자; 『釜山日報』 1952년 2월 20일자.
35) 建國靑年運動協議會, 『大韓民國建國靑年運動史』, 建國靑年運動協議會總本部, 1989, 907, 1136쪽.
36) 김정례, 「대도와 정도를 걸으신 애국애족의 거인」, 『鐵驥 李範奭評傳』, 한그루, 1992, 179쪽; 鮮于基聖, 『韓國靑年運動史』, 錦文社, 1973, 764쪽.
37) 『釜山日報』 1950년 8월 13일자.
38) 『第十二回 國會定期會議速記錄』 第十八號, 3~4쪽.
39) 『第十二回 國會定期會議速記錄』 第二十號, 2~5쪽.

국회의원 소환을 정당화했다.[40] 국회는 이것이 "독재정치적인 방향으로 기울어질 우려"가 있으며, "민주 법치국가의 기본 조건인 현행 헌법과 현행 법률을 부인하는 것"이라 보고, "대통령과 그 보좌관들에게 대하여 엄중한 경고"를 하는 호헌 결의안을 110:49로 가결시켰다.[41]

이렇게 이승만과 국회의 대결이 갈수록 심해졌지만, 그 한편에서 원외와 원내자유당의 합동 공작이 추진되었다. 원내 측은 이미 아래와 같은 합동 8원칙을 내세운 바 있었고, 원외 측이 이를 받아들이기로 하자 2월 22일에 합동 8원칙에 합의했다는 성명이 발표되었다.[42]

一. 합동 교섭을 추진할 것

二. 당헌 당강 정책은 원내의 것을 채택할 것. 수정할 필요가 있을 때에는 쌍방 협의하에 수정할 것

三. 임원 부서는 일체 전당대회에서 선임할 것

四. 비민주주의적 조직 방법은 시정할 것

五. 국회에 대한 과거 중상의 과오를 시정하고 헌법을 부정하는 언동을 일체 중지할 것

六. 민주주의 방법에 의한 책임 정치의 실현을 기하기 위한 정책을 견지할 것

七. 합동 완성 이전에 있어서는 지방 조직 및 지방선거 대책에 대하여는 상호 연락 협의하에 추진할 것

八. 각기 전당대회는 합동 교섭 완성 후에 개최할 것

---

40) 『第十二回 國會定期會議速記錄』 第二十三號, 1~3쪽.
41) 『第十二回 國會定期會議速記錄』 第二十四號, 1~14쪽.
42) 『東亞日報』 1952년 2월 24일자.

원외자유당의 존재를 전면적으로 부정하는 것이나 다름없는 이 합동 원칙을 원외가 받아들인 데 대해, 일부에서는 "이는 합동이 아니라 원외 측에서 원내에 가입하는 것이며 그보다도 그 이면에는 어떤 미묘한 복선이 있을 것"이라고 보기도 했다.[43] 22일에 이어 25일에는 2차 회합을 가져 원내 측 교섭위원으로 오성환, 엄상섭, 이재형, 이종형, 민영수, 원외 측 교섭위원으로는 이활, 목성표, 문봉제, 신태악, 박봉래가 각각 참여해 논의한 결과 다음과 같은 성명이 발표되었다.[44]

一. 합동교섭위원회 제1차 회합이 있은 후 일부 신문지상에 발표된 원외 측의 성명서는 우 회합 전에 기고된 것임이 판명되어 쌍방이 충분 양해되었음

二. 합동 추진에 방해되는 일체 모략적 언론에 대하여는 쌍방에서 성의를 다하여 이를 배제할 것

三. 당헌 당강 및 정책 중 수정을 요하는 조항은 원외 측이 제3차 회합에서 이를 제의할 것

四. 양측의 합동을 위한 전당대회 및 합동 전당대회에 대한 기초적인 의견 교환이 있었음

五. 금번 회합에 있어서도 일단 전진을 보았으며 제3차 회합은 내(來) 28일로 결정되었음

2월 28일에 개최된 제3차 회합에서는 합동 원칙에 관한 세목 절차를 3월 1일까지 원외에서 작성하고, 3월 3일에 제4차 회합 자리에서 이를 검토해 합의를 본 뒤에 전당대회를 소집해 합동대회를 거행한다는 데 합의를 보았

---

43) 『東亞日報』 1952년 2월 25일자.
44) 『釜山日報』 1952년 2월 27일자.

으며,[45] 3월 3일 제4차 회합에서는 다음과 같은 합의가 이루어졌다.[46]

　一. 당헌, 당강, 당책 수정에 관하야는 ㉮ 원내 측의 '국회 중심 정치의 확립'을
　　　'정당 정치의 확립'으로 할 것, ㉯ 당 대표 칭호는 차회에 결정할 것

　二. 합당대회 개최에 관하여는 ㉮ 쌍방의 당대회에서 각기 선출된 대표의원으로
　　　구성할 것, ㉯ 대표의원의 비율은 차회에서 결정할 것

　三. 합당대회 개최 준비 및 쌍방의 전당대회 토의 내용의 통일을 기하고 그
　　　공동 사무를 집행하기 위한 쌍방 동일의 준비위원회를 구성할 것

　四. 차회 회합은 3월 6일에 개최하며 동 회합이 최종 회합이 되도록 노력할
　　　것

　원외 측이 많이 양보해 이제 합당이 될 듯했지만, 3월 6일 회합에서 이들
의 동상이몽은 완전히 깨지고 말았다. 이날 모임에서 합동 8원칙에 대한
해석 차이가 분명하게 드러난 것이다. 원내 측의 엄상섭이 자리를 뜨면서
기자에게 "저 사람들이 막 먹으려고 해!" 하고 분개할 정도로, 분위기는
살벌했다.[47]

　원내외 자유당 합동 교섭이 결렬된 바로 그날, 이승만은 국회의원 소환에
관한 국회 결의를 전면적으로 반박하는 담화를 발표했으며,[48] 원내에 있는
원외계 의원들도 다시 움직이기 시작했다. 3월 11월 원내자유당 의원부
전체회의에서 김정실 의원이 새로운 안을 내놓은 것이다. 즉, 먼저 집행위
원회를 열고 열흘 이내에 합동 제의에 대한 절차를 강구할 것, 소환 문제,

---

45) 『釜山日報』 1952년 3월 1일자.
46) 『釜山日報』 1952년 3월 6일자.
47) 『釜山日報』 1952년 3월 8일자.
48) 『東亞日報』 1952년 3월 7일자.

348

'데모' 관련자의 제외, 기타 연판장운동 중지 등을 조건으로 합동을 추진할 것 등이었다. 하지만 이날 전체회의에는 소속 의원 92명 가운데 58명만 참석했으며, 그나마 참석한 의원들 가운데 11명이 퇴장했기 때문에 47명만 남은 상황에서 표결이 이루어져 32표의 찬성을 얻었다. 일부에서는 합동이 가결되었다고 선전했지만, 실제로는 전체의 1/3이 찬성한 것에 지나지 않았다.[49] 이제 교섭을 통한 합동이 불가능하다고 판단한 원외 측에서 원내 와해 공작을 본격적으로 추진하기 시작한 것이다. 동시에 부산 시내에는 또다시 국회의원 소환을 요구하는 벽보가 붙기 시작했다. 이에 대해 원외자유당 인사는 "당에서 추진하고 있는 것이 아니라 어디까지나 국민의 일원으로서 개인 자격으로 요구하는 것"이라며 앞으로도 소환운동을 계속할 의사를 내비쳤다.[50]

그런데 김정실 등이 합동을 서두른 데는 이유가 있었다. 3월 20일에 전당대회가 예정되어 있어 그때까지 합동을 성사시키려 한 것이다. 하지만 합동을 이루지 못한 채 원외자유당은 전당대회를 열게 되었다.

1952년 3월 20일 원외자유당은 부산에서 제1차 전당대의원대회를 열어 당수 이승만, 부당수 이범석을 만장일치로 추대했으며, 임원 선거 및 당헌, 정강 통과가 이루어졌다. 또 이날 당원 총수는 265만 1,258명으로 보고되었다.[51] 이 당원 수 자체는 과장된 것이겠지만, 전북 이리시에서는 '대통령이 당수이니 입당을 해야 한다'고 관공리들에게 입당을 강요한 사례가 있었고,[52] 전남에서는 면장이 위원장이 되고 경찰지서에서 입당원서를 가지고 입당을 권유한 사례가 보고되었다.[53] 뿐만 아니라 원외자유당 결성을

---

49) 『東亞日報』 1952년 3월 13일자.
50) 『釜山日報』 1952년 3월 14일자.
51) 『東亞日報』 1952년 3월 21일자.
52) 『第十二回 國會定期會議速記錄』 第二十八號, 11쪽.

위한 경비가 정부 예산에서 나갔다든가, 강제적인 당원 모집, 당원이 되어 당을 위해 노력하는 사람에게 임시토지수득세를 대폭 감면해주는 등[54] 관권에 의한 당원 모집이 이루어졌다. 이어 21일에 개최된 중앙집행위원회에서 상무집행위원 65명, 정치위원 30명, 감찰위원 15명을 선출했는데, 그 명단은 다음과 같다.[55]

상무집행위원 정현모 채규항 이활 원상남 김창민 안준상 정민후 박욱언 황호현 김영기 김철수 김근찬 최상석 백홍기 김종섭 목성표 김용완 신태악 박순석 박봉래 홍순복 김장성 박기운 조용기 홍범희 김제능 이진수 김정식 김인선 유화청 문봉제 이달우 안국범 이영민 박용직 유지원 조일문 이광림 선우정헌 김동욱 승명천 김병욱 박영호 김분옥 조숙경 김정례 장옥분 주종필 박진 정병두 최용수 장덕영 이인황 이요한 성낙서 이성민 양재□ 박원득 조용구 김영진 김현대 윤재욱 최기종 최순원 우문 박종면

정치위원 황호현 김철 안준상 조용기 윤재욱 진승국 서영훈 이인황 김쾌식 정현모 김영기 김근찬 신태악 안호상 김중악 김철수 채규항 목성표 박순석 배상하 이찬혁 박기운 유화청 민병기 홍범희 문봉제 박욱언 주종필 이활 박□□

감찰위원 정광렬 박용만 임일 김두한 유상출 최수복 최윤구 사준 진영희 최강선 허인건 이주상 유중영 송효□ 문학숙

원외자유당은 3월 22일에 국회의원 소환 문제에 대해 당에서 결정한 사실도 없고 운동을 전개한 사실도 없다는 성명을 발표했지만,[56] 국회 앞에

---

53) 『第十二回 國會定期會議速記錄』 第三十號, 11쪽.
54) 『第十二回 國會定期會議速記錄』 第三十六號, 12쪽.
55) 『東亞日報』 1952년 3월 23일자; 『釜山日報』 1952년 3월 23일자.
56) 『東亞日報』 1952년 3월 24일자.

서 데모를 주도한 김창민, 김현대, 이달우 등 3명은 모두 상무집행위원으로 선출되어 있다. 이런 점에서 원외자유당의 성격이 잘 드러난다고 할 수 있는데, 이 상무집행위원과 정치위원 명단을 통해 확인할 수 있는 것은 족청계의 대대적인 진출이다.

상무집행위원은 제헌국회의원, 현역 국회의원, 국민회, 노총, 농총, 한청, 부인회 등 다양한 요소로 구성되었지만, 그 가운데 족청계로 볼 수 있는 인사는 아래와 같다.

원상남 안준상 박욱언 황호현 김근찬 백홍기 목성표 김용완 이달우 조일문
이광림 김동욱 승명천 김정례 장옥분 박원득 조용구 김현대 이성민 홍범희
김제능

정치위원의 경우도 전체 구성은 유사한데 족청계 인사는 아래와 같다.

김철 안준상 김쾌식 김근찬 안호상 목성표 서영훈 박욱언 홍범희 황호현

즉, 여러 단체들의 야합으로 이루어진 원외자유당에서 단독 세력으로는 족청계가 최대 세력이었다고 할 수 있다. 특히 족청 직계라고 할 수 있는 중앙훈련소 출신들이 대거 기용되었다는 점은 주목할 만하다. 이들 가운데 김용완, 김동욱, 승명천, 김철, 김쾌식, 서영훈이 중앙훈련소 1기생이며,[57) 김정례는 여성으로서는 1기생에 해당하는 7기생이었다.[58) 아직 젊은 이들

---

57) 김동욱, 김철, 김쾌식, 서영훈에 대해서는 서영훈, 『평화의 계단』, 백산서당, 2002, 28~29쪽; 김용완, 승명천에 대해서는 李敬南, 「族靑系의 榮光과 沒落」, 『新東亞』 8월호, 東亞日報社, 1982), 118쪽 참조.

이 국회의원이나 전국 조직의 위원장급과 더불어 임원으로 선출된 것은 족청계의 힘을 보여주는 것이었다. 또 같은 시기에 한청에서도 임원 개선이 이루어졌다. 1952년 3월에 개최된 제4회 전국대의원대회에서 총재 이승만, 단장 안호상, 부단장 김근찬 및 유지원을 각각 선출했다.[59] 단장에 이어 부단장의 한 자리까지 족청이 차지하게 된 것이다.

3월 말에는 원외자유당 임원도 결정되었는데, 그 명단은 다음과 같았다.[60]

　당무국장 정현모, **차장** 홍범희

　　　총무부장 유화청 **기획부장** 박순석 **조직부장** 원상남 **선전부장** 진승국

　　　재정부장 안준상 **조사부장** 김영기

　사회국장 이활, **차장** 조용기

　　　통계부장 황호현 **노동부장** 최용수 **농민부장** 최상석 **어민부장** 최순원

　　　문화부장 김정식 **부녀부** 조숙경 **청년부** 서장주

　정무국장 양우정, **차장** 문봉제

　　　제2부장 김철 **외무부장** 강석천

　의사부장 김철수

선출된 임원진을 보면 각 단체들 사이에서 균형을 잡으려고 했는지 족청계가 돌출된 인상은 없다. 하지만 이 시기에 이승만은 이범석을 다시 국무

---

58) 김정례, 앞의 글, 172쪽.

59) 『東亞日報』 1952년 3월 9일자.

60) 『東亞日報』 1952년 4월 1일자. 이 기사에는 당무국장이 '상무국장'으로 되어 있으며 재정부장이 '재무부장'으로 되어 있으나 당헌에 맞게 수정했다. 또한 당헌에는 '의사부(議事部)'가 존재하지 않아 조직 편제상 어디에 위치하는지 불분명하다.

총리로 임명할 생각을 가지고 있었기 때문에[61] 제2인자로서 이범석의 영향력은 절대적이었을 것이다.

그리고 원외자유당 조직과 관련해 주목할 것은, 바로 그 시기에 전 보도연맹원 포섭을 위한 방안이 마련되었다는 점이다. 사실 전 보도연맹원 포섭방안은 1951년 8월에 최성웅 의원에 의해 국회에 건의안으로 제출되었다가 그해 11월에 약간의 수정을 가해 통과된 것이었다.[62] 그것이 1952년 3월에 실시가 결정되었다.[63] 그해 2월 말경에는 이승만의 지시를 받고 청년단과 더불어 보련계(National Guidance Group)가 움직이고 있다는 것이 미 대사관에 의해서도 포착되었는데,[64] 이제 이들을 제도적으로 포섭하기로 한 셈이다. 구체적으로는 시군 단위에서 심사위원회를 조직해 그 심사에 합격한 사람에게 도민증을 교부한다는 내용이었는데, 심사위원장은 시장이나 군수가 맡고, 부위원장은 경찰이, 심사위원은 국민회나 한청, 또는 대한부인회에서 맡는 식이었기 때문에 원외자유당에서 이를 이용하려면 얼마든지 이용할 수 있었을 것이다. 충북 보도연맹 간사장을 지낸 신형식(申亨植)이 원외자유당 충북도당 부위원장이 된 시기도 1952년 3월이었다.[65] 1953년 8월에 치안 당국의 사찰 결과 자유당 내 '불순분자'는 3,300여 명이라고 하고 그 불순분자라 함은 보련 출신 및 부역자라고 전해진 것을 보면,[66] 신형식과 마찬가지로 이 시기에 원외자유당에 입당하게 된 보도연맹 출신

---

61) "Memorandum of Conversation"(March 18, 1952), 『南北韓關係史料集』 17, 國史編纂委員會, 1995, 66쪽. 이는 허정이 무쵸를 찾아가 하소연한 내용이다.

62) 『第十一回 國會臨時速記錄』 第九十七號, 國會事務處, 1951, 2~3쪽.

63) 『東亞日報』 1952년 3월 23일자.

64) "Letter from John Muccio to Alexis Johnson"(Feb. 27, 1952), 『南北韓關係史料集』 17, 58쪽.

65) 「(判決例) 世稱申亨植妄言事件」, 『法政』 第十卷 第三號, 法政社, 1955, 64~65쪽.

66) 『朝鮮日報』 1953년 8월 11일자.

들이 적지 않았던 것으로 보인다.

이와 같이 원외자유당의 독자적인 체제 정비가 진행되었지만, 원내와의 합동 공작 역시 끝난 것은 아니었다. 원내자유당 일부에서는 합동의 조건으로 "一. 4월 15일까지 합당대회를 가지되 이주일간 내에 대통령이 정당정치의 구현을 현실적으로 나타낼 것. 나타내지 않을 때는 책임내각제 개헌안을 단행할 것. 二. 의장을 공석으로 할 것. 三. 소환운동 중지 성명 및 '데모' 책임자를 제명할 것"을 원외에 제시하기로 합의를 보았다고 전해지기도 했다.[67] 다양한 압박과 회유에도 불구하고 원내자유당의 중심인물들은 원칙을 견지했던 것이다. 합동 추진파는 3월 25일에 다시 의원부 전체회의를 열려고 했지만 반대파의 불참으로 유회되고 말았다.[68] 이에 합동 추진파는 58명의 서명을 모아 당헌에 따른 중앙상무위원회 개최를 요구했다.[69] 이제 합동 강행을 시도하기 시작한 것이다. 합동 추진파가 3월 29일 중앙상무위원회 개최를 요구하자, 중앙상무위원회 위원장 오위영은 연락관계상 그날 개최는 어렵다고 통고했지만[70] 합동 추진파는 이를 강행했다. 3월 29일 중앙상무위원 108명 중 이갑성을 비롯한 59명이 참석한 가운데 개최된 중앙상무위원회에서는, 합당을 희망하는 모든 우당(友黨)과 합동할 것을 전제로 전권위원 9명을 선출해 4월 10일 전후에 합당대회를 개최할 것을 만장일치로 의결하고, 전권위원으로 반성환, 강길수, 장창원 정현□, 김정실, 황병규, 정헌조, 조경규, 박영출 등 9명을 선출했다. 그뿐만 아니라 중앙상무위원회 임원들에 대한 불신임을 결의해 새로이 위원장으로 이갑성, 부위원장으로 이재학과 선우기성을 선출했다.[71] 합동 추진파 전권위원

---

67) 『東亞日報』 1952년 3월 24일자.
68) 『釜山日報』 1952년 3월 30일자.
69) 『釜山日報』 1952년 3월 28일자.
70) 『釜山日報』 1952년 3월 30일자.

들은 3월 31일에 원외자유당 합동 교섭위원들 및 대한국민당의 이규갑, 여자국민당의 임영신 등과 회합을 가져 합당 절차에 대한 협의를 진행했으며,[72] 4월 1일자로 자유당 중앙상무위원회 명의로 4월 10일 전후에 합당대회를 개최하기로 했다는 성명서를 발표했다.[73] 합동 반대파들은 3월 29일의 '중앙상무위원회'가 원내자유당과는 무관한 것이라는 성명을 발표하고,[74] 이어 이갑성, 선우기성을 제명하고 조경규, 이교선, 조주영 등 10명에 대해서는 1개월 정권 처분을 할 것을 결정했다.[75] 이제 3개의 자유당이 출현한 셈이다. 합동 반대파는 4월 7일에 중앙상무위원회를 열어 내각책임제 개헌을 적극 추진할 것 등을 결정했다.[76]

여기서 다시 초점은 개헌으로 모아졌다. 원내자유당의 엄상섭을 비롯해 민국당, 민우회, 무소속 일부에서 선출된 9명의 개헌안 추진위원들에 의해 내각책임제 개헌안은 이미 기초된 상태였다.[77] 4월 1일에 원내자유당, 민국당, 민우회, 무소속의 비공식 대표 10여 명이 비밀리에 회합을 가져 최종적인 수정을 가한 다음 국회가 재개되는 4월 3일부터 서명을 받기로 합의를 보았다.[78] 실제로 4월 3일부터 국회에서 원내자유당 선전부장인 정헌주 의원이 개헌안을 배포해 공개적으로 서명 날인을 모으기 시작했다.[79] 당시 신문이 "극비에 부쳐지고 있던 개헌 공작이 이렇게도 공개적으로 전개되는

---

71) 『釜山日報』 1952년 3월 31일자.
72) 『釜山日報』 1952년 4월 2일자.
73) 『釜山日報』 1952년 4월 5일자.
74) 『釜山日報』 1952년 4월 2일자.
75) 『釜山日報』 1952년 4월 5일자.
76) 『釜山日報』 1952년 4월 9일자.
77) 嚴詳燮, 『權力과 自由』, 耕久出版社, 1959, 239쪽.
78) 『釜山日報』 1952년 4월 3일자.
79) 『釜山日報』 1952년 4월 5일자.

것은 어느 모로나 좋은 일이겠는데 그것을 들고 나오기까지에는 상당한 용기도 필요했을 것"이라고 썼듯이,[80] 이것은 정부 및 원외자유당에 정면으로 도전하는 일이었다.

서명 공작이 본격적으로 추진되자 원외자유당은 4월 8일에 상임위원회를 열어 "개헌안 제출 동기의 불순성을 지적하는 대대적인 계몽운동을 전개할 것"을 결의했지만,[81] 그 이튿날에는 개헌안 가결에 필요한 재적의원 2/3선이 넘는 126명이 개헌안에 서명했다.[82] 그 내역을 보면 원내자유당에서 93명 중 53명, 민국당에서 의장인 신익희만을 제외한 38명, 민우회에서 25명 중 21명, 무소속에서 27명 중 14명이 서명한 것이었다. 그리고 원외에서 여러 방해 공작이 예상되는 가운데 개헌 추진 의원들이 선수를 쳐서 4월 15일에 긴급동의로 '정치운동 규제 법안'을 제출했다. 엄상섭이 기안한 이 법안은 관권에 의한 정치 개입을 규제하자는 것이 골자였다. 이에 대해 개헌 반대파인 조광섭, 황병규, 조주영, 김정식, 임영신, 박영출 의원 등이 적극 반대하고 나섰다.[83] 다음 날에는 제2독회가 진행되었는데, 이번에도 조광섭 의원이 공산당의 지령이 있다면서 집요하게 반대하고, 임영신이 대한민국을 모독하는 것이라며 철회를 요구한 것을 비롯해 내각책임제 개헌에 반대하는 세력은 이 법안을 무력화시키는 데 혈안이 되었다. 하지만 명칭을 '정치운동에 관한 법률'로 수정하는 등 몇 가지만 수정을 가해 거의 그대로 통과되었다.[84] 그런데 이 법안이 통과되자마자 김정실, 황병규 등 22명이 이 법안 폐기에 관한 긴급동의안을 제출했다. 바로 부결되기는 했

---

80) 『釜山日報』 1952년 4월 5일자.
81) 『東亞日報』 1952년 4월 10일자.
82) 『東亞日報』 1952년 4월 10일자.
83) 『第十二回 國會定期會議速記錄』 第四十五號, 2~25쪽.
84) 『第十二回 國會定期會議速記錄』 第四十六號, 2~15쪽.

지만 내각책임제 개헌에 반대하는 이들이 얼마나 관권에 의지하고 있었는지 여실히 보여준 셈이다.[85] 바로 그 시기에 전남 광양에서 엄상섭 의원 소환 결의에 반대한 몇 사람이 체포·구금당했다고 보고되었듯이,[86] 경찰에 의한 개입은 개헌을 둘러싸고 앞으로 예상되는 대결 국면에서 중요한 무기였던 것이다. 그렇기에 이 법안은 정부에 의해 거부되고 말았다.[87]

정치운동에 관한 법률안이 통과된 바로 다음 날인 4월 17일, 내각책임제 개헌안이 123명의 서명으로 국회에 제출되었다. 이 개헌안은 대통령을 '국가의 원수'로 규정했지만(제51조) 국무에 관한 행위는 국무회의의 의결을 얻은 국무총리의 제청에 의하여 국무총리와 관계 국무위원의 부서가 있는 문서로 하여야 한다고 규정해(제66조) 실질적인 권한을 없앴으며, 대신 국무총리와 국무위원으로 조직된 국무원이 행정권에 속하는 국무를 수행하는 것으로 규정했다(제68조). 또 국회에서 국무원 불신임결의를 한 경우 국무원은 10일 이내에 국회를 해산할 수 있지만, 선거를 거쳐 다시 소집된 국회에서 신임을 얻지 못할 경우 총사직을 해야 하는 것으로 규정해(제70조 2항) 국회가 국무원을 통제할 수 있게 해놓았다.[88] 이 개헌안이 제출되자 원외 자유당과 국민회, 노총, 한청 등에서는 '내각책임제 반대 전국정당사회단체 공동투쟁위원회'를 조직해 대응할 것을 결의했다.[89] 개헌안이 제출되기 전부터 전남 고흥군 군민 2만 12명이 서민호 의원을 소환한다는 탄원서와 연명 날인한 명부 및 결의문을 3월 29일자로 대통령에게 제출했다고 공보처에서 발표하는[90] 등 국회의원에 대한 압박은 또다시 시작된 상태였다.

85) 『第十二回 國會定期會議速記錄』 第四十六號, 15~20쪽.
86) 『第十二回 國會定期會議速記錄』 第四十五號, 25쪽.
87) 『東亞日報』 1952년 4월 26일자.
88) 『東亞日報』 1952년 4월 18일자.
89) 『釜山日報』 1952년 4월 18일자.

4월 19일에는 공동투쟁위원회가 운영위원회를 열어 개헌 반대의 지도 이론을 전개할 것과 모든 운영 방법은 국민의 자발적 의사에 의할 것, 권력을 이용하거나 비합법적인 수단을 배격할 것을 결의했다.[91] 권력이나 비합법적인 수단을 배격한다고는 했지만 '국민의 자발적 의사에 의할 것'이라는 운영 방법 자체가 이미 초법적인 '민의 동원'을 예고하는 것이었다. 또 20일에 공동투쟁위원회는 "양두구육(羊頭狗肉)적인 □도(□圖)를 가지고서 자당(自黨) 독재를 꿈꾸면서 화려한 결□(結□)를 나열한 본 개헌안을 낸 의원들은 국민 앞에 그 잘못을 자백하고 스스로 철회하여야 할 것"이라며, "정당 정치를 실지로 실현키 위하여 정당 합동에 매진하고 있는 오늘, 이를 파괴하고 이 사업을 방해하려는 반민족적 반국민적인 이 개헌운동을 하로라도 빨리 타파"할 것을 주장하는 선언문을 발표했다.[92] 개헌 반대의 지도 이론을 전개한다고 했지만, 이론과는 거리가 먼 선언문이었다. 이어 공동투쟁위원회는 지방에 공작대를 파견해 계몽운동을 전개하겠다고 발표했다.[93] 이는 4월 25일 실시된 선거로 선출된 지방의회에 대한 공작으로 보인다. 지방에서 중앙을 포위하는 '민의 동원' 방식은 이제 본격적으로 준비되기 시작했다.

5월 초에 다시 국회가 개회될 때까지 물밑에서 다양한 움직임이 진행되던 가운데 한 사건이 터졌다. 2대 국회에서 계속 정부 비판의 선봉에 섰던 서민호 의원이 자신에게 총격을 가한 군인을 사살하는 사건이 일어난 것이다.[94] 4월 24일에 순천에서 일어난 이 사건을 원외자유당은 이튿날에 실시

---

90) 『東亞日報』 1952년 4월 15일자.
91) 『東亞日報』 1952년 4월 22일자.
92) 『釜山日報』 1952년 4월 23일자.
93) 『釜山日報』 1952년 4월 27일자.
94) 『東亞日報』 1952년 4월 26일자. 사건의 자세한 내용에 대해서는 『第十二回 國會定期會議

된 지방선거 투표소 앞에 포스터를 붙여 선전했으며, 연합신문은 이 사건을 대서특필해 정치적으로 활용했다.95) 이 사건 자체는 계획적으로 일어난 것 같지는 않지만, 서민호 본인이 지방으로 떠나기 전에 '서민호, 엄상섭, 오위영이 테러 대상이 되었으니 떠나지 말라'는 소리를 들었을 정도로 충분히 개연성이 있는 사건이었다.96) 국회에서는 5월 14일에 서민호 의원의 즉시 석방을 요구하는 결의안을 94:0으로 가결시켰지만,97) 결국 서민호는 1960년 4월에 이승만이 퇴진한 뒤에야 풀려날 수 있었다.98)

공격의 표적이 된 것은 서민호만이 아니었다. 4월 말부터 또 다른 형태의 소환운동이 일어나기 시작했다. 즉 국회 휴회 기간이라 각 지역에 내려가 있는 국회의원들을 환영대회에 초청해놓고, 실제로는 규탄대회를 진행한 것이다. 4월 26일에는 순천에서 김양수 의원(민국당) 환영대회가, 또 원주에서 윤길중 의원(원내자유당), 공주에서 이충환 의원(민우회), 보령에서 김영선 의원(원내자유당) 환영대회가 각각 개최되었으며, 의원들이 불참한 가운데 그들의 소환이 결의되었다. 또 30일에는 밀양에서 원외자유당에 의해 국회의원 환영대회가 개최되었는데, 이 자리에 참석한 최성웅 의원(원내자유당)은 미리 대회 진행 방식을 알고 있었기 때문에 침착하게 대응해 내각책임제 개헌의 필요성을 주장하는 대회로 만들었다.

최성웅 의원이 이렇게 대응할 수 있었던 것은 다음과 같은 '원외자유당 중앙총본부의 지령문'을 미리 입수했기 때문이었다.99)

速記錄』 第五十三號, 9~17쪽.

95)『第十二回 國會定期會議速記錄』 第五十三號, 13~14쪽.

96)『第十二回 國會定期會議速記錄』 第五十六號, 2쪽.

97)『第十二回 國會定期會議速記錄』 第五十七號, 21쪽.

98) 엄밀하게 말하면, 서민호는 일단 석방되었지만 얼마 뒤 비상계엄이 선포되면서 다시 구속되었다.

질의사항

문(問)

一. 정부 측에서 제출하였든 개헌안(대통령 직선제·상하 양원제)에 대하야 가표(可票)를 하였나, 또는 부표(否票)를 하였나?

二. 찬성 또는 불찬성에 대한 이유

三. 헌법 개정은 대단 중요한 문제인데 어찌하여 군민에게 묻지도 않고 부결하였는가

四. 독단적 행위에 대하야 이 석상(席上)에서 사과할 의사가 있는가

[주]

A. 사과하는 의원에 대하야는 개헌안 기타 중요한 문제에 대하야는 군민의 의사를 청취한 후 의사 표시를 하겠다는 서약서 혹은 대중에게 언약하게 할 것

B. 사과치 않는 의원에 대하여는 즉시 불신임안을 제출하는 동시에 보결선거를 실시할 것을 대통령 국회의장에게 강경히 요구하는 결의안을 채택할 것

문(問)

五. 이번 소위 내각책임제 개헌안 제출에 찬성 날인하였나? 안하였나?

전항 사과한 의원에 대하여는 찬성 불찬성의 투표를 어떻게 할 것인가를 확인 후,

A. 개헌안을 찬성하는 경우에는 우리 군민은 절대 반대다. 어떻게 할 터이냐는 의사를 청취하고 날인을 취소하는 동시에 그 지(旨)를 성명할 것을 요구할 것

B. 동시에 자기 군 선거구 민의에 의하여 개헌안을 반대한다는 것을 신문지상에 성명서를 발표할 것을 요구할 것

---

99)『東亞日報』1952년 5월 2일자.

C. 군민대회에서는 하(何)모 의원이 개헌안을 절대 반대하였으니 계속 지지한다

   는 전단 또는 포스타 전(戰)을 전개할 것

D. 만약 이에 불응하는 의원이 있다면 차 역시 우리가 절대 반대하는 개헌안을

   지지하는 자임으로 불신임한다는 전단 또는 포스타 전을 전개할 것

주의사항

(A) 이상의 질의사항을 전개함에 있어 장내의 분위기를 포착하여 순서와 내용을

   적의 가감 변경할 것

(B) 기타 지방에 중요한 안건이 있을 시에는 적의 조종하여 자연스럽고도 신묘하

   게 유종의 미를 거둘 것

이런 시나리오에 따라서 각지에서 국회의원 환영대회가 열린 것이다. 이런 시나리오대로만 진행되는 대회였기 때문에, 미리 그 내막을 알고 잘 대응하면 '민의'는 정반대의 결론에 도달할 수도 있다는 것을 밀양의 사례는 보여주었다.

그런데 문제는 원외에서의 압박만이 아니었다. 개헌안에 서명한 의원들 사이에서 개헌이 되기도 전부터 국무총리 등의 인선을 둘러싸고 분파 행동이 나타난 것이다.[100] 그 중심인물은 국회 부의장 장택상이었다. 민국당에서 차기 대통령으로 장면을 밀고 있다는 이야기를 듣고 권력에 대한 야심을 품게 된 장택상은,[101] 개헌을 둘러싸고 요동치는 국회에서 제3세력을 형성해 정국의 캐스팅보트를 쥐려고 했다. 즉 "개헌안을 추진하되 그 의결 시기와 통과 후의 소란을 미연에 방지하기 위하여 예비적으로 차후 등장인물의

---

100) 『釜山日報』 1952년 4월 18일자.

101) 張炳惠·張炳初 編, 『滄浪 張澤相 自敍傳 大韓民國 建國과 나』, 滄浪 張澤相 記念事業會, 1992, 107쪽.

윤곽을 구상하는 데 합의를 보자는 것"을 주장해[102] 며칠 사이에 30명의 서명을 모은 것이다.[103] 이 공작을 통해 장택상이 바란 것은 개헌 뒤 첫 국무총리로 지명하겠다는 언약이었는데, 개헌 추진의 중심인물이었던 엄상섭은 장택상의 의중을 알면서도 이를 거부했다.[104]

이렇게 꼬이기 시작한 상황에서 선수를 친 것은 이승만이었다. 장면 국무총리의 후임으로 장택상을 지명한 것이다.[105] 이승만은 원내자유당 와해를 위해서도 원내자유당에서 합동에 적극적이었던 이교선과 조주영을 각각 상공부 장관과 체신부 장관으로 임명하는 등 인사권을 활용했는데,[106] 이번에도 권력욕이 강한 장택상에게 국무총리라는 미끼를 던진 것이었다.[107]

개헌추진위는 5월 5일에 담화를 발표해 장택상이 공적으로 개헌 추진을 약속하지 않는 한 총리 인준에 찬성하기 어렵다는 입장을 표명했다.[108] 하지만 5월 6일에 재개된 국회에서 장택상 국무총리 인준안은 95:81(기권 1)로 가까스로 가결되었다. 개헌 추진 세력 내에서도 일부 이를 지지한 사람이 나온 것이다. 개헌과 대통령 선거의 순서에 대해, 먼저 대통령을 선출한 다음 개헌안을 처리하는 것으로 개헌 추진 세력 내부에서 이미 합의가 되어 있었기 때문에,[109] 장택상을 국무총리로 인준해 이승만과의 절충에 임하게 하려는 생각이 작용한 것으로 보인다.[110] 그런데 대통령을 먼저

---

102) 『東亞日報』 1952년 4월 22일자.

103) 『釜山日報』 1952년 4월 21일자.

104) 嚴詳燮, 앞의 책, 290~291쪽.

105) 『東亞日報』 1952년 4월 23일자.

106) 『官報』 第六百二十六號, 大韓民國政府公報處, 1952.

107) 윤우경은 당시 서울시 경찰국장으로 있던 자신이 장택상을 국무총리로 추천했다고 회고했다. 尹宇景, 『晩省錄: 단 한번 느껴본 행복감』, 서울프레스, 1992, 279~285쪽.

108) 『東亞日報』 1952년 5월 6일자.

109) 『東亞日報』 1952년 5월 1일자.

선출하고 난 다음에 개헌을 한다고 할 때도 각각의 의중은 서로 달랐다. 대통령으로는 이승만을 선출해주는 대신 내각책임제로 개헌하자는 이가 있는가 하면,[111] 대통령으로 장면을 선출할 계획을 비밀리에 진행시키는 이도 있었다.[112] 그런데 결국 대통령 선거를 먼저 하는 데 합의를 보게 된 까닭은, 재적의원 2/3의 찬성이 필요한 개헌보다 과반수로도 의중의 인물을 선출할 수 있는 대통령 선거가 더 유리했기 때문이었다.[113]

5월 14일에는 정부 측에서 또다시 대통령 직선제와 양원제를 골자로 하는 개헌안이 제출되었다.[114] 그날 오전에 열린 국무회의에서 이승만은 "헌법 개정에는 대통령 직선제와 상하 양원제만은 절대 필요조건"이라며 이 개헌안에 대한 강한 집착을 보였다.[115] 그렇지만 개헌에 앞서 대통령을 선출하게 될 것이 확실시되면서, 문제의 초점은 누가 차기 대통령이 되느냐로 옮겨졌다. 이 시기에 출간된 『차기 대통령은 누가 될까』라는 책에서는 후보로 이승만, 이시영, 김성수, 신익희, 이갑성, 이범석, 장면 등을 거론했으며,[116] 5월 13일에는 신흥우가 출마를 선언하는 등[117] 이제 본격적으로 대통령 선거를 향한 움직임이 가시화되기 시작했다.

장택상 국무총리 인준안 표결에서 드러났듯이, 개헌 추진 세력은 통일되어 있지 않았지만 그렇다고 명확히 분열되어 있지도 않았다. 장택상이 국무

---

110) 『東亞日報』 1952년 5월 6일자; 嚴詳燮, 앞의 책, 291~292쪽.
111) 嚴詳燮, 앞의 책, 289쪽.
112) 郭尙勳, 「自由의 高貴한 試鍊」, 『한 알의 밀이 죽지 않고는: 張勉博士回顧錄』, 가톨릭출판사, 1967, 304쪽.
113) 『釜山日報』 1952년 5월 2일자.
114) 『東亞日報』 1952년 5월 15일자.
115) 『第三十九回 國務會議錄』, 1952년 5월 14일.
116) 金如山, 『次期 大統領은 누가 될까』, 協同文化社, 1952 참조.
117) 『釜山日報』 1952년 5월 15일자.

총리로 임명되면서 다시 선출하게 된 부의장 선거에서 원내자유당의 김동성 의원이 56표를 얻은 윤치영 의원을 눌러 94표로 당선되었다. 원내자유당의 이종형 의원 역시 14표를 얻었으니 개헌을 추진하는 세력은 여전히 100표 이상을 확보하고 있던 셈이다.[118] 이는 원하는 사람을 대통령으로 선출하기에는 충분한 세력이었다. 실제로 그 이전부터 장면을 대통령으로 추대하려는 공작이 장면 국무총리 비서실장으로 있던 선우종원과 국회의원 김영선 등을 중심으로 진행되어, 1952년 3월에는 국회의원 146명의 도장을 받았다고 한다.[119]

이대로 가면 이승만의 재선이 확실히 불가능한 상황에서 선택된 것은 또다시 군중의 폭력으로 국회에 압박을 가하는 방법이었다. 5월 19일 부산 시내 충무로광장에서 약 2,000명이 모인 가운데 '반민족 행위 국회의원 성토대회'가 열렸다. 이 대회에서는 ① 반민족적인 국회의원 14명[120]을 축출 처단하라, ② 서 의원 석방 결의를 취소하라, ③ 만일 거부할 때는 국회를 해산토록 정부에 건의하고 참다운 민의를 대변할 수 있는 새로운 국회의원을 선거하겠다는 요지의 국회에 대한 건의문과, 소환 결의된 의원을 즉시 국회로부터 추방하는 조치를 취하라는 요지의 대통령에 대한 건의문이 결의되었다. 또 '서민호는 살인 현행범이다', '반민족 국회의원을 타도하자' 등의 구호가 적힌 플래카드를 들고 국회를 향해 시가행진을 벌였다.[121] 이날 대통령에게 제출할 건의문을 국무총리에게 전달하기 위해 군중을 대

---

118) 『第十二回 國會定期會議速記錄』 第五十二號, 1쪽.

119) 『名人獄中記』, 元輝出版社, 1968, 307~308쪽. 146명이라는 숫자 자체는 신빙성이 없지만, 적지 않은 국회의원이 찬동한 것은 사실일 것이다.

120) 서범석, 엄상섭, 김광준, 김의준, 오위영, 소선규, 임흥순, 조순, 곽상훈, 정일형, 정헌주, 김영선, 서이환, 이용설.

121) 『東亞日報』 1952년 5월 20일자; 『釜山日報』 1952년 5월 21일자.

표한 사람은 김창민, 박진, 이곤석(李坤錫)이었다. 김창민과 박진은 앞서 보았듯이 원외자유당 상무집행위원이다. 또한 대회에서 성토 강연을 한 사람은 원외자유당 조직부장 원상남이었다.[122] 즉, 이 집회도 분명히 원외자유당에 의한 것으로서, 사실 많은 군중이 모인 것도 불법적인 동원에 의한 것이었다. 시내 일부 지역에서는 애국반 반장이 집집마다 다니면서 충무로 집회에 나가지 않으면 쌀 배급을 주지 않겠다고 위협했으며, 또 다른 지역에서는 출근하는 노동자들의 시민증 등을 압수해 강제로 동원한 사실이 드러났다. 경찰 당국은 그 책임자로 김창민, 박진, 원상남을 지목했다.[123] 이렇게 불법성이 드러났는데도 집회는 21일에도 계속되었다. 이제는 추방 정도가 아니라 '처단하라, 총살하라, 자결하라' 등의 구호를 외치면서 약 300명의 청년들이 트럭을 타고 중앙청과 국회의사당 주변에서 한 시간가량 시위를 벌였다.[124] 이어 23일에는 1,000여 명의 시위대가 국회의사당 침입을 시도해 경찰과 충돌했으며, 지나가는 버스와 전차의 유리창을 깨는 등 폭력적인 양상을 띠었다. 또 이에 앞서 시내 도처에 반민족 국회의원을 타도하라는 백골단 명의의 벽보가 나붙었다.[125] 19일에 이어 이날 시위대에도 젊은 여성들이 끼어 있었는데, 그들은 조방 직공들이었다.[126] 당시 조방 쟁의를 둘러싸고 대한노총이 두 파로 갈라져, 강일매 사장은 조방 쟁의를 지지하는 대한노총 조방파 집회에 나갔다는 이유로 여공들을 해고시키기도 했기 때문에[127] 살아남기 위해서는 여공들도 이런 집회에 나가지

---

122) 『京鄕新聞』 1952년 5월 21일자.
123) 『東亞日報』 1952년 5월 21일자.
124) 『東亞日報』 1952년 5월 22일자; 『釜山日報』 1952년 5월 23일자.
125) 『東亞日報』 1952년 5월 24일자.
126) 『京鄕新聞』 1952년 5월 21일자; 『朝鮮日報』 1952년 5월 25일자.
127) 『京鄕新聞』 1952년 6월 14일자.

않을 수 없었다. 이날 국회는 국무총리, 내무부 장관, 법무부 장관을 출석시켜 이 사태에 대한 정부의 책임을 추궁하려 했지만, 장택상 국무총리는 25일에 자세한 보고를 하겠다고 회피했고, 법무부 장관과 내무부 차관에게서도 책임 있는 말을 들을 수는 없었다.[128] 정부가 실질적으로 묵인하는 상황에서 시위가 계속되어, 24일에는 충무로광장에서 '민중자결선포대회'가 개최되었다. 수천 명이 모였다고 보도된 이날 대회에서는 아래와 같은 결의가 이루어졌다.[129]

실행3장(實行三章)

一. 민주 조국의 기본 체제와 존법정신을 수호 선양하기 위하여 특권계급의
    횡포와 추세정상배(追勢政商輩)의 발악을 철저히 배격하고 자결자수(自決自
    守)의 민중운동을 전개한다.

二. 전 국민의 기본 권리와 기본 생활을 옹호 보장하기 위하여 탐욕의 위정자와
    월권의 대변자를 단호 제거하고 자결자조(自決自助)의 구민운동(救民運動)을
    전개한다.

三. 멸공 통일의 대업을 완수하기 위하여 시대 역행의 반동 요소와 염전기피(厭戰
    忌避)의 부패층을 엄계(嚴戒) 숙청하고 자결자진(自決自進)의 구국운동을 전개
    한다.

이들의 결의 내용이 이승만에게 전달되자, 이승만은 '이것이 진정한 민의라면 민의에 의거하여 행동을 취하겠다'고 답변했다.[130] 이제 이승만의 행

---

128) 『第十二回 國會定期會議速記錄』 第六十三號, 24~39쪽.
129) 『釜山日報』 1952년 5월 27일자.
130) 『釜山日報』 1952년 5월 27일자.

동이 '민의'를 따른 것이라는 대의명분이 갖추어진 것이다.

그런데 흥미로운 것은 결의문의 문체가 분명히 달라진 점이다. 예전에 국민회에서 마련한 결의문은 민주주의라는 관점에서 '민의'만을 강조하는 소박한 것이었는데, 이 결의문에는 계급적인 요소가 가미되어 있다. 표현으로 보아 틀림없이 양우정이 쓴 것인데, 그와 동시에 자결이라는 말에 맞추어 자수, 자조, 자진이라는 식으로 표어처럼 만든 것은 족청 중앙훈련소에서 자립, 자존, 자활을 강조했던 것을 상기시킨다. 이 민중자결단을 기획한 것은 박운해(朴雲海)라는 인물로,[131] 그는 족청 대전북단부 훈련부장을 지낸 사람이었다.[132] 즉, 이제 족청계가 본격적으로 나서기 시작한 것이다. 이에 앞서 원외자유당은 5월 1일 상무집행위원회를 열어 대통령 선거에 대비해 의원에 대한 개별 공작을 전개할 것과 내각책임제 개헌 반대 계몽운동을 추진할 것, 그리고 개헌반대공동투쟁위원회를 해체하고 부당수 및 사회, 당무, 정무 등 3국의 국차장회의에 이를 일임할 것을 결의한 바 있었다.[133] 여기서 등장한 '부당수 및 3국 국차장회의' 참석자 면면을 보면, 이범석(부당수), 정현모(당무국장), 홍범희(당무차장), 이활(사회국장), 조용기(사회차장), 양우정(정무국장), 문봉제(정무차장) 등이다. 여러 단체 명의로 막연하게 움직이던 것이 부당수인 이범석 밑으로 통일된 셈이다. 5월 하반기에 벌어진 일들은 이들이 기획한 것이었다. 23일경부터 등장한 백골단 역시 양우정이 문봉제, 조영주와 더불어 기획한 것이었다고 한다.[134] 조영주는 양우정과 유사하게 공산주의운동을 하다가 전향해 이시하라 간지(石原莞

---

131) 『査察要覽 左翼, 中間, 第三勢力, 其他』, 서울특별시 경찰국 사찰과, 1955, 59쪽.
132) 建國靑年運動協議會, 앞의 책, 1126쪽.
133) 『東亞日報』 1952년 5월 3일자. 기사에는 '개헌반대특별위원회'를 해체한 것으로 나오지만 오기일 것이다.
134) 『臨時首都千日』, 釜山日報社, 1985, 224~225쪽.

爾)가 이끄는 동아연맹운동에 관여했으며,135) 또 교토제대를 중퇴한 인텔리이면서 최영의(崔永宜)의 가라테(空手) 스승이기도 한 무술가였다.136) 조영주는 앞서 보았듯이 1950년에 안호상이 일본으로 건너가 조직케 한 재일대한청년단의 초대 단장을 맡기도 했는데, 해방 직후에는 우익 청년단체인 조선건국촉진청년동맹과 박열을 중심으로 조직된 우파 민족단체 신조선건설동맹 등에서 청년들에게 무술훈련을 시켜 최영의 등을 앞세워 좌익 조직과의 항쟁을 거듭했다.137) 그는 이런 경험을 평가받아 부산에 오게 된 것으로 보이는데, 6월 초에 일본에서 한국인 테러리스트들이 들어왔다는 소문이 퍼진 것을 보면,138) 자신이 직접 훈련시킨 청년들을 데리고 들어왔을 것이다.139)

---

135) 松田利彦,「曺寧柱と京都における東亞連盟運動」,『世界人権問題研究センター研究紀要』第三号, 京都: 世界人権問題研究センター, 1998 참조.

136) 小島一志·塚本佳子,『大山倍達正伝』, 東京: 新潮社, 2006, 80~88쪽.

137) 위의 책, 170~189쪽. 그런데 조영주는 무술을 가르치면서도 정신적 훈련의 중요성을 계속 강조했다. 이런 점을 보면 족청계와 유사한 심성의 소유자로 볼 수 있을 것 같다.

138) "From Pusan(Lightner) to the Secretary of State"(June 3, 1952),『韓國戰爭資料叢書 65 美 國務部 韓國國內狀況關聯 文書 THE US DEPARTMENT OF STATE RELATING TO THE INTERNAL AFFAIRS OF KOREA XXVII(1952. 5. 27~6. 23)』, 國防部 軍史編纂研究所, 2002, 130쪽.

139) 참고로 이때 최영의는 미국에 가 있었기 때문에 직접 부산정치파동에 관여하지는 않았다.

제2장
부산정치파동과 족청계의 활동

1. 부산정치파동의 발생

개헌을 둘러싼 갈등은 결국 시위 정도로 그치지 않았다. 5월 24일 국무회의 의결을 거쳐 5월 25일 0시를 기해 "후방 지역 내에 반거(蟠居)하는 공비(共匪)를 완전 소탕하고 반국가적 공산 세력의 침투를 완전 봉쇄하여 급속한 후방 치안을 확보하기" 위해 전북 진안군, 장수군, 임실군, 남원군, 순창군, 정읍군, 전남 순천시, 담양군, 곡성군, 구례군, 광양군, 승주군, 화순군, 보성군, 경남 부산시, 동래군, 밀양군, 양산군, 울산군, 하동군, 산청군, 함양군, 거창군에 비상계엄이 선포된 것이다. 또 전남북 지역 계엄사령관은 이종찬이, 경남 지역은 원용덕이 맡는다고 발표되었다.[140] 그런데 이 비상계엄 선포는 조용중도 지적했듯이 몇 번의 변경을 거쳐 결정된 것이었다.[141] 5월 22일 신태영 국방부 장관이 국무회의에 제출한 '비상계엄 선포에 관한 건'은 5월 25일 0시를 기한 비상계엄 선포를 요청한 것이었지만, 그 대상

---

140) 『官報』第六百六十一號, 大韓民國政府公報處, 1952.
141) 趙庸中, 『조용중의 한국 현대사 연구 대통령의 무혈혁명: 1952 여름, 부산』, 나남출판, 2004, 195~196쪽.

지역에 부산, 동래, 밀양, 양산, 울산은 포함되어 있지 않았으며 계엄사령관 역시 이종찬 혼자 맡는 것으로 되어 있었다.142) 이에 5월 23일 대통령이 없는 채 장택상 국무총리 주재로 개최된 국무회의에서 계엄지구에 동래, 울산, 밀양, 양산을 추가하고 원안대로 실시할 것이 의결되었다.143) 그런데 그 이튿날 오전 10시 반에 또다시 국무총리 주재로 열린 국무회의에서 국방부 장관이 계엄지구에 부산을 추가할 것을 제기해 의결되었다.144) 이날 국무회의는 이것 하나만 의결하고 30분 만에 끝났다. 즉, 부산을 추가하기 위해 소집된 국무회의였던 것이다. 계엄 선포 직전에 부산이 추가된 것도 주목할 만한 일이지만, 더 놀라운 것은 국무회의에서 언급도 되지 않은 원용덕 계엄사령관의 임명이다.145) 관례적으로 계엄사령관은 육군 총참모장이 맡았기 때문에, 이종찬이 계엄사령관으로 임명되는 것은 당연한 일이었다. 하지만 이종찬은 당시 이승만이 불신했던 이기붕이146) 천거한 사람이었기 때문에147) 자신의 뜻을 순순히 따를 수 있는 사람을 따로 임명한 것이었다.148)

---

142) 「國防軍法外發第一五五號 非常戒嚴宣布에 關한 件」(국가기록원 소장).

143) 『第四十二回 國務會議錄』, 1952년 5월 23일.

144) 『第四十三回 國務會議錄』, 1952년 5월 24일.

145) 조용중은 이날 국무회의에서 "원안에 없던 영남지구 계엄사령관을 따로 두어 육군 소장 원용덕을 임명하기로 의결했다"고 썼지만(趙庸中, 앞의 책, 196쪽) 국무회의록에는 그런 의결 사항이 없다.

146) "Memorandum of Conversation"(March 18, 1952), 『南北韓關係史料集』 17, 66쪽. 허정의 말에 의하면 국민방위군 사건, 거창 사건 등의 처리 과정에서 국방부 장관 이기붕은 이승만의 뜻을 거스르는 일이 있었으며 또 이기붕과 허정이 민국당 측에서 조언을 받고 있다고 이승만에게 밀고하는 사람이 있어서 당시 이승만은 그들의 충성심을 의심하고 있었다.

147) 姜聲才, 『참軍人 李鍾贊 장군』, 東亞日報社, 1986, 61~62쪽.

148) 실제로 이종찬은 부산정치파동 와중에 계엄군 증파를 거부했다.

그뿐만 아니라 이승만은 계엄 선포에 맞추어 5월 24일부로 내무부 장관에 이범석을, 차관에 홍범희를 임명했다.[149] 국무위원 임명은 대통령 고유 권한이긴 하지만 국무회의를 거치지 않고 임명하는 것은 이례적인 일이었는데, 이승만은 독단으로 원외자유당에서 중심적으로 움직이던 족청계 인물들에게 내무부를 맡긴 것이다. 아무런 공식 협의 없이 영남지구 계엄사령관으로 임명된 원용덕 역시 장남을 이범석이 수양딸로 삼은 이재형의 딸과 결혼시킨 인연으로 이범석과 사돈지간이나 다름없는 가까운 관계였다.[150] 그렇지만 이승만이 모든 것을 족청계에 내맡긴 것은 아니었다. 5월 25일부로 치안국장에 윤우경을 임명한 것이다.[151] 실제로 경찰을 지휘하는 것은 치안국장이었는데, 이승만은 그 자리에 자신이 신임하고 장택상과도 가까운 인물을 앉혔다.[152]

이승만이 갑작스러운 계엄 선포라는 초강수를 둔 이유는 국회에서 대통령을 선출하는 것을 막기 위한 것이기도 했지만,[153] 5월 24일에 계엄 선포가 급진전된 이유는, 전날에 이승만을 방문한 무쵸가 다음 날인 24일에 미국으로 떠날 것을 전달했기 때문이었다.[154] 그 자리에서 이승만은 무쵸

---

149) 『官報』 第六百六十四號, 大韓民國政府公報處, 1952.

150) 李玉順, 「마음에 야학을 열고 글 가르치던 선각자」, 『(續) 雲耕 李載瀅 先生 評傳』, 삼신각, 1998, 180~181쪽.

151) 『東亞日報』 1952년 5월 26일자.

152) 尹宇景, 앞의 책, 248, 297쪽.

153) 엄상섭에 의하면 5월 25일 오후에 개헌 추진 세력이 모여 '대통령 후보자 예선 투표 용지'를 나누었다고 하는데 이러한 움직임에 대해 이승만도 미리 알고 있었을 것이다. 嚴詳燮, 앞의 책, 293쪽.

154) "Memorandum of Conversation"(May 23, 1952), 『韓國戰爭資料叢書 64 美 國務部 韓國國內狀況關聯 文書 THE US DEPARTMENT OF STATE RELATING TO THE INTERNAL AFFAIRS OF KOREA XXⅥ(1952. 5. 8~5. 27)』, 國防部 軍史編纂研究所, 2002, 280쪽.

에게 부산에도 계엄을 선포할 것임을 밝히면서 양해를 구하려 했지만, 무쵸의 대답은 전 세계가 한국을 지켜보고 있다는 것이었다.155) 이승만은 무쵸가 자신의 재선을 막기 위해 움직이고 있다고 보고 있었는데,156) 실제로 무쵸는 장면이 차기 대통령이 되는 것이 '최대의 희망(best hope)'이라며 그것을 위해서 국회의 핵심 인사들을 안심시키기 위해 할 수 있는 일을 하겠다고 밝히고 있었다.157) 그렇기 때문에 무쵸의 부재는 이승만에게 절호의 기회로 비쳐졌을 것이다.

계엄이 선포되자 부산의 치안은 오히려 심각해졌다. 비상계엄이 선포된 당일인 5월 25일 밤에는 경향신문사 공장에 곤봉을 든 청년 20명가량이 침입해서 활자 케이스를 뒤집어 엎어 언론 기능을 마비시키려는 사건이 발생했다.158) 하지만 훨씬 더 압도적인 폭력이 국가에 의해 자행되었다. 5월 26일 새벽에 원내자유당의 정헌주, 이석기, 민국당의 양병일, 민우회의 장홍염 의원이 헌병에 의해 연행된 것이다.159) 또 그날 아침 국회의사당 앞에도 헌병대가 나타나 임흥순(민국), 김의준(민우), 김광준(민우), 유홍(민우), 윤길중(자유), 엄상섭(자유), 오위영(자유) 등을 구속하기 위해 의원들을 태운 버스를 헌병대로 견인해 가서 45명의 의원들을 구금 취조했다.160) 이들 대부분은 이튿날 오후에 풀려났지만 임흥순, 이용설(무소속), 서범석

---

155) Ibid., 282쪽.

156) "Letter from Francesca to Robert T. Oliver"(March 21, 1952), 『大韓民國史資料集』 31, 國史編纂委員會, 1996, 45쪽. 이 편지는 프란체스카가 보낸 것이긴 하지만 프란체스카가 무쵸에 대해 그렇게 보았다면 이승만 역시 그렇게 보았을 것이다.

157) "Letter from John Muccio to John Allison"(February 15, 1952), 『南北韓關係史料集』 17, 51~52쪽.

158) 『東亞日報』 1952년 5월 28일자.

159) 『第十二回 國會定期會議速記錄』 第六十六號, 18쪽.

160) 『第十二回 國會定期會議速記錄』 第六十六號, 21~23쪽.

(민국), 김의준 의원은 그대로 구속되었으며, 5월 29일 밤에는 박정근(자유) 의원이,[161] 30일에는 곽상훈(무소속) 의원이 구속되었다.[162] 국회의원뿐만 아니라 30일에는 원용덕 계엄사령관의 명령을 받은 경찰이 장면을 체포하려 했으며, 31일에는 권중돈(민우회) 의원이 체포되었다.[163] 원외자유당 측은 민국당에 대한 강한 이데올로기적 비판을 거듭했지만, 이 단계에서 실제로 표적이 된 의원들은 주로 원내자유당과 민우회였다.

국회는 28일에 '비상계엄 해제 요구에 관한 결의안'을 96:3으로 가결시켰다.[164] 또 29일에 국무총리 주재로 열린 국무회의에서는 "정부로서는 법대로 일단 해제하고 필요에 의하야 재선포하는 것이 타당하다는 데 의견 일치를 보아 차지(此旨) 대통령께 품달(稟達), 재결은 대통령께 일임하기로" 했다.[165] 하지만 결국 계엄은 해제되지 않았다. 순전히 대통령의 의지로 계엄이 유지된 것이다. 또한 국회의원 체포는 계엄법에도 위반되는 불법 행위였기 때문에, 국회에서는 서민호까지 포함해 11명의 의원을 석방할 것을 요구하는 결의안이 제출되었다. 이 논의 과정에서 이재형 의원은 국회 프락치 사건 때 체포된 국회의원들의 석방 동의안에 맹렬히 반대한 것이 민국당이었음을 지적하며, 이 석방 동의안 역시 당리당략에 의한 것이 아니냐는 논리로 공격했다. 양우정 의원은 "국가 사조(思潮)를 전복시키고 국체를 변혁시키겠다는 대음모 사건"이 있다며 석방에 반대했다. 양우정에 이

---

161) "From Pusan(Lightner) to the Secretary of State"(May 30, 1952), 『韓國戰爭資料叢書 64』, 524쪽.

162) 『第十二回 國會定期會議速記錄』 第六十八號, 2~3쪽.

163) "From Pusan(Lightner) to the Secretary of State"(May 31, 1952), 『韓國戰爭資料叢書 64』, 544쪽.

164) 『第十二回 國會定期會議速記錄』 第六十六號, 7~10쪽.

165) 『第四十五回 國務會議錄』, 1952년 5월 29일.

어 신중목 의원은 내무부가 발표한 "국체 변혁을 흉모(凶謀)한 소위 대한민국정부혁신전국지도위원회 진상(眞相)"을 낭독하고 이 동의안을 보류시킬 것을 동의(動議)했다. 내무부에서 발표한 사건의 내용이란, 장면 국무총리 비서실장이었던 선우종원이 북한 정치보위국의 지령을 받은 공작원과 접선해 그가 추대하는 사람을 대통령으로 내세우며 제3세력을 확장함과 더불어, "연립 내각을 수립하고 현 정부 지지자를 숙청하는 동시에 북한 괴뢰집단 인민공화국과 협상 합작하여 무혈 통일정부를 수립할 것을 모의하여 국체의 변혁을 결의"했고, 그 공작 대상이 된 국회의원들이 돈을 받았다는 것이었다. 5월 27일에 공보처는 국제적인 비밀 공작으로 공산당 자금이 들어와 몇몇 국회의원이 이에 관련되었다고 발표했는데,[166] 그것이 이렇게 구체화된 것이다. 결국 보류 동의안은 폐기되고 82:1로 석방 동의안이 가결되었지만,[167] 그동안 정부와 국회 사이의 갈등 과정에서 거의 발언하지 않았던 이재형, 양우정 등이 적극적으로 정부를 옹호하기 위해 나선 것은 족청계의 관여도가 변했음을 보여주는 것이었다.[168]

이와 동시에 각지 지방의회들은 대통령 직선제를 지지하는 결의를 올리기 시작했다. 광주시의회에서는 5월 6일에 족청 전남도단부 감찰부장 출신으로 한청에서도 전남도단부 감찰부장을 지낸 이계남(李啓南)[169] 의원이 내각책임제도 헌법에 반대하는 결의문을 결정 발송할 것을 동의해 박수로

---

166) 『釜山日報』 1952년 5월 28일자; "From Pusan(Lightner) to Secretary of State"(May 27, 1952), 『韓國戰爭資料叢書 64』, 401쪽.

167) 『第十二回 國會定期會議速記錄』 第六十八號, 2~14쪽.

168) 또한 이 시기의 국회에서 정부를 가장 적극적으로 옹호한 사람이 이진수 의원이었는데, 나중에 그가 족청계라고 공격을 받게 된 이유는 이때의 행동 때문일 것이다. 임송자, 『대한민국 노동운동의 보수적 기원』, 선인, 2007, 249~250쪽.

169) 建國靑年運動協議會, 앞의 책, 1129쪽; 전갑생, 「한국전쟁 전후 대한청년단의 지방 조직과 활동」, 『제노사이드 연구』 제4호, 선인, 2008, 42쪽.

가결되었다.[170] 부산시의회에서는 5월 7일 한청 출신의 전희벽(田熙闢)[171] 의원이 대통령 직선제와 양원제를 지지하고 내각책임제 개헌안에 반대하는 긴급동의안을 제출했지만 아무도 찬동하지 않아 부결되었다.[172] 그런데 도의회의 경우는 달랐다. 개회 첫날인 5월 20일에 전남도의회에서 '내각책임제 개헌안 반대 및 정부 제출 개헌안 지지 결의문'이 채택된 것을 시작으로 26일에는 경북도의회에서, 27일에는 충남도의회와 경남도의회에서, 29일에는 충북도의회, 전북도의회, 제주도의회에서 이와 유사한 내용의 결의를 올렸다.[173] 전남도의회에서는 남상기(南相奇) 의원의 긴급동의로 남상기, 김창선(金昌宣), 서정록(徐廷祿), 홍익선(洪益先), 김덕부(金悳富) 연명의 결의문이 제출되어 42:17로 가결되었다.[174] 이들은 모두 원외자유당원으로,[175] 홍익선은 2부에서 보았듯이 족청 중앙훈련소 1기생이었으며, 김창선과 남상기는 나중에 족청계로 지목된 인물들이었다.[176] 김창선은 해방 직후에 호남신문사에서 편집국장을 지냈는데, 당시 편집국 차장이 족청 전남도단부에서 위원을 지낸 김남중이었기 때문에 족청과 직접적인 연관이 있었을 수도 있다.[177] 이와 같이 도의회에서 처음으로 이루어진 대통령 직선제

---

170) 王在一, 『全羅南道第一回 地方自治四年誌』, 青磁文化社, 1956, 市議會 15쪽. 이 책은 '총설', '도의회', '시의회', '읍면의회'로 따로 쪽수를 매겼기 때문에 쪽수 앞에 그 위치를 표기했다.

171) 전희벽은 원래 서청 출신이다. 建國青年運動協議會, 앞의 책, 1197쪽.

172) 『東亞日報』 1952년 5월 9일자.

173) 『民意의 勝利』, 全國地方議員同志會, 1952, 12~17쪽. 여기서는 전남에서 29일에 결의를 한 것으로 되어 있지만 바로 뒤에서 보듯이 잘못된 것이다. 제주도의회 역시 29일이 아니라 28일에 결의를 한 것으로 보인다. 『釜山日報』 1952년 6월 2일자.

174) 王在一, 앞의 책, 道議會 33, 36~37쪽. 『民意의 勝利』, 17쪽에는 55 대 0으로 가결되었다고 적혀 있지만 허위일 것이다.

175) 위의 책, 道議會 5~9쪽.

176) 『査察要覽 左翼, 中間, 第三勢力, 其他』, 62쪽.

결의는 족청계가 주도한 것이었다. 전북도의회의 경우 조권형(趙權衡) 의원
이 "국회를 즉시 해산하고 총선거를 실시할 것을 결의하여 대통령, 국회의
장에게 발송하고 사본을 각 시·읍·면회에 각각 발송할 것"을 긴급동의해
29:1로 가결되었다.[178) 조권형 의원은 한청 출신의 원외자유당 금산군당부
위원장이었다.[179) 이와 같이 각지에서 결의가 이루어지자 원외자유당 중앙
당부 선전부는 "이는 실로 정국이 중대 사태에 돌입한 것"이라며, "민의
정치의 근본 문제 규명이 전 국민의 손으로 재검토되어야 할 것"이라는
성명을 발표했다.[180)

5월 말에 이들은 부산에 집결했다. 5월 31일, 각도 대표들은 유엔한국통
일부흥위원단(UNCURK, 이하 언커크)과 미 대사관을 찾아가 국회 해산을
요구하는 서한을 전달하고,[181) 각 도의회 의장 연명으로 다음과 같은 성명
서를 발표했다.[182)

각도의회가 결의한 정신에 의하여 우리 칠(七) 도의회는 전 국민의 의사를
대표하는 것으로 다음과 같이 국내외에 성명한다.

一. 현 국회는 이미 전 국민의 신임을 상실하였다는 것을 선언함.

二. 우리는 즉시 현 국회를 해산하고 최단시일 내에 총선거를 실시할 것을
전국 각도민의 이름으로 요구함.

---

177) 金乘學·林鍾明, 『光復30年』 1, 全南日報社, 1975, 282~283쪽.
178) 初代道議會回顧錄編輯委員會, 『初代議會回顧錄』, 全羅北道議會, 1957, 200쪽. 『民意의
    勝利』, 17쪽에는 31 대 0으로 가결되었다고 적혀 있지만 허위일 것이다.
179) 위의 책, 13쪽.
180) 『釜山日報』 1952년 6월 2일자.
181) 『民意의 勝利』, 19~21쪽; "From Pusan(Lightner) to the Secretary of State"(May 31,
    1952), 『韓國戰爭資料叢書 64』, 559쪽.
182) 『民意의 勝利』, 21~22쪽.

三. 임시수도 부산시의 계엄령은 대한민국 정부의 필요한 것으로 인정함.

四. 정국의 혼란을 이용하는 어떠한 외국 세력의 내정 간섭의 위험을 주시하며 반대한다.

정부의 행동을 전면 지지하는 내용이지만, 주목할 것은 네 번째로 외세의 내정 간섭 반대를 주장한 점이다. 5월 31일부터 나타나기 시작한 백골단의 포스터도 미군에 도움을 요청한 국회부의장 김동성을 이완용에 빗대어 민족 반역자로 몰아붙였으며,[183] 이미 국회에서도 언커크가 발표한 성명을 윤치영 의원이 문제 삼은 바 있었다.[184] 이런 반응을 통해 부산정치파동의 주체들이 외부의 간섭에 신경을 곤두세우고 있었음을 알 수 있다. 원외자유당도 6월 1일에 중앙정치위원회와 중앙상무집행위원회 연석회의를 열어 일련의 사태에 대해 토의한 결과, 아래와 같은 성명을 채택해 6월 2일자로 발표했다.[185]

一. 대통령은 국가의 원수로서 민의에 따라 속히 이 사태를 수습할 것을 요망한다.

二. 외국의 일국 또는 수개국 혹은 국제연합의 여하한 내정 간섭도 있을 수 없으며 만약 있을 경우에는 이를 단호히 배격한다.

三. 국제연합한국통일부흥위원단은 정당하고 자유로이 표시된 지방의회 및 국민 절대다수의 의사를 존중하야 한국의 진정한 민주주의 발전에 협조할 것을 요망한다.

四. 정부는 내정에 외세를 유인하려는 반역적인 망국도배(亡國徒輩)를 철저히

183) "From Pusan(Lightner) to the Secretary of State"(June 1, 1952), 『韓國戰爭資料叢書 65』, 46쪽.
184) 『第十二回 國會定期會議速記錄』 第六十六號, 10~12쪽.
185) 『釜山日報』 1952년 6월 4일자.

단속할 것을 요구한다.

네 항목 가운데 세 개가 외세에 관한 것이다. 이승만의 행동을 정당화하기 위해 원외자유당은 반외세적인 자세를 보이기 시작했다.

2. 미 대사관의 대응과 계속되는 갈등

이러한 국내 상황 속에서 미국과 유엔은 바로 움직이기 시작했다. 5월 26일 아침, 무쵸의 부재로 대리대사를 맡게 된 라이트너와 언커크의 위원들은 몇 시간에 걸쳐 회의를 가진 뒤, 오후에 장택상 국무총리를 방문했다. 장택상은 위원단이 한국을 구해주기를 희망한다고 전했으며, 그 뒤 이승만을 방문한 이들은 이승만이 국회의원 체포는 민의를 따른 것이라고 정당화하는 것을 듣게 되었다.[186] 27일에 열린 국무회의에서도 이승만은 이 이틀 동안의 사태에 대한 책임을 부인하고 국방부 장관 탓으로 돌리려 했다.[187] 27일 오후 언커크는 밴 플리트(James A. Van Fleet) 미 8군 사령관을 부산으로 불러 상의한 다음 저녁 때 이승만을 만나게 했다. 밴 플리트는 이승만에게 외부 세계의 신뢰를 잃게 될 수도 있으며, 자신이 아는 한에서는 계엄이

---

186) "From Pusan(Lightner) to Secretary of State"(May 26, 1952), 『韓國戰爭資料叢書 64』, 317쪽.

187) "From Pusan(Lightner) to the Secretary of State"(May 27, 1952), 위의 책, 402쪽. 이는 장택상이 말한 내용이다. 이날 국무회의록에서는 이승만이 "국회 사건에 관한" '유시'를 하고 의견 교환을 했다는 사실이 확인되지만 자세한 내용은 알 수 없다. 또한 라이트너는 이날 국무회의가 오후에 개최되었다고 보고했는데, 국무회의록에는 오전 9시 반에 개최되었다고 나와 있다. 『第四十四回 國務會議錄』, 1952년 5월 27일.

필요한 상태가 아니라고 말했다. 그러자 이승만은 밴 플리트가 원한다면 기꺼이 계엄을 해제하겠다고 대답했지만, 자리를 같이 한 라이트너에게는 여전히 국회의원 체포를 정당화하기만 했다. 이에 라이트너는 비공식적인 접촉으로는 아무 효과가 없을 것이라고 국무부에 호소했다.[188] 그 호소에 대한 일단의 대응으로 나온 것이 트루먼 대통령에게 현 상황을 설명해야 한다는 내용을 담은 무쵸의 메시지였다.[189]

28일 오후에 라이트너는 이 메시지를 전달하기 위해 이승만을 방문했다. 이승만은 이에 대해서는 신중해야 하기 때문에 문서로 답변하겠다고 응했다.[190] 그날 언커크에서도 부산에서의 계엄 즉시 해제, 국회의원 석방 등의 내용을 담은 성명을 발표했다.[191] 이제 미 대통령의 이름까지 나오면서 사태가 본격적인 외교 문제로 비화될 기미를 보이자, 이승만도 어느 정도 신중해진 것이다. 이날 라이트너는 국무부에 적극적인 개입을 요청하는 전문을 보냈지만,[192] 국무부는 즉시 계엄을 해제해야 한다는 것은 인정하면서도 어떤 행동을 취하기 전에 반드시 밴 플리트와 상의하라고 지시했다.[193] 국무부는 밴 플리트와 이승만의 친밀한 관계를 알면서도 여전히 유보적인 입장을 취한 것이다. 그런데 29일에 또다시 언커크 위원들이 이

---

188) "From Pusan(Lightner) to Secretary of State"(May 27, 1952), 『韓國戰爭資料叢書 64』, 393~399쪽.

189) "To Lightner from Muccio"(May 27, 1952), 위의 책, 450~451쪽.

190) "From Pusan(Lightner) to the Secretary of State"(May 28, 1952), 위의 책, 452쪽.

191) 趙庸中, 앞의 책, 216~217쪽.

192) "The Chargé in Korea(Lightner) to the Department of State"(May 28, 1952), *FRUS 1952~1954* vol. XV Korea Part 1, Washington: United States Government Printing Office, 1984, p. 264.

193) "From Bruce to American Embassy Pusan"(May 28, 1952), 『韓國戰爭資料叢書 64』, 496쪽.

승만을 방문했을 때, 이승만은 28일에 따로 만난 밴 플리트가 계엄을 유지할 필요성을 인정했다며194) 계엄을 해제할 생각이 없음을 시사했다.195) 30일에 라이트너는 무효의 메시지에 대한 이승만의 답변을 듣게 되었다. 이승만이 '금방(shortly)' 계엄을 해제할 것이라고 하자 라이트너는 '금방'이 이틀인지 2주인지 물었는데, 이승만은 2분일 수도 있고 두 달일 수도 있다며 왜 모든 사람들이 그렇게 흥분하는지 모르겠다고 능청을 떨었다. 또 이승만은 미국과 언커크가 내정 간섭을 한다고 비난하기도 했다. 이에 라이트너는 이제 미국이 헌정과 인권을 지키기 위해 적극적으로 개입할 때가 왔다고 강하게 받아쳤다.196) 그날 라이트너는 이것은 이승만이 마음대로 하느냐 몰락하느냐의 목숨을 건 싸움이라고 하면서 국무부의 결단을 요구했다.197) 이에 국무부는 유엔군이 경찰을 장악하거나 부산에 계엄을 선포하는 것을 포함해 예상되는 구체적인 사안에 대해 밴 플리트 및 언커크와 상의할 것을 지시했다.198) 이제 국무부도 강경책을 고민하기 시작한 것이다.

이와 동시에 유엔군 사령부도 유사한 방식에 대해 검토했다. 클라크(Mark Clark) 유엔군 사령관도 라이트너와 유사하게, 현재 상황에서 취할 수 있는 행동은 허망한 희망을 가지고 이승만을 설득하거나 아니면 정권을 탈취해

---

194) 나중에 밴 플리트는 이를 부인했다. "From Pusan(Lightner) to the Secretary of State"(May 29, 1952), 『南北韓關係史料集』 17, 118~119쪽.

195) "From Pusan(Lightner) to the Secretary of State"(May 29, 1952), 『韓國戰爭資料叢書 64』, 488~489쪽.

196) "From Pusan(Lightner) to the Secretary of State"(May 30, 1952), 위의 책, 497~498쪽.

197) "The Chargé in Korea(Lightner) to the Department of State"(May 30, 1952), *FRUS 1952~1954* vol. XV Korea Part 1, pp. 268~269.

198) "The Acting Secretary of State to the Embassy in Korea"(May 30, 1952), *Ibid.*, pp. 269~270.

어떤 형태의 과도정부를 수립하는 것이라 본 것이다. 물론 클라크는 전자를 선택하는 것이 현명하다는 판단을 제시했지만,[199] 과도 정부 구상까지 나오게 된 것은 사태의 심각성을 보여주는 것이었다. 라이트너는 클라크의 제안에 찬동하면서 이승만에 대한 보호검속(protective custody)까지 포함한 강경책을 국무부에 건의했다.[200] 직후에 다시 경제 원조 중단 등 유엔군에 의한 계엄 선포와 다른 방식을 제안하기도 했지만,[201] 라이트너의 입장은 강경했다. 그러나 이승만과의 회담을 위해 6월 2일 부산을 방문한 클라크는 이승만과 만나기 전에 라이트너 및 언커크 위원들과 가진 회의에서 군의 개입에 반대하며 언커크와 대사관이 정치 차원에서 이승만을 막아줄 것을 요청했다.[202] 실제로 이승만과의 회담에서도 계엄에 관한 논의 자체가 이루어지지 않았으며, 회담 뒤에 비공식적으로 열린 언커크 회의에 클라크와 함께 참석한 밴 플리트는 우리가 공개적으로 이승만을 독재자로 낙인찍게 되면 공산주의자의 주장을 확인해주는 꼴이 된다고 이승만을 옹호했다.[203]

클라크와의 회담에 앞서 이승만은 6월 2일 아침에 국무위원들을 경무대로 불러 24시간 내에, 즉 6월 3일 오전 10시까지 대통령 직선제 개헌안을 통과시키라는 최후통첩을 국회에 보내라고 지시했다. 그러면서, 만약 통과시키지 않으면 6월 3일 정오에 국회를 해산하겠다는 협박도 잊지 않았다.[204] 이 내용은 그날 오후 6시에 신익희 국회의장을 공식적으로 방문한

199) "The Commander Chief, United Nations Command(Clark) to the Chief of Staff, United States Army(Collins)"(May 31, 1952), *Ibid.*, p. 274.

200) "From Pusan(Lightner) to the Secretary of State"(June 1, 1952), 『南北韓關係史料集』 17, 131~133쪽.

201) "From Pusan(Lightner) to the Secretary of State"(June 1, 1952), 위의 책, 134쪽.

202) "From Pusan(Lightner) to the Secretary of State"(June 3, 1952), 위의 책, 149쪽.

203) "From New York(Gross) to the Secretary of State"(June 2, 1952), 『韓國戰爭資料叢書 65』, 67~68쪽.

서상권 법무부 장관과 이윤영 무임소 장관에 의해 전달되었다.205) 그와 동시에 이승만은 담화를 발표해 누가 정권을 잡으면 미국 원조가 늘고 줄어든다는 소문이 있다고 하면서 그렇게 '외세'를 이용하려는 경향을 비판하고, "우리 한인으로는 공산당이나 그와 같은 자 이외에는 일반 남녀 동포나 정부 관리나를 막론하고 다 없으면 굶어 죽을지언정 우리의 독립 주권은 양보하지 안겠다고 작정할 줄" 믿는다며 미국의 영향력을 감소시키려 했다.206) 이에 맞추어 국회에서도 6월 3일 아침에 자유당(합동)207) 소속 의원들이 "최근 우리 국회의 동태는 민주국민당을 주동으로 하는 일부 국회의원에게 농단되어 민의를 무시하고 반정부적 행동을 고의적으로 자행하므로써 정권 쟁탈에 영일(寧日)이 없고 국회 본래 사명은 완전히 몰각(沒却)되고 있다"며, "일부 국회의원은 외세에 의존하여 조국을 팔고 일제 앞에 아부하는 합병 당시의 악례(惡例)를 추종하여 외세의 내정 간섭을 당연하다 함에 이르러서는 언어도단임을 통탄할 수밖에 없는 것"이라고 현 국회를 강하게 비난했다. 이어 대통령 직선제 개헌을 주장한 다음, 마지막으로 "우리 뜻있는 국회의원들은 일부 파당의 정쟁 도구화하며 자주독립국가를 외세에 마끼려는 국회에 그들과 같이 동석하므로서 후세에 오명을 남기는 공동 책임을 부하(負荷)하지 않기 위하여 그들이 반성회오(反省悔悟)하여 국회가 그 본래의 기능을 회복할 때까지 우리는 국회 출석을 단호 거부함"을 선언했다.208) 6월 3일 아침에는 원내 모모파 대표들이 이승만을 방문해 정부 제

204) "From Pusan(Lightner) to the Secretary of State"(June 2, 1952), 위의 책, 83쪽. 이 내용은 장택상이 미 대사관원에게 말한 것이다.

205) 『釜山日報』 1952년 6월 5일자.

206) 『東亞日報』 1952년 6월 3일자.

207) 원내자유당 합동파 52명은 5월 19일에 '자유당(합동)'으로 원내교섭단체 등록을 했다. 『第十二回 國會定期會議速記錄』 第六十一號, 4~5쪽.

출 개헌안을 대체로 채택하기로 합의를 보았다며 절충안을 제시했지만 이승만의 대답은 '이미 때가 늦었다'는 것이었다.[209] 국회에 대한 압박은 절정에 달하는 듯했다.

6월 3일 오전 9시 반에 개최된 국무회의에서 이승만은 "국회 사건은 국회가 민의에 반하고 있으니 시정하자는 데 주안목이 있는 것으로 소소한 금전 관계 정부 반대 등을 이유로 강권을 발동하자는 것은 아니다. 그리고 공산당 연루자는 의법 처벌하여야 할 것은 물론"이라는 '유시'를 내렸다.[210] 미국과 유엔이 움직이고 있음을 알기 때문에 그랬는지 변명하는 듯한 말투였다. 이 임시국무회의는 11시 반에 끝났는데, 바로 그 회의 중에 라이트너가 트루먼의 친서를 가지고 이승만을 방문했다. 원래 이 임시국무회의는 국회 해산 절차를 밟기 위해 소집된 것이었지만, 친서를 받은 이승만은 적어도 당장은 국회를 해산하지 않겠다고 언명했다.[211] 친서의 내용은 지금 상황에 대한 우려를 표시하면서 무쵸가 부산으로 돌아가기 전까지 돌이킬 수 없는 일을 하지 않기를 희망한다는 지극히 온건한 것이었으나[212] 대통령이 직접 메시지를 보낸 효과는 컸다.

그런데 그 국무회의가 끝나자마자 장택상을 방문한 미 대사관원은 그의 입을 통해 그날 국무회의에 대해 듣게 되었다. 이승만은 처음에는 국회 해산을 주장했지만, 회의 도중에 라이트너를 만나기 위해 잠깐 나갔다 오더니 대통령 친서는 보여주지도 않은 채 국무위원들에게 국회 해산을 대신할

---

208) 『釜山日報』 1952년 6월 5일자; 『民意의 勝利』, 23~25쪽.

209) 『釜山日報』 1952년 6월 5일자.

210) 『第 回 臨時國務會議錄』, 1952년 6월 3일. 회차는 원문에서 비어 있다.

211) "From Pusan(Lightner) to the Secretary of State"(June 3, 1952), 『韓國戰爭資料叢書 65』, 108쪽.

212) "From Acheson to American Embassy Pusan"(June 2, 1952), 위의 책, 85쪽.

수 있는 다른 아이디어를 물었다. 이에 이범석이 모든 국회의원을 체포해서 감옥에 처넣자고 제안했지만 장택상의 비웃음을 샀을 뿐이었다. 대신 장택상이 꺼내놓은 것이 두 개헌안을 절충한 새로운 개헌안을 기초하는 것이었다.213) 소위 '발췌 개헌안'은 이렇게 등장하게 되었으며, 이는 미국에서도 환영을 받았다. 애치슨 국무부 장관은 트루먼 대통령의 승인을 받은 전문에서, 한국에는 지도자가 필요하며 그 역할에는 적당하게 통제되고 더 누그러진 이승만이 가장 적합하기에 이승만이 대통령으로 있는 것이 미국과 유엔의 이익에 맞는다면서 장택상이 제시한 절충안을 평가하고 그 선에서 타협을 이루도록 지시했다.214) 부산정치파동의 결말은 이때 준비된 것이었다.

이승만은 6월 4일에 국회 해산에 대해 "아직 해산령을 정지하고 국회에서 순리로 조정되기를 바라는 뜻으로 몇일 지연"시킨다는 담화를 발표했다.215) 또 공산당 사건에 직접 관련되지 않는 한 국회의원을 체포하지 말라는 지시를 내무부 장관과 영남지구 계엄사령관에게 내렸다고 공보처를 통해 밝혔다.216) 이에 6월 3일과 4일 연속으로 성원 미달로 유회된 국회가 5일에 겨우 재개되었으며,217) 6일에는 이 사태의 진상을 밝히기 위해 민국당의 정순조 의원 외 20명이 국무총리, 내무부 장관, 국방부 장관의 출석을 요청하는 긴급동의안을 제출해 70:0으로 가결되었다.218) 그러나 국무총리는 무쵸의 도착에 맞추어 공항으로 나가버린 상태였으며, 내무부 장관은 자리에 없었고 국방부 장관도 신병을 칭하여 아무도 국회에 나오지 않았

---

213) "From Pusan(Lightner) to the Secretary of State"(June 3, 1952), 위의 책, 116~117쪽.
214) "From Acheson to American Embassy Seoul"(June 4, 1952), 위의 책, 178~182쪽.
215) 『東亞日報』 1952년 6월 5일자.
216) 『東亞日報』 1952년 6월 5일자.
217) 『第十二回 國會定期會議速記錄』 第七十一號.
218) 『第十二回 國會定期會議速記錄』 第七十二號, 2쪽.

다.219) 국회에서 긴급동의안이 제출되었을 때 국무총리 주재로 국무회의도 열리고 있는 중이었는데,220) 그날 국무회의에는 치안 담당자인 내무·국방 양 장관이 출석하지 않았다. 그 자리에서 장택상은 국회의원 사건을 처리하는 최고 기관이 국방부인지 내무부인지 불분명해서 곤란하다면서, "대통령께서는 공산당 관계 의원만 제외하고 기타 의원은 석방하라고 하셨는데 국회의원 삼십여 명을 체포한다고 유포하고 또 미행을 부치는 형편인데 이와 가치 하여서는 국무총리로서 책임지고 대통령을 보필하기 곤란한 입장"임을 밝혔다. 또 "서민호 의원 사건 조사의원도 대통령께서는 석방하라고 하시는데 실시 안 되고 있다. 이와 같은 처지하에서는 대통령을 위하야 국회 공작을 진행시키기 곤란한 형편"이라며 불만을 토로했다.221) 장택상이 사태 해결을 위해 적극적으로 움직인 데는 이유가 있었다. 그는 이미 자신의 지지 세력을 규합해 원내에 새로이 '신라회'라는 친목단체를 구성해서222) 정국을 주도하려 하는 중이었는데, 이때 국회에서도 내각책임제 개헌을 전제로 대통령에 이시영, 부통령에 장면, 그리고 국무총리에 장택상을 선출할 것을 계획하고 있었다.223) 즉, 장택상은 국회 측에서 행정수반의 지위를 약속받고 움직였던 것이다.

하지만 장택상의 노력에도 불구하고 국회 운영은 순조롭지 않았다. 6월 6일부터 내무부 치안국 수사정보과에서 불구속이긴 하지만 원내자유당, 민

---

219) 위의 책, 5쪽.
220) 6월 6일 국회는 오전 10시에 개회했으며 국무회의는 오전 9시 반에 개회했다가 12시 반에 산회했다.
221) 『第四十七回 國務會議錄』, 1952년 6월 6일.
222) 『東亞日報』 1952년 5월 23일자.
223) "From Pusan(Lightner) to the Secretary of State"(June 5, 1952), 『南北韓關係史料集』 17, 167쪽. 이는 김동성 국회부의장이 언커크의 플림솔에게 말한 내용이다.

국당, 무소속의 국회의원 15명을 뇌수 혐의로 소환한 것이다.[224) 또다시 뒤숭숭해진 분위기 속에서 국회는 9일, 10일 연속으로 유회되었다. 신라회 는 발췌 개헌안을 마련해 절충을 시도하고 있었지만,[225) 이승만은 6월 8일 에 담화를 발표해 차기 대통령은 국회에서 뽑아도 된다는 조건으로 정부 개헌안을 통과시킬 것을 국회에 요구했다.[226) 이승만은 6월 9일 아침 자신 을 방문한 언커크 위원들 앞에서도 정부 개헌안을 고집하는 모습을 보였 다.[227) 이승만은 여전히 개헌안의 내용에 대해 타협할 생각이 없었던 것이 다. 6월 9일에는 충무로광장에서 백여 명이 모인 가운데 '민중자결선포 전 국대표자대회'가 열려 '민의를 배반한 국회는 해산하라'는 내용의 결의를 했으며,[228) 원외자유당 중앙상무집행위원회, 원외자유당 중앙정치위원회, 대한노총 최고위원, 대한농총도 국회를 즉시 해산하고 총선거를 단행하지 않는 데 대해 대통령에게 항의했다.[229)

국회에서는 전혀 진전이 없었지만 대통령 직선제 개헌 준비는 착착 진행 되었다. 6월 10일에 국무총리가 출석하지 않은 채 열린 국무회의에서 이승 만은 "헌법 개정 조문(條文)에는 중대 문제에는 민의를 청취하는 조문을 삽입하여야 될 것"이라고 개헌안에 국민투표 제도를 넣도록 지시했다. 또 대통령부통령선거법안을 의결해 정세를 봐서 국회에 제출하기로 했다. 법 무부의 지적을 받아 삭제되기는 했지만 이 법안의 원안에는 '무투표 당선

---

224) 『釜山日報』 1952년 6월 8일자.
225) 『釜山日報』 1952년 6월 9일자.
226) 『東亞日報』 1952년 6월 10일자.
227) "REPORT OF MEETING HELD ON JUNE 9, 1952, BETWEEN PRESIDENT SYNGMAN RHEE AND THE U. N. C. U. R. K., at KYUNGMUDAI, PUSAN", 『大韓民國史資料集』 31, 137쪽.
228) 『東亞日報』 1952년 6월 10일자.
229) 『釜山日報』 1952년 6월 10일자.

제'가 포함되어 있었다. 즉, 이승만이 5·10 선거 때 무투표 당선된 것처럼 대항 후보 없이 선거를 치르려고 한 것이다.[230]

국내외에서 수많은 비난을 받으면서도 이승만이 국회에 대한 압력을 완화시키지 않은 것은 무엇보다도 시간이 촉박했기 때문이었다. 내각책임제 개헌안의 공고 기간은 6월 7일에 이미 만료되었으며, 정부안 역시 6월 14일에 만료되기 때문에 개헌 문제는 이제 곧 해결해야 할 상황이었다. 또 대통령 임기도 7월 19일, 또는 23일에 만료되기 때문에[231] 그 30일 전인 6월 19일이나 23일까지 선거를 해야 했다. 즉, 6월 중순이 최대 고비였던 것이다.

그렇기 때문에 국회에 대한 압박은 계속되었다. 6월 11일에는 시내의 동아극장에서 '현 국회 해산 선포 전국 지방의회 대표자대회'가 1,322명의 각지 대표들이 참석한 가운데 개최되었다.[232] 이승만이 6월 3일의 임시국무회의에서 이범석에게 국회 해산을 요구하며 부산으로 들어오는 사람들을 막지 말라고 지시했기 때문에,[233] 이들은 계엄지구에서도 마음대로 집회를 열 수 있었다. 전남도의원이자 족청계인 홍익선의 개회 선언으로 시작된 대회는 전남도의회 의장인 김창선의 개회사에 이어 김창선, 충남도의회 부의장 나희집(羅熙集), 전북도의회 의장 임종엽(林鍾燁)을 의장단으로 선출했다.[234] 이들은 국회 해산 및 총선거 실시를 호소하는 결의문과 더불어 무효

---

230) 『第四十八回 國務會議錄』, 1952년 6월 10일.

231) 정부 측 개헌안은 대통령 임기가 7월 23일에 만료된다고 명기했다.

232) 『釜山日報』 1952년 6월 13일자.

233) "From Pusan(Lightner) to the Secretary of State"(June 3, 1952), 『韓國戰爭資料叢書 65』, 116쪽.

234) 『民意의 勝利』, 28쪽. 임종엽은 족청 전주시단부 단장을 지내기도 했다. 建國靑年運動協議會, 앞의 책, 1128쪽.

에게 보내는 메시지도 채택했다. 그 메시지는 "이미 결정적으로 표시된 대한민국 국민의 전체 의사가 외부로부터 부당하게 간섭을 받는 때에는 예측을 불허하는 중대한 사태가 올 것이며 따라서 대한민국 내에 있어서의 국제연합의 전쟁 노력에 필시 큰 지장이 생길 것"이라는, 거의 협박에 가까운 내용을 담고 있었다.235) 마지막으로 이들은 대회 목적을 관철시키기 위해 '민의관철 전국 지방의원 대표자 투쟁위원회'를 구성했다. 총대표는 김창선이, 부대표는 최창희(崔昌熙)가 맡았으며 총무위원 수석위원은 김창선, 기획위원 수석위원은 남상기, 선전위원 수석위원은 홍익선, 섭외위원 수석위원은 권복인(權福仁)이 각각 맡았다.236) 최창희는 전남도의회 의원으로 원외자유당 나주군당 위원장이었으며237) 나중에 족청계로 지목된 사람이다.238) 권복인 역시 원외자유당원으로,239) 다른 이들과 마찬가지로 나중에는 족청계로 지목되었다.240) 또 13일에 이들이 개최한 '민의관철강연대회'에서는 김창선, 충북도의원 이석규(李錫圭), 전북도의원 홍민(洪民)이 강연을 했다. 이석규와 홍민은 나중에 족청계로 지목되었으며,241) 홍민은 실제로 족청 논산군단부 선전부장을 지낸 사람이었다.242)

대회를 마친 다음 이들은 국회의사당 앞까지 행진해 갔다가, 국회의원들이 면담 요청을 거부하자 국회 앞에서 '반역의원 성토대회'를 열었다. 그 자리에 나온 이범석 내무부 장관은 "국민의 애국적인 힘찬 소리는 극소수

---

235) 『民意의 勝利』, 36쪽.
236) 위의 책, 40쪽.
237) 王在一, 앞의 책, 道議會 8쪽.
238) 『査察要覽 左翼, 中間, 第三勢力, 其他』, 62쪽.
239) 忠北地方議會史編纂委員會 編, 『忠北地方議會史』, 忠北文化社, 1955, 59쪽.
240) 『査察要覽 左翼, 中間, 第三勢力, 其他』, 63쪽.
241) 위의 책, 63쪽.
242) 建國靑年運動協議會, 앞의 책, 1127쪽.

의 간악한 도배들의 혀 꼬부라진 영어 몇 마디로 해를 입어 전 세계에서 우리 한국을 도웁고 있는 우방 각국의 언론 기관에서까지 우리를 곡해하는 보도를 하고 있다는 사실을 볼 때 참으로 한심한 일이다. 우리는 이들 극소 수의 못된 자들에게 상당히 오랜 기간을 유린당하여왔다. 그러나 정의는 꼭 필승할 것을 나는 마음 놓고 단언할 수 있다"고 말했다. 치안 담당자의 말이라고는 믿기 어려운 발언이었다.[243]

내무부가 지원하는 것이나 다름없는 집회는 다음 날에도 이어졌다. 6월 12일에는 충무로광장에서 '반민의 국회 해산 국민총궐기대회'가 열렸는데, 신문에 게재된 광고를 보면 이 집회의 구호는 다음과 같았다.[244]

> 민의를 거역한 국회는 자진 해산하라!
> 정부는 민의대로 총선거 조치를 취하라!
> 모이자! 외치자!
> 우리 의사의 관철을 위하여!
> 처단하자! 외세 아부 도배를!
> 방지하자! 부당한 내정 간섭을!

'내정 간섭'을 배격하는 '반외세적' 자세가 여기에도 강하게 나타나 있다. 과거 '반탁'을 외쳤을 때와 유사한 형태로 민족주의적인 정서를 이용하려 고 한 것이다.

이날 집회에 대해 미 대사관은 "최대의 대중 집회"라며 참가 인원이 대략 8,000명 정도라고 보고했다. 그 가운데 1,300명이 지방 대표들이고 나머지

---

243) 『民意의 勝利』, 41~43쪽.
244) 『釜山日報』 1952년 6월 12일자.

는 조방 여공들, 중학생들, 대한청년단, 그리고 동장에 의해 소집된 다양한 사람들이었다. 구호들은 선동적이고 연설은 통렬했지만, 집회에 참여한 군중들은 완전히 수동적인 모습이었다.[245] '관제 민의'의 한계는 너무나 분명했다.

연일 이런 공격을 받으면서도 6월 11일에는 며칠 만에 국회가 재개되었다. 민국당 정순조 의원이 제기한 '호헌 경고에 관한 결의안'이 89:0으로 가결되었지만[246] 아무 효과도 없었다. 또한 이날 국회에서는 대통령 임기가 언제 만료되느냐에 대한 논의도 이루어졌다. 국회에서 대통령을 선출한 날(7월 20일)을 기준으로 할 것인지, 취임 선서를 한 날(7월 24일)로 할 것인지, 그것도 아니면 정부 수립을 선포한 날(8월 15일)로 보아야 하는지 의견이 분분했다. 하지만 민국당의 소선규 의원이 지적한 것처럼, 만약 8월 15일로 본다면 국무위원 임명 등 8월 15일 이전에 대통령이 수행한 국무 행위는 어떻게 되느냐는 문제가 생기기 때문에, 8월 15일 설은 헌법적 차원에서는 논외의 주장이었다.[247] 이 논의는 6월 12일에도 이어졌다. 조봉암의원 등이 8월 15일 설이 성립되지 못함을 강력히 주장하며 표결하려고하자 몇 명의 의원이 퇴장해 성원 미달로 표결이 이루어지지 않았다.[248] 13일에도 표결에 들어가려 하자 신라회의 의원 3명이 퇴장해 유회되고 말았다.[249]

국회의 기능 자체가 마비된 이런 상황은 6월 16일에 자유당(합동) 소속

---

245) "From Pusan(Muccio) to the Secretary of State"(June 13, 1952), 『韓國戰爭資料叢書 65』, 610쪽.
246) 『第十二回 國會定期會議速記錄』 第七十四號, 1~2쪽.
247) 『第十二回 國會定期會議速記錄』 第七十四號, 5~6쪽.
248) 『第十二回 國會定期會議速記錄』 第七十五號, 3~9쪽.
249) 『第十二回 國會定期會議速記錄』 第七十六號, 1~2쪽.

의원들이 출석을 통고함으로써 일단 해소되었다.[250] 다시 출석을 하면서 자유당(합동)에는 2명의 의원이 가입해 이제 54석을 확보하게 되었는데, 이들이 출석하게 된 이유는 임기 문제를 유리하게 해결하기 위한 것이었다. 그날 이재형 의원은 대통령 임기를 7월 23일로 한다는 내용은 대통령 직선제 개헌안에 명기된 내용이기 때문에 그 개헌안 표결로 결정되어야 한다며 보류할 것을 동의해 출석 134명 가운데 71:0으로 가결되었다.[251] 이승만은 6월 17일 국무회의에서 "국회 사건은 누차 공표한 바와 같이 민의에 의한 직선제와 양원제에 본 목적이 있으며 음모 사건 등은 별개 문제인 바 타개책 등에 관하여 잘 논의하여보기 바란다"라는 '유시'를 내려[252] 개헌이 최우선이라는 입장을 분명히 했다. 자유당(합동) 의원들의 출석은 이러한 이승만의 의사에 의한 것이었을 터이다. 이제 문제는 개헌이었다. 이미 6월 12일에 신라회와 자유당(합동) 사이에서 발췌 개헌안 기초는 완료된 상태였는데,[253] 이에 대해 6월 17일에는 국회에서 비공식적으로 열린 간담회에서 신익희 국회의장이 찬성의 뜻을 표시했다고 전해졌다.[254] 이어 6월 18일에는 민국당 및 무소속 의원들을 송도로 초대해 개별적으로 발췌 개헌안에 대한 서명 공작을 추진했지만, 오히려 내각책임제 개헌을 추진해야 하는 게 아니냐는 반문을 받는 등 잘 진행되지 않았다.[255]

'민의'에 의한 압박은 갈수록 심해졌지만, 그래도 저항이 사라지지는 않았다. 6월 20일에는 민국당 간부들을 비롯해 이시영, 김창숙 등 독립운동

250) 『第十二回 國會定期會議速記錄』 第七十八號, 1쪽.
251) 위의 책, 6쪽.
252) 『第五十回 國務會議錄』, 1952년 6월 17일.
253) 『東亞日報』 1952년 6월 13일자.
254) 『釜山日報』 1952년 6월 19일자.
255) 『東亞日報』 1952년 6월 20일자.

원로들, 원내자유당, 조선민주당, 대한노총 등에서 40명 내외의 인사가 참여한 '반독재호헌구국선언대회'가 부산 시내 국제구락부에서 열렸다.[256] 그러나 시작하자마자 청년들이 난입해 대회는 무산되었으며 김창숙, 조병옥 등이 부상까지 입게 되었다. 이 청년들은 백골단에서 보낸 이들이었다.[257] 이에 민국당의 입장은 더욱 강경해져, 바로 그날 "국회가 자유 분위기를 확보할 때까지" 개헌안 심의에 응하지 않겠다고 통고하기에 이르렀다.[258] 극한 대립으로 치닫는 가운데 대통령 임기 만료는 다가왔다. 두 개헌안이 상정된 6월 20일 국회에서 자유당(합동)은 8월 14일에 임기가 완료된다는 법안을 제출할 계획이었지만, 무슨 까닭인지 동의(動議)되지 않은 채 그날은 산회하고 말았다.[259]

원래 정부의 공식 입장에서도 대통령을 선출해야 할 6월 23일, 국회에서는 신라회의 서이환 의원이 동의한 8월 14일안이 재석 98명 가운데 83:2로 가결되었다. 바로 이어서 자유당(합동)의 조주영 의원 외 35명이, 차기 대통령이 취임할 때까지 현직 대통령이 집무한다는 결의안을 제출했다. 이 내용에 대해 조봉암 부의장은 겨우 과반수밖에 되지 않는 지금 국회에서 대통령의 임기를 연장하는 결의를 할 수 없고, 한다고 해도 법적인 효과가 없다고 지적했다. 그러자 8월 14일안을 주장해 실질적으로 대통령 임기를 연장시킨 서이환 의원도 바로 대통령 임기 연장에 반대하고 나섰다. 이에 자유당(합동)의 양우정 의원은 "이것을 반대하는 사람은 이 나라의 대통령이 궐위(闕位)되어가지고 무정부 상태로 들어가도 좋다는 사람들"이라고 원색적인

---

256) "From Pusan(Muccio) to the Secretary of State"(June 20, 1952), 『韓國戰爭資料叢書 65』, 732~737쪽. 호헌구국선언 서명자 명단도 이 전문에 첨부되어 있다.
257) 『臨時首都千日』, 301~303쪽.
258) 『第十二回 國會定期會議速記錄』 第八十三號, 1쪽.
259) 『東亞日報』 1952년 6월 22일자.

비난을 퍼부었다. 또 '정부와 국회의 원만한 관계를 위해 체포된 국회의원들이 석방되어야 한다'는 서이환 의원의 말에 대해서도, 이곳은 반공 국회이며 반공 국회에 공산당 의원을 갖다 앉혀놓을 수 있느냐고 공격했다. 자유당(합동) 의원들뿐만 아니라 장택상 의원까지 이 결의안을 찬성하고 나선 결과, 재석 96명 가운데 61:0으로 이 결의안이 가결되고 말았다.[260] 이제 국회의 권능은 거의 다 박탈되고 만 셈이었다.

하지만 민국당과 원내자유당 일부 의원들의 불참으로 인해 개헌안은 표결할 수 없는 상태였다. 이에 자유당(합동)은 출석하지 않는 의원들에게 28일까지 개헌안을 통과시키지 못할 경우 국회 해산 결의를 단행하겠다는 최후 통첩을 보냈다.[261] 이 결의 자체는 신라회도 반대했기 때문에 실행되지 않았지만, 민국당에 대한 공세는 다른 식으로 진행되었다. 6월 25일에 부산 충무로광장에서 열린 '6·25 2주년 기념식'에서 '대통령 암살 미수 사건'이 일어나 그 배후 인물로 전 민국당 소속 국회의원 김시현을 비롯해 서상일, 백남훈 등 민국당 간부들이 지목된 것이다. 그런데 이 암살 시도는 권총 불발로 미수에 그친 사건으로, 7월 3일에 이범석 내무부 장관이 스스로 설명한 것처럼 그 권총은 불발될 수밖에 없는 것이었다.[262] 무엇보다도 공판 과정에서 드러났듯이 사건 3일 전인 6월 22일에 김시현이 치안국의 호출을 받아 이미 저격 계획에 대해 알고 있는 윤우경 치안국장과 이야기를 나눈 사실[263] 자체가 이 사건이 정부가 꾸민 것임을 말해주고 있다.[264]

---

260) 『第十二回 國會定期會議速記錄』 第八十四號, 1~13쪽.

261) 『釜山日報』 1952년 6월 27일자.

262) 『釜山日報』 1952년 7월 5일자.

263) 『釜山日報』 1952년 8월 24일자.

264) 당시 김시현의 변호를 맡은 변호사 역시 이 사건이 조작된 것임을 확신했으며, 기타 증언들도 이를 뒷받침하고 있다. 『臨時首都千日』, 314~319쪽.

누가 보더라도 연극에 지나지 않은 저격 사건이었지만 그 효과는 적지 않았다. 6월 26일에는 유홍 의원, 27일에는 서상덕, 조병문 의원이 민국당을 탈퇴했으며,[265] 28일에는 민국당 최고의원인 이청천 의원까지 탈당을 성명하기에 이르렀다.[266] 6월 30일에 열린 국회 폐회식에 보낸 치사(致辭)에서 이승만은 대통령 직선제 및 양원제 개헌안을 국회가 통과시키지 않으면 불일 내로 국회를 해산하겠다고 협박했는데,[267] 이제 국회에는 그와 맞설 힘이 없었다.

7월 1일 바로 소집된 임시국회에는 민국당과 무소속 의원들도 나와 110명 이상이 출석했으며 발췌 개헌안에 서명한 의원은 125명에 이른다고 전해졌다.[268] 이제 발췌 개헌안 통과는 거의 확실시되는 상황이었지만, 확인 사살이라도 하듯이 그날 서민호 의원에게 사형이 언도되었다.[269] 이런 공포 분위기 속에서 임시국회가 개회되었다. 개헌안을 표결하기 위해서는 국회의원 2/3 이상의 출석을 확보할 필요가 있었지만, 7월 2일에는 성원 미달로 본회의 자체가 유회되고 말았다. 이에 그날 출석한 의원들은 그대로 의사당에서 밤을 샜으며, 5월 말에 구속되었다가 석방된 10명의 의원들, 경찰의 '안내'를 받으며 출석한 의원들, 자진 출석한 의원들을 포함해 7월 3일에는 출석 의원이 125명에 이르렀다. 그때 국회의사당은 경찰에 의해 엄중히 포위되어 있었으며 일단 안으로 들어간 국회의원들은 자유당(합동)의 남송학 의원이 발행한 출입 허가증 없이는 자유로이 출입할 수도 없는 상태였다.[270] 그날 밤에도 80여 명의 의원들이 상공부가 제공한 음료수를 마시면

---

265) 『第十二回 國會定期會議速記錄』 第八十六號, 1쪽.
266) 『釜山日報』 1952년 6월 30일자.
267) 『第十二回 國會定期會議速記錄』, 閉會式 43쪽.
268) 『釜山日報』 1952년 7월 3일자.
269) 『釜山日報』 1952년 7월 3일자.

서 미 공보원에서 제공한 영화를 함께 감상하며 의사당에서 지냈으며,[271]
삼엄한 경비 속에서 개회된 7월 4일 임시국회 본회의에서 발췌 개헌안은
재석 166명 가운데 163:0으로 심의다운 심의도 없이 1시간 반 만에 가결되
고 말았다.[272]

3. 미 본국의 고심과 이범석의 부각

부산정치파동의 발생과 더불어 이범석은 미국 측에서 크게 주목받기 시
작했다. 물론 그해 2월에도 이승만의 후계자 후보 가운데 한 사람으로 거론
되기는 했지만,[273] 5월 27일 국무부 동북아실(Office of Northeast Asian
Affairs)에 제출된 보고서는 군과 경찰을 장악한 주체로 이승만 외에 이범석,
윤치영, 임영신을 거론하면서 이-윤-임파(Yi-Yun-Im clique)를 문제 삼았으
며, 이러한 교착 상태가 계속되면 체제 속에서 이범석의 힘이 확고해질 가
능성이 높아진다고 보았다.[274] 제4부에서 보았듯이 1950년에 국회에서 신
성모와 조병옥에 대한 파면 요구가 나왔을 때, 무쵸는 그 배경에 이범석,
윤치영, 임영신, 김석원이 있다고 보았다. 이범석과 윤치영, 임영신을 한
무리로 보는 견해는 아마도 당시 워싱턴에 있던 무쵸의 영향으로 형성되었

---

270) 『東亞日報』 1952년 7월 4일자.
271) 『東亞日報』 1952년 7월 5일자. 이때 국회의원들의 합숙 비용으로 정부 예비비에서
    7,000만 원이 지출되었다. 『第五十九回 國務會議錄』, 1952년 7월 15일.
272) 『第十三回 國會臨時會議速記錄』 第二號, 國會事務處, 1952, 1~15쪽.
273) "From Pusan(Muccio) to the Secretary of State"(February 14, 1952), 『南北韓關係史料集』
    17, 45~46쪽.
274) "From Coolidge to Emmons: Factors Involved in the Militant Action of the ROK
    Administration"(May 27, 1952), 『南北韓關係史料集』 17, 104~107쪽.

을 것이다. 또한 무쵸는 이승만을 만나겠다는 클라크에게 그 자리에 국무총리, 내무부 장관, 국방부 장관 등을 출석시켜 미국의 입장을 확고히 보여주어야 한다면서 특히 이범석에게 그래야 한다고 강조했다.[275] 무쵸가 이승만과의 직접적인 대립을 피하려는 자세를 보인 배경에는 국회에 대한 불신이 있었다. 무쵸는 내각책임제 개헌은 이승만의 힘을 약화시킬 수는 있지만, 정치적으로 성숙하지 못한 한국에서는 오히려 혼란을 초래할 것으로 보았기 때문에[276] 라이트너처럼 이승만에 맞서기 위해 국회를 지원하면 된다고 생각하지 않았던 것이다.

이승만보다 그 주변에서 범인을 찾으려는 경향은 계속 나타났다. 6월 2일자로 국무부 극동아시아과(Bureau of Far Eastern Affairs)가 국무부 장관에게 제출한 보고서에서는 이승만이 완전히 "광신적이고 부도덕하며 이기적인 이승만 추종자들"의 영향 아래 있다는 견해가 제시되었다.[277] 구체적인 인명이 거론되지는 않았지만, 앞서 본 문서를 작성한 동북아실은 극동아시아과 아래 있었기 때문에 그 연장선상에서 논의된 것으로 보아야 할 것이다. 6월 3일에 동북아실의 영(Kenneth T. Young) 실장이 호주, 캐나다, 뉴질랜드 대사관원들과 가진 회의에서도 이승만의 정치적 위치와 이범석을 비롯한 그의 추종자들의 성격을 분석할 필요성이 제기되었다.[278] 이런 견해는

---

275) "From Secretary of State to American Embassy Pusan"(May 31, 1952), 『韓國戰爭資料叢書 64』, 553쪽.

276) "From Pusan(Muccio) to the Secretary of State"(February 14, 1952), 『南北韓關係史料集』 17, 49쪽.

277) "From Jonson to the Secretary of State"(June 2, 1952), 『韓國戰爭資料叢書 5 美 國務部 政策企劃室 文書 COUNTRY & AREA FILES, KOREA II(1952~1954)』, 國防軍史研究所, 1997, 28쪽.

278) "Memorandum: Korean Internal Situation"(June 3, 1952), 『南北韓關係史料集』 17, 155쪽.

한국 내부에서도 나오기 시작했다. 6월 1일에 라이트너를 만난 해군총참모장 손원일이 이번 사태의 주도자는 이범석이며, 영남지구 계엄사령관 원용덕은 이승만이 아닌 이범석의 명령으로 움직이고 있다고 전한 것이다.[279] 이런 제보에 이어 장택상을 통해 전해진 이범석의 국무회의에서의 발언은 이범석이라는 존재를 크게 부각시키게 되었으며, 언커크 회의에서도 이범석의 발언이 소개되었다.[280] 라이트너는 6월 5일에 국무부 동북아실의 영 실장에게 장문의 편지를 보내, 위험한 것은 이승만 본인뿐만 아니라 "그를 둘러싸고 부추기며 그의 명령을 수행하는 소집단, 특히 이범석"이라고 지적했다.[281] 무쵸 역시 장택상을 통해 이승만의 태도가 완화되지 못하도록 막고 있는 것이 이범석의 사악한 영향력이라는 말을 듣게 되었다.[282] 6월 12일, 이승만이 국방부 장관을 경질하고 이범석이나 양우정을 그 자리에 임명할 생각을 하고 있다는 정보를 접한[283] 뒤 이승만을 만난 무쵸는, 너무나 비이성적인 그의 모습을 보고 '이범석 그룹'이 거의 완전히 이승만을 장악했다는 강한 인상을 받았으며, 그들의 시도를 좌절시키는 것이 가장 긴급한 문제라고 생각하게 되었다.[284] 무쵸는 예전부터 이범석에 대해 "상

---

279) "From Pusan(Lightner) to the Secretary of State"(June 2, 1952),『南北韓關係史料集』 17, 147쪽. 이와 유사한 내용이 5월 말에도 익명의 장교에 의해 대사관으로 전달되었는데, 아마 이 장교도 손원일이었을 것이다. "From Pusan(Lightner) to the Secretary of State"(May 31, 1952),『南北韓關係史料集』17, 130쪽.

280) "From New York(Gross) to the Secretary of State"(June 3, 1952),『韓國戰爭資料叢書 65』, 122쪽.

281) "From Lightner to Young"(June 5, 1952),『南北韓關係史料集』17, 171쪽.

282) "From Pusan(Muccio) to the Secretary of State"(June 7, 1952),『韓國戰爭資料叢書 65』, 303쪽.

283) "From Pusan(Muccio) to the Secretary of State"(June 12, 1952),『韓國戰爭資料叢書 65』, 554쪽.

284) "From Pusan(Muccio) to the Secretary of State"(June 12, 1952),『韓國戰爭資料叢書

상력이라곤 하나도 없고 그저 그런 지성을 갖춘 사람"이면서도 "큰 야망과 고릴라급의 육체적 생명력"을 지녔다고 혹평해왔다. 또 "반미는 아니지만 민주적인 사고나 제도를 이해하지 못한다"고 미국과의 협조가 어려운 인물임을 지적하기도 했다.285) 이런 인식과 여러 정보들이 결합되면서, 부산정치파동의 주모자는 이범석이라는 인식이 형성되었다. 특히 6월 중순에는 국무부 내부에서도 이승만의 멈출 줄 모르는 행동으로 인해 유엔군으로 참전한 국가들이나 미국인들 사이에서 그 희생에 대한 회의가 생길 수 있으며, 또 공산주의자들에게 미국과 자유 세계 일반을 공격할 수 있는 재료를 제공하게 된다는 우려의 목소리가 높아졌다.286) 어떤 대책이 마련되어야 할 상황이었다.

이에 6월 13일에 국무부 동북아실장 영이 미국의 개입 여부에 관한 장문의 비망록을 제출했다. 그 글에서 영은 미국이 개입하지 않을 경우 이범석 등이 권력의 핵심을 장악하게 될 것이며 그럴 경우 이승만도 그들을 쫓아내지 못할 것이라고 예상했다. 영 실장은 만약 미국이 개입할 경우 그 정책 목표는 이승만의 지위를 제한하는 것과 이범석-임영신-윤치영 3인조를 제거하는 것이어야 한다고 하면서, 이범석과 원용덕을 내보내는 등 몇 가지 조건이 충족된다면 미국은 이승만을 지원해야 한다고 주장했다.287) 이제

65』, 555~556쪽.

285) "From Pusan(Muccio) to the Secretary of State"(February 14, 1952), 『南北韓關係史料集』 17, 45쪽. 무쵸가 보인 이범석에 대한 개인적 평가는 1950년에 CIA에 의해 보고된 이범석 평가의 표현을 약간 더 심하게 한 것이다. CIA, "National Intelligence Survey, Korea" cited from Bruce Cumings, *Korea's Place in the Sun: a Modern History*, New York: W. W. Norton & Company, 1997, p. 207.

286) "Memorandum: Continuing Political Crisis in Korea"(June 13, 1952), 『韓國戰爭資料叢書 65』, 600~602쪽.

287) "Memorandum: General Approach and Possibile Active Steps to meet the Korean Internal

원칙론이 아닌 수준에서 사태 수습을 위한 움직임이 본격화된 것이다. 무쵸 역시 이승만의 건강 악화 등으로 사태가 급변해 이범석이 권력을 탈취할 가능성이 있다고 클라크 유엔군 사령관에게 경고했다.[288] 영도 16일에 제출된 비망록에서 이범석이 한국군 장악을 시도할 경우 개입해야 한다고 주장했으며,[289] 20일자 비망록에서는 이승만과 이범석 등을 이간시킬 가능성을 검토할 필요성을 제기했다.[290]

영이 이승만과 이범석을 이간시킬 가능성에 대해 언급한 것은 근거가 있었다. 6월 18일에 무쵸와 만난 자리에서 이승만은, 안호상의 반미 연설에 대해 알려준 것을 고마워하면서 안호상과 이범석이 상당히 문제가 되어가고 있다고 말한 것이다.[291] 그것을 뒷받침하듯이 6월 19일 아침에는 이기붕이 미 대사관원에게 한국군을 동원해 유엔이 부산에 계엄을 선포해야 한다고 하면서 이범석, 윤치영, 임영신, 백성욱 등이 완전히 권력을 장악하려 하고 있으며, 이범석의 가공할 힘이 유엔이나 한국이 시정할 수 없을 만큼 강력해질 수 있다고 이야기했다.[292]

이범석을 문제의 근원으로 보는 이런 견해는 미국과 영국의 협의를 통해 더 확고해졌다. 영국의 알렉산더(William Alexander) 국방부 장관과 로이드

Political Crisis"(June 13, 1952), 『南北韓關係史料集』 17, 191~199쪽.

288) "From Pusan(Muccio) to the Secretary of State"(June 15, 1952), 『韓國戰爭資料叢書 65』, 643쪽.

289) "Memorandum: Korean Internal Political Situation"(June 16, 1952), 『南北韓關係史料集』 17, 208쪽.

290) "Memorandum: Korean Internal Situation"(June 20, 1952), 위의 책, 216쪽.

291) "From Pusan(Muccio) to the Secretary of State"(June 19, 1952), 『韓國戰爭資料叢書 65』, 713쪽.

292) "From Pusan(Muccio) to the Secretary of State"(June 19, 1952), 『韓國戰爭資料叢書 65』, 707쪽.

(Selwyn Lloyd) 외무부 장관은 한국을 방문해 이승만과 회담을 가진 다음 미국으로 건너가 6월 23일 오전에 미 국무부와 협의를 했다. 그 자리에서 영미 양국은 한국에는 이승만을 대신할 만한 사람이 없다는 점에 의견 일치를 보았으며, 그 대안으로 미 국무부 극동담당차관보(Assistant Secretary of State for Far Eastern Affairs) 앨리슨(John M. Allison)이 제안한 것이 이승만의 주변 인물을 제거하는 것이었다.[293] 이 제안이 앨리슨에 의해 제기된 점이 흥미롭다. 앨리슨은 1930년대에 일본과 중국에서 외교관으로 활동했으며 1946년부터 47년까지 국무부에서 일본 담당관으로 일했는데,[294] 미국이 일본을 점령할 때 활용한 방법이 천황을 살리고 대신 군부를 제거하는 것이었기 때문이다.[295] 그것이 성공적이었기 때문에[296] 동일한 방법을 다시 제안한 것으로 볼 수 있다. 23일 오전 회의에서는 결론이 나지 않은 듯하지만, 그날 오후 국방부와 함께 회의를 가진 결과 로이드는 클라크를 통해 이승만에게 다음과 같은 9가지 조건을 요구할 것을 제안했다.[297]

① 이승만이 제시한 대통령 직선제 및 양원제와 국회에서 제시한 정부에

---

293) "Memorandum: Discussion with Mr. Selwyn Lloyd on Politico-Military Conditions in Korea"(June 23, 1952), 『韓國戰爭資料叢書 65』, 783~785쪽.

294) 앨리슨의 경력에 대해서는 트루먼 도서관의 해당 내용 참조(http://www.trumanlibrary.org/hstpaper/allison.htm, 2012년 11월 19일 확인).

295) 일본 점령을 위한 천황제 활용 방안이 작성되는 과정에 대해서는 加藤哲郎, 『象徵天皇制の起源』, 東京: 平凡社, 2005 참조.

296) John W. Dower, *Embracing Defeat: Japan in the Wake of World War II*, New York: W. W. Norton & Company, 1999, pp. 277~301.

297) "From Department of State to American Embassy London"(June 24, 1952), 『韓國戰爭資料叢書 66 美 國務部 韓國國內狀況關聯 文書 THE US DEPARTMENT OF STATE RELATING TO THE INTERNAL AFFAIRS OF KOREA XXVIII(1952. 6. 24~7. 1)』, 國防部 軍史編纂研究所, 2002, 24~25쪽.

대한 국회의 권력 강화를 구현하는 절충 개헌, ② 계엄 해제, ③ 차후 공판에 지장이 없는 형태로 체포된 국회의원 석방, ④ 공개된 민간법정에서의 국회의원 공판, ⑤ 제3자의 감시 아래 자유선거, ⑥ 정치적 적대자에 대한 숙청과 정치적 공세를 위한 사형 선고 중지, ⑦ 이범석과 같은 이승만의 조언자 및 관리 몇 명의 제거, ⑧ 군대의 정치적 간섭 및 정치적 임명으로부터의 자유, ⑨ 반외세 선전의 중단.

미 국무부도 이 주장에 기본적으로 동의하여, 이제 개입을 위한 윤곽이 잡혔다. 이 안을 검토한 동북아실의 영은, 로이드 안은 대체로 그동안 동북아실이 건의한 내용과 일치하며 실제적인 문제는 이승만의 조언자들의 제거뿐이라 말하고, 이 문제에 대해 무쵸의 조언이 필요하다고 지적했다.[298] 또한 동북아실의 견해로서 이범석 같은 이를 제거하는 것은 바람직하지만 제거는 이승만 자신에 의해 이루어져야 한다고 덧붙였다.[299]

이에 이승만과 이범석을 이간시키는 공작이 진행되었다. 6월 27일에 주미 한국 대사 양유찬을 만난 앨리슨은 한국 상황에 대한 우려를 표시한 다음, 이승만이 이 상황에 대해 제대로 알지 못하고 있는 것 같다고 전했다.[300] 즉, 이 사태의 책임이 이승만에게 있지 않은 것으로 보고 있다는 뜻을 내비친 것이다. 무쵸는 6월 28일에 이승만을 만났는데, 그 자리에서 이승만은 족청 해산과 관련된 이야기를 꺼내며 이범석에 대해 격분하는

---

298) "Memorandum: The So-called Lloyd Political Program for the Korean Political Situation"(June 25, 1952), 『南北韓關係史料集』 17, 224쪽.

299) "Memorandum: Selwyn Lloyd's Suggestion for a Program to Restore Political Stability to the Korea"(June 25, 1952), 위의 책, 225쪽.

300) "Memorandum: Korean Internal political Situation"(June 27, 1952), 『韓國戰爭資料叢書 66』, 289쪽.

모습을 보였다.301) 무쵸가 그날 심야에 보낸 전문에서 '이승만에게 이범석 등이 위험하다는 인식을 심어놓는 데 자그마한 성공을 거두었다'고 보고했듯이,302) 이 격분은 아마도 무쵸가 유도한 것으로 보인다. 이러한 공작은 한국인을 통해서도 이루어졌다. 6월 28일에 경무대를 방문한 박마리아는 이승만의 비서들에게 '모든 문제의 근원에 이범석이 있으며, 이범석이 이승만에게 엄청난 해를 끼치고 있다'고 이야기했으며, 또 프란체스카에게도 문제가 심각해지기 전에 이범석을 해임시켜야 한다고 조언했다.303) 이범석을 제거하려는 미국의 의도는 이승만 주변의 대립적인 인간관계를 통해 실현되어갔다.

---

301) "From Pusan(Muccio) to the Secretary of State"(June 28, 1952), 위의 책, 330쪽.

302) "From Pusan(Muccio) to the Secretary of State"(June 28, 1952), 『南北韓關係史料集』 17, 237쪽.

303) "Memorandum for the Record"(June 30, 1952), 위의 책, 241~242쪽. 이 글은 이기붕과 박마리아가 슈버커(Scherbacher)에게 이야기한 내용을 기록한 것이며, 라이트너의 손을 거쳐 국무부 동북아실로 전달되었다.

제3장
이범석의 부통령 낙선과 족청계의 역공세

1. 이범석의 부통령 선거 출마를 둘러싼 갈등

부산정치파동을 통해 개헌을 성공시킨 원외자유당의 당면 과제는 이제 대선이었다. 대통령 및 부통령 후보로는 이승만과 이범석이 지명될 것이 확실시되었다. 부당수인 이범석이 부산정치파동 때 정력적으로 앞장선 것을 생각하면 당연한 일이었다. 7월 15일 서울에서는 '제2대 대통령 추대 서울특별시 애국단체 대표자대회'가 노총, 한청, 대한부인회, 의용소방대, 동(洞)연합회, 원외자유당의 대표들이 참여한 가운데 개최되었다. 이 자리에서 대통령 후보로 이승만이 만장일치로 추대되었으며, 부통령 후보는 무기명 비밀투표를 실시한 결과 이범석이 추대되었다.304) 그러나 뜻밖의 변수가 생겼다. 원외자유당 전당대회를 며칠 앞둔 7월 16일에 이승만이 자신은 자유당의 당수 취임을 승낙한 적이 없기 때문에 자유당과 무관하다는 입장을 밝힌 것이다.305) 이승만은 개헌안 통과 직후에도 입후보자가 되기

---

304) 『朝鮮日報』 1952년 7월 17일자. 투표 결과는 345명 가운데 이범석 185, 신익희 16, 장택상 7, 장면 6, 김성수 및 이윤영 4표 등이었다. 이 결과를 보면 100표 이상이 기권이었다는 것인데, 아직 이승만의 의향을 알 수 없었기 때문일 것이다.

305) 『東亞日報』 1952년 7월 18일자.

를 원하지 않는다는 담화를 발표한 바 있었다.306) 하지만 이번 성명은 원외자유당에서 지명한다면 부통령 후보로 출마하겠다고 하면서도 "내가 입후보하느냐 않느냐는 것은 금후에 그 분의 뜻을 받드느냐 않느냐를 먼저 생각하여야 할 것"이라며 어디까지나 이승만의 뜻에 따르겠다는 입장을 천명하던307) 이범석에게 큰 충격이었을 것이며, 원외자유당의 주축이라 할 수 있는 족청계 인물들에게도 뜻밖이었을 것이다.

당시 원외자유당에서 족청계가 차지했던 비중을 알기 위해서는, 7월 19일 대전에서 전당대의원대회가 개최됨을 알리는 공고에 나온 원외자유당 임원을 참조할 수 있다. 국장 및 부장급은 앞서 살펴보았기 때문에 각부 차장만 보면 아래와 같다.308)

총무부 차장 정민후 최의배 **재정부 차장** 이동기

조직부 차장 김용완 백홍기 박진 박종면 **선전부 차장** 조용구 정호완

기획부 차장 천길선 박봉래 **조사부 차장** 이달우 최기종

통계부 차장 장덕영 **문화부 차장** 조현경 **부녀부 차장** 채을손 김노옥 김노애

노동부 차장 정병두 **청년부 차장** 박욱언 김현대 **농민부 차장** 서영훈

어민부 차장 이인황 **의사부 차장** 곽흥규 **제1부 차장** 김정민 **제2부 차장** 김쾌식

외무부 차장 김장성 **감찰부 차장** 임일 **심사부 차장** 박용만 **심계부 차장** 유상세

이 30명 가운데 김용완, 백홍기, 조용구, 천길선, 이달우, 박욱언, 김현대,

---

306) 『朝鮮日報』 1952년 7월 7일자.
307) 『朝鮮日報』 1952년 7월 12일자.
308) 『서울신문』 1952년 7월 13일자; 『政黨의 機構 機能과 政綱·政策·黨憲 등』, 中央選擧管理委員會, 1965, 136~137쪽.

서영훈, 김쾌식, 유상세 등 10명이 족청 출신이며,309) 정민후과 최의배도 나중에 족청계로 지목되었다.310) 이와 같이 차장급에서도 족청계는 최대 세력이었기 때문에 원외자유당에 대한 이승만의 성명은 기실 족청계에 대한 성명이나 다름없었다.

이범석에 대한 이승만의 거리 두기는 미 대사관과도 관련이 있었다. 미 대사관은 이승만과 자유당이 지지한다면 대중적인 인기가 없더라도 이범석이 부통령으로 당선되리라고 관측하면서 우려하는 한편, 이승만이 이범석에게 등을 돌리게 하기 위한 여러 막후 공작이 성공적으로 진행되고 있음을 보고하기도 했다.311) 미 국무부도 이범석 그룹에 대한 이승만의 의중을 보고하라고 미 대사관에 지시했다.312) 이에 무쵸는 이승만은 이범석을 부통령 후보로 지명하는 것을 꺼려하며 함태영을 선호한다는 정보를 전달했다.313) 그 다음 날에도 이승만이 이범석을 심하게 질책하며 자신만이 대한민국을 움직이고 있음을 분명히 했다는 이야기를 전했다.314) 7월 16일에 이승만이 자유당과 무관하다고 발언한 것은 이런 흐름 속에서였다.

전당대회를 앞두고 원외자유당에는 다른 문제도 생겼다. 원외와 원내자유당(합동)의 합당을 둘러싸고 갈등이 표면화된 것이다. 원내 측은 ① 중앙

---

309) 엄밀히 말하면 천길선은 족청 출신인지 확인이 되지 않지만 서울대 문리대 재학 시절이던 1948년 11월에 족청에서 실시한 '창립 2주년 기념 학생 현상 논문'에서 2등을 차지한 경력이 있기 때문에(『自由新聞』 1948년 11월 20일자) 족청 출신으로 간주했다.

310) 『査察要覽 左翼, 中間, 第三勢力, 其他』, 59쪽.

311) "From Pusan(Muccio) to the Secretary of State"(July 12, 1952), 『韓國戰爭資料叢書 67 美 國務部 韓國國內狀況關聯 文書 THE US DEPARTMENT OF STATE RELATING TO THE INTERNAL AFFAIRS OF KOREA XXIX(1952. 7. 1~7. 29)』, 國防部 軍史編纂硏究所, 2002, 426쪽.

312) "From Acheson to American Embassy Pusan"(July 14, 1952), 위의 책, 441쪽.

313) "From Pusan(Muccio) to the Secretary of State"(July 15, 1952), 위의 책, 443쪽.

314) "From Pusan(Muccio) to the Secretary of State"(July 16, 1952), 위의 책, 470쪽.

당 부서를 개편할 것, ② 부당수는 복수제로 할 것, ③ 지방 조직은 국회의원 중심으로 할 것 등 몇 가지 합당 조건을 제시했지만, 원외 측은 여러 핑계를 대고 이를 거부했다.[315] 원내 측이 제시한 조건들이 모두 이범석에게 불리한 것이었기 때문이다. 이에 원내 측은 7월 18일에 중앙상무집행위원회를 열어 대통령에 이승만, 부통령에 중앙상무집행위원장인 이갑성을 각각 지명했다.[316] 이승만 지지 세력 가운데 제2인자 자리를 놓고 각축전이 벌어지기 시작한 것이다. 이런 상황 속에서 이범석에 대한 구체적인 공격도 나타나기 시작했다. 7월 17일 이범석은 성명을 발표해 "작금 항간에 몇몇 인사들이 이미 해산된 지 오랜 민족청년단을 운운하며 자의적인 모략을 유포"시키고 있다고 밝혔는데,[317] 이는 원외자유당이나 한청 내부에 분명 존재하는 파벌성이 부각되기 시작했음을 의미하는 것이었다.

7월 19일 원외자유당 전당대의원대회는 대전시 시공관에서 1,600여 명이 참석한 가운데 열렸다. 이승만은 이 자리에 직접 참석하지 않고 메시지만 보냈다. 메시지를 통해 이승만은 먼저 당수, 부당수와 같은 것은 자기 뜻을 왜곡한 것이기에 없게 하라고 엄격히 부탁을 했는데도 공적으로 결의되어 선포되었기 때문에 이제까지 묵인해온 것이라며 당수·부당수 체제를 없앨 것을 지시했으며, 또 자신이 대통령 후보가 아니기에 부통령에 대해 말할 수 없으며, 추대는 자유지만 출마 여부 결정은 자신의 자유이기 때문에 자유당에서 자기 이름을 대통령 후보로 지정해서 내지 말 것을 지시했다. 그런데도 대회에서는 대통령 후보로 이승만이, 부통령 후보로 이범석이 각각 지명되었는데,[318] 이런 메시지를 보낸 이승만의 의도는 분명했다. 이

---

315) 『釜山日報』 1952년 7월 18일자.
316) 『釜山日報』 1952년 7월 20일자.
317) 『釜山日報』 1952년 7월 19일자.
318) 『朝鮮日報』 1952년 7월 21일자.

승만과 이범석이 자유당이라는 간판으로 러닝메이트로 입후보한다는 인상을 주지 않으려는 것이었다. 또한 이 대회에서 선거 구호도 채택되었다. 하지만 그것은 ① 멸공전쟁을 완수하여 국토통일을 달성한다, ② 정당 책임정치를 확립하여 국정을 쇄신한다, ③ 협동경제 체제를 수립하여 민생 문제를 해결한다, ④ 국민투표제를 창설하여 민권을 확충한다, ⑤ 민주 우방과 강력히 제휴하여 집단 안전 보장을 위한 군사동맹을 추진한다 등[319] 국민투표제 말고는 전혀 구체성이 없는 원론 수준의 구호에 지나지 않았다.

이범석은 7월 22일에 내무부 장관을 사임하고 부통령 선거 출마를 선언했지만,[320] 그에 대한 제동은 먼저 청년단부터 걸렸다. 7월 23일에 한청 서울시단부 및 시내 9개 구단부는 긴급회의를 열어 '중앙상무집행위원회 및 전국도단 대표자대회 결의'는 인정할 수 없고, 부통령 후보는 이승만이 지지하는 사람을 추대할 것을 결의했다.[321] 이에 앞선 '결의'라는 것은 이범석을 부통령 후보로 추대하는 내용이었으리라고 추측되는데, 그것을 뒤집고 반기를 든 것이다. 이날 회의에서 사회를 본 총본부 감찰국장 차종연이 원래 서청 출신이었던 데서 알 수 있듯이,[322] 이는 한청 내부에 있는 비족청계에 의한 것이었다. 한청의 분열은 7월 29일자 성명서에서 분명히 드러났다. 구 대한독립청년단, 구 청년총연맹, 구 건국청년회, 구 국민회 청년단, 구 서북청년회, 구 대동청년단의 각 간부 일동 명의로 발표된 이 성명서는 한청과 아무 관계도 없는 이범석을 공천한 것은 한청을 정치적으로 이용하려는 짓이라고 비난하면서, 과거 족청이 "민족지상 국가지상이라는 허울 좋은 간판 밑에 좌익분자 또는 회색분자들의 요람지로 이용당한

---

319) 『東亞日報』 1952년 7월 21일자.

320) 『朝鮮日報』 1952년 7월 24일자.

321) 『朝鮮日報』 1952년 7월 25일자.

322) 鮮于基聖, 앞의 책, 708쪽.

사실"과 청년단 통합에 불응한 사실 등을 상기시켜 "민족청년단계의 교묘한 흉책(凶策)"에 대한 경계를 호소했다.323) 이렇게 이범석을 지원할 것으로 기대되던 한청은 등을 돌렸다.

기타 이승만 지지 세력도 원외자유당을 무력화하기 위해 별도로 비공식적인 단체를 조직해 선거전에 임했다. 7월 23일에 전국애국단체협의회는 '이승만박사재선추진위원회'를 구성했다. 이 단체 사무국장은 이활이 맡았으며, 사무차장은 박영출, 선우기성, 유화청, 황신덕, 유시완이 맡았다.324) 이들은 거의 다 원외자유당 간부들인데, 당과 별개로 선거를 위해 이런 조직을 만든 것이다.

이범석을 낙선시키기 위한 공작은 다양한 방법으로 전개되었다. 이범석의 포스터도 문제가 되었다. 원래 이범석 포스터는 예외 없이 이승만 포스터 옆에 나란히 붙어 있었는데,325) 부산의 경우 7월 28일 하오부터 이승만의 포스터가 다 뜯어졌다. 김태선 내무부 장관은 이승만이 국민회에서 작성한 포스터만 승낙했다며, 앞으로도 다른 입후보자와 같이 붙이지 말라고 지시했기 때문이라고 설명했으며,326) 29일에는 이승만이 선전 비용을 줄이기 위해 사진이 들어간 포스터를 붙이지 말라고 지시했다는 담화를 발표했다.327) 사실 이승만의 이러한 지시는 장택상의 공작에 의한 것이었다. 장택상이 이승만의 포스터보다 이범석의 포스터가 더 커서 마치 이범석이 대통령 후보인 것처럼 보인다고 이야기하자, 흥분한 이승만이 곧바로 뜯어버리라고 명령했다는 것이다.328) 그 결과 이승만의 포스터뿐 아니라 이범석의

323) 『京鄕新聞』 1952년 8월 1일자.
324) 『朝鮮日報』 1952년 7월 26일자.
325) 『朝鮮日報』 1952년 7월 29일자.
326) 『東亞日報』 1952년 7월 30일자.
327) 『東亞日報』 1952년 7월 31일자.

포스터도 전국적으로 뜯기게 되었다.[329)]

　이와 같이 이범석을 낙선시키는 데 앞장선 사람은 장택상이었다. 그는 스스로 이승만의 의중을 헤아려 이범석을 낙선시키고 함태영을 당선시키기 위해 움직였다. 이를 위해 장택상이 선택한 것은, 도지사와 도경국장들에게 그 뜻을 전하는 것이었다.[330)] 그 결과 7월 29일에는 상주에서 12명의 이범석 선거운동원이 체포되었고,[331)] 8월 1일에는 서울시 영등포구에서 원외자유당 서울시당 부위원장인 윤재욱을 비롯한 8명의 동회장이 이승만 및 이범석의 선거 연설을 하고 벽보를 붙였다는 이유로 구속되었으며[332)] 이어 2일에도 서울에서 동회장 등 3명이 구속되었다.[333)] 물론 이는 '합법적인 탄압'이었지만 표적 단속임은 틀림없었다. 관권 개입을 방증하는 단적인 사례는 장택상이 이범석과 친하다는 이유로 도지사에게 연락하지 않았던 충남의 경우이다. 충남에서는 투표 결과 이범석이 57.6%라는 압도적인 득표율을 보였는데,[334)] 이 결과를 통해 관권의 개입이 얼마나 큰 효과를 미쳤는지 알 수 있다. 8월 3일에 원외자유당 중앙당부에서는, 장택상 국무총리, 김태선 내무부 장관, 그리고 윤우경 치안국장이 7월 28일에 열린 '전국 도지사 및 경찰국장 회의'에서 이승만이 함태영의 당선을 원한다며 그를

---

328) "Memorandum of Conversation"(September 4, 1952), 『南北韓關係史料集』 17, 318쪽. 이는 장택상이 라이트너에게 말한 내용이다.

329) "From Pusan(Bushner) to the Department of State: Review of Republic of Korea Presidential and Vice Presidential Elections, Augunst 5, 1952"(September 15, 1952), 『南北韓關係史料集』 17, 316쪽.

330) "Memorandum of Conversation"(September 4, 1952), 『南北韓關係史料集』 17, 318~319쪽.

331) 『朝鮮日報』 1952년 8월 6일자.

332) 『朝鮮日報』 1952년 8월 4일자.

333) 『朝鮮日報』 1952년 8월 5일자.

334) 『大韓民國選擧史』, 中央選擧管理委員會, 1964, 670~671쪽.

당선시키라고 지시했다는 내용의 성명을 발표했는데, 이는 분명히 근거가 있는 것이었다.[335]

이범석에 대한 공격은 조봉암과의 연계라는 소문으로 나타나기도 했다.[336] 하지만 이승만과의 연계를 차단하는 것만큼 치명적인 공격은 없었다. 이승만의 눈치를 보기 위해서라도 독자적인 정견을 제시할 수 없었던 이범석에게, 이승만의 러닝메이트라는 간판은 절대적이었다. 이승만은 거듭 부통령으로 누구를 지명하지 않겠다는 담화를 발표했지만,[337] 7월 중순에 이미 무쵸가 보고했듯이 이승만이 함태영을 선호한다는 것은 어느새 널리 알려져 있었다. 물론 함태영은, 무쵸도 이승만이 확실하게 러닝메이트로 지명하지 않는 한 그에게 기회는 없을 것이라고 보고했듯이,[338] 유력한 후보라고 보기 힘든 인물이었다. 하지만 이승만의 이름으로 함태영을 지지하는 행위는 이범석에 대한 결정적인 공격이 될 수 있었다. 국민회의 이활은 초기에는 부통령 후보로 이윤영을 지지했으며,[339] 전국애국단체협의회는 부통령으로 이범석을 추대한 일이 없다는 성명을 발표했지만[340] 구체적으로 누구를 지지하지는 않았다. 그런데 선거 직전에는 전국애국단체협의회에서 함태영의 선거운동을 한다고 전해졌듯이[341] 전국애국단체협의회도

---

335) 『朝鮮日報』 1952년 8월 5일자.
336) 『東亞日報』 1952년 8월 2일자. 이는 앞서 보았듯이 조봉암의 신당 구상과 족청계 일부가 항상 관련되었기에 나올 수 있는 소문이었다.
337) 『東亞日報』 1952년 7월 29일자; 『朝鮮日報』 1952년 8월 4일자.
338) "From Pusan(Muccio) to the Secretary of State"(July 23, 1952), 『南北韓關係史料集』 17, 252쪽. 무쵸는 이 전문에서 일관되게 함태영을 'Ham Tae Un'이라고 표기했는데 그만큼 그에 대한 인지도는 낮았다.
339) 『朝鮮日報』 1952년 7월 31일자.
340) 『東亞日報』 1952년 7월 31일자.
341) 『朝鮮日報』 1952년 8월 4일자.

막판에 함태영 지지라는 입장을 분명히 하게 되었다. 원외자유당 중앙선거대책위원회는 이승만이 함태영을 지명했다는 설은 모략이라는 성명서를 발표했지만,[342] 이러한 성명서는 원외자유당의 분열상을 알렸을 뿐이었다.

함태영을 찍으라는 지시는 실제로 국민회와 한청을 통해 각 지방으로 전달되어, 8월 2일에는 면 단위까지 지시가 내려갔다. 충북 충주군 소태(蘇台)면에는 국민회와 한청 명의로 아래와 같은 사항이 지시되었다.[343]

단기 4285년 8월 2일

대한국민회 소태면지부위원장 김종태(金鍾泰)

대한청년단 소태면단부단장 이종인(李鍾仁)

회의사항

一. 이 대통령을 지지하는 분은 이 대통령이 지지하는 함태영 씨를 추대하여야
   하겠다

一. 이 대통령의 의지는 정당 일당 독재를 배격하는 데 있다

一. 불편부당의 취지로 무소속 함태영 씨를 추대한다

一. 선전 문제는 경비 절약을 목적하야 간소히 선전할 것

一. [판독 불가]

一. 각 리(里)동(洞)단부에 좌기(左記)와 여(如)히 벽보를 수매(數枚)씩 첩부(貼付)할
   사

---

342) 自由黨中央選擧對策委員會,「李大統領의 副統領立候補 咸台永氏 指名說은 謀略」,
   『朝鮮日報』 1952년 8월 5일자.

343) 大韓國民會蘇台面支部委員長 金鍾泰·大韓青年團蘇台面團部團長 李鍾仁,「會議事
   項」.

```
┌─────────────────────────┐
│ 대통령은 이승만 박사      │
│                          │
│ 부통령은 함태영 선생      │
└─────────────────────────┘
┌─────────────────────────┐
│ 투표는                   │
│                          │
│ 대통령도 둘째에          │
│                  찍읍시다 │
│ 부통령도 둘째에          │
└─────────────────────────┘
```

충북 충주에서는 국민회와 원외자유당이 협력해서 부통령으로 이범석을 밀었는데, 8월 2일에 국민회에서 지시가 내려오자 모두 혼란에 빠졌다. 결국 국민회, 원외자유당 등은 부통령에 관해서 선거운동을 포기하고, 오직 한청만 함태영을 밀어 적극적으로 운동을 하는 과정이 미 대사관원에 의해 관찰되었다.[344] 이와 유사한 지시는 전국적으로 내려갔을 것이다.

이런 공작의 결과 부통령으로 함태영이 당선되었다. 한청이 적극적으로 함태영의 선거운동을 한 것이 확인되는 충주의 경우 함태영이 63%가 넘는 득표율을 보였다.[345] 또한 투표 결과를 통해 몇 가지 흥미로운 점을 발견할 수 있는데, 먼저 시부와 군부를 비교해보자. 서울시에서는 마포구를 제외한 모든 선거구에서 이범석이 승리했으며,[346] 대구시의 경우 모든 구에서 조병옥이 승리했고,[347] 부산시의 경우 3개 구에서 이범석이, 나머지 구에서는 전진한과 조병옥이 각각 승리했다.[348] 즉 대도시 가운데 서울시 마포구

344) "From Pusan(Bushner) to the Department of State: Review of Republic of Korea Presidential and Vice Presidential Elections, Augunst 5, 1952"(September 15, 1952), 『南北韓關係史料集』 17, 310쪽.
345) 『大韓民國選擧史』, 670~671쪽.
346) 위의 책, 666~667쪽.
347) 위의 책, 674~675쪽.

를 제외하고 함태영이 수위를 차지한 곳은 없었다. 나머지 16개 시 중 8개 시에서 이범석이 승리했으며, 함태영이 7개 시, 조병옥이 1개 시에서 각각 승리했다.[349] 그런데 군부로 가면 충남에서 대덕군을 제외한 모든 선거구에서 이범석이 승리한 것[350]과 전북에서 14개 군 가운데 10개 군에서 이범석이 승리한 것을[351] 빼면 대체로 이범석이 함태영에게 밀렸으며, 특히 경북과 전남에서는 한 군데에서도 승리하지 못했다.[352] 이범석과 함태영의 득표율은 투표율과도 연관되는 양상을 보였다. 영등포구 외의 모든 구에서 90% 이상의 투표율을 보인 서울을 예외로 하면[353] 나머지 도시부 가운데는 춘천시의 92%를 제외하고 모두 60~80%대의 투표율을 보였으며, 군부에서는 대체로 90% 전후의 투표율을 보였다. 즉, 투표율이 낮은 도시부에서 이범석이 승리하고 투표율이 높은 군부에서 함태영이 우세했던 것이다. 이범석이 압승을 거둔 충남의 경우 당시 도지사가 이범석과 가까운 진헌식이었기 때문에 그런 결과가 나타났는데,[354] 이것 역시 관권에 의해 부통령 선거 결과가 좌우되었음을 말해준다.

---

348) 위의 책, 676~677쪽.

349) 위의 책, 668~677쪽.

350) 위의 책, 670~671쪽.

351) 위의 책, 672~673쪽.

352) 위의 책, 672~677쪽.

353) 위의 책, 666쪽.

354) 진헌식은 지방장관회의가 열렸을 때 장택상이 개별적으로 도지사들을 불러 함태영을 밀 것을 지시했지만 자신은 이범석을 밀었다고 회고했다. 中央日報社 編, 『民族의 證言』 6, 中央日報社, 1983, 47~48쪽. 미 대사관도 이 투표 결과가 진헌식이 이범석의 선거운동을 허용한 결과라고 보고했다. "From Pusan(Bushner) to the Department of State: Review of Republic of Korea Presidential and Vice Presidential Elections, Augunst 5, 1952"(September 15, 1952), 『南北韓關係史料集』 17, 310쪽.

2. 족청계를 둘러싼 갈등의 표면화

원외자유당은 투표 전날인 8월 4일에 장택상, 김태선, 윤우경을 국가공무원법 위반 및 대통령부통령선거법 위반 혐의로 검찰에 고발하겠다는 성명을 발표한 데[355] 이어, 선거 이후에도 정부에 대한 공격을 계속했다. 함태영의 우세가 보도되던 8월 6일에도 성명을 발표해 "방금 부통령 후보자들의 득점 중간발표에 있어서 함태영 씨가 최고 득점으로 '리드'하고 있는 원인은 재언(再言)할 필요도 없이 경찰과 지방 행정인들이 선거 간섭과 함씨 운동을 감행한 데 기인함은 물론이오, 각 지방으로부터 분개하여 본당에 쇄도함을 청취하면 함태영 씨란 이름도 모르는 자라고 하니 실로 한심스러운 현상으로 전 국민이 모두 통분하는 바"라며 선거 간섭을 비판하고 끝까지 싸울 것이라는 입장을 밝혔다.[356] 그러나 8일에 이범석이 선거가 공정했는지는 언급을 않겠다고 하면서도 상호보복을 하지 말자는 뜻의 성명을 발표하면서,[357] 선거 간섭에 관한 공방은 일단 끝을 보게 되었다. 한청에서도 안호상이 단장을 사임하고 이승만의 지시로 부단장인 유지원이 서리를 맡게 되어[358] 족청계는 패배를 인정하는 듯했다.

하지만 원외자유당 중앙당부는 8월 24일자로 정무국장 양우정 명의의 성명을 발표해 자유당의 분열을 획책하는 반동 세력을 타도 분쇄해야 하며, 당내에의 반동 세력의 잠입을 방지하기 위해 청당(淸黨)운동을 게을리 해서는 안 된다고 당원들에게 호소했다.[359] 즉 족청계가 또다시 원외자유당에

---

355) 『朝鮮日報』 1952년 8월 6일자.

356) 『朝鮮日報』 1952년 8월 9일자.

357) 『朝鮮日報』 1952년 8월 10일자.

358) 『東亞日報』 1952년 8월 17일자. 8월 30일에 단장서리 유지원, 부단장 김근찬, 총무국장 반성환으로 개편되었다. 『東亞日報』 1952년 9월 1일자.

서 주도권을 확립하기 위해 움직이기 시작한 것이다. 그런데 이 공세는 불발로 끝났다. 8월 29일자로 내무부 장관에 진헌식이, 농림부 장관에 신중목이 임명되어360) 소외되는 듯했던 족청계가 다시 정부에 들어가게 되었기 때문이다. 이 인사는 새 헌법에서 규정된 국무총리의 제청권을 침해해361) 신라회 중심의 조각이라는 장택상의 구상을 엎어버리는 것이기도 했다.362) 특히 내무부 장관이 이범석을 밀었던 진헌식으로 바뀐 것은 족청계를 소외시키는 것이 아니라는 신호로 이해되었을 것이다. 물론 이승만은 이범석의 낙선을 바라고 있었지만, 그러면서도 이범석과 적대적인 관계가 되는 것을 피하고 그의 충성심을 유지하기 위해 선거 과정에서도 장택상이나 국민회, 한청 등이 '알아서' 움직이게 한 것이었다.363) 애초에 그런 의도였기 때문에 이승만은 일단 선거에서 이범석을 패배케 한 다음 다시 족청계를 포섭하기로 한 것이다.

그와 동시에 이승만은 원외자유당 인사를 대거 관리로 등용하기 시작했다. 내무부 장관 교체 이후 경기, 충북, 충남, 전북의 각 도지사가 경질되었는데, 새로 임명된 도지사는 모두 원외자유당 인사였다.364) 9월 17일에는

---

359) 自由黨 中央黨部 政務局長 梁又正, 「自由黨員에게 告함」, 『釜山日報』 1952년 8월 29일자.

360) 『東亞日報』 1952년 8월 30일자.

361) 이 사실을 거론하면서 함상훈은 "헌법을 개정한댓자 실천되지 않는 바에야 개정 여부가 문제가 아니라, 준법 여하가 문제"라고 지적했다. 咸尙勳, 「新憲法과 政局의 再編成」, 『自由世界』 第一卷 第六號, 弘文社, 1952, 14쪽.

362) 『財界回顧』 7, 한국일보사, 1981, 111쪽. 이 내용은 신중목의 회고이다.

363) 미 대사관에서도 "의심할 여지없이 이승만은 강력한 이범석이 위험하다고 느꼈지만 동시에 이범석이 적이 되거나 그의 영향력에서 벗어나기를 원하지 않았다"고 분석했다. "From Pusan(Bushner) to the Department of State: Review of Republic of Korea Presidential and Vice Presidential Elections, Augunst 5, 1952"(September 15, 1952), 『南北韓關係史料集』 17, 311쪽.

내무부 차관으로 황호현을, 치안국장으로 문봉제를 임명해[365] 내무 계통은 거의 완전히 원외자유당이 차지하게 되었다. 이는 원외자유당과 정부 사이에서 벌어졌던 갈등을 무마하기 위한 방책이었을 것이다.

그런 한편 9월 18일에 드디어 원내외가 합동해 자유당은 국회에서 60여 명의 의석을 차지하는 정당이 되었다.[366] 그런데 이 합동이 추진되는 가운데 원외자유당의 반족청 세력은 원내 안정 세력을 확보하기 위해 장택상을 영입하려는 공작을 진행했다.[367] 자유당 내부에서는 여전히 파벌 대립이 계속되고 있었던 것이다. 이 장택상 영입을 계기로 족청계의 공세가 본격적으로 시작된다.

그 발단이 된 것은 1942년부터 1945년 5월까지 경성부윤을 지냈으며 패전 직전에는 총독관방에 근무했던 총독부 고위 관료 후루이치 스스무(古市進)[368]의 입국이었다. 장택상 국무총리가 이에 편의를 제공해 한국 내정을 밀탐하는 행위를 도왔다고 『연합신문』 등 언론이 대서특필했으며, 자유당에서도 "일대 국치적인 동시에 국가 이익을 저해하는 반국가적 행위"라며, "국가의식이 박약한 과거의 사대주의 노예배는 일체 공직에 기용하여서는 안 될 것"이라고 극구 비난했다.[369] 자유당 측은 '백의'라는 명의로 장택상을 공격하는 벽보를 붙이는 등 부산정치파동 때와 유사한 상황을 연출하기도 했다.[370] 사실 이 일 자체는 사건이라 할 만한 것도 아니었지만

364) 『釜山日報』 1952년 9월 19일자.
365) 『釜山日報』 1952년 9월 18일자.
366) 『釜山日報』 1952년 9월 20일자.
367) 『釜山日報』 1952년 9월 13일자.
368) 『朝鮮總督府官報』 第四千五百九十七號, 1942년 5월 23일자; 第五千四百七十一號, 1945년 5월 2일자.
369) 『東亞日報』 1952년 9월 25일자.
370) 『東亞日報』 1952년 9월 30일자.

장택상의 이미지를 실추시키기에는 충분했다. 9월 30일에 개최된 국무회의에서는 이 사건과 관련해 이승만이 "일본인 입국 거부 방침에 대하야 분부"하고 신병으로 출석하지 않은 국무총리에게 그 내용이 전달되었으며,[371] 이에 장택상은 사표를 내게 되었다.[372]

족청계는 장택상에 대한 공격에서 적극적인 움직임을 보였지만 자유당에서는 오히려 그 힘을 잃게 되었다. 9월 26일에 부산에서 개최된 전당대의원대회에 보낸 메시지를 통해 이승만은 "당수니 총재니 하는 명목은 철폐하고 농총·노총·국민회·청년단·부인회 등 각 단체에서 삼인씩(三人式)의 대표를 선출하여가지고 그 대표 중에서 한 사람씩만을 엄정 선출하여 그들로 중앙위원부를 구성하고 중앙위원부를 중심으로 모든 정책을 토의할 것"을 지시했다.[373] 9월 초에 자유당 개편 문제가 논의될 때는 최고위원제로 바뀔 것으로 전해졌으며,[374] 그 뒤에도 이범석, 이갑성, 배은희, 채규항, 이활, 양우정 등을 포함한 운영위원회를 설치할 예정이라고 전해지고 있었다.[375] 그런데 이승만의 지시는 거의 완전히 제2인자 자리를 없앰과 동시에 족청계가 다수 포진되어 있는 상무집행위원회 체제를 각 단체 협의회식으로 바꿈으로써 족청계의 영향력을 저하시키려는 것이었다. 이 지시에 따라 당헌 수정 문제가 논의되었다. 당수-부당수 체제를 총재 체제로 바꾸는 것에 대해 많은 지방 대표들이 왜 당수나 다름없는 총재를 두면서 부총재를 두지 않느냐며 중앙당부에 육박해 한때 장내가 혼란에 빠지기까지 했지만, 양우정, 여운홍(呂運弘), 신태악 등의 설득으로 결국 지방 대표들도 이를 받아들

---

371) 『第八十回 國務會議錄』, 1952년 9월 30일.
372) 『東亞日報』 1952년 10월 1일자.
373) 『東亞日報』 1952년 9월 27일자.
374) 『朝鮮日報』 1952년 9월 1일자.
375) 『京鄕新聞』 1952년 9월 18일자.

여 총재로 이승만을 추대하게 되었다.376) 이 대회에 보낸 메시지를 통해 이범석 스스로 "끝까지 당수의 의도에 위배됨이 없도록 더욱 노력 준행(遵行)함이 옳으리라고 믿습니다"라는 입장을 밝혔기 때문에,377) 족청계로서도 이승만의 뜻을 거스를 수 없었다. 하지만 당헌의 나머지 부분에 대해서는 수정이 이루어지지 않았으며, 지방 대표들은 "정부통령 선거시에 당의 (黨議)를 무시하고 이범석 씨 부통령 반대운동을 한 이활 일파 외 반당분자를 숙청하라"라는 긴급동의를 제출하기도 했다.378)

결국 당 기구 개편 문제는 9월 27일에 열린 중앙집행위원회에서 논의되어 오랜 격론 끝에 결론을 냈다. 중앙집행위원회는 중앙대표자회의로, 중앙상무집행위원회는 '중앙위원과 부차장의 연석회의' 및 국회의원총회로 개편하고, 임원은 총재 밑에 노총, 농총, 한청, 국민회, 부인회, 여청의 각 대표 6명으로 중앙위원회를 구성하고 그 아래에 농민, 노민(勞民), 부녀, 국민, 청년, 재정, 훈련, 선전, 조직, 감찰 등의 부서를 두기로 결정했다.379) 이어 28일에는 중앙위원 후보가 각 단체 대표로 선출되었는데, 그 명단은 다음과 같다.380)

국민회 유화청 이유선 박순석 **한청** 서장주 윤재욱 김근찬
노총 주종필 최용수 조용기 **농총** 홍순복 최상석 방만수
부인회 김분옥 조현경 이기순 **여청** 장옥분 이옥자 김정례

---

376) 『釜山日報』 1952년 9월 28일자.
377) 李範奭, 「第三次全黨大會에 보내는 멧세-지」(필자 개인소장).
378) 『東亞日報』 1952년 9월 28일자.
379) 『釜山日報』 1952년 9월 30일자.
380) 『東亞日報』 1952년 9월 30일자.

한청과 여청은 대체로 족청계라 볼 수 있지만 과거에 비해 그 힘이 억제된 것은 분명했다. 또 30일에는 각부 부장도 선출되었다.[381]

총무부장 우문 **조직부장** 원상남 **선전부장** 여운홍 **재정부장** 남궁현
정무부장 김준희 **어민부장** 황병규 **훈련부장** 남송학 **감찰부장** 신태악

자유당 중추에서 "약화된 멤버"라고 판단했듯이,[382] 소위 거물급이 제거된 인선이었다. 이 인선에 대해 "거의 전부가 이범석 씨계의 자유당 종파 인물"이라는 평도 있었지만,[383] 이 8명 가운데 분명히 족청계라고 할 만한 사람은 원상남과 남궁현밖에 없었다. 또 8개 부서 중 5개를 국회의원이 차지해 당의 기반이 원외에서 원내로 옮겨졌음을 보여주었는데, 이 역시 족청계의 기반인 지방의 비중이 낮아졌음을 의미했다. 하지만 조직부와 재정부라는 핵심 부서를 족청계가 장악했고, 족청계에 뚜렷하게 적대적인 인물도 없었기 때문에 족청계에 유리한 인선이었다고 볼 수도 있을 것이다.

이들의 인선은 이승만 총재의 결재를 받아야 했다. 11월 8일에 이활, 양우정 등 구 간부진이 이승만을 방문해 논의한 결과 중앙위원 및 중앙위원이 겸직할 6개 부서를 제외한 나머지 8개 부서의 임원이 결정되었다. 부장급은 그대로 승인되었으며, 차장은 다음과 같이 결정되었다.[384]

총무부 차장 정민후 최의배 **재정부 차장** 이동기 김장성

---

381) 『東亞日報』 1952년 10월 1일자.
382) 『朝鮮日報』 1952년 10월 1일자.
383) 『東亞日報』 1952년 10월 1일자.
384) 『朝鮮日報』 1952년 10월 10일자. 기사에서는 어민부 차장이 '李順源'이라고 되어 있지만 최순원의 오기일 것이다.

조직부 차장 원장길 백홍기 김현대

선전부 차장 김정식 김철 진승국 **훈련부 차장** 박세동 김용완 장덕영

감찰부 차장 신순언 곽욱□ 박용만

정무부 차장 김정두 박관식 김창민 **어민부 차장** 최순원 이인황

구성이 크게 변하지는 않았지만, 과거에 노총의 박진이 맡았던 조직부 차장이 족청계의 백홍기·김현대와 원장길로 바뀌어 거의 족청계의 독차지가 된 점이 눈에 띈다. 원장길은 제헌국회 시절 소장파의 일원이었다가 보도연맹에도 가입한 바 있으며 이재형과도 가까웠던 인물이다.[385]

한편 정부에서는 족청계의 비중이 확실히 높아졌다. 11월 6일에는 이재형이 상공부 장관으로 임명되었는데,[386] 이 인사는 백두진과 진헌식의 부탁을 받은 신중목의 추천을 통해 이루어졌다고 한다.[387] 그런데 이승만은 족청계 인사들을 기용하면서도 동시에 이들을 견제하기 위해 이갑성을 국무총리로 지명했다.[388] 이 지명에 대해 이갑성은 현 내각을 총사직시키고 자신에게 새로 구성할 권한을 주지 않는다면 지명을 받지 않겠다는 입장을 밝혔다.[389] 이에 11월 15일자로 국민회, 한청, 노총, 농총, 부인회, 여청 연명으로 "국가원수는 금반(今般) 국무총리 지명을 계기(契機)하여 거국일치 내각을 실현하여야 할 것이며 새로히 취임하게 될 국무총리는 개정 헌법을

---

385) 원장길,「신생 대한민국의 헌법 제정과 건국정부 수립의 사명을 평생 간직했던 운경」,『雲耕 李載瀅先生 評傳』, 雲耕財團, 1997, 163~167쪽. 원장길이 대한군경원호회에 관여했던 것도 조직부에 들어간 이유였을 것이다.

386) 『東亞日報』 1952년 11월 7일자.

387) 『財界回顧』 7, 122~124쪽.

388) 『東亞日報』 1952년 11월 15일자.

389) 『東亞日報』 1952년 11월 16일자.

적확 실시하므로서 국정의 일대 쇄신을 기하여야 할 것"이라고 호소하는 성명서를 발표했다.390) 이는 분명 정부에 진출한 족청계를 제거하기 위한 것이었다. 이 성명을 누가 주도했는지 알 수 없지만, 국민회는 원래 족청계와 적대적이었으며 노총, 농총, 부인회에서 족청계의 힘은 미미했다. 또 한청에서는 자유당 중앙위원 후보 선출이 총의에 의한 것이 아니라고 이승만에게 건의해 족청계에 반대하는 움직임을 보였으며,391) 일부에서는 족청계를 일체 숙청하라는 지령이 내려져 이선근을 단장에 추대하려는 움직임이 있었다고 전해지기도 했다.392) 한청은 11월 11일에 열린 중앙집행위원회에서 중앙단부 임원을 개선해 단장에 유지원, 부단장에 이영과 손창섭을 선출했으며,393) 13일에는 총무국장 김광택, 조직국장 이남규, 선전국장 이병국, 훈련국장 김영근, 교도국장 심명섭, 원호국장 박용직, 건설국장 최철, 감찰국장 차종연을 각각 선출했다.394) 단장인 유지원은 원래 유진산이 이끌던 대한민주청년동맹 출신으로395) 대동청년단계에서 단장으로 밀었다고 전해졌다.396) 이영은 서상천이 이끌던 대한독립청년단 출신이었고,397) 손창섭은 서청 출신,398) 나머지 임원들 역시 모두 비족청계였다. 즉, 비족청계 세력이 이갑성을 통해 족청계와의 대결을 시도한 것이라고 할 수 있다.

390) 國民會·大韓靑年團·大韓農民總聯盟·大韓勞動總聯盟·大韓女子靑年團·大韓婦人會,「聲明書」,『東亞日報』1952년 11월 18일자.
391) 『朝鮮日報』1952년 10월 6일자.
392) 『朝鮮日報』1952년 10월 21일자.
393) 『東亞日報』1952년 11월 13일자.
394) 『東亞日報』1952년 11월 15일자.
395) 建國靑年運動協議會, 앞의 책, 798쪽.
396) 『朝鮮日報』1952년 10월 21일자.
397) 建國靑年運動協議會, 앞의 책, 1012쪽.
398) 위의 책, 1196쪽.

하지만 이갑성의 주장은 이승만에게 받아들여지지 않았고,[399] 힘을 잃은 이갑성 국무총리 인준안은 국회에서 부결되고 말았다.[400]

자유당 내부에서 갈등이 계속 생기자 이승만은 12월 9일에 담화를 발표해 자유당 및 관련 단체의 내분을 언급하면서, 자신은 누구 편도 아니라는 초월적인 입장을 천명했다.[401] 이는 해방 이후 이승만이 일관되게 보여준 태도였지만, 9월에 제출된 중앙위원 후보를 결정하지도 않고 이런 담화를 발표한 것을 보면 아직 이승만이 상황의 추이를 예의 주시하면서 누구를 선택할지 검토하고 있었던 것으로 보인다. 각 단체 대표는 1953년 1월 말에야 결정되었다. 이승만은 1월 28일에 기존 지도자들을 비판하고 새로운 지도자를 양성할 필요성을 지적하면서 다음과 같이 각 단체 대표들을 선정했다고 밝혔다.[402]

농총 대표위원 채규항 **위원** 최상석 박일래

노총 대표위원 송원도 **위원** 이진수 조경규

부인회 대표위원 박현숙 **위원** 황애덕 유각경

한청 대표위원 윤재욱 **위원** 유화청 진승국

국민회 미정

9월 말에 제출된 명단과 비교해보면 남아 있는 사람은 농총의 최상석과 한청의 윤재욱뿐이다. 먼저 농총의 대표위원으로 채규항을 선출한 것은 당시 많은 갈등을 일으키면서 진행되던 농민회 조직의 주도 인물로 그를 인정

399) 『東亞日報』 1952년 11월 19일자.
400) 『東亞日報』 1952년 11월 21일자.
401) 『東亞日報』 1952년 12월 11일자.
402) 『朝鮮日報』 1953년 1월 30일자.

한 것이라고 볼 수 있다. 노총은 1952년 11월에 개최된 노총 전국통합대회에서 선출된 최고위원 3명을 그대로 승인한 것이었다.[403] 부인회도 기존 자유당 부녀부와 무관한 이들로 바뀌었으며, 한청 역시 윤재욱이 대표위원으로 선출되기는 했지만 나머지 두 명은 비족청계가 차지했고 여청은 아예 없어졌다. 전체적으로 봐도 기존 자유당 상무집행위원 출신이 채규항, 최상석, 이진수, 조경규, 윤재욱, 유화청 등 6명밖에 되지 않았으며 그 가운데서도 족청계라고 할 수 있는 이는 윤재욱밖에 없었기 때문에 이 인선이 족청계를 견제하려는 것임은 분명했다.

자유당 중앙위원에서 족청계가 거의 배제됨과 동시에 국민회, 한청을 비롯한 이들은 아직 족청계 세력이 남아 있는 자유당 자체를 견제하는 움직임까지 보였다. 1953년 2월 초에 이승만을 총재로 국민회, 한청, 노총, 농총, 부인회 등 5개 단체가 모여 전국사회단체중앙협의회(이하 '사협')를 결성한 것이다. 이 모임은 이활, 유지원, 채규항, 조경규, 박현숙 등 각 단체 대표 인사와 더불어 진승국, 박용만, 김창민의 주도로 두 달 전부터 준비되었다고 하는데, 간사로 진승국, 박용만, 김창민이 선출된 점으로 미루어 한청에서 주도한 것으로 보인다.[404] 사협은 2월 9일에 결성대회를 가졌는데,[405] 바로 그 다음 날 신라회 소속 국회의원 18명이 자유당에 입당원서를 제출했다. 이로써 자유당은 국회에서 94석을 차지하는 정당이 되었다.[406] 이것은 자격심사를 하지 않을 것, 정부 각료 중 세 장관을 몰아낼 것, 족청계 탄압에 공동보조를 취하여 이 대통령이 지향하는 진정한 정치 방침을 구현할 것 등에 대한 합의를 본 결과라고 신라회 측 인사가 밝혔듯이, 본격적으

---

403) 임송자, 앞의 책, 168~170쪽.
404) 『朝鮮日報』 1953년 2월 6일자.
405) 『東亞日報』 1953년 2월 11일자.
406) 『朝鮮日報』 1953년 2월 13일자.

로 족청계와 대결하기 위한 것이었다.[407]

　물론 족청계도 가만히 있지는 않았다. 부당수 자리를 빼앗긴 뒤 이범석은 서울시당 위원장으로 있었는데, 1953년 2월 8일부터 25일까지 서울시당에서 간부 훈련을 실시하기로 한 것이다. 서울시당 훈련소의 교무처장이 서울시당 조직부장이자 족청 중앙훈련소 1기생인 김일수(金一秀)였던 것에서 알 수 있듯이,[408] 이는 족청에서 했던 방식을 다시 채용한 것이었다. 이 훈련에는 이범석, 안호상 등도 강사로 초빙되었다.[409] 이범석은 이 훈련에 관해 "자유당원은 일민주의정신에 입각하여 진선미(眞善美)의 도덕심을 진작함으로써 민중의 지지를 □고 사리(私利)와 당리(黨利)보다 국리(國利)를 앞세우는 정의의 정치인이 되도록 훈련함이 무엇보다도 급선무"라고 밝혔으며, 사협에 대해서는 "한 정당인으로서 당의 정책이나 결정이 없이는 자의로 행동하는 것은 있을 수 없는 것"이라고 비판했다.[410] 결국 이 훈련은 일민주의를 통해 국민회 등에 맞서 다시 당내 헤게모니를 장악하기 위한 시도였던 것이다. 서울시당은 3월에도 제2기 훈련으로서 18일부터 25일까지 동(洞)당부 위원장 및 부위원장급을 대상으로 간부 훈련을 실시해 간부들에 대한 교육에 힘을 기울였다.[411] 한때 사라지다시피 했던 일민주의는 이러한 족청계의 역공세를 위해 되살아났다. 훈련을 통한 당 장악이라는 이범석의 의도를 실현하기 위해 1953년 2월에는 안호상의 『세계신사조론』(상권)

---

407) 卜政子「政界氣象圖」, 『東亞日報』 1953년 2월 13일자.

408) 『韓國革命裁判史』 第四輯, 韓國革命裁判史編纂委員會, 1962, 754쪽.

409) 『京鄕新聞』 1953년 2월 7일자.

410) 『朝鮮日報』 1953년 2월 9일자. 실제로 자유당 의원부에 있는 모 의원은 이것이 족청 훈련소의 재판이라고 평하기까지 했다고 한다. 卜政子, 「政界氣象圖」, 『東亞日報』 1953년 3월 15일자.

411) 『朝鮮日報』 1953년 3월 13일자.

이 일민주의보급회에 의해 간행되었다.[412] 별로 새로운 내용은 없었지만 1953년 2월 25일에 초판이 발행된 다음 3월 10일에 재판을, 3월 30일에 삼판을 찍은 것을 보면[413] 이 책을 훈련 교재로 사용했던 것으로 보인다. 서울시당부는 3월 22일에 제1회 정기대의원대회를 열어 위원장으로 이범석을 무투표 당선시켰으며, 수석부위원장으로는 윤재욱이 선출되었다. 또한 장택상의 입당을 거부할 것과 그 입당을 찬성한 일부 감찰부 차장, 즉 박용만의 처벌을 중앙당부에 건의할 것을 압도적 다수로 가결하는 등, 족청계의 힘을 과시했다.[414]

족청계의 맞대응은 장택상에 대한 입당 거부라는 형태로도 나타났다. 위에서 보았듯이 심사를 하지 않고 입당을 허락한다는 합의가 이루어진 상태였지만, 감찰부는 중요한 인물이라는 이유로 신중 심사키 위해 부차장의 비밀투표를 실시한 결과 절대다수가 반대했다고 밝혔다.[415] 이에 자유당 의원부는 긴급회의를 열어 신태악을 불러 경위를 청취할 것과 이승만에게 문의해서 최종적으로 결정할 것을 결의했으며[416] 중앙위원이기도 한 조경규는 중앙위원회에서 반대성명을 내겠다며 강하게 반발했다.[417] 하지만 3월 3일에 열린 부차장회의에서 감찰부 결정은 승인되었다.[418] 이에 대해 감찰부 차장이자 사협 주동자의 한 사람인 박용만은 감찰부가 최고 재결을 하는 것은 불법 행위라며 신태악을 정면 공격하는 성명을 발표했으며,[419]

---

412) 안호상, 『세계신사조론』 상권, 일민주의보급회출판사, 1953.
413) 위의 책, 관권지.
414) 『朝鮮日報』 1953년 3월 24일자.
415) 『東亞日報』 1953년 3월 4일자.
416) 『東亞日報』 1953년 3월 5일자.
417) 『京鄕新聞』 1953년 3월 5일자.
418) 『京鄕新聞』 1953년 3월 6일자.
419) 『東亞日報』 1953년 3월 14일자.

16일에 개최된 중앙위원회는 감찰부의 처사가 독단적·독선적이었다고 규정했다.[420]

자유당 내부 갈등은 농민회를 둘러싼 갈등과도 연결되었다. 채규항이 이끄는 농총은 1952년 12월 15일에 제5차 확대전국대의원대회를 개최해 단체명을 대한농민회로 바꾸었다.[421] 이는 이승만이 11월에 농민회를 조직할 것을 지시하면서 구 농회 재산을 넘길 의사를 밝힌 데 따른 조치였다.[422] 구 농회 재산은 1,000억여 원에 달하는 막대한 것이었으며, 과거에도 농회와 농총의 통합 시도가 실패한 경위가 있었기 때문에 농림부에서 특별히 지시를 내려 전국대의원대회를 개최하게 된 것이었다. 그러나 이 대회는 분규 속에서 끝내 분열되어, 채규항을 지지하는 농민회와 반대하는 농민회라는 두 단체가 탄생하게 되었다.[423] 이 문제를 놓고 자유당은 3월 24일에 중앙위원 및 부차장 연석회의를 열어 채규항계 농민회를 인정함과 동시에 이 분열은 자유당 조직부가 야기시킨 것이라며 조직부 전원에 대한 불신임을 결의했다.[424] 농민회의 분열을 족청계에 의한 것으로 규정한 것이었는데, 실제로 3월 25일에 회합을 가진 반채규항계 농민회는 최고위원으로 양우정, 원상남, 윤태중, 김창수, 원용석을 선출했다.[425] 양우정은 젊은 시절에 농민운동에 관여한 적이 있으므로 이해할 수도 있지만, 자유당 조직부장인 원상남이 최고위원으로 선출된 것을 보면 자유당 조직부가 개입했다는 주장은 설득력이 있는 것이었다. 한청은 3월 28일에 자유당 조직부 불신

420) 『東亞日報』 1953년 3월 18일자.
421) 『朝鮮日報』 1952년 12월 18일자.
422) 『京鄕新聞』 1952년 11월 7일자.
423) 『東亞日報』 1953년 3월 24일자.
424) 『東亞日報』 1953년 3월 26일자.
425) 『東亞日報』 1953년 3월 27일자.

임 결의에 대한 지지를 표명하고, 자유당 광주시당부 조직부장 유웅(柳雄)에 의한 '공비 내통 사건'을 거론하면서 조직부의 책임을 강조했다.[426] 족청계로 인식된[427] 유웅은 해방 후 한독당 전남도당부 연락부장, 민족자주연맹 광주시 청년부장 등을 역임한 뒤 1952년 4월경에 자유당에 입당해 광주시 당부 총무부장, 조직부장 등을 지낸 사람이었다.[428] 이런 경력을 가진 이들이 포함되어 있는 족청계의 특징이 이제 공격 대상이 되기 시작한 것이다.

이러한 당내 갈등에 대해 이승만은 3월 25일에 자유당 간부 모씨에게 각 단체에서 뽑은 중앙위원들 가운데 단체당 한 명씩을 최고중앙위원으로 하고 그들을 당의 최고결정기관으로 한다는 구상을 밝혔다.[429] 이것은 실질적으로 자유당에서 족청계의 영향력을 제거하겠다는 의미나 다름없었다. 이승만의 마음은 이제 족청계 제거로 기울어진 듯했다.

---

426) 『東亞日報』 1953년 3월 29일자. 유웅이 '공비와 내통'했다는 것은 빨치산 활동을 하고 있는 조카에게 라디오를 주었다는 사실을 가리킨다.

427) 『査察要覽 左翼, 中間, 第三勢力, 其他』, 63쪽.

428) 『第十六回 國會臨時會議錄』 第三十二號, 國會事務處, 1953, 11쪽.

429) 『京鄕新聞』 1953년 3월 30일자.

제4장
휴전 체제 성립과 족청계의 몰락

　1953년 1월에 미국에서 아이젠하워가 대통령에 취임하고, 3월에는 소련에서 스탈린이 사망하는 등 미소 양측에서 지도부 교체가 이루어졌다. 그 결과 한동안 교착 상태에 빠졌던 휴전 회담이 1953년 봄부터 급진전을 보이기 시작했다.[430] 휴전에 대한 한국 정부의 태도는 1951년에 이미 천명된 바 있었다. 1951년 6월 국무회의에서 정전의 최소한의 조건으로 "① 중공(中共)은 아국(我國) 국경 외로 철퇴할 것, ② 이북 괴뢰군을 무장해제할 것, ③ UN은 제3국이 이북 공산군에 대하여 여하한 방법으로서라도 원조하는 것을 정지할 것을 보장할 것, ④ 한국 문제에 관하여 토의할 때는 반다시 아국 정부 대표의 참석을 필요로 하는 것, ⑤ 아국 정부는 주권과 영토를 침범하는 여하한 결의일지라도 이를 부인하는 것" 등 5가지가 의결되었다.[431] 이 조건은 바로 그날 국회에서 만장일치로 받아들여졌다.[432] 1953년 3월 말에 휴전 회담 재개라는 소식이 전해지자 한국 정부가 보인 태도는 바로 이 5가지 조건을 상기시키는 것이었다.[433] 유엔군이나 미국의 입장에

---

430) 김보영, 「한국전쟁 휴전회담 연구」, 한양대 사학과 박사논문, 2008, 222~229쪽.
431) 『第七十七回 國務會議錄』, 1951년 6월 30일.
432) 『東亞日報』 1951년 7월 2일자.
433) 『東亞日報』 1953년 4월 2일자.

서 현실적으로 받아들이기 힘든 이 5가지 조건을 걸고 휴전 회담에 반대한 이유는 다른 데 있었다. 이승만은 양유찬 주미 한국 대사를 통해 미 국무부에 자신의 의사를 전달했는데, 5가지 조건을 제시하면서도 휴전이 된다면 한미 간 상호방위조약이 필요하다는 점을 지적했다. 여기서 알 수 있듯이, 이승만이 휴전에 반대한 것은 미국과의 상호방위조약을 이끌어내기 위해서였다. 미 국무부 측은 한국 상황이 안정되면 고려해보겠다는 소극적인 태도를 보였는데,434) 그런 미국의 태도를 변화시키기 위해 필요했던 것이 휴전 반대운동이었다.

그런 상황 속에서 이승만의 족청계 제거 시도에도 제동이 걸렸다. 전국적인 동원력을 가진 족청계의 제거는 휴전 반대운동을 일으켜야 할 상황에서 결코 바람직한 것이 아니었기 때문이다. 그 결과 4월 8일에 자유당 선전부 차장인 김정식 의원이 이승만의 명령이라며 중앙위원인 진승국과 유화청의 해면을 발표하게 되었다.435) 앞서 보았듯이 진승국과 유화청은 사협을 주도하며 족청계에 정면 도전했던 이들이다. 그런 이들을 자유당에서 추방하는 데 족청계가 성공한 것이다. 이런 이승만의 태도에 호응하듯이 4월 10일에 부산에서 열린 '통일 없는 휴전반대 국민대회'에는 박욱언이 사회를 본 것으로 알 수 있듯이 족청계도 적극적으로 참여했다.436) 이어 결성된 북진 통일투쟁위원회에도 이범석이 최고위원의 한 사람으로 들어갔다.437)

이승만의 묵인 아래 족청계의 공세는 이어졌다. 족청계는 반족청계의 선봉에 섰던 한청에서도 공세에 나섰다. 김동욱, 서장주 등 족청 출신들을

---

434) "Memorandum of Conversation, by the Director of the Office of Northeast Asian Affairs(Young)", *FRUS 1952~1954* vol. XV Korea Part 1, pp. 897~900.
435) 『東亞日報』 1953년 4월 9일자.
436) 『東亞日報』 1953년 4월 11일자.
437) 『東亞日報』 1953년 4월 30일자.

중심으로 한 대한청년단 정비강화중앙위원회는 4월 11일자로 유지원, 이영, 유화청 등을 '불순분자'로 규정하여 숙청할 것을 주장하는 성명서를 발표했으며,[438] 이어 30일자로도 '유지원 일파'를 강도 높게 비판하는 장문의 성명서를 발표했다.[439] 한청 경남도단도 제6차 집행위원회 의장 및 집행위원 71명 명의로 박욱언 단장을 지지하고 '유지원 일파'를 규탄하는 성명서를 5월 5일자로 발표하여,[440] 한청에서의 족청계의 공세는 더욱 확대되어갔다.

자유당에서도 경기도당 위원장인 이재형이 4월 중에 경기도당 정치훈련원을 설치할 것을 밝혔다.[441] 서울시에 이어 경기도에서도 훈련을 통한 간부 당원 장악을 시도하게 된 것이다. 자유당 중앙에서는 4월 13일에 부차장회의를 열어 조직부 불신임을 결의한 지난 부차장회의 결과를 엎어버렸다.[442] 또 지방당부와 마찬가지로 중앙정치훈련원에서 훈련이 실시되어 5월 3일에 2기생 수료식이 있었는데,[443] 그 2기생들의 기념사진을 보아도 중앙에 있는 것은 이범석과 안호상이었다.[444] 족청계에 대한 이승만의 태도는 당시 족청계로 알려진 백두진을 국무총리로 지명한 데서도 나타난다.[445] 전국적으로 휴전 반대운동이 전개되면서 부산정치파동 때 그랬듯이 족청계의 위상이 다시 높아졌다. 5월 1일에 부산에서 열린 메이데이 기념

438) 大韓靑年團整備强化中央委員會,「聲明書」,『東亞日報』1953년 4월 13일자.
439) 大韓靑年團整備强化中央委員會,「聲明書」,『東亞日報』1953년 5월 4일자.
440) 大韓靑年團慶南道團,「聲明書」,『東亞日報』1953년 5월 9일자.
441)『朝鮮日報』1953년 4월 1일자. 하지만 제1기생 수료식이 8월 4일에 거행된 것으로 보아 실제 개강은 7월경이었던 것 같다.『朝鮮日報』1953년 8월 7일자.
442)『東亞日報』1953년 4월 15일자.
443)『朝鮮日報』1953년 5월 4일자.
444) 철기이범석장군기념사업회,『우등불은 꺼지지 않는다』, 백산서당, 2001, 146쪽.
445)『朝鮮日報』1953년 4월 23일자.

식에 아무 상관없는 이범석의 궐기사가 들어간 것도 이런 흐름을 보여주는 일이었다.446) 이런 상황 속에서 사협은 5월 4일 해체를 선언했다.447) 공표된 이유는 북진통일투쟁위원회로 통합되었기 때문이라는 것이었지만, 이는 족청계 제거를 위한 움직임이 일단 좌절되었음을 의미했다.

족청계는 농민회를 둘러싼 분규에서도 세력 유지에 성공했다. 5월 7일 대전에서 열린 대한농민회 전국통일대의원대회는 총재로 이승만, 최고위원으로 윤태중, 김준희, 원용석, 김창수, 박제환, 고문으로 채규항, 우장춘, 양우정 등을 선출했다.448) 대체로 구 농총계를 배제하고 구 농회계를 기축으로 한 구성이었다. 또 다음 날에는 중앙위원회를 열어 각국 국장을 선출했는데, 사회국장으로 김동욱이 선출되어 족청계의 영향력을 보여주었다.449) 양우정이 이 시기에 농민회 산하에 협동조합을 조직할 것을 구상한 것도450) 족청계의 대중적 기반으로 농민층을 장악하려는 의도였을 것이다.

족청계는 자유당 지방당부에서도 적극적으로 자파 세력 확보에 나선 것으로 보인다. 확인 가능한 몇 가지 사례를 보자. 자유당 충북도당부에서는 4월 15일에 도당대회를 열어 임원을 개선했는데, 이때 부위원장으로 선출된 신형식, 한정구, 조용구, 그리고 감찰부장으로 선출된 최동선은 모두 족청계로 인식되는 이들이었다.451) 5월 5일에는 충남 예산에서 자유당 예산

---

446) 『朝鮮日報』 1953년 5월 3일자. 다른 국회의원이나 한청, 자유당에서 온 사람이 한 것은 '축사'였는데 오직 이범석만 '궐기사'를 맡았다.

447) 『朝鮮日報』 1953년 5월 6일자.

448) 『朝鮮日報』 1953년 5월 9일자.

449) 『朝鮮日報』 1953년 5월 10일자.

450) 「(座談會)農村經濟와 協同組合: 韓國農村復興을 爲하여」, 『新天地』 七·八合倂號, 서울신문社, 1953, 78~79쪽. 그러나 이 좌담회에 참여한 농림부 장관 신중목을 비롯해 농민회 최고위원 중 한 사람이었던 원용석도 협동조합을 농민회 산하에 두는 것에 대해서는 부정적이었다.

군당부 군당대회가 개최되었는데, 그 자리에서 개선된 위원장 윤병구는 족청 예산군단 단장 출신이며[452] 부위원장 신현창 역시 족청계로 인식된 사람이었다.[453]

족청계의 공세는 이승만의 권위를 적극적으로 활용하는 방식으로도 나타났다. 1953년 5월에 자유당 선전부에서 『자유한국의 기초: 총재 설화집 제일집』이라는 이승만 담화집을 펴낸 것이다. 이 책은 발행일이 1953년 5월 5일인 점에서 5월 10일 전당대회 일정에 맞추어 간행된 것으로 보이는데,[454] 머리말의 날짜는 1953년 3월 1일로 되어 있다.[455] 즉, 이 책은 족청계가 공세를 펴던 와중에 준비되었으며, 감사할 사람으로 "총무국장 김쾌식 동지"가 거론되고[456] 당시 선전부 차장이 김철이었던 것으로 미루어 보아 족청계가 주도해서 펴냈다고 판단할 수 있다. 실제 내용을 봐도, 1951년 8월 25일에 이승만이 발표한 신당에 관한 담화에 "파당과 분열을 초월하고 전국민은 일민주의 기빨 아래 뭉치라"라는 일민주의를 강조한 제목을 새로 달아 책 첫머리에 수록하고 있다.[457] 일민주의를 내세운 족청계야말로 이승만 직계이자 자유당 주류임을 과시함으로써 당내 헤게모니를 확보하려 한 것이다.

이런 상황에서 5월 10일에는 대전에서 자유당 전당대의원대회가 개최되었다. 이 대회는 국민회, 한청, 노총, 농민회 등 4개 단체가 미리 불참을

---

451) 『査察要覽 左翼, 中間, 第三勢力, 其他』, 63쪽.
452) 建國靑年運動協議會, 앞의 책, 1127쪽.
453) 『査察要覽 左翼, 中間, 第三勢力, 其他』, 64쪽.
454) 自由黨中央黨宣傳部 編, 『自由韓國의 基礎: 總裁說話集 第一輯』, 平民社, 1953, 판권지.
455) 「머리말」, 위의 책.
456) 위의 글.
457) 위의 책, 1~5쪽. 이 책에는 담화 날짜가 5월 27일로 되어 있지만 내용은 5월 25일 담화와 동일하다.

성명한 상태에서 열렸는데,458) 당일 사회를 맡은 서울시당 부위원장 윤재
욱은 개회사에서 "당내에는 일부 분열을 일삼는 정상모리배가 있다"면서
숙당의 필요성을 지적했다. "휴전을 한사 반대하고 또는 계급적 보수 세력
을 분쇄한다"는 선언문이 채택된 것으로 알 수 있듯이 대회는 완전히 족청
계 주도로 이루어졌다. 그 자리에서 "불순분자 및 반당분자 숙청에 대한
긴급동의안"이 제기되어 제주도 1명, 기타 각도 2명씩, 그리고 이북 1명,
부녀부 1명 등 21명으로 구성된 징계위원회를 통해 조속한 시일 내에 불순
분자와 반당분자를 숙청하자는 안이 가결되었다. 이와 동시에 임원보강위
원회도 똑같은 비율로 구성할 것이 결정되었다. 징계위원회와 임원보강위
원회를 지방 대표로 구성케 한 것은, 당 개편을 족청계가 주도하겠다는 의
미였다. 의원부에서 반대했던 국회의원 소환제를 가결시킨 것으로도 알 수
있듯이, 족청계는 지방의 힘으로 중앙에 맞섰다. 대회 자체는 이렇게 족청
계 주도로 이루어졌지만 이승만은 이를 견제하는 것을 잊지 않았다. 임원
선거에 들어가려 하자 장기봉 대통령 비서가 '방금 경무대에서 전화를 받
았다'면서 이승만의 특별지시를 전했는데, 그 내용은 대의원대회는 1년에
한 번만 열 것과 임원(부차장)은 대의원대회에서 선출하지 말고 중앙위원회
에 일임하고 총재의 승인을 받을 것 등이었다.459) 이승만이 이런 긴급 지시
를 내려야 했을 정도로, 대중적 동원력을 가진 족청계의 힘은 막강했다.
이 대회의 결과로 구성된 징계위원회와 임원보강위원회 임원은 아래와 같
다.460)

---

458) 『東亞日報』 1953년 5월 10일자.
459) 『朝鮮日報』 1953년 5월 12일자.
460) 『聯合新聞』 1953년 5월 13일자.

징계위원회

서울 노일경 임춘재 **경기** 윤진영 사준 **강원** 양덕인 **충북** 신형식 박정회

충남 윤병구 송영헌 [전남북은 판독 불가] **경북** 김병동 서해운

경남 박정세 진기훈 **제주** 김인옥 **이북5도** 안국범 **부녀** 채을손

임원보강위원회

서울 윤재욱(대리 최봉하) 김일수 **경기** 이재형(대리 김덕원) 이성민

강원 김남종 미정 **충북** 조용구 송재근 **충남** 송예헌 윤병구 **전북** 손근기 임종엽

전남 정두범 김창선 **경북** 박원득 하태환 **경남** 강광수 이달우 **제주** 김인선

이북5도 미정 **부녀** 김노애 채을손

여러 계열 사람들이 섞여 있기는 하지만 족청 출신(윤병구, 박정세, 김일수, 이성민, 조용구, 박원득, 이달우)과 소위 '지방 대표'(박정회, 진기훈, 김병동, 송재근, 송예헌, 김창선)가 다수를 차지했다.461) 부산정치파동에서 '민의'를 동원해 국가를 개조한 것처럼 이제 '민의'로 자유당까지 개조하려 든 셈이다.

국민회, 한청, 노총 등 세 단체는 5월 15일에 족청계가 거의 완전히 주도한 이 대회가 "총재 유시에 배치되었으며 일반 당원을 기만"한 "편파적 회합에 불과"하다고 비판하고, "당내에 공산분자가 침투하고 있음은 언어도단"이라고 하면서 대회를 부정하는 공동성명을 발표했다. 그러자 자유당 선전부 차장인 김정식과 김철은 이 성명을 "당으로서는 일소에 부친다"고 하면서, 이 숙청은 "금후 반당분자에 대해서 숙청하기" 위한 것으로서, "당내에 공산분자가 침투 운운하고 있으나 그렇게 말하는 자들 중에는 더 악질분자가 있다"고 반박했다.462) 국민회 등이 '공산분자'를 운위한 것은 이

461) 족청 출신에 대해서는 建國靑年運動協議會, 앞의 책, 1117~1138쪽, '지방 대표'에 대해서는 「各道議員名單」, 『民意의 勝利』 참조.

대회에서 구성된 징계위원을 가지고 하는 말이었다. 숙청 대상으로 거론되던 이활과 진승국은 "소위 징계위원이란 자들 중에는 과거 남조선로동당 충북선전책이었고 보련 간사장이었던 신 모가 끼어 있으며, 또한 과거 민주독립당 열성분자로 민국 수립을 방해하였고 최근에는 공비와 내통했던 유웅을 광주시당 조직부장으로 기용했던 김 모도 파렴치하게 징계위원이 되어 숙당 운운하고 있다"고 구체적으로 거론했다.[463] 당원 중에 보련계 인사가 포섭되어 있는 문제에 대해 기자의 질문을 받은 이범석은 "이상과 영혼의 완전 결합된 강력한 조직을 구성하여 이를 구현시켜나간다면 아무 염려할 것이 없다"는 입장을 밝혔다.[464] 이 대범한 답변으로 알 수 있듯이, 보련계 포섭은 족청에서 실행되었던 좌익 포섭의 연장선상에서 이루어진 것이었다.

이런 인신공격을 받으면서도 중앙징계위원회는 5월 말에 7명의 당원에게 사협 참여, 전당대의원대회에 대한 중상 등을 이유로 6월 3일까지 공개적인 사과가 없으면 제명할 것을 통고했으며,[465] 6월 2일에 사과 성명을 낸 유화청을 제외한[466] 이활, 유지원, 조경규, 손창섭, 진승국, 김창민의 제명을 발표했다.[467]

이렇게 본격적으로 당 장악에 나선 족청계를 견제하기 위해 이승만이 생각해낸 방법은 이범석을 외유 보내는 일이었다. 이범석 외유설은 1953년 초반부터 유포되고 있다가[468] 5월 말경에 갑자기 구체화되었다.[469] 미국

---

462) 『朝鮮日報』 1953년 5월 18일자.
463) 『東亞日報』 1953년 5월 16일자.
464) 『東亞日報』 1953년 5월 25일자.
465) 『聯合新聞』 1953년 5월 30일자.
466) 『聯合新聞』 1953년 6월 4일자.
467) 『朝鮮日報』 1953년 6월 8일자.
468) 卜政子, 「政界氣象圖」, 『東亞日報』 1953년 1월 27일자.

을 비롯한 세계 각국을 방문하기로 한 이 외유는 특별히 관용 여권과 6,000 달러를 제공받는 등 전면적인 정부 후원에 의해 이루어졌다.470) 출발을 앞둔 6월 5일, 이범석은 '영도자에의 귀일을 외침'이라는 담화를 발표해 "자유당은 총재로 모신 우리의 최고 영도자 이승만 박사의 뜻을 쫓아 일사불란의 조직 체계를 갖추고 그 어른의 뜻을 따라 일치단결의 행동을 취하여야 할 것이며 결단코 당내에 또 하나의 당이 있을 수 없는 것"이라며 족청을 직접 거론하면서 편파적 행동에 대해 경고했다.471) 자유당을 거의 장악했는데도 이범석은 다시 이승만에게 굴복하게 된 것이다. 이런 말을 남기고 이범석은 6월 12일에 한국을 떠났다.472) 물론 출발하는 날 아침에 이범석이 미 대사관원에게 미국에 가서 대통령을 포함한 많은 사람을 만나고 미국의 정치 경제적 발전에 대해 배우고 싶다는 생각을 밝혔듯이,473) 그가 이승만의 제의를 받아들인 데는 미국과의 관계를 개선해 정치적 기반을 다지려는 나름의 계산도 있었을 것이다. 하지만 이승만이 6월 6일자로 이활에게 직접 편지를 보내 자유당에서 제명된 일에 관해 "커다란 정의(情誼)를 베풀어"주었다고 한 것을 보면,474) 이때 이미 이승만은 족청계 제거를 염두에 두고 있었던 것으로 보인다.

---

469) 『朝鮮日報』 1953년 5월 22일자.

470) 『聯合新聞』 1953년 5월 18일자.

471) 『朝鮮日報』 1953년 6월 7일자. 이 글은 「국민에게 고함: 지도자에의 귀일」이라는 제목으로 『신천지』에도 실렸다. 「國民에게 告함: 指導者에의 歸一」, 『新天地』 七·八合倂號, 서울신문社, 1953, 166~167쪽.

472) 『朝鮮日報』 1953년 6월 10일자.

473) "From Pusan(Briggs) to the Department of State"(June 12, 1953), NARA, RG84, Japan, Tokyo Embassy, Classified General Records, 1953~1955, Box 23, 321.9 Armistice in Korea (2 of 3)(국사편찬위원회 소장).

474) 李活, 「全國同志에게 告함」, 『朝鮮日報』 1953년 9월 20일자.

그뿐 아니라 6월에 들어서면서 족청계의 정치생명에 치명적인 사건들이 잇달아 터지기 시작한다. 6월 6일에는 자유당 여수시당 부위원장인 남병일이 빨치산들에게 군자금을 제공한 혐의로 구속되었다.[475] 남병일은 해방 이전에는 사회주의 사상에 공명했던 것으로 알려졌다.[476] 25일에는 충북 청주에서 열린 '6·25 3주년 북진통일의 날 국민총궐기대회' 석상에서 자유당 충북도당 부위원장이자 5월에 중앙징계위원장으로 선출된 신형식이 연설 말미에 "이 박사께서는 너무 고령하시고 노쇠하여서 장래가 우려됩니다. 이 박사께서 돌아가신 후 우리들을 지도해줄 지도자에 대하여 우리는 염려치 않을 수 없습니다. 우리 민족의 영웅적인 지도자 '이범' 김일성 장군 밑에 굳게 뭉치자"라고 발언하는 사건이 일어났다.[477] 신형식은 '김일성 밑에 뭉치자'는 발언은 실수였다며 바로 취소하고 자유당에도 사표를 냈지만, 그의 경력 때문에라도 이 발언은 단순한 '실수'로 수습될 수 없었다. 신형식은 1931년에 '공산주의적우연맹 사건'으로 검거된 바 있었고[478] 1945년 11월에 개최된 전국인민위원회 대표자대회에 청주군 대표 중 한 사람으로 참여했으며[479] 1946년 3월에 결성된 충청북도민전 선전부에 있다가[480] 전향해서 충북 보도연맹 간사장을 지낸 사람이었기 때문에[481] 문

---

475) 『東亞日報』 1953년 6월 14일자.

476) 『第十六回 國會臨時會議錄』 第三十二號, 12쪽.

477) 『東亞日報』 1953년 7월 11일자.

478) 『最近に於ける朝鮮治安狀況(復刻)』, 東京: 巖南堂書店, 1966, 19쪽.

479) 「全國人民委員會 代表者大會 議事錄」, 金南植 編, 『「南勞黨」研究資料集』 第二輯, 高麗大學校 出版部, 1974, 124쪽.

480) 『查察要覽 左翼, 中間, 第三勢力, 其他』, 134쪽.

481) 신형식의 경력에 대해 흔히 남로당원이었다고 하지만 확실하지 않다. 1953년 7월 21일 국회에서 '신형식 반역 언동 및 광주, 여수 공비 내통 사건 조사위원회'에 의한 보고가 있었는데, 거기서는 신형식이 "전 남로당원이고 근로인민당 충북도 선전책"이었다고 보고되었다. 이것이 근민당 내부의 남로당계 프락치였다는 의미인지 정확한 것은 알

제가 커지지 않을 수 없었던 것이다.

이에 자유당 의원부 정책위원회는 중앙당부에 좌익분자 숙청 경고서를 제출할 것을 결의했다. 또한 중앙징계위원회에 의해 제명이 발표되었던 진승국은 "당 결의 상황을 지실(知悉)하고 있는 자기가 볼 때는 이 사건은 결코 의외지사(意外之事)가 아니며 만약 동 사건을 그대로 방치한다면 앞으로 당내에서 어떤 불상사가 발생할지 모른다"며, "이와 같은 불상사가 발생하게 된 원인은 당내 일부 지도급에서 자아 세력 팽창을 위하여 불순분자를 포섭 조장한 데 있다"고 이 사건을 계기로 본격적인 반격에 나섰다.[482] 족청계를 좌익으로 몰아가는 사건은 계속 터져 나왔다. 신형식과 함께 자유당 충북도당 부위원장이며 충북제일정치훈련소 소장이기도 했던 조용구가 정치훈련소 강의에서 '지금은 미국이 우세하기 때문에 미국과 합작을 하지만 장차 소련이 우세해지면 소련과 합작해야 한다'고 했던 발언이 폭로된 것이다.[483] 일이 이렇게 되자 자유당 중앙에서도 7월 2일 긴급부차장회의를 열어 신형식에 대한 제명 처분을 결정했지만,[484] 그것으로 무마될 일이 아니었다. 이미 7월 1일에 국민회에서 자유당 현 간부의 총사직과 민족진영의 중추 세력으로 개혁할 것을 요구하는 성명을 발표했으며,[485] 7월 4일에는 국민회, 한청, 노총, 문총, 부인회, 여청, 타공연맹, 기독교여청 등 9개 단체가 한청 본부에서 회합을 가지고 좌익 및 좌익 전향자는 대중을

수 없다. 그리고 이 보고는 보련 간사장을 이사장이라고 해서 보련 조직에 관여했던 의원에 의해 오류를 지적받기도 했다.『第十六回 國會臨時會議速記錄』第二十六號, 5~21쪽.

482) 『東亞日報』 1953년 7월 1일자.

483) 『東亞日報』 1953년 7월 3일자. 신형식과 조용구는 중앙정치훈련원 1기생이었는데 이 폭로는 같은 1기생이었던 이들에 의해 이루어졌다.

484) 『東亞日報』 1953년 7월 4일자.

485) 『朝鮮日報』 1953년 7월 3일자.

지도하는 일체 공직에서 물러날 것, 사법 당국은 신형식 사건을 비롯한 좌익분자 반역 사건을 엄중히 처단하고 그 배후 관계를 철저히 조사해 발본색원할 것, 좌익을 포섭한 정당인 및 공무 책임자는 인책 사직할 것 등을 결의했다.[486) 다시 사협계의 반격이 시작된 것이다.

그런데 이런 공격을 받으면서도 자유당에서는 오히려 족청계의 힘이 강화되었다. 이범석이 떠난 직후인 6월 14일에 자유당 경남도당부가 결성되어 위원장에 양우정, 부위원장에 박욱언, 서장주, 김예준을 각각 선출했는데,[487) 김예준은 부산상공회의소 부회두를 지낸 기업인이었지만[488) 나머지는 완전히 족청계가 차지했다. 지방뿐만 아니라 7월 3일에는 이승만의 승인을 받은 중앙부서 임원이 아래와 같이 발표되었다.[489)

총무부장 우문 **차장** 최의배 정민후

조직부장 원상남 **차장** 김제능 김현대 원장길

선전부장 여운홍 **차장** 김정식 김철

재정부장 남궁현 **차장** 조동흠 김장성

훈련부장 연병호 **차장** 박세동 안국범 장덕영

정무부장 태완선 **차장** 백홍기 김정두

어민부장 최헌길 **차장** 김인선 최순원

조사부장 윤병구 **차장** 강경옥 김용완

감찰부장 신태악 **차장** 최주일 박욱언 신순언

국민부장 양우정 **차장** 한필수 박두술

---

486) 『東亞日報』 1953년 7월 6일자.

487) 『朝鮮日報』 1953년 6월 17일자.

488) 『釜山日報』 1951년 2월 18일자.

489) 『聯合新聞』 1953년 7월 6일자.

농민부장 김준희 **차장** 최원수 홍순복

노민부장 송원도 **차장** 변용상 성주갑

부녀부장 정청자 **차장** 김노애 채을손

여청부장 조현경 **차장** 장옥분 김정례

청년부장 윤재욱 **차장** 채택룡 김광택

국회의원들도 나름 포섭했지만, 그 외에는 거의 모두 족청계라 해도 될 정도의 임원진이다. 아직 대대적인 휴전 반대운동이 필요할지 모르는 상황을 배려한 면도 있겠지만, 이미 이범석을 해외로 보냈기 때문에 족청계 통제가 충분히 가능하다고 이승만이 판단한 결과일 것이다. 그런데 한 가지 눈에 띄는 것은, 국민회 대표라고 할 수 있는 국민부장으로 양우정이 선출된 점이다. 이활을 중심으로 한 국민회는 족청계에 대항하는 최대 세력이었는데 그 단체를 양우정이 대표하게 된 것이다.

그 결과는 국민회의 분열이었다. 대통령의 지시로 8월 20일에 개최하게 된 국민회 전국대의원대회는 이활계 국민회는 집회 허가가 나지 않아 양우정계 대회만 개최되었다.[490] 이 날 대회소집 경과보고를 한 사람이 5월에 전당대회에서 임원보강위원으로 선출된 송예헌이었으며, 대회선언문 낭독은 태완선, 국제정세 보고는 여운홍, 국내정세 보고는 윤병구가 한다는 식으로 대회 운영이 완전히 족청계 주도로 이루어졌다.[491] 이 대회에서는 기존의 사무총장제를 폐지해 운영위원제로 바꾸고, 운영위원으로 양우정, 이갑성, 이청천, 진헌식, 강인탁, 정현모, 윤재욱을 선출했으며, 총무국장에 최봉하, 건설국장에 김정두, 문화부장에 윤재근을 각각 선정했다.[492] 임원

---

490) 『東亞日報』 1953년 8월 21일자.

491) 『朝鮮日報』 1953년 8월 22일자.

진은 족청계가 독점했다고 볼 수 없지만 그동안 국민회를 주도해오던 세력이 완전히 교체된 인선이었다. 국민회 구 간부들은 9월 1일 이승만을 방문해 그간의 경위에 대해 보고했는데, 이 방문은 이승만의 지시에 의한 것으로 알려졌다.[493]

이승만에 의한 족청계 제거는 1953년 9월에 들어서면서 본격적으로 시작되었다. 9월 10일에 이승만은 진헌식 내무부 장관 및 신중목 농림부 장관을 해임했으며,[494] 동시에 과거 한청을 조직할 때 족청이 따르지 않았음을 상기시키면서 모든 청년단체를 해체시켜 민병대로 통합할 것을 지시하는 담화를 발표했다.[495] 이어 12일에는 보다 구체적인 담화를 발표하여, "자유당 안에 민족청년단의 세력 부식에 모모 인사를 중심하여 세력을 부식하랴는 중에서 내가 주장하는 의도와 대립되어서 필경은 자유당 자체가 분규 상태에 이르렀고, 당내에 통일정신이 미약하게 되어서 이것은 의논이나 덕의(德義)상 성심으로 해결하기 어려운 만치 되니, 이것을 지금은 더 허용할 수 없는 것이므로 사람의 사지 전체에 손가락 하나라도 다치면 아픈 것과 같이 몸 전체에 병이 들어 점차 전체에 고통을 주게 될 때에는 아프고 쓰린 것을 인내하는 것을 중지하고 잘라내어야만 되는 것"이라며, 국민회에 대해 "국민회 중앙간부와 각 지부 당국자들이나 일반 회원 중에 민족청년단원은 하나도 선거하지 말 것"을 지시하고, 자유당에 대해서도 "족청 지도하는 사람들은 임시 물러앉"게 할 것을 지시했다.[496]

이에 자유당에서는 9월 12일에 부차장회의를 열어 윤재욱, 남궁현, 신태

---

492) 『東亞日報』 1953년 8월 22일자.
493) 『朝鮮日報』 1953년 9월 3일자.
494) 『朝鮮日報』 1953년 9월 12일자.
495) 『朝鮮日報』 1953년 9월 12일자.
496) 『朝鮮日報』 1953년 9월 14일자.

악, 최봉하 등 7명의 수습대책위원을 선출했으며, 13일에는 담화를 발표해 "우리 자체의 반성과 시정에 노력할 것은 물론이나 총재의 진의를 체득하여 자아 자의적 해석으로 혼란 등을 야기함 없이 자유당 발전에 분투할 것"이라는 입장을 밝혔다. 이 사태를 최소한으로 억제하려는 것이었다. 16일에도 중앙 및 지방간부 연석회의를 열었지만 구체적인 결론은 얻지 못하고, 대표를 선정해서 이승만을 방문해 그 지시를 받기로만 했다.497) 그러나 이승만은 이들을 만나주지도 않은 채 10월 7일에 부차장을 모두 해임할 것과 각 정치훈련소를 일시 폐쇄할 것을 지시했으며,498) 이에 부차장들도 총사임한다고 발표했다.499) 이어 이승만은 중앙위원들에게 후임 부차장을 천거할 것을 지시했고,500) 중앙위원회는 다음과 같은 임원 명단을 이승만에게 제출했다.501)

총무 박현숙 **정무** 이갑성 **재정** 신중목 **조직** 조경규 **선전** 박영출
농민 김창수 **노동** 이진수 **조사** 원용석

일반적으로 족청계로 지목되던 신중목이 들어 있는 것이 눈에 띄는데, 대체로 국회의원 중심으로 교체하면서도 분명한 세력 교체라고 보기 어려운 어정쩡한 인선이었다. 족청계로 지목된 서울시당 부위원장 윤재욱을 비롯해 전북과 경북을 제외한 도당부 위원장 및 부위원장 등 26명도 11월 9일에 이승만을 방문해 족청 시비로 인해 당원들의 활동이 위축된다고 하

---

497) 『朝鮮日報』 1953년 9월 19일자.
498) 『東亞日報』 1953년 10월 9일자.
499) 『朝鮮日報』 1953년 10월 10일자.
500) 『朝鮮日報』 1953년 10월 22일자.
501) 『朝鮮日報』 1953년 10월 28일자.

소연했다. 그러나 이승만은 '환경이 불리하다고 활동이 위축되는 그러한 사람은 자유당에 필요 없으니 각자 맡은 임무나 충실히 하라'며 이를 일축했다.[502] 이승만의 족청계 제거 의사는 확고했다.

이와 때를 같이 하여 양우정의 몰락도 시작되었다. 양우정이 경영하는 연합신문사 주필인 정국은(鄭國殷)이 간첩 혐의로 체포된 것이다. 정국은은 1953년 8월 31일에 육군 특무대에 의해 체포되었고, 9월 9일에 특무대장 김창룡이 정국은의 간첩 행위를 발표했다.[503] 정국은에 대해서는 미군 CIC도 이미 '공산당 공작원(communist agent)'으로 의심하고 있었는데,[504] 사실 그에 관한 의혹이 싹튼 것은 오래 전이었다. 1952년 11월 7일 윤치영 의원이 국회에서 난데없이 "일본 연합군 사령부에서 일본공산당원으로 퇴거 명령을 당한 사람이 우리 대한민국에 와서 지금 소위 삼장관회의 거기에 어떤 의원 하나가 끼어가지고 매일과 같이 여러 가지 최고 정책의 모-든 것을 의논하고 이 나라 이 국정에 대해서 음으로 양으로 활동한다는 것은 용서할 수 없는 일"이라는 폭탄발언을 한 일이 있었다. 기회가 있으면 발표하려 한다며 그 자리에서 구체적인 언급은 하지 않았는데,[505] 산회 직전에 나온 이 발언 때문에 다음 날에도 국회는 큰 논란에 휩싸였다. 하지만 윤치영은 끝까지 구체적인 언급을 피했다.[506] 그런데 이것은 양우정을 비롯한 족청계를 겨냥한 발언이었다. 윤치영은 원래 이범석과 적대적인 관계는 아니었으며, 앞서 보았듯이 미 대사관 측은 이범석, 윤치영, 임영신을 한통속

---

502) 『東亞日報』 1953년 11월 11일자.
503) 『朝鮮日報』 1953년 9월 11일자.
504) "From Myles S. Weston to Col. Brown: Lee, Bum Suk"(13 Jul 53), 『美軍 CIC 情報 報告書』 I, 중앙일보 현대사연구소, 1996, 648쪽.
505) 『第十四回 國會臨時會議速記錄』 第十五號, 國會事務處, 1952, 16~17쪽.
506) 『第十四回 國會臨時會議速記錄』 第十六號, 2~13쪽.

으로 보고 있었지만, 윤치영은 이 발언이 나오기 한 달 전에 임영신과 함께 미 대사관원들을 만나 이범석에 대한 거리를 표명한 바 있었다.507) 이 의혹에 대해서는 11월 18일에 김형덕 의원이 밀양에서 '이 추방된 사람은 정(鄭) 모 씨이며, 함안 출신의 모 국회의원과 관련된다'는 발언을 해508) 그 국회의원이 양우정이라는 것이 드러나기도 했는데, 그 '정 모 씨'가 정국은 이었던 것이다.

이 정국은 사건과 관련하여 국회는 10월 17일에 국무총리가 제출한 '양우정 의원 구속 동의안'을 압도적 다수로 가결시켰고,509) 양우정은 18일에 피신하다 체포되었다.510) 양우정 구속에는 이승만도 동의한 것으로 알려졌다.511) 군법회의 결과 정국은에게는 12월 5일에 사형이 언도되었으며,512) 양우정에게는 12월 15일에 7년형이 언도되었다.513)

자유당을 완전히 직접 통제하려는 이승만의 의지는 임원 선정을 통해 드러났다. 11월 18일에 이승만에 의해 전형된 것으로 발표된 각부 부장 명단은 아래와 같다.514)

총무 이갑성 **정책** 이기붕 **조직** 진승국 **선전** 황성수 **국민** 박창빈
훈련 이선근 **감찰** 이범령 **부인** 박현숙 **노민** 이진수 **청년** 박용만

---

507) "Memorandum of Conversation"(October 10, 1952), 『南北韓關係史料集』 17, 355쪽.
508) 『東亞日報』 1952년 11월 23일자.
509) 『第十六回 國會臨時會議錄』 第五十八號, 3~15쪽.
510) 『東亞日報』 1953년 10월 21일자.
511) 『東亞日報』 1953년 10월 22일자.
512) 『東亞日報』 1953년 12월 6일자.
513) 『東亞日報』 1953년 12월 16일자.
514) 『朝鮮日報』 1953년 11월 20일자.

나머지 부서에 대해서는 후보자로 문봉제, 배민수(裵敏洙), 민병두 등이 거론되었다. 국회의원들보다 이승만 측근의 비중을 높인 인선이었다. 국민부 부장으로 선출된 박창빈은 평양 출신으로 신학교를 나온 감리교 목사였으며,[515] 감찰부장을 맡게 된 이범령은 해방 이전에 미국의 동지회 북미총회에서 활동했던 인물이다.[516] 선전부장을 맡은 황성수는 미국에서 신학교를 나와 제2차 세계대전 시기에 미군 전시정보국에서 근무한 경력을 지니고 있었으며,[517] 이기붕 역시 미국에서 대학을 다녀 15년 넘게 미국에서 지냈던 인물이었다.[518] 이런 점을 보면, 이승만과의 개인적인 관계와 더불어 국내 기반보다는 미국과의 관계를 크게 의식한 인선이라고 할 수 있다. 자유당 중앙위원회는 11월 26일에 이승만의 지명을 바탕으로 부장 인선을 결정했는데 그 결과는 다음과 같다.[519]

총무 이기붕 **재무** 배민수 **조직** 박용만 **선전** 황성수 **정무** 이갑성 **조사** 진승국
청년 문봉제 **감찰** 이범령 **훈련** 이진수

이승만이 지명한 인물들이 부서만 약간 바뀌어 선출되었는데, 이승만의 비서 출신인 이기붕과 박용만이 총무부와 조직부라는 당의 핵심 부서를 장악하게 된 점에 주목할 필요가 있다. 또한 재무부장을 맡게 된 배민수는 장로교 목사로 해방 직전에 미국에서 이승만과 가까워졌으며,[520] 과거 농

---

515) 『大韓民國建國十年誌』, 大韓民國建國十年誌刊行會, 1956, 1019쪽.
516) 「재미한족연합위원회 집행부 제7차 특별회」, 『대한민국임시정부 자료집』 19, 國史編纂委員會, 2007, 34쪽.
517) 韓徹永 編, 『옛 世界觀과 새 世界觀: 黃聖秀論說集』, 文化春秋社, 1954, 2쪽.
518) 「李起鵬 先生 略歷」, 『李起鵬先生論說集』, 韓熙錫, 1959 참조.
519) 『朝鮮日報』 1953년 11월 26일자.

515) 『大韓民國建國十年誌』, 大韓民國建國十年誌刊行會, 1956, 1019쪽.
516) 「재미한족연합위원회 집행부 제7차 특별회」, 『대한민국임시정부 자료집』 19, 國史編纂委員會, 2007, 34쪽.
517) 韓徹永 編, 『옛 世界觀과 새 世界觀: 黃聖秀論說集』, 文化春秋社, 1954, 2쪽.
518) 「李起鵬 先生 略歷」, 『李起鵬先生論說集』, 韓熙錫, 1959 참조.
519) 『朝鮮日報』 1953년 11월 26일자.

촌운동을 했던 관계로 1953년 9월에는 대한금융조합연합회 회장으로 임명
된 인물이었다.[521]

이기붕의 대두는 이에 머무르지 않았다. 11월 30일에 열린 국민회 전국
대의원대회는 최고위원으로 이갑성, 배은희, 이기붕을 선출했는데, 투표 결
과를 보면 수위로 선출된 이는 원래 국민회에 아무런 기반도 없었던 이기붕
이었다.[522] 이 대회에서 이기붕이 수위 당선할 수 있게 만든 이는 후일
'정치깡패'로 잘 알려진 이정재(李丁載)였는데,[523] 그 결과 이정재도 국민회
에서 감찰부장을 맡게 되었다.[524]

이렇게 개편된 자유당 중앙당부는 12월 9일에 이범석, 안호상, 양우정,
이재형, 진헌식, 원상남, 윤재욱, 신태악의 제명을 발표했으며,[525] 10일에
는 이승만의 승인도 떨어졌다.[526] 12월 9일은 공교롭게도 이범석이 귀국하
는 날이었는데,[527] 나름의 희망을 가졌던 외유 기간 동안 이범석은 권력의
중추부에서 배제되고 말았던 것이다. 1954년 1월 29일에는 2차로 국회의
원 중에서 김정식, 연병호, 박제환, 김정두, 태완선, 김인선, 김제능, 김준희,
서장주, 윤재근, 여운홍, 우문, 박세동, 이석기, 엄병학 등 15명을 제명하고,
정헌조 및 최주일은 보류한다고 자유당 중앙당부 부장회의에서 발표했지

520) 方基中,『裵敏洙의 農村運動과 基督教 思想』, 연세대학교 출판부, 1999, 200~205쪽.
521) 위의 책, 232쪽. 배민수는 결국 다망을 이유로 이 인사를 거절했다.『東亞日報』1953년
    12월 9일자.
522)『東亞日報』1953년 12월 2일자.
523) 柳志光,『大命』, 東西文化院, 1974, 54~56쪽. 유지광은 이 대회 날짜를 12월 3일로
    서술했지만 잘못된 것이다.
524)『東亞日報』1953년 12월 4일자.
525)『東亞日報』1953년 12월 11일자.
526)『朝鮮日報』1953년 12월 12일자.
527)『東亞日報』1953년 12월 11일자.

만,528) 2월 2일에 다시 자유당 중앙위원회에서 위의 15명 가운데 연병호, 김준희, 김정두, 여운홍, 박제환, 우문, 김제능, 이석기 등 8명만을 제명하기로 했다고 발표했다.529) 족청계 마지막 공세에 동조한 이들은 거의 다 제명된 것이다.

그 뒤 이범석은 경찰의 엄중한 사찰 대상이 되었으며,530) 1956년에 공화당을 조직해 부통령 후보로 출마하기도 했지만 예전 같은 힘을 발휘하지는 못했다. 안호상은 1954년 6월에 한 연설이 문제가 되어 국가보안법 위반 등으로 구속당하는 수모를 겪었으며,531) 양우정은 1954년 1월에 대통령 특사로 풀려났지만532) 정치계로 복귀하지는 못했다. 이제 더 이상 족청계가 정치 세력으로 부활하는 일은 없었다.

족청계가 부활할 수 없었던 배경에는 언론 등을 통해 유포된 족청계의 흉악한 이미지가 크게 작용했을 것이다. 이승만의 지시에 따라 족청계 제거가 진행되던 1953년 10월부터 11월에 걸쳐 민국당 문화부장이기도 한 시

---

528) 『東亞日報』 1954년 1월 31일자.

529) 『東亞日報』 1954년 2월 4일자.

530) 민주당 천세기 의원은 국회에서 다음과 같이 보고했다. "그 전에 참 족청계 무엇이라고 해가지고 그 위세를 날리시던 철기 이범석 장군께서, 그 양반이 사냥을 좋아하시기 때문에 양평에 사냥을 가셨드랍니다. 그래서 어떤 촌가에서 하루저녁 쉬었대요. 이것은 확실한지 모르겠읍니다마는 제가 듣기에는 확실한 것 같습니다. 이범석 장군이 양평에 도착되기 전에 상부에서 이범석 장군에 대해서 엄중한 사찰을 하라는 지령이 내렸읍니다. 그 결과 이범석 장군이 거기서 꿩을 몇십 마리 잡아가지고 올라오신 뒤에 경찰에서는 그 청년을 불러다가 너 어째서 이범석 장군을 거기에 재웠느냐 죽일 놈이다 시말서를 써라… 이따위 협박을 해가면서 하는 것을 그 청년은 똑똑하기 때문에 시말서만은 쓰지 않은 모양입니다마는 이것 자체가 도대체 감찰 대상인 것입니다." 『第十九回 國會臨時會議速記錄』 第百二十七號, 國會事務處, 1955, 32쪽.

531) 『朝鮮日報』 1954년 6월 17일자. 결국 안호상은 무죄판결을 받았다. 『朝鮮日報』 1955년 4월 2일자.

532) 『朝鮮日報』 1954년 1월 11일자.

인 김동명(金東鳴)은 『동아일보』에 「자유당이 걸어온 길—족청계는 이렇게 싸웠다」(1953년 10월 11일~16일)와 「다시 자유당을 말함」(1953년 10월 31일~11월 5일)을 연재했다. 모두 1면에 실린 이 연재물은 족청계의 위험한 이미지를 유포시키는 데 크게 작용한 것으로 보인다.

「자유당이 걸어온 길」에서 김동명은 "족청계의 본거(本據)였던"[533] 자유당의 발자취를 살펴보면서 그 속에서 이범석과 족청계의 역할과 성격에 대해 서술했다. 먼저 창당 과정을 다룬 부분에서는, 자유당 부당수로 이범석이 추대되었을 때 정계 "옵써버"들의 관심을 끈 것은 "그가 국무총리였다거나 주중 대사였다는 찬란한 경력에 대해서가 아니라, 일찍이 미군정 시대에 예의 반갑지 않은 좌우합작 정책의 산물로 자못 세상의 주목거리였던 민족청년단의 총수로서의 철기장군"이었다고 썼다.[534] 여기서 족청을 '좌우합작 정책의 산물'이라 규정한 것은 중요한 의미를 지닌다. 김동명이 족청계가 자유당 "조직 전선에서 주동적 역할을 하게" 된 결과 "보련계, 한독(韓獨)계 등등이 전후하여 자유당의 품속으로 몰려 들었다"[535]고 본 것도 족청에 대한 이러한 인식의 연장선상에 있었기 때문이다. 한편에서는 부산정치파동 시기에 족청계가 보인 "반민주적 투쟁 방식"에 대해 논하면서 "나치쓰 독일에서나 철의 장막 안의 상투적 수법이 이렇게 대담하게 습용(襲用)된다는 것은 결국 족청계적 정치사상의 특징을 시사하는 것"이라고 나치즘과의 유사성을 시사하기도 하지만,[536] 여기서도 '철의 장막'이

---

533) 金東鳴, 「自由黨이 걸어온 길: 族青系는이렇게 싸웠다 ①」, 『東亞日報』 1953년 10월 11일자.

534) 金東鳴, 「自由黨이 걸어온 길: 族青系는 이렇게 싸웠다 ②」, 『東亞日報』 1953년 10월 12일자.

535) 金東鳴, 「自由黨이 걸어온 길: 族青系는 이렇게 싸웠다 ③」, 『東亞日報』 1953년 10월 13일자.

448

등장하듯이 김동명은 기본적으로 족청계를 좌익과 연결시키려 했다. 또한 부산정치파동의 주동자를 이승만이 아닌 '족청계'로 보는 점도 흥미로운 부분이다. 김동명은 "생각컨대 정치파동의 의의는 그 목적이 이 대통령의 재선에 있었다기보다도 야당 세력의 분쇄에 의한 족청계 세력, 즉 다시 말하면 자유당 세력의 확대 강화에 있었다고 보는 것이 옳을는지도 모른다"며, 단지 이승만 정권을 유지하기 위해서라면 굳이 정치파동과 같은 위험한 방법을 사용할 필요도 없었을 것이라고 말한다.537) 이런 관점은 부산정치파동을 수습하기 위해 개입한 미국의 관점과 동일한 것이었는데, 미국이 이승만 정권을 유지하기 위해 만들어낸 이해 방식이 민국당 인사에게도 영향을 미쳤음을 확인할 수 있다.

이어서 10월 말부터 연재된 「다시 자유당을 말함」에서는 족청계를 좌익과 관련시키는 관점이 활씬 더 두드러지게 나타난다. 연재 첫 회 기사를 보면, '우리는 왜 족청계를 싫어하나'라는 부제와 더불어 기사 가운데 큰 표제어로 "적색계(赤色系)들의 피난처"라 쓰고, 그 옆에 조금 작게 "군정시의 좌우합작 정책의 산물"이라고 덧붙였다. 이 글의 제목은 '다시 자유당을 말함'이지만, 맨 먼저 "자유당이란 결국 재생한 민족청년단의 별칭일 뿐"이라는 인식 아래 족청계에 대한 서술이 진행된다. 부제에서 알 수 있듯이 이 글은 '족청계'를 왜 싫어하는지 그 이유를 설명한 것이었다. 그가 먼저 상기시키는 것은 "'족청'이란 미군정 시대에 좌우합작 정책의 산물"이었다는 점이다. 예전에는 추상적으로만 언급된 것이 이 글에서는 구체적으로 서술된다. 즉, 족청 창단 초기에 들어온 청년들은 공산당에 대해 호의

536) 金東鳴, 「自由黨이 걸어온 길: 族靑系는 이렇게 싸웠다 ④」, 『東亞日報』 1953년 10월 14일자.
537) 위의 글.

는 가지면서도 적극적으로 협력할 용기는 없었던 기회주의자들, 그리고 공산당이 하는 것도 '민주 진영'에서 하는 것도 마음에 들지 않은 '초연파'들이 대부분이기는 했지만 "예의 '민애청(民愛靑)'계로부터 새어들어온 '피신파(避身派)'"에 주목할 필요성을 지적하고 있다. 이어서 "그 뒤로는 때와 경우에 따라 공산당에 대한 탄압의 선풍이 휩쓸 때마다 수많은 적색계의 청년들이 저들의 '피신처'를 족청에 구하였음은 물론이요, 더 내려와서는 보련계, 민련계, 한독계의 젊은이들이 앞으로의 정치적 지반을 모색하여 이리로 몰려들었던 사실도 우리는 잊어서는 안 된다"고 단언하면서 족청이 '적색계의 피난처'임을 강조했다.538) 연재 2회에서는 표제어를 "철기(鐵驥)식 '파시즘'의 특이성은 민주 세력을 적으로 삼는 데 있었다"라고 뽑았다. 족청계가 "그 성분에 있어서 약간의 상극성을 내포하고 있는데도 불구하고 그 행동 면에 있어서 거의 완전에 가까운 통일"을 보일 수 있었던 까닭이 "이 장군 이하 참모진에 의하여 지향되고 있는 예의 '네오·파시즘'"에 있다고 보았기 때문이다. 여기서 김동명은 족청의 두 중추 세력에 대해 다시 정리한다. 즉 "하나는 공산계 및 여기에 동조하는 무리들로 이루어진 좌익 세력"이며, "또 다른 하나는 이른바 '네오·파시즘'을 지향하는 철기 노선에 흘리어 허둥거리는 반동 세력"이다. 이 상이한 세력들이 합작할 수 있었던 이유로 김동명은 "당면의 투쟁 목표가 일치할 수 있었던 까닭"이라며, 그 내용은 "민주 세력을 적으로 하는 데 있었던 것"이라고 설명했다. 그러면서 "여기에 철기식 '파시즘'의 특이성이 있음은 물론인데 우리들이 굳이 '네오'를 명명하는 소이(所以)기도 하다"며 족청계의 특징을 좌익 세력과 반동 세력이 합작한 '네오 파시즘'으로 규정한다.539) 그러면서도 "좌우합작이

538) 金東鳴, 「다시 自由黨을 말함: 우리는 왜 族靑系를 싫어하나 ①」, 『東亞日報』 1953년 10월 31일자.

가능할 경우란—족청은 이 나라에서는 있을 수 없는 유일한 좌우합작체다
—좌에 의하여 우가 이용될 수 있는 경우에, 혹은 앞으로 그럴 기회의 도래
가 예상될 경우에 한한다는 사실"과 "저들의 전술, 즉 모략선전 조직투쟁에
있어서 모든 방식이 꼭 공산당의 수법에서 일점일획도 틀리지 않는다는
사실"을 들어, 결국 족청계를 움직이는 것이 좌익임을 주장하는 점540)에는
주목할 필요가 있다. 그래서 김동명이 내리는 결론은 다음과 같다. "자유당
이 족청계의 지배하에 있듯이 족청계는 또 적색계의 조종 밑에 있다고—.
이렇게 되면 우리는 한 개의 중대한 명제에 부딪치게 된다. 그것은 무엇이
냐 하면 '그러므로 자유당을 호령하는 자는 결국 공산도당이라고—.'"541)
김동명은 그렇기 때문에 자유당을 구하기 위해서는 자유당을 해체하고 재
건해야 한다고 말한다.542)

자유당 측도 이와 유사한 이미지를 유포시켰다. 1954년 3월에 자유당과
가까운 정경민보사에서543) 간행된 함토은(咸土隱)의 『독재몽유병자: 족청
의 행장기』544)가 그것이다.

---

539) 金東鳴, 「다시 自由黨을 말함: 우리는 왜 族青系를 싫어하나 ②」, 『東亞日報』 1953년
11월 1일자.

540) 金東鳴, 「다시 自由黨을 말함: 所謂 「同調者」에 對하여 ③」, 『東亞日報』 1953년 11월
2일자.

541) 위의 글.

542) 金東鳴, 「다시 自由黨을 말함: 自由黨을 救하는 길 (完)」, 『東亞日報』 1953년 11월
5일자.

543) 정경민보사 사장 송태희(宋泰熙)는 족청계 제거 직후인 1953년 12월에 국민회 상무집행위
원으로 선출되었으며(『朝鮮日報』 1953년 12월 5일자) 1956년 2월부터는 자유당 중앙위
원을 지냈다(『黨務經過報告(一般)』, 自由黨中央黨部, 1956, 18~19쪽). 국민회와 자유당
에서 이기붕이 떠오르는 과정에서 상무집행위원과 중앙위원이 된 것으로 보아 송태희는
이기붕과 가까운 위치에 있었을 것이다.

544) 咸土隱, 『獨裁夢遊病者: 族青의 行裝記』, 政經民報社, 1954. 이 책이 발행된 날짜는
1954년 3월이지만 저자 서문의 날짜는 1953년 10월로 되어 있어 족청계 제거 직후부터

이 책은 족청 시기부터 이승만의 족청 제거 담화가 나오기까지의 과정을 다루면서 족청계의 행태를 폭로하는 식으로 서술되었다. 함토은은 족청계를 "공산주의적 독재몽유병자"라고 규정하면서,[545] 그러한 성격의 유래를 "국가지상과 민족지상의 "슬로강""에서 찾는다. 함토은이 보기에 족청은 "국가지상과 민족지상에 대한 정론을 확립하지 않았으며 한계를 분명하게 그어놓지 않았으므로서 제국주의적 침략 이론과 합치시키었고 공산주의적 독재자들과 야합할 수 있는 길만을 열어놓은 데 불과"[546]했다. 즉, 독일과 일본의 제국주의적 침략을 의미하는 것이 국가지상과 민족지상이며, 제2차 세계대전 때 스탈린이 조국과 민족을 외쳤고 마오쩌둥이 신민주주의를 제창해 쑨원의 건국 이념과 동일한 듯이 기만했던 것과 동일하다는 주장이다. 이렇게 족청이 들고 나온 슬로건 자체가 위험한 데다, "족청이 발족 당시부터도 대량의 좌익분자를 영합하였거니와 자유당의 조직 당시부터는 자파 세력을 확충하기 위하여 무조건 영합"[547]한 것으로서 족청계의 성격이 규정된다는 게 함토은의 시각이다. 또한 족청계의 행태에 대해서는, 자유당 내에 설치된 감찰부가 "소련의 비밀경찰 제도와 흡사한 것"[548]이라든지 1953년 5월 자유당 제4차 대회 때 만들어진 징계위원회가 "두말할 것도 없이 거대한 민족 진영을 총숙청하기 위하여는 좀 더 강력한 기구가 필요하였기 때문에 북한 괴뢰들이 하고 있는 소위 정치보위부(사회안전부로 개칭)를 본따서 만든 것"이라는 식으로 공산당과의 유사성이 강조된다.[549] 그러

준비된 것임을 알 수 있다.

545) 咸土隱, 앞의 책, 2쪽.

546) 위의 책, 13~15쪽.

547) 위의 책, 16쪽.

548) 위의 책, 23쪽. 그런데 '족청계' 제거 이후에도 감찰부는 없어지지 않았으며 50년대 후반에 '정치깡패'로 이름을 날린 이정재가 소속된 곳이 바로 이 감찰부였다.

452

면서 족청계는 "공산당의 피신처인 동시에 공산 음모의 책원지"[550]이며, 민족 진영의 분열과 오열 침투에 전력을 기울이고 있는 적과 "호응 내통한 것이 자유당의 족청계"[551]라는 결론이 나온다. 그런데 이 책에서 흥미로운 점은 이승만과의 관계이다. 함토은이 보기에 족청계가 독재를 자행할 수 있었던 까닭은 "고매영명(高邁英明)하신 국가원수의 주위에 철막을 둘러치고 민의가 반영되지 못하게"[552] 했기 때문이며, 결국 그들이 제거되기에 이른 이유는 "초인적인 우리 국가원수를 언제까지나 기만 현혹시키려는 데는 실패"[553]했기 때문이다. 앞에서 보았듯이 민국당 측도 이승만과 족청계를 구별하는 태도를 보였지만 자유당 측은 더 분명하게 족청계와 이승만을 대립시켰음을 확인할 수 있다. 이 점은 무엇을 족청계의 주된 악행으로 보느냐는 관점과도 관련된다. 김동명은 주로 부산정치파동이 민주주의를 짓밟는 것이었다는 점을 강조한 데 반해, 함토은은 부산정치파동 자체는 전혀 부정적으로 보지 않고 오히려 그 뒤에 일어난 자유당 전당대회 등 자유당과 기간단체를 둘러싸고 벌어진 내분을 주로 문제 삼았다. 그 결과 양자 모두 '공산당과의 연계'를 공통적으로 비판하면서도, 김동명은 파시즘적인 행태를, 함토은은 '공산당적' 수법을 강조하는 차이를 보이는 것이다.

이와 같은 선전공세의 결과 1955년에는 "우리 정계에서는 '족청'이라는 괴물이 실재한 것을 확인하여 혹자는 이유 없이 사갈시하며 시의와 증오 그리고 공포증까지 이르켜서 허약아(虛弱兒)의 몽중에 나타나는 마왕 같은

---

549) 위의 책, 30쪽.
550) 위의 책, 38쪽.
551) 위의 책, 39쪽.
552) 위의 책, 10쪽.
553) 위의 책, 11쪽.

존재로 환상하여 일부에서는 그와 반대로 호풍환우(呼風喚雨)하는 다재다능한 용왕 같은 존재"로 인식되기에 이르렀다.554) 또한 1956년에 한 작가와 이야기를 나누는 가운데 이범석이 "족청이라면 마치 무덤 속에서 기어 나오는 해골바가지가 총과 한 손에 낫을 들고 껌정수건을 뒤집어쓰고 밤중에 햇불 들고 모가지 베러 오는 것처럼 족청! 족청!"한다고 흥분하면서 말할 정도가 되었다.555)

그와 더불어 반공주의 논리의 변화 역시 족청계의 부활을 불가능하게 만들었다. 족청계의 반공주의는 민족주의를 통해 내부적 계급모순을 '(적색)제국주의'에 대한 적대로 치환시키는 파시즘적 논리에 의한 것이었는데, 족청계 제거 직후부터 반공주의 논리로서 오히려 '제3세력'과 결부될 수 있는 민족주의를 경계하고 진영 논리를 강조하는 경향이 나타나기 시작한 것이다. 한 사례로 족청계 제거 직후에 나온556) 『사상계』 제6호에서 백낙준은 당시 '제3세력'의 중심으로 대두하던 인도가 "아세아를 아세아인의 아세아로 만들자는 뜻"을 가지고 중화인민공화국을 지지한 것을 비판하면서, "오늘의 전쟁은 사상적 전쟁이요, 인종적 전쟁이 아니다. 더욱이 국제문제를 다룸에 있어 인종 문제를 가미하는 것은 근신을 요하는 것"이라고

---

554) 辛泰嶽, 「世稱『族靑派』의 功罪를 論함: 自由黨 創黨派의 心境의 一端」, 『議政公論』 第一卷 第二號, 議政公論社, 1955, 45쪽.

555) 「趙敬姬對談 希望放談(第十九回): 政治人 李範奭」, 『週刊希望』 第52號, 希望社, 1956, 11쪽.

556) 장준하가 쓴 것으로 보이는 「권두언」은 "대통령이 얼마 전에, 민심을 도외시하고 자파의 세력 부식과 민의의 통일을 빙자하여 우둔한 강권 시책을 취하며 민생을 도탄에 빠쳐 국민의 원성을 높이고 있던 모 장관을 파면함과 동시에, 일관된 정권욕에 눈이 어두워 불공대천지수인 공산당과까지 짝하여가며 모략 중상으로 분열과 작당을 일삼어 국가 민족의 체면을 손상키든 모 집단을 해체 개편하려는 담화를 발표하여 전 국민은 박수갈채" 했다고 족청계 제거를 전면 지지하는 모습을 보였다. 「卷頭言: 理念과 方向」, 『思想界』 第六號, 思想界社, 1953, 7쪽.

주장했다.[557] 같은 호에 실린 신도성의 글 역시 소련의 세계 정책이 "후진
국가 및 약소국가의 민족주의적 감정을 이용해서 이들 국민의 선진 자본주
의국가—특히 미국에 대한 반감을 조장"하는 것이라며, "자유 제국 간의
긴밀한 결속은 무슨 대가를 지불해서라도 급속히 회복하지 아니하면 아니
될 제일의 목표"라고 진영 내부의 결속을 최우선으로 강조했다.[558] 이러한
반공 논리는 1950년대 중반에는 대세가 되었는데,[559] 냉전적인 진영 논리
가 관철되면서 족청계는 그 설 자리를 잃을 수밖에 없었다.

이런 상황과 더불어 족청계가 부활할 수 없었던 배경에는 미국의 인식
변화도 작용했을 것이다. 1953년 6월에 미 국가안전보장회의에서 세계 각
지의 미 공보원에 대한 지침을 마련하기 위해 작성한 문서를 보면, 자유
진영의 단결을 방해하는 요소로 '극단적 민족주의적인 경향(extreme nation-
alist tendency)'을 거론하고 있다.[560] 이제 족청계가 보여준 파시즘적인 민
족주의는 미국이 배제해야 할 존재로 공식적으로 인식되었던 것이다. 그와
동시에 주목할 것은 미국에서 족청에 대한 호칭이 변화했다는 사실이다.
원래 민족청년단의 영어 명칭은 National Youth Corps였는데, 그것이 족청
계 제거와 거의 동일한 시기에 Racial Youth Corps로 바뀌었다.[561] 즉, 족

---

557) 白樂濬, 「韓國을 圍繞한 國際情勢의 今昔」, 『思想界』 第六號, 112쪽. 백낙준의 이
　　글은 실제 잡지 지면에서는 중간에 있는데도 표지에서는 가장 위에, 목차에서는 권두언
　　다음에 배치되었다. 장준하가 이 글을 얼마나 부각시키려 했는지 알 수 있다.

558) 愼道晟, 「再建의 政治的 土臺」, 『思想界』 第六號, 51, 54쪽.

559) 후지이 다케시, 「제1공화국의 지배이데올로기」, 『역사비평』 83호, 역사비평사, 2008,
　　141~142쪽.

560) 허은, 『미국의 헤게모니와 한국 민족주의』, 高麗大學校 民族文化研究院, 2008, 327~328
　　쪽.

561) "From Myles S. Weston to Col. Brown: Lee, Bum Suk"(13 Jul 53), 『美軍 CIC 情報
　　報告書』 I, 648쪽. 1953년 12월에 족청계 제거를 전하는 전문에서 브릭스(Briggs) 대사
　　역시 족청을 Racial Youth Corps로 표기했다. "From Seoul(Briggs) to the Secretary of

청이 인종주의적 세력이라는 인식이 분명하게 등장한 것이다. 진영 논리가 강화된 1950년대 중반의 남한에서 미국의 경계 대상이 된다는 것은 치명적인 일이었다.

국내외적으로 형성된 이러한 이미지가 족청계 존립에 치명적이었다는 사실은, 족청계가 확고한 조직이라기보다 어떤 이념을 중심으로 형성된 정치적 현상이었음을 시사한다. 이승만의 명령으로 바로 몰락하게 된 이들의 취약한 모습은 독자적인 기반을 확보하지 못한 족청계의 한계를 보여준다고 할 수 있다. '해방8년'과 더불어 막을 내린 이데올로기의 시대의 종언은 족청계와 같은 세력을 불가능하게 만든 것이다.

State"(December 11, 1953), 『南北韓關係史料集』 17, 409쪽.

결론

결론

　이상 족청계의 기원과 형성, 그리고 그 활동상과 몰락 과정을 살펴보았다. 이승만 정권 초기에 이승만의 중요한 동맹자로 활동하면서 주로 이데올로기 생산을 담당한 이들은, 자본주의의 위기 속에서 파시즘이 세계적으로 확산되던 1930년대에 그 사상을 형성했으며 동아시아에서 냉전 구조가 굳어지는 1950년대 중반에 몰락했다는 점에서, 세계 질서 재편 과정에서 나타난 과도기적인 흐름을 보여주었다고 할 수 있다. 이들의 사상은 파시즘의 자장 속에서 형성된 것이었지만, 주변부에서 발현된 모습은 제3세계주의적인 것이기도 했다. 세계적으로 파시즘이 패배한 1945년 이후에, 그리고 세계적으로 제3세계주의가 발흥하는 1960년대 이전에 활동한 그들은 여러 가지 의미에서 파시즘과 제3세계주의 사이에 위치한 존재였다고 할 수 있다.

　이와 같은 성격을 띤 족청계가 보여준 역사적 궤적을 다시 정리하면 다음과 같다.

　먼저 족청계의 사상적 기원은 대체로 1930년대에 있다고 볼 수 있다. 중국에서 독립운동을 하던 이범석은 1930년대 말에 장제스가 개설한 중앙훈련단에서 훈련을 받으면서 '민족주의·군사화·지도자 숭배'로 요약할 수 있는 장제스식의 파시즘 사상을 익히게 되었다. 항일전쟁 과정에서 체계화된 장제스의 파시즘적 사상은 국공합작 상황 속에서 국민총동원을 위해 제기된 '국가지상 민족지상'이라는 구호로 집약될 수 있는 것이었는데, 이것이 이범석의 사상의 바탕을 구성하게 되었다. 족청계의 대표적 이데올로그의 한 사람이었던 안호상은 1920년대 독일에서 인종주의적인 경향을 띤 철학자의 지도를 받으면서 칸트와 헤겔의 영향을 받았는데, 칸트식의 규율의 중요성과 헤겔식의 민족의 절대적 규정성을 핵심으로 한 그의 철학은 1930년대에 동양철학과 교차되면서 장제스가 중요시했던 양명학의 '지행합일'이라는 이념에 접근해갔으며, 성리학의 전통 속에서 헤겔적인 '전체'를 찾아내려고 했다. 족청계의 또 하나의 대표적 이데올로그인 양우정은 1920년대 후반부터 프롤레타리아문학운동을 통해 사회주의운동에 참여하다가 1931년에 검거된 뒤 1934년에 전향하게 된다. 전향을 하면서 양우정이 공산주의에 대치시킨 것이 가족이었는데, 이 '가족주의'는 일본 파시즘과 그 논리를 공유하면서도 민족주의와도 연결될 수 있는 것이었다. 이와 같이 족청계 핵심 인사라고 할 수 있는 이들의 사상은 파시즘과 관계를 가지면서 형성된 민족주의였다.

이들의 사상은 해방 이후에 본격적으로 그 모습을 드러내게 되는데, 그 중심이 1946년에 조직된 조선민족청년단(족청)이었다. 족청은, 좌우합작을 추진해야 하는 상황 속에서 친미적인 청년들을 양성할 의도를 가진 미군정의 전면적인 후원을 받고 조직되었는데, 미군정의 의도와 달리 족청의 훈련 방식은 중국의 중앙훈련단을 거의 그대로 이식한 군사주의적인 규율을 중심으로 한 것이었으며, 그 이념 역시 파시즘적인 경향이 강한 민족주의였다. '비정치, 비군사, 비종파'를 내세운 족청은 폭력적인 대공투쟁을 일삼던 기타 청년단들과 달리 훈련을 통한 조직 확장에 치중했으며, 그 가운데 좌익(출신)들을 적극적으로 포섭하는 모습을 보였다. 강한 민족주의로 좌익까지도 포섭하려는 경향은 당시 대한독립촉성국민회에서 '공생민족주의' 계열과 '민족사회주의' 계열의 동맹으로 미군정이 추진하는 좌우합작에 맞설 것을 주장했던 양우정과도 공통적인 것이었다.

그런데 민족주의를 내세우던 이들은 단독정부 수립에 적극적으로 참여하게 된다. 1948년의 5·10 선거에 대한 참여를 결정하면서 족청은 내부적인 갈등을 겪기도 했지만, 선거 결과 적지 않은 국회의원을 배출했다. 국회로 진출한 족청 출신들은 파시즘적인 논리로 노동자 보호를 강조하고 국방력 강화를 주장하기도 했는데, 족청의 특성을 더 잘 보여준 것은 정부에 진출한 이범석과 안호상이었다. 대통령으로 선출되면서 한국민주당과의 동맹 관계를 깬 이승만이 새로운 동맹자로 족청을 선택한 결과, 이범석은 국무총리 겸 국방부 장관으로, 안호상은 문교부 장관으로 임명되었다. 국무총리로서는 뚜렷한 개성을 발휘할 수 없었지만 국방부 장관으로서 이범석은 국방부에 정치국을 설치해 중국의 국민혁명군에서 그랬듯이 반공 군대 건설을 위해 군인에 대한 정치 교육을 실시하려고 했으며, 안호상은 민주적 민족 교육이라는 이름 아래 개인주의와 국제주의를 배격하고 인종주의적인 민족주의를 고취했다. 이들의 이러한 정책은 미국 측의 경계를 사게 되었는데, 족청 해산을 둘러싼 이승만과 이범석 사이의 갈등과 맞물리면서 이범석은 국방부 장관 자리에서 물러나게 되었다.

이범석이 스스로의 기반으로 삼고자 했던 국군을 잃게 되고 족청이 해산당하면서 새로이 활용하려고 한 것이 일민주의였다. 일민주의는 미군 철수가 결정되어 정부로서 독자적 반공 체제 확립이 시급했던 1949년 4월에 국민보도연맹이 결성되는 데 맞추어 좌익을 전향시키고 포섭할 목적으로 본격적으로 체계화되기 시작한 이념 체계였으며, 그와 같은 일민주의의 체계화를 주도한 인물이 양우정이었다. 양우정이 체계화한 일민주의는 국내의 계급모순을 국제적인 민족모순으로 치환시키는 파시즘적인 민족주의의 특성을 강하게 지닌 것이었는데, 당시 일민주의가 보여준 '반제국주의적' 성격은 미국이 '공산 진영'을 분열시키기 위해 구상한 민족주의의 적극적 활용 방안(쐐기 전략)과도 공통적인 것이었지만 무엇보다도 민족주의를 통한 좌익 포섭이라는 방식은 과거 족청에서 취했던 방식과 동일한 것이었다. 더욱이 장제스를 모델로 삼았던 이범석에게 삼민주의와 같은 역할을 할 수 있는 일민주의는 꼭 필요한 것이었다. 그 결과 이범석은 일민주의보급회를 장악해 이를 전국적인 기반으로 삼으려 했으며, 그와 동시에 안호상에 의해 일민주의가 재정립되게 되었다. 양우정도 이 움직임에 합세하면서 일민주의를 매개로 족청계가 형성되었다. 하지만 국무총리와 문교부 장관과 같은 관직을 이용해 일민주의보급회를 확대하려 했던 그들의 의도는 이범석이 1950년 4월에, 안호상이 5월에 각각 해임되면서 일단 좌절하고 만다.

하지만 1950년 6월에 발발한 한국전쟁은 족청계에 부활의 계기를 제공했다. 전쟁이라는 상황 자체가 군인인 이범석에게 호기일 수 있었지만, 미 대사관 측의 방해로 그것이 이루어지지 않자 이범석은 장제스와의 관계를 통해 부활의 기회를 노리고자 대만으로 가게 되었다. 이범석이 활용하려 했던 미군의 롤백이 실행되지 않아 그의 원래 의도는 달성되지 않았지만, 대만에서 지낸 결과 이범석은 중국국민당의 개조를 통한 장제스 체제의 공고화를 목도하게 되었다. 대만에서 귀국한 이범석은 당시 구상되기 시작한 신당 조직에 참여하게 되는데, 그때 신당의 모델로 활용된 것이 개조된 중국국민당이었으며 이것은 국회를 누르기 위한 대중 조직이 필요했던 이승만의 뜻에도 맞는 것이었다. 이렇게 원외자유당 탄생에 핵심적인 역할을 한 결과 이범석은 원외자유당 부당수 자리를 차지하게 되었다. 다시 이범석이 이승만을 이은 제2인자 자리를 확보한 것이다.

원외자유당을 통한 족청계의 활동은 국회에 대통령 직선제 개헌을 폭력적으로 강요한 부산정치파동에서 절정에 달했다. 족청계는 '지방 대표'들을 통한 '민의 동원' 등에서 그 힘을 과시했지만, 그 결과 미국 측에서 부산정치파동의 주동 인물로 이범석을 지목하게 되었다. 미국 측의 공작과 이승만 지지 세력 내부의 갈등이 맞물리면서 이범석은 또다시 이승만의 경계 대상이 되었으며, 그 결과는 부통령 선거 낙선이었다. 일단 수세로 밀린 족청계는 1953년 봄부터 휴전 반대운동이 대대적으로 전개되는 가운데 다시 공세를 펴 자유당, 농총, 국민회 등을 거의 장악하게 되지만, 이범석이 외유를 나가고 없는 사이에 이승만은 족청계 제거를 명령해 휴전 체제 성립과 때를 같이해서 족청계는 권력 중추부에서 사라지게 되었다.

족청계가 보여준 이와 같은 궤적은 파시즘이 제2차 세계대전 이후에 전유되는 방식과 그것이 냉전 질서와 충돌을 일으키게 되는 과정을 보여준다. 그들의 사상은 말할 것도 없이 반공주의였지만 그 핵심을 이룬 것이 민족주의였다는 점에서 미국에서 생각하는 반공주의와는 거리가 있었다. 미국에서도 한때 민족주의의 적극적인 활용을 모색하기도 하지만, 공화당 아이젠하워 정권의 등장으로 냉전 전략 가운데 경제의 비중이 높아지면서 극단적 민족주의는 미국의 반공 전략을 저해하는 요소로 분명하게 인식되기에 이르렀다. 또한 족청계가 보여준 대중 동원형 정치 형태 역시 한국 내정의 안정을 원했던 미국의 입장과 배치될 수밖에 없었다. 이와 같이 족청계의 성쇠는, 민족해방운동의 연장선상에 있던 대중 동원의 정치 공간이 한국전쟁 휴전과 더불어 사라지게 되는, '해방8년'의 한 측면을 보여주는 것이었다.

족청계의 몰락과 궤를 같이 한 '해방8년'의 종언은 남한 사회에 여러 가지 큰 변화를 가져왔다. 본문에서 보았듯이 자유당의 성격도 변했지만, 주목할 것은 조봉암의 위상 변화이다. 본문에서도 계속 언급되었듯이 조봉암이 대중적인 기반을 확보하려고 할 때마다 족청계와의 관계가 부각될 정도로 조봉암과 족청계가 공유하는 정치적 영역이 존재했는데, 족청계의 제거는 전향 사회주의자가 활동할 수 있는 영역을 축소시키는 결과를 낳았다. "제갈량(諸葛亮)의 출사표를 연상"시킨다고까지 표현될 정도로 자신의 노선을 분명히 밝힌 결정적 텍스트[1] 『우리의 당면과업』에서 조봉암이 굳이 족청계 제거에 대해 이의제기를 했던 것은, 족청계를 매개로 유지되었던 어떤 정치 영역의 소멸에 대한 위기의식의 발로였다고 볼 수 있을 것이다.[2] 냉전적인 이분법 구도로 회수되지 않는 정치 영역이 축소된 결과 조봉암은 독특한 존재로 부각될 수밖에 없었던 것이다.

이와 같은 정계 재편뿐만 아니라 체제 자체에도 변화가 일어났다. 서론에서도 언급했듯이 족청계를 제거한 자유당은 1954년 11월에 '사사오입 개헌'을 통해 '경제적 사회적 민주주의' 이념을 담은 헌법의 경제 조항을 개정했지만, 경제 조항 개헌안 자체는 족청계가 자유당에서 제명된 직후라고 할 수 있는 1954년 1월에 정부에 의해 공고된 것이었다. 이 개헌안이 의결된 국무회의에서 이승만이 외자 국내 도입을 촉진하기 위한 방안을 연구하도록 외무, 재무, 상공 각부 장관 및 기획처장에게 지시했듯이[3] 개헌의 목적은 외자 도입에 있었다. 한미재단 등의 로비의 결과이기도 한[4] 이 개헌이 단적으로 보여주는 것은 경제적 민족주의의 쇠퇴라고 할 수 있을 것이다.

1) 서중석, 『조봉암과 1950년대』상, 역사비평사, 1999, 75쪽.

2) 曺奉岩, 『우리의 當面課業: 對共産黨鬪爭에 勝利를 爲하여』, 革新文藝社, 1954, 78~80쪽.

3) 『第五回 國務會議錄』(1954년 1월 22일).

4) 辛容玉, 「大韓民國 憲法上 經濟秩序의 起源과 展開(1945~54年): 헌법 제·개정 과정과 국가자본 운영을 중심으로」, 고려대 사학과 박사논문, 2006, 268~272쪽.

이런 변화는 냉전 체제가 국내적으로 관철되는 과정이라고도 할 수 있다. 즉, 국내적으로 반공 체제를 구축하기 위해 주체 형성의 적극적인 기제가 필요했던 것과 마찬가지로, 미국 역시 냉전 체제를 구축하는 과정에서 또 다른 주체 형성 기획을 실행하려 했으며, 결국 미국의 기획이 관철되었다는 것이다. 이 변화는 국제정치학적인 진영론과 다른 차원에서 냉전을 이해할 필요성을 제기한다. 한국에 대한 미국의 경제 정책이나 문화 정책은 단순히 '친미 인사 양성'이라는 수준에서 이해할 수 있는 문제가 아니라는 것이다. 1950년대 중반에 남한에서 일어난 변화를 이해하기 위해서는 냉전에 대한 또 다른 접근이 필요하다.

냉전에 대한 보다 깊은 이해를 위해서는 미국이라는 국가가 지닌 역사적 특성이 해명되어야 할 것이다. 이 책에서는 미국에 대해 제대로 분석하지 못했지만, 자본주의 체제의 위기에 대한 대처라는 측면에서 볼 때도 미국이 지닌 특이성은 충분히 검토될 필요가 있다. 즉, 미국의 대한 정책을 포함한 대외 정책이 지닌 성격을 자본주의 체제의 문제로서 충분히 분석해야만 족청계와 같은 정치 세력이 지닌 역사적 의미를 보다 입체적으로 파악할 수 있을 것이다. 하트와 네그리가 전후 미국의 세계 전략을 "세계를 향한 뉴딜"이라고 표현했듯이[5] 미국은 뉴딜 정책의 수출을 통하여 세계자본주의를 부흥시키고자 했는데, 중요한 것은 영국의 케인즈-베버리지식 복지국가 모델과는 달리 뉴딜 정책에는 테네시계곡 개발공사(Tennessee Valley Authority, TVA)와 같은 대규모 지역 개발 사업이 포함되어 있었다는 점이다.[6] 미국에서 가장 가난한 지역 중 하나였던 테네시계곡 지역을 변모시킨

5) Michael Hardt & Antonio Negri, *Empire*, Cambridge: Harvard University Press, 2000, pp. 241~244.
6) TVA에 대해서는 Mario Einaudi, *The Roosevelt Revolution*, New York: Harcourt, Brace

TVA는 1930년대부터 미국이 파시즘과 공산주의에 맞서기 위한 중요한 모델로 평가되었으며 나중에 '근대화론'이라는 이름으로 제3세계에 수출할 수 있는 중요한 개발 모델로 활용되기도 했다.[7] 이와 같이 냉전이 진행되는 가운데 확산된 개발 모델이 원래 자본주의 체제의 위기에 대처하기 위한 방안으로 제출된 것이었다는 점에는 충분히 유의할 필요가 있다. 즉, 복지국가나 파시즘과 마찬가지로 미국의 개발 정책 역시 새로운 통치성을 모색하는 가운데 형성되었던 것이다.

이런 각도에서 보았을 때 1930년대에 제기된 문제들이 이미 과거의 것이 되었다고 보기는 어려울 것이다.[8] 자본주의 체제의 위기는 여전히 계속되고 있고, 대규모 개발이나 신자유주의가 답이 될 것 같지도 않다. 그렇다고 파시즘이 부활할 것이라는 진부한 경고를 할 생각은 없지만, 우리는 아직 '긴 30년대(long Thirties)'에 살고 있는지도 모른다는 생각은 든다. 파시즘이 등장하게 된 기반에 대한 진지한 고민이 인간의 삶의 방식 자체를 다시 생각하게 만든 것처럼,[9] '30년대'를 끝내기 위해서는 인간사회의 구성 원리에 대한 근본적인 고민이 필요할 것이다.[10]

---

and Company, 1959, pp. 158~189.

7) David Ekbladh, *The Great American Mission: Modernization and the Construction of an American World Order*, Princeton: Princeton University Press, 2010.

8) 여기서 직접 다루지는 않았지만 현재 맹위를 떨치고 있는 신자유주의(neo-liberalism) 역시 1930년대 말에 형성되기 시작했다. Michel Foucault, *Naissance de la biopolitique: cours au Collège de France(1978~1979)*, Paris: Gallimard/Seuil, 2004, p. 138, 166~167[미셸 푸코 지음, 오트르망 옮김, 『생명관리정치의 탄생: 콜레주드프랑스 강의 1978~79년』, 난장, 2012, 193~197, 230~233쪽].

9) Karl Polanyi, *The Great Transfoemation: the Political and Economic Origins of Our Time*, Boston: Beacon Press, 1957[first published in 1944].

10) 새로운 사회를 상상하는 데 다음 책은 많은 자극을 준다. David Graeber, *Fragment of an Anarchist Anthropology*, Chicago: Prickly Paradigm Press, 2004.

부록

[부록 1] 조선민족청년단 이사

이름	족청 참여 당시 주요경력
李範奭	한국광복군 제2지대 대장.
盧泰俊	한국광복군 제2지대 제2구대장.
安椿生*	한국광복군 제2지대 제1구대장.
宋冕秀*	한국광복군 제2지대 정훈조장.
金雄權	상하이에서 독립운동. 이범석과 개인적 친분.
金炯元	언론인. 한독당 중앙위원.
朴柱秉	한독당 민주파.
白樂濬	연희대 총장. 미군정 학무국 조선인 교육위원.
金活蘭	이화여대 총장. 미군정 학무국 조선인 교육위원.
玄相允#	고려대 총장. 미군정 학무국 조선인 교육위원.
崔奎東	중동학교 교장. 미군정 학무국 조선인 교육위원.
黃義敦#	동국대 교수. 미군정 국사 교과서 집필.
尹致暎*	이승만 비서. 민주의원 비서국장. 이승만계.
任永信*	여자국민당 당수. 이승만계.
白性郁*	중앙불교전문학교 교수 역임. 이승만계.
錢鎭漢*	대한독립촉성국민회 중앙상무집행위원.
薛 麟#	천도교 신파. 모스크바 유학.
姜世馨*	일독문화협회 주사 역임. 이범석과 개인적 친분.
白斗鎭*	조선은행 이사.
李基璡	함흥상업창고주식회사 전무취체역, 선흥상공주식회사 대표취체역, 경성건축사 대표취체역, 조선판석공업주식회사(함흥) 취체역 등 역임.

*는 1947년 3월에 새로 추가되었음을, #는 사임했음을 의미한다.

[부록 2] 조선민족청년단 전국위원

이름	족청 참여 당시 주요 경력
李範奭	한국광복군 제2지대 대장
盧泰俊	한국광복군 제2지대 제2구대장
安椿生	한국광복군 제2지대 제1구대장
宋冕秀	한국광복군 제2지대 정훈조장
趙一文	한국광복군
李道淳	한국광복군 제2지대
李大偉	미군정 노동부장
李容卨	미군정 보건후생부장
李哲源	미군정 공보부장
兪億兼	미군정 문교부장
洪憲杓	미군정 재무부장 서리
崔承萬	미군정 문교부 교화국장
白樂濬	연희대 총장. 미군정 학무국 조선인 교육위원
金活蘭	이화여대 총장. 미군정 학무국 조선인 교육위원
玄相允	고려대 총장. 미군정 학무국 조선인 교육위원
崔奎東	중동학교 교장. 미군정 학무국 조선인 교육위원
李泰圭	서울대 문리과대 학장
尹日善	서울대 대학원장
全鎣弼	보성중학교 경영
朴永出	숭덕학사 운영
朴仁德	덕화여숙 교장
安浩相	서울대 교수
卞榮泰	고려대 교수
金允經	연희대 교수
黃義敦	동국대 교수. 미군정 국사교과서 집필

鄭寅普	연희대 교수
李基瑃	조선판석공업주식회사(함흥) 취체역
權寧一	경성고무주식회사 사장. 백성욱 매부
金昌起	원산 운송업계의 중진
金顯慶	정부 수립 이후 조선중석광업주식회사 관리인
李晩秀	경성고무합자회사(군산) 대표. 군산상공회의소 대표
裵榮建	계원산업주식회사(연백) 취체역
趙寅燮	천일제약주식회사 전무취체역. 조선경제협의회 이사
李天鐸	대동상사주식회사 취체역 지배인. 족청 경북도위원회 부회장
李性玟	인천제일화학흥업주식회사 사장. 족청 인천시단부 단장
朴宅先	경북상공회의소 사무국장. 족청 경북도위원
金耕進	족청 경남도단부 단장
朱奉植	족청 전남도단부 단장
宋斗煥	신간회 대구지회 위원장. 민주통일당 발기인
金炳淵	조선민주당 조직부장
尹致暎	이승만 비서. 민주의원 비서국장. 이승만계
任永信	여자국민당 당수. 이승만계
白性郁	중앙불교전문학교 교수 역임. 이승만계
錢鎭漢	대한독립촉성국민회 중앙상무집행위원
尹錫五	이승만 비서
姜世馨	일독문화협회에서 나치즘 선전 활동. 이범석과 개인적 친분
姜旭中	변호사, 백민회
金觀植	독촉국민회 무소속 상무위원
金鼎相	경성의전 출신의 의사(?)
鄭圭皓	『신천지』 1946년 12월호에 「동학농민투쟁의 역사적 고찰」 기고
李愚民	민족자주연맹 회계. 이범석과 개인적 친분
金雄權	上海에서 독립운동. 이범석과 개인적 친분
朴柱秉	한독당 민주파
金炳元	언론인. 한독당 중앙위원
白斗鎭	조선은행 이사
邊成玉	독촉국민회 청년부장. 과도입법의원 의원
薛麟	천도교 신파. 모스크바 유학
申鉉商	김구 한문 비서
吳夏英	독촉국민회 고문. 과도입법의원 의원
尹樂炳	불명

[부록 3] 대한민족청년단 제5차 임시확대전국위원회 선언
―『朝鮮日報』1948년 9월 11일자

宣言

우리民族의 革命的 靑年群衆의 唯一한 組織的 結合體인 本團은 國內情勢의 急激한 發展에 鑑하여 이에 臨時擴大全國委員會를 열고 우리의 本來의 所信을 더욱 굳게 하며 三千萬 同胞 앞에 鄭重히 宣言한다.

우리는 實로 자못 深刻한 國際的 制約 밑에서 堅決히 이를 克服하고 나아가 自主統一의 完全한 獨立을 爭取하려는 偉大하고도 艱難한 民族的 課業 遂行의 初步的 段階로서 大韓民國 中央政府의 誕生을 衷心으로 歡迎하며 祝福하여 마지않는 바이다.

그리하여 우리는 우리가 切實히 要望하는 行政의 早速한 讓受 名實相符한 國家主權의 樹立 國際承認 及 援助의 獲得 民族의 統一을 促進시키는 모-든 方略의 講究 必要한 國防軍의 建設 民族正氣를 顯現하기 爲한 親日反逆徒輩의 處斷 警察의 拔本的인 民主主義的 改革 貪官汚吏가 續出하는 官界의 綱紀肅淸 民族의 物質的 權利를 가장 妥當하게 保障할 수 있는 綜合的인 計劃經濟의 實施 이것에 依한 民主의 救急 農民의 多大數가 갈망하는 土地制度의 平民的 變革 國家經營 및 管理를 爲主하는 鑛工業의 本格的인 振興 貿易의 國家管理 및 統制 正式 借款 以外의 外貨流入 防止 民族의 敎育理念의 確立 經濟的 條件이 進學을 支配할 수 없는 文敎政策의 實施 敎育事業의 繼續的 擴張 및 向上 民族文化의 劃期的 育成 自主的 平和外交의 展開 勞動者의 權利와 男女平等의 法的 保障 民主主義的 自由의 擁護 等은 民國政府의 가장 基本的인 當面課業이라고 認定하고 우리의 英明하신 總裁 李範奭將軍이 民國政府 初代의 國務總理에 就任하게 되었음은 이로써 우리 百萬 團員의 要請이 完全히 實現될 것으로 믿어 至極히 欣幸한 일로 생각하는 터이며 海外風霜 三十餘年을 始終 民族의 自由와 祖國의 光復을 爲한 苛烈한 抗日鬪爭으로 지내왔고 還國 後에도 몸을 쉬일 사이도 없이 親히 團을 創立하고 오늘날까지 團을 領導하기에 寧日이 없던 그의 모-든 時間과 精力 技術과 果斷이 이제야 바야흐로 施政에 要請되는 緊急한 政情이기 때문에 그가 繼續하여 우리의 團長으로 團務에 專力하지 못하게 되는 바꿀 수 없는 犧牲까지도 敢히 甘受하려 한다.

그러나 勿論 우리의 運動에는 조금도 變動이 있을 수 없다.

우리는 앞으로도 오직 밖으로 自立이 앞서야만 비로소 共存할 수 있는 世界史의 現實에 立脚하며 안으로 個人이나 黨派나 階級의 一切의 特權과 專權과 放恣를 否認하고 한갓 우리民族의 全體的인 正常的 發展을 保障하는 '民族至上' '國家至上'의 崇高한 理念 아래 組織을 通하여 不斷히 靑年群

衆을 教養訓練함으로써 그들로 하여금 빠짐없이 民族的 自覺에 依한 革命的 志向을 樹立케 하며 그들의 意識的 集結이 마츰내 生新한 民族 主流의 力量을 이룰 것으로 이로써 줄기찬 建設的 實踐工作을 꾸준히 推動하여 길이 遙遠한 民族復興의 行程에 默默한 實質的 貢獻을 다할 것을 期하는 우리의 本然의 運動을 繼續 强力히 展開시킬 것이다.

長久한 期間 惡毒한 侵略勢力의 蹂躪을 입은 까닭에 거의 그 性格이 破産에 이르렀던 民族이 悲壯하게도 스스로의 根本的인 更生을 爲하여 決然 온갖 障害를 무릅쓰고 일어선 이와 같은 眞實로 革命的인 英雄的 運動은 決코 朝夕으로 끝마칠 수는 없는 것이다.

그리고 우리의 運動은 政權에의 參加를 目標로 하는 運動이 아닌 點에서 依然히 非政治的이며 黨派的 利益에 服從하는 運動이 아닌 點에서 非宗派的이며 軍事的 意圖의 達成을 爲한 運動이 아닌 點에서 非軍事的이다.

끝으로 조용히 自體를 돌아보건대 우리의 過去 工作의 成績은 民衆의 信賴를 集中시키기에 足하였다고 하나 아직 組織의 低位性은 質量兩面에 나타나 있고 理念의 徹底한 普及이 무엇보담도 초미의 急을 要하는 課題로 놓였으니 지금은 寸分의 지緩이 있을 수 없는 때로서 우리는 한층 더 奮發하여 끝까지 所期에 邁進할 것을 盟誓하는 바이다.

檀紀四二八一年 八月 二十九日
大韓民族靑年團
第五次臨時擴大全國委員會

[부록 4] 신당발기취지서(초안)

—『釜山日報』 1951년 9월 14일자

敵共産帝國主義侵略者를 打倒하기 爲하여 우리는 只今 世界民主友邦과 더부러 苛烈한 戰爭을 展開하고 있다. 이 戰爭은 祖國의 自由와 獨立을 戰取하기 爲한 싸움일 뿐만 아니라 萬人을 爲한 自由正義 그리고 尊嚴을 爲한 平和를 爭取하기 爲하여 蘇聯과 그 衛星走狗國家群의 各種 □□式 獨裁政權의 警察國家가 人民을 壓迫하는 全體主義 暴虐을 殲滅하기 爲한 努力인 것이다. 이 重大하고 名譽있는 民族的 課業과 世界的 使命을 遂行함에 있어서 우리는 이제 政治的인 一大革新 의 段階에 到達하였다고 할 것이다. 그러나 이 나라의 實情은 어떠한가. 軍政 以來로 부패한 獨善的인 官僚主義群像은 自由經濟의 美名下에 謀利奸商을 일삼는 徒輩들과 더부러 所謂 新興特權階級을 造成하고 多數 國民大衆을 弄絡하고 있지 않은가. 또한 그들은 우리 憲法을 反逆하고 時代의 흐름에 逆流하여 勞動者農民의 隸屬과 搾取 위에서 資本主義의 새로운 繁榮을 劃策하고 있는 것이다. 우리는 祖國의 獨立을 守護하기 爲하여 共産主義□파시즘帝國主義와 相對로 싸워야 하고 우는 國民大衆의 自由와 權益을 爲하여 惡質的인 資本家□□과 腐敗한 官僚를 相對로 싸워야 할 것이다. 여기에 있어 國政을 어지럽히고 國民의 生活을 塗炭에서 蹂躪하는 腐敗한 旣政治勢力에 反旗를 들고 우리들 同志는 結束하여 이 곧 敢然히 新黨을 構成하지 않으면 아니된다. 數많은 院內同志는 刻々으로 腐敗政治에 對한 不幸을 指摘하면서도 各自 分散되고 個別的인 政治行動으로서 院內大衆과 遊離되고 고립의인 院內交涉團體 程度의 結合으로서는 到底히 어지러 운 國政을 刷新할 길이 없었든 것이며 또한 院外의 數百萬 同志들도 그들의 前衛黨이 없이 다못 이리저리 社會團體에 依한 運動만으로서는 그 進路가 막혀지고 있을 뿐만 아니라 國內의 旣成反動政 治勢力은 이것을 奇貨로 하여 더욱더 그 放恣性을 恣行하고 있는 것이다. 이곳에 新黨結成의 必然性과 喫緊性 노혀 있는 것이다. 一部 부패한 旣成政治人들과 그 □□이 祖國을 □□□□□하고 있는 것을 우리는 이 以上 黙認할 수 없는 것이며 이것을 하로바삐 切除하고 是正할 任務가 우리들에 賦課된 所以는 新黨의 發足을 促求하고 있기 때문이다. 我等은 國家의 繁榮과 民族의 永遠한 發展을 爲하여 國際的 不正義로 말미아마 우리의 自主的인 發展을 阻害하는 一切의 國際的 反動主義와 싸워서 世界의 進運에 寄與하고 또 社會的인 平等에 依하여 勞動者農民一般勤勞大衆 의 生活을 威脅하는 社會的 搾取制度를 물리치고 一人의 無辜한 國民의 呻吟도 이룰 수 없고 □하여 全民族의 共生同樂의 繁榮을 圖謀하는 信條에서 新黨이 發足하는 것이며 이 目的을 達成하기 爲하여 腐敗한 旣成政界의 □□을 打破하고 計劃經濟의 確立에 依한 民衆生活의 保障을 期하는 것이 新政黨의 具體的인 鬪爭目標인 것이다. 現實은 急迫□告하고 있다. 敵共産主義의 侵略으로 因한 戰禍中에서 우리民族이 失土를 찾고 生活을 再建하기 爲하여서는 共産主義逆徒들의

反逆을 □破하는 一方 뿔조아 부패 政派의 反動을 □정하고 我等은 이곳 勞動者農民小市民大衆을 基盤으로 하는 新黨의 기빨을 더 높이 세운다.

工場의 農場의 事務室의 그리고 모-든 職場의 勤勞者들이여

모-든 사람이 自由로 安心하고 살 수 있고 모든 나라 사람이 딴 나라 사람과 平和롭게 살 수 있는 世界를 建設하는 데 다 같이 團結하자. 그것을 爲하여 우리는 싸우자. 우리는 반드시 勝利한다.

우리는 萬人의 全的 就業保障 缺乏과 □□ 病疾에 對한 安全保障 恒時 昇進하는 生活程度 그리고 豊富하고 더욱 健全한 生活을 成就하기 爲하야 計劃과 生産과 分配와 關聯한 모-든 經濟的 決定을 지음에 勞動者農民勤勞大衆組織의 全的인 參劃을 □求하며 政治의 民主々義와 함께 經濟 的民主々義의 實現을 戰取하기 爲하여 우리는 團結하자! 또한 우리는 모-든 人民이 共産主義 파시스트 國粹主義□其他의 全體主義者의 暴虐으로부터 自由롭게 살 수 있고 칼텔과 獨占經濟覇者 들의 抑壓과 搾取로부터 平等한 社會를 成就하는 經濟的 安全保障과 社會正義를 獲得하기 爲하여 우리는 團結하자.

우리는 友邦諸國이 所有하고 있는 道具를 動員하고 資材를 導入하여 戰禍에 荒廢한 祖國의 再建에 全力을 傾注할 것이며 光明을 向하여 邁進하는 希望 위에서 우리는 團結하자. 新黨建設의 歷史의 意義는 實로 이와 같은 社會의 疾風怒도의 客觀的 情勢下에서 썩어진 官紀와 기아賃金과 生活難의 □□에서 威脅받는 勤勞國民大衆이 政治的 新局面을 開拓함으로서 우리의 生活權을 守護하고 汚濁한 祖國의 國際的 信賴와 名예를 恢復하는 데 있는 것이다. 우리는 呼訴한다. 勞動者와 農民勤勞大衆의 利益과 福祉를 無視하고는 民族을 말할 수 없고 國家를 論할 수 없다. 勞動者와 農民勤勞大衆은 民族의 大部分이요 國家의 主유이기 때문이다. 우리는 呼訴한다. 빵과 自由와 平和를 爲하여 모-든 信□의 勤勞大衆은 이 困難하고 名예있는 使命을 遂行하므로서 우리들은 처음으로 民主主義 大韓民國의 支配者의 福利를 主張할 수 있는 것이다.

우리는 主張한다. 上下貴천의 階級을 打破하고 貧富差等의 原因과 그 □□을 拒否하고 派벌과 謀略을 粉碎하고 男女同等 萬民共生의 模範的인 國家의 實現을 目的한다.

以上과 같은 課業을 忠實히 遂行하는 趣旨 밑에서 뜻을 같이 하는 天下의 同志들과 더부러 民族의인 良心과 社會正義의 鮮明한 旗幟 아래 우리들은 新黨의 周圍에 結集하여 果敢한 鬪爭을 展開하므로써 이 歷史的인 使命을 完遂하려고 하는 바이다.

滿天下 同志諸君!

우리는 함께 貧困과 搾取를 □□하고 豊富하고 安全한 나라를 이룰 수 있다.

우리는 함께 暴학과 □□을 쳐부시고 自由世界와 人間의 尊嚴을 이룰 것이다. 우리는 함께 戰爭과 侵略을 敗北식히고 平和正義의 世界를 이룰 것이다.

우리는 함께 民族과 國家의 百年大計를 爲하여 三千萬의 公黨으로서 偉大한 出發을 開始할 때가 왔다.

萬人의 幸福과 自由와 平和를 爭取하기 爲하여 우리는 굳게 團結하여 果敢히 前進하자!

단기四二八四年 九月 五日
【釜山市中央洞 國民會 부山市支部 二層】
新黨發起準備委員構成協議會

[부록 5] 자유당선언

— 『黨憲』, 13~17쪽.

　　우리들은 未曾有의 內憂外患의 國難克服하고 國土統一과 民族의 繁榮을 圖謀하며 萬民이 共生共榮할 수 있는 協同社會를 建設하기 爲하여 自由黨을 組織하고 果敢한 政治鬪爭을 展開할 것을 盟誓한다.

　　人類의 共敵 赤色帝國主義 쏘聯과 그의 衛星國家□의 世界的 陰謀와 侵略을 □滅粉碎하기 爲하여 우리民族은 世界民主友邦과 더불어 有史以來 처음 보는 苛烈한 戰爭을 遂行하고 있다. 이 戰爭이야말로 祖國의 自由와 統一을 爲한 싸움일 뿐 아니라 世界의 安全保障과 人類의 自由와 幸福 그리고 人間의 尊嚴性을 守護하려는 正義의 싸움인 것이다. 國家民族의 存亡을 左右할 超難局에 處한 우리나라 實情은 果然 어떠한가. 쏘聯共産獨裁帝國主義의 走狗인 赤色亡國徒黨은 民族正氣를 忘却하고 勞動者 農民을 爲한다는 美名下에 甘育利說[1]과 欺瞞術策으로 祖國을 分裂하고 民族相爭을 일삼으며 殺人 强盜 破壞 放火 等으로 祖國과 民族을 侵害하고 있다. 또한 官尊民卑와 男女差別의 封建的 思想에서 脫皮치 못한 獨善的 官僚主義 群像과 街頭政商輩들은 軍政時代로부터 우리大韓民國政府 樹立까지도 官權을 壟斷하며 自由經濟의 美名下에 惡質的인 謀利奸商輩들을 助成하며 拜物思想을 土台로 한 利己主義的 資本萬能의 社會를 劃策하고 民族全體의 利益보다도 私利私黨의 權益을 爲하여 情實人事와 挾雜과 職權濫用으로 國政을 冒瀆[2]하고 經濟를 破壞시키며 文化道德을 頹廢시키고 國民大衆을 抑壓搾取하고 있다.

　　이 反動勢力들은 우리 憲法精神에 返逆[3]하고 時代의 흐름에 逆流하여 新興特權階級을 形成하려고 가진 方法으로 蠢動하고 있는 한편 이번 戰爭을 奇貨로 더욱 放縱性을 恣行하며 政權을 占奪하기 爲하여 國內外的으로 謀略中傷을 일삼어 國家의 威信과 民族의 信義를 毁損시키고 있는 것이다. 우리 勤勞大衆은 오래동안 默默히 農土와 職場을 지키고 誠心誠意 나라와 民族을 爲하여 피와 땀을 흘려가며 이바지하여 왔다. 그러나 忍耐의 限度는 넘어섰다. 그리고 自己와 家族을 爲하여 國民의 八九割을 占하는 勞動者 農民 小市民 技術者 智識層 및 良心的 企業家는 愛國愛族의 굳은 決意를 가지고 總蹶起하였다. 우리를 爲하여 우리 意思에 依하여 그리고 우리 스스로 運營하는 民主主義政治體制를 樹立하려는 것이 우리들의 目標인 것이다. 그리하여 모든 積弊와 腐敗相을 一掃하고 憲法精神을 具現하며 特權과 搾取와 不平과 不自由가 없고 人間의 尊嚴性이 保障되며

---

1) '甘言利說'의 오자일 것이다.
2) '冒瀆'의 오자일 것이다.
3) '反逆'의 오자일 것이다.

社會의 正義를 實現하는 協同生活經濟體制에 立脚하여 萬人이 共生할 수 있고 民族과 民族이 共榮할 수 있는 同時에 모든 國家가 共立할 수 있는 協同社會를 建設함으로써 政治的 新局面을 打開하려는 것이 自由黨의 歷史的 使命인 것이다.

이 目的 達成을 爲하여 우리는 鐵桶같은 組織과 不退轉의 鬪志로 不斷히 싸워야 한다. 政治的으로는 地方派閥과 謀略中傷을 排除하고 서로 自由와 人權을 尊重 保障하고 三權分立의 實을 擧하며 互相侵犯함이 없도록 하여 遵法精神에 敬하고 綜合的 國策을 樹立 實踐하며 地方自治制를 卽時 實施할 것을 主張한다. 經濟的으로는 資源을 積極 開發하여 産業을 極力 獎勵하고 良心的 企業家를 保護育成하는 同時에 國民 全體의 經濟生活의 均衡과 生産分配 消費에 있어서 計劃的이요 合理的인 協動經濟體制를 樹立할 것을 主張한다.

文化的으로는 敎育의 機會均等을 期하되 國民의 創意力을 發揮시킴으로 民族文化를 建設하는 同時에 都市와 農村의 文化를 倂進交流시키며 科學技術과 實業敎育을 積極 獎勵하며 農場이 곧 學校요 職場이 곧 敎室이 될 수 있는 산 敎育制度를 樹立할 것을 主張한다.

國防에 있어서는 화랑道精神을 具現하여 軍紀를 確立하고 外敵의 侵犯을 防止하기 爲한 最强最大의 國軍을 養成할 것이며 外交에 있어서는 國交를 敦篤히 하여 國威를 宣揚하는 同時에 友邦과 더부러 世界平和와 民族自決主義에 依하여 安全保障의 協同社會 建設에 貢獻할 것을 主張한다.

勞動者 農民 小市民 技術者 智識層 良心的 企業家들은 自由黨 旗빨 아래로 團結하자. 그리하여 싸우자.

勝利는 반드시 우리에게 있을 것이다.

이에 우리들은 우리들의 主義와 主張 그리고 우리들의 信念과 決意를 滿天下 同胞에게 嚴守히 宣言한다.

檀紀四二八四年 十二月 二十三日
自由黨發黨大會

476

[부록 6] 자유당 당헌*

黨憲

第1章: 總則

第1條: 本黨은 '自由勞農黨'(가칭)이라 稱한다.

第2條: 本黨은 黨의 宣言 綱領 政策 및 決議의 實踐을 目的함.

第3條: 本黨은 中央黨部를 首都에 두고 道, 市, 郡, 邑, 面 所在地에 道, 市, 郡, 邑, 面 黨部를 둔다.

部落은 9人組 細胞를 두고 細胞의 協議會를 둔다.

서울特別市는 市, 區, 洞 黨部를 두고, 地方市는 서울特別市에 準한다.

各 工場, 職場에는 特別黨部를 設置하되 當該地區의 各級 黨部에 橫的 關係를 맺고 其 組織이 全國的 또는 全道的인 境遇에는 中央 또는 道黨部에 屬한다.

各級 黨部는 工作使命 또는 必要에 依하여 特殊組織을 둘 수 있다.

大韓民國 國民이 居住하는 外國의 重要地에 特別支部를 둘 수 있다.

第2章: 黨員

第4條: 本黨員은 大韓民國의 國民 20歲 以上 男女로서 本黨의 宣言 綱領 規約을 遵守할 것을 宣誓한 者로써 하되 審査를 通한 後 黨員이 될 수 있다.

但 入黨을 願할 때에는 黨員 2人의 推薦을 要하는 同時에 滿 20歲 以下 18歲 以上의 者는 豫備黨員으로 할 수 있고 手續節次는 正黨員과 同一하다.

---

* "Liberal Party Regulations", NARA, RG 84, Korea, Seoul Embassy, Classified General Records, 1953~55, Entry Seoul, Korea, 1950~55, Box 13, 350.1: Liberal Party, 1951~52(국사편찬위원회 소장); 『政黨의 機構 機能과 政綱·政策·黨憲 등』, 中央選擧管理委員會, 1965, 128~136쪽. 이 두 가지 자료를 대조하면서 정리한 것임. 영문 자료는 미 대사관 이등서기관인 케펠(John Keppel)이 1952년 4월 8일자로 국무부로 보낸 자유당에 관한 보고서에 첨부된 것으로 보인다. "From Keppel to Department of State: President Rhee's New Liberal Party"(April 8, 1952), 『南北韓關係史料集』 17, 國史編纂委員會, 1995, 70~89쪽.

第5條: 黨員名簿 原簿는 各級 黨部에 保存하되 入黨願書는 各級 黨部를 經由하여 中央黨部에 保存한다.

第6條: 入黨願書의 審査는 面黨部의 監察委員會「審査部」에서 審査한 後 可否에 對한 意見書와 名單簿를 直屬 上級 黨部에 報告하여 其 承認을 得하여야 한다. 萬一 上下 黨部의 意見이 同一치 않을 境遇에는 中央黨部 監察委員會의 決裁를 得하여야 한다.

第7條: 黨員은 本黨 末端組織인 細胞體에 加盟하여야 한다.
但 本人의 希望과 黨의 必要에 依하여 秘密黨員으로 할 수 있다.

第8條: 黨員은 入黨과 出黨 또는 住所移轉 死亡 等 事項의 變動이 有한 時는 遲滯없이 所屬 細胞로부터 順次 所屬 上級 黨部에 報告하여야 한다.

第9條: 正黨員은 決議權 選擧權 被選擧權을 保有하며 黨規律의 遵守 決議事項의 實踐 命令 指示의 服從 黨費의 納入 및 黨 秘密을 嚴守할 權利와 義務가 있다.

第3章: 機關 및 組織

第10條: 本黨에 左의 機關을 둔다.
    1. 全黨代議員大會
    2. 中央執行委員會
    3. 中央監察委員會
    4. 中央參議院
    5. 中央黨運營委員會
    6. 中央常務執行委員會
    7. 中央政治委員會
    8. 國會議員總會
    9. 中央政治訓練院
    10. 財政委員會

第11條: 各 機關의 組織은 左와 如하다.
    1. 全黨代議員大會는 中央執行委員會에서 決定한 比率로 選出된 代議員으로 組織한다.
    2. 中央執行委員會는 全黨代議員大會에서 選出된 中央執行委員으로서 組織한다.
    3. 中央參議院 參議는 中央執行委員會에서 推薦하여 黨首 此를 委囑한다.
    4. 中央監察委員會는 全黨代議員大會에서 選出된 監察委員으로써 組織한다.
    5. 運營委員會는 中央執行委員會에서 選出된 運營委員으로써 組織한다.
    6. 中央常務執行委員會는 中央執行委員會에서 選出된 中央常務執行委員으로써 組織한다.
    7. 中央政治委員會는 中央執行委員會에서 選出된 中央政治委員으로써 組織한다.
    8. 國會議員總會는 本黨員인 現國會議員으로써 組織한다.
    9. 中央政治訓練院

第12條: 各 機關의 職能은 左와 如하다.

1. 全黨代議員大會

가. 黨首 및 副黨首의 選任

나. 中央執行委員 및 中央監察委員의 員數 決定 및 選任

다. 豫算 및 決算의 審議 決定

라. 中央執行委員會 中央監察委員會의 提議事項의 審議 決定

마. 宣言, 綱領, 政策의 決定 및 黨憲의 改正

바. 其他 重要事項의 議決

2. 中央執行委員會

가. 運營委員會 中央常務執行委員會 中央政治委員會 中央參議院 員數 決定 選任 및 全黨大會의 代議員의 比率 決定

나. 全黨代議員大會에서 委任한 事項의 議決

다. 中央常務執行委員會 中央政治委員會 黨運營委員會 中央監察委員會에서 提出한 事項의 審議 決定

라. 代議員大會와 代議員大會 間에 있어서의 職能代行

마. 其他 重要事項의 處理

3. 中央監察委員會

가. 黨員의 資格 審査

나. 監察委員長, 副委員長의 選任

다. 黨員의 違憲 및 其他 非行의 審査 決定 財政出納 및 決算 檢査

4. 中央參議院

가. 黨首의 諮問에 應한다.

나. 中央執行委員會 中央監察委員會 黨運營委員會 中央常務執行委員會 中央政治委員會의 諮問에 한다.

5. 黨運營委員會

가. 各級 委員會가 廻付한 件의 決定 및 執行

나. 黨 全體에 對한 運營

6. 中央常務執行委員會

가. 各 部署 決定

나. 中央執行委員會에서 議決한 事項의 執行

다. 中央政治委員會에서 提出된 事項의 議決 執行

라. 其他 重要事項의 處理

但, 본 議決된 事項은 黨運營委員會에 廻付하여야 한다.

7. 中央政治委員會

가. 中央常務執行委員會에서 提出된 事項의 研究 議決

나. 重要事項 研究 議決

다. 中央政治訓練院의 設置 및 運營

라. 特殊工作에 關한 決議

但, 議決된 事項은 黨運營委員會에 廻付하여야 한다.

8. 國會議員總會

가. 黨의 政綱, 政策을 國會에 提出 및 實現할 것

나. 行動을 統一할 것

다. 國會에 提出된 案件은 本黨 各 分科委員會에 提出할 것

9. 政治訓練院

가. 政治에 對한 訓練 및 敎育에 對한 事業

10. 財政委員會

가. 財政調達을 劃策하여 收入 支出에 對한 決議

11. 各 專門分科委員會

가. 各 專門分科委員會는 各 該當部門에 關한 專門的인 研究와 調査를 하여 中央政治委員會 및 國會議員總會에 建議한다.

第4章: 會議

第13條: 本黨의 各級 會議의 召集은 左와 如하다.

가. 全黨代議員定期大會는 每年 1回式 黨首가 이를 召集한다.

나. 全黨臨時大會는 中央執行委員의 3分之2 以上의 要求가 有할 時 黨首가 이를 召集한다.

中央政治委員會와 中央常務執行委員會는 連席會議를 할 수 있다.

다. 全黨代議員大會 黨運營委員會 中央執行委員會 中央常務執行委員會 中央政治委員會의 議長은 黨首 이에 當하되 萬若 黨首 有故時에는 副黨首 此에 當하고 副黨首 有故時엔 臨時議長을 選定할 수 있다.

라. 地方 各級 黨部의 機關 및 會議 節次는 中央黨部에 準한다.

第14條: 서울特別市와 道 黨部의 定期大會는 每年 1回式 中央黨部 大會 直前에, 市, 郡, 區 黨部의 定期大會는 年 1回式 區, 市, 郡 定期大會 直前에 各己 이를 擧行하여야 한다.

서울特別市와 道, 區, 市, 郡 黨部 臨時大會는 當該 黨部 執行委員의 3分之2 以上, 所屬 黨員의 3分之2 以上의 要求가 有할 時에는 該當 黨部 委員長이 이를 召集하여야 한다.

第15條: 市, 洞 및 邑, 面 黨部의 黨員大會는 必要한 時期에 當該 黨部의 執行委員會의 決議에 依하여 委員長이 이를 開催한다.

第16條: 서울特別市 外 各 道黨部는 地方 便宜에 依하여 數個 黨部가 聯合한 地方大會(例컨대 湖南, 嶺南) 等을 開催할 수 있다.

第17條: 本黨의 會議 票決은 多數決로 하되 政綱 及 黨憲의 修正은 3分之2 以上으로 하고 政策은 過半數制로 한다.

第5章: 部署 및 職能

第18條: 中央監察委員會에 左의 部署를 두고 그 職能은 左와 如하다.

　　　가. 審計部는 黨 財政 支出 및 執行의 監督 決算의 審査

　　　나. 審査部는 黨員의 資格 및 思想 審査

　　　다. 監察部는 黨員의 規律違反에 對한 審理 및 黨務 運營을 監察한다.

第19條: 中央常務執行委員會에 左의 部署를 둔다.

　　　黨務局: 總務部, 企劃部, 宣傳部, 組織部, 財政部, 調査部

　　　社會局: 統計部, 勞動部, 農民部, 靑年部, 婦女部, 文化部

　　　但, 中央執行委員會의 議決에 依하여 部署를 增減할 수 있다.

第20條: 黨務局, 社會局, 各部의 職能은 左와 如하다.

　　　黨務局은 該當 各部의 事務의 指導 및 監督

　　　總務部는 人事, 印章保管 및 黨務에 關한 庶務 및 他部에 屬하지 않는 事務 一切

　　　企劃部는 企劃 및 統計에 關한 事項

　　　組織部는 黨 組織에 關한 事項

　　　宣傳部는 宣傳 및 機關紙 發行에 關한 事項

　　　財政部는 歲入 歲出 豫算 決算 經理 및 財産保管에 關한 事項

　　　調査部는 調査 및 情報에 關한 事項

　　　社會局은 該當 各部의 事務 및 指揮監督

　　　統計部는 各種 統計 黨 機密에 關한 事項

　　　勞動部는 勞動者 및 小市民에 對한 連絡 또는 指導에 關한 事項

　　　農民部는 農民의 生活向上 및 農村振興에 關한 事項

　　　文化部는 文化 敎育 出版 및 黨員訓練 體育에 關한 事項

　　　婦女部는 婦女의 訓練啓蒙 및 婦女事業에 關한 事項

　　　靑年部는 靑年啓蒙 및 育成指導에 關한 事項

第21條: 各局 및 各部에 局長, 次長 1人 部長 1人式 置한다.

　　　但, 局長 및 部長, 次長은 黨運營委員 中央執行委員 中央常務執行委員 中央政治委員
　　　이어야 한다.

第22條: 中央政治委員會에 下와 如히 部署를 둔다.

　　　政務局은 該當 各部 事務의 指揮 및 監督

　　　第一部는 中央政治委員會의 職務 및 機密에 關한 事項

　　　第二部는 中央政務局의 職務 및 情報에 關한 事項

　　　外事部는 外地에 關한 黨部 및 連絡指導에 關한 事項

　　　政策局은 該當 分科委員會 事務를 掌理 및 處理

　　　內務委員會, 外務委員會, 國防委員會, 財政委員會, 法制委員會, 農林委員會, 商工委
　　　員會, 文敎委員會, 交通委員會, 復興委員會, 遞信委員會, 勞動委員會, 社會委員會,
　　　援護委員會, 保健委員會

　　　但, 分科委員會는 幹事 若干人을 置한다.

第6章: 任員 및 任期

第23條: 本黨에 左의 任員을 둔다.

    1. 黨首 1人

    2. 副黨首 2人

    3. 黨運營委員 若干人

    4. 中央執行委員 若干人

    5. 中央監察委員 若干人

    6. 中央常務執行委員 若干人

    7. 中央政治委員 若干人

    8. 中央參議院參議 若干人

    9. 中央政治訓練院理事 若干人

第24條: 任員의 職能은 左와 如하다.

    1. 黨首는 本黨을 代表하며 黨의 一切 事務를 統轄한다.

    2. 副黨首는 黨首를 補佐하며 黨首 有故時엔 이를 代理한다.

    3. 黨運營委員은 黨首 및 副黨首 有故時엔 이를 代理한다.

    4. 中央監察委員長은 中央監察委員會를 代表하며 監察事務를 統轄한다. 副委員長은 委員長을 補佐하며 委員長이 有故時는 其 職能을 代理한다.

第25條: 任員의 任期는 滿 1年으로 하고 缺員이 有할 時는 補缺選定을 行한다.

    但, 補缺選定은 前任者의 殘存期間으로 한다.

第7章: 財政

第26條: 本黨의 經費는 黨員의 黨費 및 有志의 義捐 또는 黨厚生金으로써 充當한다.

第27條: 本黨의 會計年度는 4月 1日부터 翌年 3月 末日까지로 한다.

第28條: 豫算 外의 支出은 中央常務執行委員會의 決議가 있어야 하며 現金은 金融機關에 預金하여야 한다.

第8章: 地方黨部

第29條: 地方 各級 黨部의 區黨部는 左와 如하다.

    各 市, 郡, 서울特別市의 區黨部는 所屬 黨員 50名 以上에 達할 時에 結成할 수 있다.

    서울特別市 또는 各 道의 黨部는 2個 以上의 區, 市, 郡 黨部가 組織되었을 時에 結成할 수 있다.

    邑, 面, 서울特別市의 洞 黨部는 市, 郡, 區 黨部에 準하여 組織한다.

第30條: 서울特別市 또는 各 道 黨大會는 그 黨部 執行委員會에서 決定한 比率로 選出된 代議員으로써 組織한다.

第31條: 서울特別市 또는 道 黨 執行委員會와 同 監察委員會는 서울特別市 또는 道 黨大會에서 選出한 當該 委員으로써 組織하여 同 常務執行委員會는 同 執行委員會에서 選任한

委員으로써 組織한다.

第32條: 地方 各級 黨部는 顧問을 置할 수 있다.

第33條: 서울特別市 또는 各 道 黨部의 執行委員長 및 常務執行委員 顧問은 選出 即時 中央黨部 常務執行委員會에 報告하며 其 承認을 得하여야 한다.

中央常務執行委員은 前項 報告에 接하였을 時 此를 承認 또는 個別的으로 拒否할 수 있다.

第34條: 서울特別市 또는 各 道 黨部의 機關 職能 및 職務는 中央黨部의 各 機關 및 職務에 關한 規定을 準用한다.

第35條: 市, 郡, 서울特別市의 區 黨部의 機關은 市, 郡, 區 黨大會, 同 執行委員會, 同 常務執行委員會, 同 監察委員會로 한다.

第36條: 市, 郡 또는 區 黨大會에 出席할 代表 選出의 比例는 召集時 黨員 情況을 參酌하여 適宜 決定한다.

第37條: 市, 郡, 區 黨大會의 職能

　　1. 當該 黨部 執行委員長, 副委員長 및 監察委員長의 選任

　　2. 常務執行委員會 및 監察委員會에서 提出한 報告 件을 接收 및 討議 決定

　　3. 黨務執行 方策의 決定

第38條: 市, 郡, 區 黨 常務執行委員會의 職能

　　1. 上級黨部의 指示 및 地方黨大會의 決議事項 執行

　　2. 執行部署의 編成

　　3. 黨費 및 其他 財政의 調達

　　4. 下級黨部의 指導 및 同級黨部의 相互連絡

第39條: 市, 郡, 區 黨部 監察委員會의 職能

　　1. 監察部署의 決定

　　2. 黨員의 規律違反에 對한 處分의 議決 및 常務 進行情況 審査

　　3. 執行委員會의 財政 審査

　　4. 黨員의 資格 審査

第40條: 市, 郡, 區 黨部의 常務執行委員會 監察委員會의 部署 및 各 分科委員會의 各 部署는 當該 地方 情況에 依하여 中央黨部와 同一 또는 減縮할 수 있다.

第41條: 서울特別市, 道, 市, 郡, 區 黨部는 下級黨部의 黨務 進行狀況을 蒐集 整理하여 每月 1回式 上級黨部에 報告함을 要한다.

第42條: 中央黨部는 서울特別市 또는 各道 黨部에, 또는 直接으로 區, 市, 郡 黨部에 對하여 指令을 發하고 特殊工作 또는 報告를 命할 수 있다.

第43條: 邑, 面과 市의 洞 黨部의 機關은 黨員大會 執行委員會 監察委員會로 한다.

第44條: 邑, 面과 市의 洞 黨員大會의 職能

　　1. 執行委員 監察委員의 選任

　　2. 執行委員會 監察委員會에서 提出한 報告의 接收 및 採擇

　　3. 黨務進行 方策의 決定

第45條: 邑, 面, 市의 洞 黨部의 執行委員會 監察委員會으 職能은 第36條 第37條, 同 部署 및 分科委員會의 組織은 第38條에 準한다.

第46條: 邑, 面과 市의 洞 黨部는 當該 地區內의 9人式으로 一組로 하는 細胞로 組織한다.

細胞는 互薦으로 委任者 1人을 選定한다.

細胞의 責任者는 同細胞를 代表한다.

細胞는 本黨의 最末端組織으로서 本黨의 土臺가 된다.

細胞는 黨員의 親睦과 政治訓練 其他 意思의 上達과 上部組織의 指令傳達 近隣의 情報蒐集 및 諸般 情報의 上部組織에 對한 報告 等을 任務로 한다.

細胞는 前項 遂行의 任務를 다하기 爲하여 每週日 一回 以上 반드시 細胞會議를 열어야 한다.

第9章: 任期

第47條: 本黨은 各級 黨部의 任員 任期는 滿 1年으로 定하고 當該 黨部 結黨日로부터 起算한다. 但, 補選할 때에는 前任者의 殘任期間으로 한다.

第10章: 賞罰

第48條: 黨員으로서 本黨 發展에 特別한 功勞가 有한 者는 所屬 黨部의 執行委員 監察委員의 連席會議의 決議에 依하여 適當한 方法으로 表彰한다.

第49條: 黨員으로서 黨員 義務를 履行치 않는 者 黨憲에 違反한 者 本黨 名譽를 損傷한 者는 當該 黨部의 監察委員會의 決議로서 其 輕重에 依하여 左의 懲戒에 處한다.

1. 警告
2. 一定한 期間 黨員權 停止
3. 除名

第11章: 經費

第50條: 本黨의 會計年度는 每年 4月 1日부터 翌年 3月 末日까지로 한다.

第51條: 本黨의 經費는 黨員의 入黨金과 每年 納入하는 黨費 其他 收入金으로 此에 充當한다.

第52條: 入黨金 및 黨費의 額數 上下級 黨部間의 分配方法은 中央常務執行委員會에서 此를 決定한다.

第12章: 附則

第53條: 本黨憲章은 中央黨部 結黨大會에서 此를 議決함으로써 效力을 發生한다.

第54條: 總則은 中央常務執行委員會에서 決定 頒布한다.

第55條: 本憲章에 不備한 點은 通常例에 依한다.

참고문헌

1. 자료

1) 한국어

신문 및 정기간행물

『東亞日報』,『朝鮮日報』,『京鄕新聞』,『每日新報』,『서울신문』,『自由新聞』,『大東新聞』,『聯合新聞』,『漢城日報』,『大衆日報』,『南鮮經濟新聞』,『大邱時報』,『民主衆報』,『釜山日報』,『民主新報』,『東邦新聞』,『群山新聞』,『東光新聞』

『三千里』,『開闢』,『新少年』,『音樂과 詩』,『新天地』,『民聲』,『民族公論』,『協同』,『文化』,『議政公論』,『政經』,『自由世界』,『思想界』,『週報』,『官報』,『週刊 愛國者』,『週刊希望』,『조선교육』,『새교육』,『朝鮮出版警察月報』

『國會速記錄』,『國務會議錄』.

자료집

『大韓民國史資料集』, 國史編纂委員會, 1987~1998.

『資料大韓民國史』, 國史編纂委員會, 1968~2008.

『南北韓關係史料集』, 國史編纂委員會, 1994~1996.

『대한민국임시정부 자료집』 10~14, 국사편찬위원회, 2006.

雩南李承晩文書編纂委員會編,『梨花莊所藏 雩南李承晩文書 東文篇』, 中央日報社, 1998.

金南植 編,『「南勞黨」研究資料集』, 高麗大學校出版部, 1974.

金俊燁·金昌順 共編,『韓國共産主義運動史─資料編』, 高麗大學校亞細亞問題研究所, 1980.

한인섭 편,『거창양민학살사건자료집』, 서울대학교 법학연구소, 2003.

韓國精神文化研究院 編,『韓國獨立運動史資料集─中國人士證言』, 博英社, 1983.

내부문건류

『社團法人 朝鮮民族靑年團規約』.

『黨憲』.

『自由黨宣傳基本資料(第三輯追加分)』.

『黨務經過報告(一般)』(1956).

『黨務經過報告(一般)』(1957).

『査察要覽 左翼, 中間, 第三勢力, 其他』.

단행본

姜尙雲, 『現代政治學槪論』, 文藝書林, 1948.

金鐘範 編著, 『第二代 民議院 業績과 人物考』, 中央政經硏究所, 1954.

金鐘範 編著, 『第三代 民議院人物考』, 中央政經硏究所, 1958.

盧泰俊, 『組織에 關한 參考』, 朝鮮民族靑年團組織部, 1948.

당산김철전집 간행위원회 엮음, 『堂山金哲全集 1 민족의 현실과 사회민주주의』, 해냄, 2000.

大韓民族靑年團中央訓鍊所敎務處 編, 『民族과 靑年』, 白水舍, 1948.

白鍾德, 『世界觀의 變革과 新勞動運動』, 國民會中央總本部, 1956.

白鍾德, 『맑스主義分析』, 大學公論社, 1981.

三千里社編輯局編, 『總選擧政見集』, 三千里社, 1950.

徐芝悅 編著, 『大韓國民運動의 基礎理論』, 協啓社, 1949.

孫聖兼·崔大鎔 編, 『國防關係法令及例規集』, 國防關係法令集發行本部, 1950.

安浩相, 『唯物論批判』, 文化堂, 1947.

安浩相, 『우리의 부르짖음』, 文化堂, 1947.

安浩相, 『일민주의의 본바탕』, 一民主義硏究院, 1950.

안호상, 『세계신사조론』 상권, 일민주의보급회출판사, 1953.

安浩相, 『民主主義의 歷史와 種類』, 一民出版社, 1953.

안호상, 『한백성주의의 본바탕과 가치』, 대한교과서, 1994.

梁又正, 『李承晩大統領 獨立路線의 勝利』, 獨立精神普及會, 1948.

梁又正, 『李大統領建國政治理念: 一民主義의 理論的 展開』, 聯合新聞社, 1949.

嚴詳燮, 『權力과 自由』, 耕久出版社, 1959.

吳制道, 『思想檢事의 手記』, 昌信文化社, 1957.

王在一, 『全羅南道第一回 地方自治四年誌』, 靑磁文化社, 1956.

陸軍本部 編纂, 『共匪討伐史』, 陸軍本部, 1954.

李範奭 作, 金光洲 譯, 『韓國의 憤怒: 靑山里血戰實記』, 光昌閣, 1946.

李範奭 著, 金光洲 譯, 『톰스크의 하늘 아래서』, 新現實社, 1972.

兪鎭午, 『憲法解義』, 明世堂, 1949.

朝鮮民族青年團, 『訓練須知』, 兵學研究社, 1948.

自由黨宣傳部 編, 『自由韓國의 基礎: 總裁說話集 第一輯』, 평민사, 1953.

曺奉岩, 『우리의 當面課業: 對共產黨鬪爭에 勝利를 爲하여』, 革新文藝社, 1954.

蔡奎恒, 『勞農運動의 文獻』, 새글社, 1947.

蔡奎恒, 『農村과 青年』, 大韓農民總聯盟, 1952.

初代道議會回顧錄編輯委員會, 『初代議會回顧錄』, 全羅北道議會, 1957.

韓徹永 編, 『옛 世界觀과 새 世界觀: 黃聖秀論說集』, 文化春秋社, 1954.

咸土隱, 『獨裁夢遊病者: 族靑의 行裝記』, 政經民報社, 1954.

『大韓民國建國十年誌』, 大韓民國建國十年誌刊行會, 1956.

『大韓民國選擧史』, 中央選擧管理委員會, 1964.

『政黨의 機構 機能과 政綱·政策·黨憲 등』, 中央選擧管理委員會, 1965.

『歷代國會議員選擧狀況』, 中央選擧管理委員會, 1971.

『國會十年誌』, 大韓民國國會民議院事務處法制調査局, 1958.

『國會史: 制憲國會 第2代國會 第3代國會』, 大韓民國國會事務處委員局資料編纂課, 1971.

『第二代 國會를 움직였든 人物: 議政生活 四十年의 實錄』, 國會타임스社, 1954.

『韓國革命裁判史』, 韓國革命裁判史編纂委員會, 1962.

『陸軍歷史日誌: 1945~1950』, 陸軍本部軍史監室, 1954.

『政訓大系』 I, 大韓民國國防部, 1956.

『民族青年論說集』, 朝鮮民族青年團, 1947.

『大統領李承晩博士談話集』, 公報處, 1953.

『改憲案否決과 護憲決議까지의 眞相』, 大韓民國國會, 1952.

『民意의 勝利』, 全國地方議員同志會, 1952.

『李起鵬先生論說集』, 韓熙錫, 1959.

『최태용 전집』 6, 꿈꾸는터, 2009.

『檀紀四二八三年版 大韓民國人事錄』, 內外弘報社, 1949.

『韓國博士錄』, 새벽出版社, 1962.

『朝鮮經濟年報 1948年版』, 朝鮮銀行調査部, 1948.

『四二八二年度版 經濟年鑑』, 朝鮮銀行調査部, 1949.

『國際聯合韓國委員團報告書(1949·1950)』, 大韓民國 國會圖書館, 1965.

회고록류

高承濟, 『回想의 學問과 人生: 經濟學者의 回顧』, 經研社, 1979.

金祿永, 『荊棘의 길』, 韓國政經社, 1974.

金聖俊, 『人間다운 삶을 위하여』, 韓國人物研究院, 2001.

金俊燁, 『長征』 2, 나남, 1989.

김호연·박제균·양상현, 『울산 청년운동과 김진수』, UUP, 2007.

金弘壹, 『大陸의 憤怒: 老兵의 回想記』, 文潮社, 1972.

朴英俊, 『한강물 다시 흐르고』, 박천민, 2005.

朴容萬, 『景武臺秘話』, 韓國政經社, 1965.

白斗鎭, 『白斗鎭回顧錄』, 大韓公論社, 1975.

서영훈, 『평화의 계단』, 백산서당, 2002.

昔泉先生追慕文集刊行會 編, 『昔泉吳宗植先生追慕文集』, 昔泉先生追慕文集刊行會, 1977.

猊觀 申圭植 原著/石麟 閔弼鎬 編著, 『韓國魂』, 普信閣, 1971.

안호상, 『한뫼 안호상 20세기 회고록: 하나를 위하여 하나되기 위하여』, 민족문화출판사, 1996.

양한모, 『조국은 하나였다?』, 日善企劃, 1990.

吳天錫, 『외로운 城主』, 光明出版社, 1975.

柳志光, 『大命』, 東西文化院, 1974.

尹宇景, 『晚省錄: 단 한 번 느껴본 행복감』, 서울프레스, 1992.

尹致暎, 『尹致暎의 20世紀』, 삼성출판사, 1991.

李範奭, 『우등불』, 思想社, 1971.

李範奭, 『鐵驥李範奭自傳』, 외길사, 1991.

李允榮, 『白史 李允榮 回顧錄』, 史草, 1984.

李仁, 『半世紀의 證言』, 明知大學出版部, 1974.

趙炳玉, 『나의 回顧錄』, 해동, 1986.

許政, 『내일을 위한 證言』, 샘터, 1979.

權五琦, 『現代史 주역들이 말하는 정치증언』, 東亞日報社, 1986.

張炳惠·張炳初 編, 『滄浪 張澤相 自敍傳 大韓民國 建國과 나』, 滄浪 張澤相 記念事業會, 1992.

鐵驥李範奭將軍紀念事業會 編, 『鐵驥李範奭評傳』, 한그루, 1992.

『韓國獨立運動證言資料集』, 韓國精神文化研究院, 1986.

『6·25전쟁 참전자 증언록』 1, 國防部軍史編纂研究所, 2003.

『事實의 全部를 記述한다』, 希望出版社, 1966.

『名人獄中記』, 元輝出版社, 1968.

『남기고 싶은 이야기들』, 中央日報·東洋放送, 1977.

『夫琓爀과 나』, 행림출판, 1994.

『雲耕 李載瀅 先生 評傳』, 삼신각, 1997.

『(續)雲耕 李載瀅 先生 評傳』, 삼신각, 1998.

『激浪 半世紀』, 江原日報社, 1988.

『한알의 밀이 죽지 않고는: 張勉博士回顧錄』, 가톨릭출판사, 1967.

『財界回顧』, 韓國日報社, 1981.

『尙雲姜周鎭博士華甲紀念論文集』, 尙雲姜周鎭博士華甲紀念論文集刊行委員會, 1979.

2) 中文

資料集類

秦孝儀 主編, 『先總統蔣公思想言論總集』, 臺北: 中國國民黨中央委員會黨史委員會, 1984.

李雲漢 主編, 『中國國民黨黨章政綱彙編』, 臺北: 中國國民黨中央委員會黨史委員會, 1994.

李雲漢 主編, 『中國國民黨宣言彙編』, 臺北: 中國國民黨中央委員會黨史委員會, 1994.

李雲漢 主編, 『中國國民黨黨務發展史料—中央常務委員會黨務報告』, 臺北: 中國國民黨中央委員會黨史委員會, 1995.

李雲漢 主編, 『中國國民黨黨務發展史料: 組織工作 (下)』, 臺北: 中國國民黨中央委員會黨史委員會, 1993.

劉維開 編輯, 『中國國民黨黨務發展史料: 黨務工作報告』, 臺北: 中國國民黨中央委員會黨史委員會, 1997.

陳鵬仁 主編, 『中國國民黨黨務發展史料: 組訓工作』, 臺北: 中國國民黨中央委員會黨史委員會, 1998.

秦孝儀 主編, 『中華民國重要史料初編—對日抗戰時期』, 臺北: 中國國民黨中央委員會黨史委員會, 1998.

中共中央党史资料征集委员会 編, 『第二次国共合作的形成』, 北京: 中共党史资料出版社, 1989.

中共中央党史研究室第一研究部译, 『联共(布), 共产国际与中国国民革命运动(1920~1925)』, 北京: 北京图书馆出版社, 1997.

『國民政府與韓國獨立運動史料』, 臺北: 中央研究院近代史研究所, 1988.

『韓國獨立運動史料集: 中國編』, 韓國精神文化研究院, 1993.

單行本

周毓英, 『法西斯蒂與中國革命』, 上海: 民族書局, 1934.

事典·年表類

『中国近现代人名大事典』, 北京: 中国国际广播出版社, 1989.

北京图书馆 編, 『民国时期总书目(1911~1949) 历史·传记·考古·地理』, 北京: 北京图书馆出版社, 1994.

中国军事博物馆编写,『抗美援朝战争纪事』, 北京: 解放军出版社, 2000.

薛化元 主編,『台灣歷史年表: 終戰篇 I(1945~1965)』, 臺北: 業强出版社, 1993.

回憶錄類

何智霖 編輯,『陳誠先生回憶錄: 抗日戰爭』, 臺北: 國史館, 2004.

邵毓麟,『使韓回憶錄』, 臺北: 傳記文學出版社, 1980.

康澤,『康澤自述及其下落』, 臺北: 傳記文學, 1998.

上海市档案馆译,『颜惠庆日记(一九二一-一九三六)』, 北京: 中国档案出版社, 1996.

中国社会科学院近代史研究所译,『顾维钧回忆录』, 北京: 中华书局, 1989.

『尹呈輔先生訪問紀錄』, 臺北: 近代中國出版社, 1992.

3) English

Foreign Relations of the United States, Washington: United States Government Printing Office.

『HQ, USAFIK G-2 PERIODIC REPORT: 駐韓美軍情報日誌』, 翰林大學 아시아文化研究所, 1988~1990.

『美軍政情報報告書』, 日月書閣, 1986.

『미군정활동보고서』, 原主文化社, 1990.

『美軍 CIC 情報 報告書』, 중앙일보 현대사연구소, 1996.

申福龍 編,『韓國分斷史資料集』, 原主文化社, 1991.

鄭容郁 編,『解放直後政治·社會史資料集』, 다락방.

『美軍政期情報資料集: 하지(John R. Hodge) 문서집』, 翰林大學校 아시아文化研究所, 1995.

『韓國戰爭資料叢書』, 國防軍史研究所/國防部 軍史編纂研究所, 1996~2003.

기타 국사편찬위원회, 국회도서관, 국립중앙도서관 수집문서.

Books

Sir William Beveridge, *Social Insurance and Allied Services*, London: His Majesty's Stationary Office, 1942.

Lord Beveridge, *Full Employment in a Free Society*, London: Geroge Allen & Unwin ltd., 1953.

Mark Gayn, *Japan Diary*, New York: William Sloane Associates Inc., 1948.

Douglas MacArthur, *Reminiscences*, Seoul: Moonhak Publishing Co., 1964.

Harold Joyce Noble, *Embassy at War*, Seattle: University of Washington Press, 1975.

Barone Bernardo Quaranta di San Severino ed., *MUSSOLINI as revealed in his Political Speeches(November 1914~August 1923)*, London: J. M. Dent & Sons ltd., 1923.

Articles

John Maynard Keynes, "National Self-Sufficiency", *The Collected Writings of John Maynard Keynes* vol. XXI, London: Macmillan, 1982.

4) 日本語

村田陽一 編譯,『コミンテルン資料集』, 東京: 大月書店, 1978〜1983.
天川信雄,『增補 國家體制の新原理』, 東京: 明善社, 1943.
小林杜人 編著,『轉向者の思想と生活』, 東京: 大道社, 1935.
『最近に於ける朝鮮治安狀況(復刻)』, 東京: 嚴南堂書店, 1966.

5) Deutch

Adolf Hitler, *Mein Kampf*, München: Zentralverlag der NSDAP, 1943.
SS-Hauptamt(Hg.), *Der Weg der NSDAP: Entstehung, Kampf und Sieg*, Berlin: SS-Hauptamt, 1940.

6) Français

Jean-Jacques Rousseau, *Émile ou de l'éducation*, Paris: Garnier Frères, 1951.

7) Italiano

Enrico Corradini, "Le nazioni proletarie", *Il nazionalismo italiano*, Milano: Fratelli Treves, 1914.

2. 연구성과

1) 한국어

단행본

姜聲才,『참軍人 李鍾贊장군』, 東亞日報社, 1986.
建國靑年運動協議會,『大韓民國建國靑年運動史』, 建國靑年運動協議會總本部, 1989.
高貞勳,『秘錄 軍』上卷, 東方書苑, 1967.
金南植,『實錄 南勞黨』, 韓國勝共研究院, 1979.

金爽學·林鍾明, 『光復30年』, 全南日報社, 1975.

김성보, 『남북한 경제구조의 기원과 전개―북한 농업체제의 형성을 중심으로』, 역사비평사, 2000.

金世馨, 『獨立義士 宋斗煥: 그의 思想과 鬪爭』, 心蓮宋斗煥紀念事業會, 1985.

김수자, 『이승만의 집권 초기 권력 기반 연구』, 景仁文化社, 2005.

김정인, 『천도교 근대 민족운동 연구』, 한울, 2009.

金俊燁 編, 『石麟 閔弼鎬 傳』, 나남출판, 1995.

金俊燁·金昌順, 『韓國共産主義運動史』, 청계연구소, 1986.

도진순, 『한국 민족주의와 남북 관계』, 서울대학교출판부, 1997.

박명림, 『한국전쟁의 발발과 기원』, 나남, 1996.

박찬승, 『민족주의의 시대』, 景仁文化社, 2007.

박찬승, 『민족·민족주의』, 소화, 2010.

方基中, 『裵敏洙의 農村運動과 基督敎 思想』, 연세대학교 출판부, 1999.

서범석, 『우정 양우정의 시문학』, 보고사, 1999.

서중석, 『한국현대민족운동연구』, 역사비평사, 1991.

서중석, 『한국현대민족운동연구』 2, 역사비평사, 1996.

서중석, 『조봉암과 1950년대』, 역사비평사, 1999.

서중석, 『신흥무관학교와 망명자들』, 역사비평사, 2001.

서중석, 『이승만의 정치이데올로기』, 역사비평사, 2005.

鮮于基聖, 『韓國青年運動史』, 錦文社, 1973.

宋南憲, 『韓國現代政治史』 1, 成文閣, 1980.

신주백, 『만주지역 한인의 민족운동사(1920~45)』, 아세아문화사, 1999.

염인호, 『김원봉 연구』, 창작과비평사, 1993.

윤대원, 『상해시기 대한민국임시정부 연구』, 서울대학교출판부, 2006.

李敬南, 『분단시대의 청년운동』, 삼성문화개발, 1989.

이균영, 『신간회 연구』, 역사비평사, 1993.

李英石, 『竹山 曺奉岩』, 圓音出版社, 1983.

이현진, 『미국의 대한경제원조정책 1948~1960』, 혜안, 2009.

임경석, 『한국 사회주의의 기원』, 역사비평사, 2003.

임경석, 『잊을 수 없는 혁명가들에 대한 기록』, 역사비평사, 2008.

임송자, 『대한민국 노동운동의 보수적 기원』, 선인, 2007.

全炳昊, 『崔泰瑢의 生涯와 思想』, 聖書教材刊行社, 1983.

戰史編纂委員會 編纂, 『韓國戰爭史』第1卷(改訂版), 國防部, 1977.

정병준, 『우남 이승만 연구』, 역사비평사, 2005.

정용욱, 『해방 전후 미국의 대한정책』, 서울대학교출판부, 2003.

鄭太榮, 『曺奉岩과 進步黨』, 한길사, 1991.

趙庸中, 『조용중의 한국현대사 연구 대통령의 무혈혁명: 1952 여름, 부산』, 나남출판, 2004.

中央日報社 編, 『民族의 證言』, 中央日報社, 1983.

지복영, 『역사의 수레를 끌고 밀며: 항일무장독립운동과 백산 지청천 장군』, 문학과지성사, 1995.

지수걸, 『일제하 농민조합운동 연구』, 역사비평사, 1993.

韓詩俊, 『韓國光復軍研究』, 一潮閣, 1993.

허은, 『미국의 헤게모니와 한국 민족주의』, 高麗大學校 民族文化硏究院, 2008.

홍웅선, 『광복 후의 신교육운동』, 大韓敎科書株式會社, 1991.

『한국노동조합운동사』, 한국노동조합총연맹, 1979.

『韓國農業金融史』, 農業協同組合中央會, 1963.

『國防部史』 第1輯, 大韓民國國防部, 1954.

『臨時首都千日』, 釜山日報社, 1985.

강덕상 지음, 김광열 옮김, 『여운형평전』 1, 역사비평사, 2008.

학위논문

강요식, 「당산 김철 연구―'민주적 사회주의'를 중심으로」, 경남대 정치외교학과 박사논문, 2010.

金得中, 「制憲國會의 構成過程과 性格」, 성균관대 사학과 석사논문, 1993.

김보영, 「한국전쟁 휴전회담 연구」, 한양대 사학과 박사논문, 2008.

金倫永, 「1950년의 '內閣責任制 改憲' 論議에 대한 硏究」, 성균관대 사학과 석사논문, 1996.

金一榮, 「李承晩 統治期 政治體制의 性格에 關한 硏究」, 성균관대 정치외교학과 박사논문, 1991.

朴榮奭, 「李範奭 研究」, 한국정신문화연구원 한국학대학원 석사논문, 2002.

孫鳳淑, 「韓國自由黨十二年史의 研究―李承晩博士執權下의 政黨體制를 中心으로」, 이화여대 정치외교학과 석사논문, 1967.

辛容玉, 「大韓民國 憲法上 經濟秩序의 起源과 展開(1945~54年): 헌법 제·개정 과정과 국가자본 운영을 중심으로」, 고려대 사학과 박사논문, 2006.

安相政, 「民族靑年團의 組織過程과 活動」, 성균관대 정치외교학과 석사논문, 1991.

延定思, 「제2대 국회내 공화구락부―원내자유당의 활동에 관한 연구」, 성균관대 사학과 석사논문, 1997.

尹相元, 「러시아 지역 한인의 항일무장투쟁 연구(1918~1922)」, 고려대 한국사전공 박사논문, 2009.

李貞恩,「制憲國會期 靑丘會・新政會의 政治活動과 路線」, 연세대 사학과 석사논문, 2003.

李珍京,「朝鮮民族靑年團研究」, 성균관대 사학과 석사논문, 1994.

洪定完,「정부수립기 大韓獨立促成國民會의 국민운동 연구」, 연세대 사학과 석사논문, 2005.

논문

김득중,「한국전쟁 전후 정치범 관련 법제의 성립과 운용」,『史林』제33호, 首善史學會, 2009.

김혜수,「정부수립 직후 이승만정권의 통치이념 정립과정」,『梨大史苑』第二十八輯, 梨花女子 大學校 人文大學 史學會, 1995.

朴二俊,「현준호의 자본형성 과정과 친일행위」,『한국근현대사연구』제40집, 한국근현대사학 회, 2007.

박찬승,「해방 전후 나주 지방의 정치 사회적 동향」,『지방사와 지방문화』1호, 역사문화학회, 1998.

배석만,「'朝紡사건'의 정치적 고찰」,『港都釜山』제25호, 부산광역시사편찬위원회, 2009.

宋建鎬,「解放의 民族史的 認識」,『解放前後史의 認識』, 한길사, 1979.

연정은,「안호상의 일민주의와 정치・교육 활동」,『역사연구』12호, 역사학연구소, 2003.

염인호,「해방 후 韓國獨立黨의 中國 關內 地方에서의 光復軍 擴軍運動」,『역사문제연구』 창간호, 역사문제연구소, 1996.

이강로,「초기 자유당(1951. 8~1953. 11)과 기간사회단체의 관계 고찰―이승만과 사회단체를 중심으로」,『대한정치학회보』16집 3호, 대한정치학회, 2009.

李敬南,「族靑系의 榮光과 沒落」,『新東亞』8월호, 東亞日報社, 1982.

李命英,「自由黨統治의 特性(1952~1960)」,『社會科學』13권 1호, 성균관대 사화과학연구소, 1975.

林鍾明,「조선민족청년단(1946. 10~1949. 1)과 미군정의 '장래 한국의 지도 세력' 양성 정책」, 『韓國史研究』95호, 韓國史研究會, 1996.

임종명,「一民主義와 대한민국의 근대 민족국가화」,『한국민족운동사연구』44, 한국민족운동 사학회, 2005.

전갑생,「한국전쟁 전후 대한청년단의 지방조직과 활동」,『제노사이드 연구』제4호, 선인, 2008.

전상인,「광복과 대한민국 건국 과정」, 교과서포럼 편,『한국 현대사의 허구와 진실』, 두레시대, 2005.

최장집・정해구,「해방8년사의 총체적 인식」, 최장집 外,『解放前後史의 認識』4, 한길사, 1989.

하유식,「안호상의 一民主義 연구」,『한국민족운동사연구』34, 한국민족운동사학회, 2003.

홍정완, 「해방 이후 남한 '國民運動'의 국가·국민론과 교토학파의 철학」, 『역사문제연구』
　23호, 역사문제연구소, 2010.
후지이 다케시, 「'지도자의 역사'를 넘어서기 위한 첫 걸음」, 『역사비평』 여름호, 역사비평사,
　2005.
후지이 다케시, 「'코민테른 권위주의' 성립에 관한 한 시론―소위 '후쿠모토주의'를 둘러싸고」,
　『역사연구』 제16호, 역사학연구소, 2006.
후지이 다케시, 「'이승만'이라는 표상: 이승만 이미지를 통해 본 1950년대 지배 권력의 상징
　정치」, 『역사문제연구』 19호, 역사문제연구소, 2008.
후지이 다케시, 「제1공화국의 지배이데올로기―반공주의와 그 변용들」, 『역사비평』 83호,
　역사비평사, 2008.

2) 中文

單行本

王奇生, 『党员, 党权与党争』, 上海: 上海书店出版社, 2003.

王良卿, 『三民主義青年團與中國國民黨關係研究(一九三八~一九四九)』, 臺北: 近代中國出版社,
　1998.

王良卿, 『改造的誕生』, 臺北: 國立政治大學歷史學系, 2010.

王鴻宾·王秉忠·吴琪, 『马占山』, 哈尔滨: 黑龙江人民出版社, 1985.

文闻 编, 『国民党中央训练团与军事干部训练团』, 北京: 中国文史出版社, 2010.

文思 主编, 『我所知道的杨虎城』, 北京: 中国文史出版社, 2003.

叶剑英传编写组, 『叶剑英传』, 北京: 当代中国出版社, 1995.

鄧元忠, 『國民黨核心組織眞相: 力行社, 復興社暨所謂藍衣社的演變與成長』, 臺北: 聯經, 2000.

馮啓宏, 『法西斯主義與三〇年代中國政治』, 臺北: 國立政治大學歷史學系, 1998.

冯峰, 『国难之际的思想界: 1930年代中国政治出路的思想论争』, 西安: 三秦出版社, 2007.

朱宗震·陶文钊, 『中华民国史』 第三编 第六卷, 北京: 中华书局, 2000.

劉維開, 『蔣中正的一九四九: 從下野到復行視事』, 臺北: 時英出版社, 2009.

江南, 『蔣經國傳』, California: 美國論壇報社, 1984.

杨奎松, 『国民党的"联共"与"反共"』, 北京: 社会科学文献出版社, 2008.

楊碧川, 『蔣介石的影子兵團: 白團物語』, 臺北: 前衛出版社, 2000.

李庆山, 『志愿军援朝纪实: 1950~1958』, 北京: 中共党史出版社, 2008.

李嘉谷, 『合作与冲突: 1931~1945年的中苏关系』, 桂林: 广西师范大学出版社, 1996.

沈志华, 『毛泽东, 斯大林与朝鲜战争』, 广州: 广东人民出版社, 2003.

军事科学院军事历史研究部, 『抗美援朝战争史』, 北京: 军事科学出版社, 2000.

林桶法, 『戰後中國的變局: 以國民黨爲中心的探討(1945~1949年)』, 臺北: 臺灣商務印書館,

2003.

金冲及 主编, 『周恩来传(1898~1949)』, 北京: 人民出版社, 1996.

俞祖华·王国洪 主编, 『中国现代政治思想史』, 济南: 山东大学出版社, 1999.

赵江滨, 『从边缘到超越: 现代文学史"零余者"无名氏学术肖像』, 上海: 学林出版社, 2005.

姜克夫 编著, 『民国军事史略稿』 第二卷, 北京: 中华书局, 1991.

唐寶林, 『中國托派社』, 臺北: 東大圖書公司, 1994.

崔之清 主编, 『国民党政治与社会结构之演变』, 北京: 社会科学文献出版社, 2007.

潘光哲, 『華盛頓在中國: 製作「國父」』, 臺北: 三民書局, 2006.

戚厚杰·刘顺发·王楠 编著, 『国民革命军沿革实录』, 石家庄: 河北人民出版社, 2001.

國軍政工史編纂委員會, 『國軍政工史稿』, 臺北: 國防部總政治部, 1960.

學位論文

馮啟宏, 『抗戰時期中國國民黨的幹部訓練: 以中央訓練團爲中心的探討(1938~1945)』, 臺北: 國立政治大學歷史系研究部博士論文, 2004.

陳曉慧, 『由上而下的革命: 中國國民黨改造之研究(1950~1952)』, 臺北: 國立政治大學歷史研究所博士論文, 2000.

論文

马烈, 「三民主义青年团与国统区学生运动」, 『民国档案』 第03期, 江苏: 民国档案杂志社, 2003.

张皓, 「论"力行哲学"的建立」, 『辽宁教育学院学报』 第4期, 沈阳: 辽宁教育学院, 1998.

裵淑姬, 「中國 雲南陸軍講武堂與韓籍學員」, 『中國史研究』 第56輯, 中國史學會, 2008.

3) 日本語

單行本

伊藤晃, 『転向と天皇制』, 東京: 勁草書房, 1995.

加藤哲郎, 『象徴天皇制の起源』, 東京: 平凡社, 2005.

木村幹, 『韓国における「権威主義的」体制の成立』, 京都: ミネルヴァ書房, 2003.

小島一志·塚本佳子, 『大山倍達正伝』, 東京: 新潮社, 2006.

酒井三郎, 『昭和研究会: ある知識人集団の軌跡』, 東京: 講談社, 1985.

佐々木春隆, 『朝鮮戦争—韓国編』, 東京: 原書房, 1976~1977.

中村幹雄, 『ナチ党の思想と運動』, 名古屋: 名古屋大学出版会, 1990.

藤田省三, 『転向の思想史的研究』, 東京: みすず書房, 1997.

坪井豊吉, 『在日同胞の動き』, 東京: 自由生活社, 1975.

丸山眞男, 『現代政治の思想と行動』, 東京: 未來社, 1956.
李鍾元, 『東アジア冷戦と韓米日関係』, 東京: 東京大学出版会, 1996.

論文

樹中毅, 「レーニン主義からファシズムへ：蔣介石と独裁政治モデル」, 『アジア研究』51巻 1号, 東京: アジア政経学会, 2005.
松田利彦, 「曺寧柱と京都における東亞連盟運動」, 『世界人権問題研究センター研究紀要』第三号, 京都: 世界人権問題研究センター, 1998.
米谷匡史, 「戦時期日本の社会思想」, 『思想』 第八八二號, 東京: 岩波書店, 1997.

4) English

Books

Benedict Anderson, *The Specter of Comparison*, London: Verso, 1998.
Robert L. Beisner, *Dean Acheson: A Life in the Cold War*, New York: Oxford University Press, 2006.
Edward Hallett Carr, *Nationalism and After*, London: Macmillan & co. ltd, 1945.
Bruce Cumings, *The Origins of the Korean War: Liberation and the Emergence of Separate Regimes 1945~1947*, Princeton: Princeton University Press, 1981.
Bruce Cumings, *The Origins of the Korean War: The Roaring of the Cataract 1947~1950*, Princeton: Princeton University Press, 1990.
Bruce Cumings, *Korea's Place in the Sun: a Modern History*, New York: W. W. Norton & Company, 1997.
John W. Dower, *Embracing Defeat: Japan in the Wake of World War II*, New York: W. W. Norton & Company, 1999.
David Ekbladh, *The Great American Mission: Modernization and the Construction of an American World Order*, Princeton: Princeton University Press, 2010.
John Lewis Gaddis, *The Long Peace: Inquiries into the History of the Cold War*, New York: Oxford University Press, 1987.
Sergei N. Goncharov, John W. Lewis, and Xue Litai, *Uncertain Partners: Stalin, Mao, and the Korean War*, Stanford: Stanford University Press, 1993.
David Graeber, *Fragment of an Anarchist Anthropology*, Chicago: Prickly Paradigm Press, 2004.
A. James Gregor, *The Search for Neofascism: the Use and Abuse of Social Science*, Cambridge: Cambridge University Press, 2006.

Michael Hardt & Antonio Negri, *Labour of Dionysus: A Critique of the State-Form*, Minneapolis: University of Minnesota Press, 1994.

Michael Hardt & Antonio Negri, *Empire*, Cambridge: Harvard University Press, 2000.

Michael A. Heilperin, *Studies in Economic Nationalism*, Geneve: Librairie E. Droz, 1960.

Gregory Henderson, *Korea: The Politics of the Vortex*, Cambridge: Harvard University Press, 1968.

Joyce and Gabriel Kolko, *The Limits of Power: The World and United States Foreign Policy, 1945~1954*, New York: Harper & Row, 1972.

Lorraine M. Lees, *Keeping Tito Afloat: the United States, Yugoslavia, and the Cold War*, University Park: The Pennsylvania State University Press, 1997.

Robert Malley, *The Call for Algeria: Third Worldism, Revolution, and the Turn to Islam*, Berkeley: University of California Press, 1996.

Karl Polanyi, *The Great Transfoemation: the Political and Economic Origins of Our Time*, Boston: Beacon Press, 1957.

Steven P. Remy, *The Heidelberg Myth: the Nazification and Denazification of a German University*, Cambridge: Harvard University Press, 2003.

Michael Schaller, *Douglas MacArthur: The Far Eastern General*, New York: Oxford University Press, 1989.

Paul E. Sigmund ed., *The Ideologies of the Developing Nations*[revised edition], New York: Praeger Publishers, 1967.

Hans D. Sluga, *Heidegger's Crisis: Philosophy and Politics in Nazi Germany*, Cambridge: Harvard University Press, 1993.

Zeev Sternhell with Mario Sznajder and Maria Asheri, translated by David Maisel, *The Birth of Fascist Ideology: from Cultural Rebellion to Political Revolution*, Princeton: Princeton University Press, 1994.

I. F. Stone, *The Hidden History of the Korean War*[second paperback edition], New York: Monthly Review Press, 1971.

William Stueck, *The Korean War: An International History*, Princeton: Princeton University Press, 1995.

Nancy Bernkopf Tucker, *Patterns in the Dust: Chinese-American Relations and the Recognition Controversy, 1949~1950*, New York: Columbia University Press, 1983.

Ph. D. Dissertations

Matthew J. Flynn, "Reconsidering the China Lobby: Senator William F. Knowland and US-China Policy, 1945-1958", Ohio: Ph. D. dissertation of Ohio University, 2004.

Articles

Bruce Cumings, "American Policy and Korean Liberation" in Frank Baldwin ed., *Without Parallel*, New York: Pantheon Books, 1973.

Ernesto Laclau, "Fascism and Ideology", *Politics and Ideology in Marxist Theory: Capitalism-Fascism-Populism*, London: NLB, 1977.

Brian Murray, "Stalin, the Cold War, and the Division of China: A Multi-Archival Mystery", Cold War International History Project Working Paper No.12, Washington, D.C.: Cold War International History Project, 1995.

Richard D. Robinson, "Betrayal of a Nation"(unpublished manuscript, 1960).

5) Deutch

Theodor W. Adorno, *Negative Dialektik*, Frankfurt am Main: Suhrkamp Verlag, 1975.

6) Français

Nicos Poulanzas, *Fascisme et dictature*, Paris: Seuil/Maspero, 1974.

Michel Foucault, *Naissance de la biopolitique: cours au Collège de France(1978~1979)*, Paris: Gallimard/Seuil, 2004.

찾아보기

차

카·타

하